现代중국어 교과교육론

– 이론과 실제 –

EDUCATIONAL THEORY OF
SUBJECT MATTER IN
CHINESE LANGUAGE TEACHING

강성조(姜聲調) 지음

신아사

추 천 사

김귀성(원광대학교 교육학과 명예교수)

교과교육이라는 용어의 사전적 정의(『교육학용어사전』, 하우, 1994: 81)를 보면 교육활동 중에서 생활지도나 특별활동과 구분되는 것으로 우리나라에서는 교과교육에서 다뤄야 할 교과의 종류를 '교육과정령'으로 정하고 있다. 그러므로 교과교육은 '교육과정령'에 의해 지정된 교과를 지정된 이수시간만큼 이수하도록 하는 교육활동이라고 할 수 있다. 교과교육론이라는 표제어로 한국학술정보서비스(KRISS)를 통하여 검색해보면 일반교과의 경우는 대부분이 해당 교과의 교과교육론 교재가 상당 부분 개발되어 활용되고 있음을 알 수 있다. 예컨대 국어, 영어, 수학 등이 그렇다. 물론 외국어의 경우, 일본어를 비롯하여 불어 등도 확인이 된다. 이에 비해 중국어 교과는 단지 두 종류가 발견될 뿐이다. 그러나 이들 사례가 우리가 함의하는 바의 교과교육론 의미와 얼마나 근접되어 있는지는 미지수이다. 일반적인 의미에서 "교과교육론, 중국어 어떻게 가르치고 배울 것인가"라는 주제와 달리 적어도 강성조 교수가 지은『현대 중국어 교과교육론』이라는 책의 표제어에 담긴 교과교육론의 의미는 몇 가지 점에서 기존의 유사 표제어로 된 저서와 확연히 구별된다고 본다. 먼저, 강성조 교수님이 지은『현대 중국어 교과교육론』이 누구를 위하여 쓰인 것인가를 되돌아보면 중등학교 현장에서 중국어를 담당하게 될 예비교사나 현직에서 이 교과를 담당하는 현직교사를 대상으로 하고 있는 점이 분명하다. 요컨대 중등학교 현장에서 중국어 교과교육을 수 교과교재로 교수·학습을 진행하고 있다. 다음으로 보다 중요한 것은 과연 이 책의 내용 준거가 분명하고도 교육 공동체의 기준을 충실히 공유하고 있다는 점이다. 그렇다면 이 저서의 중국어 교과교육 내용 준거가 무엇인가를 들여다 볼 필요가 있다. 그저 일반적 의미에서 중국어 교과교육론은 저자의 의도에 따라 얼마든지 쓰여질 개연성은 있다. 그러나 적어도 중국어 교과교육론이 예비교사나 현직교사를 대상으로 한다면 그 내용은 온전히 저자의 의도에만 의존할 수는 없다. 중국어 교과의 내용 준거가 적어도 교과교육론을 둘러싼 교육 공동체를 비롯하여 교육부에서 요구하는 기준을 공유해야 하기 때문이다(교원자격검정령 및 교육부 『2019 교원자격검정업무편람』, 63쪽). 최소한 이 준거에 의하면 교과교육론의 기본 교수요목으로는 "교과교육의 역사적 배경, 교과교육의 목표, 중등학교 교육과정 분석 등 교과교육 전반에 관하여 연구한다(수업의 실제 부분에 중점을 둠). 교과별 수업의 실제와 과정 중심의 평가 등 중등 교육과정의 각론(중국어 교육과정) 내용에 중점을 둔다"고 되어 있다. 물론 교육부에서 제시한 이런 내용의 준거는 사전적 정의를 넘어 보다 구체적으로 명시적 의미를 규정하고 있어 이에 대한 논란의 여지는 있을 수 있다. 그러나 보다 중요한 것은 적어도 향후 중등학교 현장에서 교사가 되려고 한다면 어느 정도의 중국어 교과교육에 대한 지식과 소양을 갖춰야하는가라는 점에서 이론의 여지가 없을 것이다. 이를 테면 중국어 교과교육의 역사, 현행 중등학교 교육과정(총론), 중국어 교육과정(각론), 교과교육의 목표, 교과교육의 내용, 교과교육의 방법, 평가 등에 이르는 내용을 담아야 한다는 점이 공유된 최소한의 조건이라고 할 수 있다. 한마디로 이들 내용은 적어도 중등학교 현장에서 중국어 교육을 담당하는 교원이라면 국가가 정한 교육과정의 범주 내에서 교육이 이뤄져야 함을 적시하고 있다.

강성조 교수님의 『현대 중국어 교과교육론』을 감히 추천하는 소이도 바로 여기에 있다. 한마디로 예비교사로 하여금 국가가 정한 중국어 교육과정을 충실하게 소화할 수 있도록 도와주고 있는 점에서 그렇다. 이 점에서 이 저서가 그간 학계에 소개된 중국어 교과교육론과는 차별화된 교재로 자리매김할 수 있다고 말할 수 있다. 이 저서의 목차가 이를 증명해주고 있다. 그 목차를 개관하면 중국어 교과교육의 역사적 배경, 현대 중국어 교과 교육과정 분석, 중국어 교과교육론(목표, 대상, 내용범위, 내용구성, 교과교육의 내용 등), 언어 교수·학습이론, 중국어 교과교재의 개발 및 선정, 중국어 교수·학습의 실제, 중국어 교과교육의 평가 등을 담고 있기 때문이다. 이 저서 발행의 배경을 보면 저자가 오랜 시간 학계와 강단에서 이 분야에 대한 지속적인 관심을 가지고 경험하고 연구한 바를 집약하고 있는 점에서도 주목해야 한다. 강성조 교수님은 國立臺灣師範大學(Taiwan National Normal University)에서 박사학위를 취득한 바 있거니와 귀국 후 대학 강단에서 '중국어 교과교육론'을 직접 가르치고 배우는 노력을 꾸준히 수행해 왔다. 뿐만 아니라 교과교육론 관련 논문과 저서도 간행한 바 있어 금번『현대 중국어 교과교육론』저서의 집필은 오랜 시간 동안 공들인 노력의 결정체라고 해도 과언이 아니다.

그럼에도 불구하고 교육학자의 관점에서 보면 적어도 중등학교 현장에서 교수·학습이 이뤄지고 있는 여타 교과에 비해 중국어 교과 교육은 개발의 여지를 남기고 있는 영역이다. 해당 분야에 대한 우리나라 중등학교 현장 중심의 연구와 개발(R&D)은 물론 교과서 및 참고 교재의 개발이 요구되기 때문이다. 더 나아가 교사의 재교육을 비롯한 각종 교육활동을 돕기 위한 교과교육론이 절실하다. 물론 교원양성 과정에서부터 중국어 교과교육 영역(중국어 교과교육론, 중국어 교과교재 연구 및 지도법, 중국어 논리 및 논술교육 등)을 전담하는 인적 자원의 충원은 재론의 여지가 없다. 이런 점에서 강성조 교수님의『현대 중국어 교과교육론』은 향후 중등학교에서 중국어 교과를 담당하게 될 예비교사는 물론 중등학교 현장교육에도 일정 부분 기여할 것으로 전망한다. 그리고 이 책의 부록에 담은 교육부의 교과교육 영역 기본교수요목을 비롯하여 교수·학습 지도안, 중국어 중등교원 임용시험 기출문제(1998-2020) 등은 향후 중국어 교과 임용시험 준비하는 예비교사에게 도움이 될 것으로 전망한다. 이 저서의 발행으로 예비교사 양성 과정에서 '중국어 교과교육론'의 두터운 기반을 형성함과 동시에 중등학교 현장에서 중국어 교과교육의 연구, 개발의 활성화에 도움이 되길 기대해 본다.

2020.06.05
영등일우 서제에서
김귀성 삼가 쓰다.

목 차

Ⅳ. 중국어 교과교육론(상) / 85

Ⅴ. 중국어 교과교육론(하) / 93

Ⅵ. 언어 교수·학습 이론 / 109

VII. 중국어 교과교재의 개발 및 선정 / 161

VIII. 중국어 교과 교수·학습의 실제 / 187

Ⅸ. 중국어 교과교육의 평가 / 211

Ⅹ. 맺음말 / 229

〈표〉 목차

부록 / 231

现代중국어 교과교육론

EDUCATIONAL THEORY OF
SUBJECT MATTER IN
CHINESE LANGUAGE TEACHING

– 이론과 실제 –

I. 머리말

시간을 거슬러 1998년부터 시작하여 중국어 교과 중등교원 임용시험이 처음 시행된 이래 어느덧 22년의 시간이 흘렀다. 그 20여 년은 짧다하면 짧고 길다하면 긴 시간 이었다. 다만, 중등교원 양성을 위한 전문 학술서적 저술의 시각에서 보면 그냥 흘려보내기에는 너무 아깝고 소중하며 아쉬운 시간의 연속이었을 뿐이다.『중국어』교과를 담당하는 중등 교사를 꿈꾼 학생들은 많았지만 그들을 양성하는 교육기관에서 교수·학습 현장 4대 요소의 하나인 교육매체 즉, 전문 학술서적의 개발 및 편찬이 없이 관련 교육을 진행해 왔다. 이런 현상은 제대로 된 중국어 교과교육 전담교원 양성을 위해서는 참으로 안타깝고 부끄러운 현실이라 아니할 수 없다. 그러면 해당 중국어 교과 중등교원 양성 교육기관은 그동안 과연 어떤 교과 전문 학술서적의 선정을 통해 교육해 온 것일까? 비록 각 대학 관련 학과에서 "중국어 교과교육"을 위해 선정해 온 전문 학술서적이 몇 종류 발견되지만 대부분 교육부에서 제시한 해당 전문 학술서적의 개발 및 편찬에 반드시 반영하여야 할 내용을 결여하고 있다. 그동안 '중국어 교과교육론' 관련 전문 학술서적을 살펴보면 다음과 같다.

백종인(2011)의『중국어 교육론』[1]은 이미 절판된 전문 학술서적이다. 이 서적은 모두 12장으로 구성되었는데 제 1장은 언어 교수·학습 방법과 중국어의 특징, 제 2장은 중국어 발음교육, 제 3장은 중국어 어휘교육, 제 4장은 중국어 어법 교육, 제 5장은 중국어 쓰기 교육, 제 6장은 중국어 작문교육, 제 7장은 중국어 듣기 교육, 제 8장은 중국어 말하기 교육, 제 9장은 중국 문화교육, 제 10장은 중국어 교수·학습 지도안 작성 및 연구수업, 제 11징은 중국어 교실 수업의 실례, 제 12장은 참고자료 등으로 구성되어 있다.

엄익상·박용진·이옥주 등(2011)의『중국어 교육론』[2]은 현재 중등교원 양성 기관

---

1) 백종인(2010),『중국어 교육론』, 대전:배재대학교 출판부.

2) 엄익상·박용진·이옥주 등(2011),『중국어 교육론』, 서울:한국문화사.

인 각 대학에서 교과교재로 선정하고 있는 전문 학술서적이다. 이 서적은 모두 12장으로 구성되었는데 제 1장은 중국어와 한국어에 관한 통론, 제 2장은 제 2언어 교수·학습 방법, 제 3장은 중국어 발음 지도, 제 4장은 중국어 어휘 지도, 제 5장은 중국어 문법 지도, 제 6장은 중국어 듣기 지도, 제 7장은 중국어 말하기 지도, 제 8장은 중국어 읽기 지도, 제 9장은 중국어 쓰기 지도, 제 10장은 한자 지도, 제 11장은 중국어 교수매체, 제 12장은 중국어 교수·학습 평가 등으로 구성되어 있다. 그리고 끝에 부록, 참고문헌 및 색인이 더해져 있다.

마지막으로 장영희(2010)의『장영희 전공 중국어-교육론과 어학개론』(최근 개정판『장영희 전공 중국어01-기본이론서㊤【교육과정·교육론·어학개론】』)[3]을 들 수 있다. 중국어 교과 중등교원 임용시험 전문학원의 시험 대비 교재로 사용하고 있는 번역서이다. 위 저서는 중국어 교과교육 관련 부분은 모두 2편으로 구성되었는데 제 1편은 교육론(2015 개정 교육과정), 제 2편은 중국어 교육론(서론, 언어 습득 이론, 제 2언어 교수·학습 방법, 중국어 수업활동과 지도안 작성) 등으로 구성되어 있다. 위 2종류 전문 학술서적과 달리 '중국어 교육과정'의 각론부분 중국어 언어요소 및 기능 부분의 지도 내용은 '제 3편 어학개론'에서 각각 다뤄지고 있다.

그러면 교육부에서 제시한 '중국어 교과교육론' 내용과 위에서 제시한 3종류 전문서적은 과연 어떤 차이와 문제점이 있을까? 이를 규명하기 위해 해당 내용이 제시된 "2012·2014학년도 교육과학기술부 발행『교원자격검정 실무편람』의 Ⅲ. 교원자격 무시험검정 3)교직과목의 교수요목 ② 교과교육 영역(2008학년도 이전까지 해당, 2009학년도 이후 전공으로 전환)"[4]과 "2019학년도 교육부 발행『교원자격검정 실무편람』의 Ⅲ. 교원자격 무시험검정 ③ 전공과목 교과교육 영역 1) 교수요목(2008학년도 이전까지는 교직과목에 해당)"[5]의 관련 부분을 인용하면, 다음 〈표 1〉, 〈표 2〉와 같다.

---

3) 장영희(2010),『장영희 전공 중국어-기본이론서㊤【교육과정·교육론 어학개론】』, 서울: 도서출판 희소. 이 교재는 이후 몇 차례 수정, 보완을 거쳐 출판 되었고 2017년부터『장영희 전공 중국어01-교육론과 어학개론』이란 교재명으로 발행되었다.

4) 성삼제·박현주 등(2012),『2012년도 교원자격검정 실무편람』, 서울: 교육과학기술부 교원정책과, p.73. 김영윤·김운종 등(2014),『2014년도 교원자격검정 실무편람』, 세종: 교육부 교원복지연수과, p.73.

5) 정인순·김동형 등(2019),『2019년도 교원자격검정 실무편람』, 세종: 교육부 교원양성연수과, p.63.

〈표 1〉 2012 · 2014학년도 『교원자격검정 실무편람』 - 교직과목의 교수요목

교과목	기본교수요목
교과교육론	교과교육의 역사적 배경, 교과교육의 목표, 중 · 고등학교 교육과정의 분석 등 교과교육 전반에 관하여 연구한다(수업의 실제 부분에 중점을 둠).

〈표 2〉 2019학년도 『교원자격검정 실무편람』 - 전공과목의 교수요목

교과목	기본교수요목
교과교육론	• 교과교육의 역사적 배경, 교과교육의 목표, 중 · 고등학교 교육과정의 분석 등 교과교육 전반에 관하여 연구한다(수업의 실제 부분에 중점을 둠). • 교과별 수업의 실제와 과정 중심의 평가 등 초 · 중등 교육과정의 각론 내용에 중점을 둔다.

위에 인용한 〈표 1〉, 〈표 2〉에 제시된 '기본 교수요목' 내용과 이미 언급한 3종류 "중국어 교과교육" 전문 학술서적의 구성이 대체로 서로 불일치한다는 사실을 알 수 있다. 예를 들면 백종인(2011)의 『중국어 교육론』은 언어 교수 · 학습 이론, 교과별 수업의 실제, 중등 중국어 교육과정의 각론 등을 위주로 기술했지만 '중국어 교과교육의 역사적 배경', '교과교육의 목표', '중 · 고등학교 교육과정 분석' 및 '과정중심의 평가' 등의 내용이 결여되어 있다. 그리고 엄익상 · 박용진 · 이옥주(2011) 등의 『중국어 교육론』은 언어 교수 · 학습 이론, 중등 중국어 교육과정의 각론, 과정중심의 평가 등을 위주로 기술하였지만 '중국어 교과교육의 역사적 배경', '교과교육의 목표', '중 · 고등학교 교육과정 분석' 및 '교과별 수업의 실제' 등의 내용이 결여되어 있다. 마지막으로 장영희(2010)의 『장영희 전공 중국어-교육론과 어학개론』(『장영희 전공 중국어01-기본이론서㊤【교육과정 · 교육론 · 어학개론】』, 서울:미래가치, 2017)은 중국어 교육론, 언어 교수 · 학습 이론, 교과별 수업의 실제와 평가, 중등 중국어 교육과정의 각론 등을 기술하였지만 '중국어 교과교육의 역사적 배경', '교과교육의 목표', '중 · 고등학교 교육과정 분석' 등의 내용을 결여하고 있다. 이처럼 교육부가 중국어 중등교원 양성을 위해 제시한 '기본 교수요목'과 중등 '중국어 교육과정'을 충실하고 적절하게 반영하지 못했다. 과연 그 수요자인 학생중심의 고려가 전제된 가운데 해당 교과 전문 학술서적의 개발 및 편찬이 이루어졌는지 의구심을 지울 수 없다. 이런 교육 매체를 사용하여 해당 교육현장에서 중등교원 양성을 위한 교수 · 학습을 전개하고 있는 현실이 참으로 안

타까울 뿐이다.

중국어 교과 중등교원 양성과 관련 전문 학술서적의 개발 및 저술은 반드시 교육부에서 제시한 '기본 교수요목'과 중등 '중국어 교육과정'을 반영하여 기술해야 한다. 이는 결코 가벼이 혹은 대수롭지 않게 생각할 수 없는 부분이다. 그러나 안타깝게도 현재 중국어 교과의 중등교원 양성 교수·학습 현장에서는 이를 적절히 반영한 흔적을 찾기 어렵다. 참으로 우려할만한 사실이다.

『중국어 교과교육론』은 중국어 교과 중등교원 양성을 목적으로 교직과목(2008학년도 이전) 혹은 전공과목(2009학년도 이후)으로 편성되어 개발 및 저술되어야 하는 전문 학술서적이다. 따라서 해당 학년도『교원자격검정 실무편람』과 중등 '중국어 교육과정'에서 제시한 지침에 따라 교수·학습 현장에서 이를 충실히 구현해 낼『중국어 교과교육론』 전문 학술서적의 개발 및 저술이 절실하다고 생각한다. 이러한 필요성에 착안하여 중국어 교과 중등교원 양성에 일조해야 한다는 사명감에서 본 교과 전문 학술서적의 저술을 계획하게 되었으며, 그 개발 및 저술의 목적도 바로 여기에 있다.

본 전문 학술서적의 내용은 교육부 발행『교원자격검정 실무편람』과 국가수준의 중등 '중국어 교육과정'에서 제시한 사항을 충실히 반영하여 기술하려고 한다. 그 대체적 내용을 제시하면 다음과 같다.

Ⅰ장은 머리말이다. 1998년부터 2020년까지 중국어 중등교원 임용시험이 시행되었는데 '중국어 교과교육' 관련 전문 학술서적의 개발 및 저술 현황과 교육부 발행『교원자격검정 실무편람』, 중등 '중국어 교육과정'의 제시 내용을 비교하고 그 저술의 필요성, 목적 및 기대효과를 서술하려 한다.

Ⅱ장에서 '중국어 교과교육의 역사적 배경'을 그 체계가 갖추어진 조선시대를 전후로 구분하여 대한민국 정부수립 시기까지 간명하게 서술하려 한다.

Ⅲ장에서 '현대 중국어 교육과정'을 기술함에 있어서 지식의 통합중심 특성을 지향하는 '제 6차 교육과정'시기를 전후로 '2015 개정 교육과정'시기까지에 대해 분석하려 한다.

Ⅳ, Ⅴ장에서 '중국어 교과교육론'(상, 하)을 '중국어 교과교육'과 '중국어 학과론' 부분으로 구분하여 그 목표를 비롯한 관련 내용을 서술하려 한다.

VI장에서 '언어 교수·학습 이론'을 '언어 통사론'과 '언어 교수·학습 이론' 2부분으로 구분하고 그 관련 언어학, 심리학, 교육학적인 이론적 기초에 근거해서 서술하려 한다.

VII장에서 '중국어 교과교육' 전공 학술서적의 개발 및 저술에 관한 준거, 선정과 연구 지도법 등의 그 교육과정 시기별 변천과정을 서술하려 한다.

VIII장에서 '중국어 교과 교수·학습의 실제'와 관련 지도안 작성, 교수·학습의 전개, 연구수업 및 그 분석평가 등은 수업의 실제 부분에 중점을 두어 서술하려 한다.

IX장에서 '중국어 교과교육 평가'의 기능, 조건, 유형 및 그 평가문항의 제작 등은 '2015 개정 교육과정'에서 제시한 '교육과정－수업－평가－기록의 일체화'라는 요구에 부응하도록 서술하려 한다.

X장은 결론이다. II장에서 IX장까지 기술한 내용을 종합 정리하고 다시 한 번『중국어 교과교육론』 전문 학술서적의 개발 및 저술의 필요성 및 목적, 기술 근거를 부각하고 그 교육적 중요성을 강조하여 서술을 마무리하려 한다.

필자의『现代 중국어 교과교육론』은 이미 출판된 3종류의『중국어 교과교육론』이 안고 있는 한계점을 극복하려고 한다. 적어도 그 한 가지 접근은 '중국어 교과교육론'이라는 전문 학술서적이 교육부 발행『교원자격검정 실무편람』에서 제시한 중등교원 양성 '기본 교수요목'과 국가수준의 교육과정에서 명시한 '중국어 교육과정' 내용을 충실히 반영하는 것이다. 그래서 해당시기『교원자격검정 실무편람』과 '중국어 교육과정'이 제시한 내용을 적절히 반영한『중국어 교과교육론』 전문 학술서적을 저술하려 한다. 그 까닭에 필자가 저술을 계획한『중국어 교과교육론』 전문 학술서적은 중국어 중등교원 양성을 위한 교수·학습 현장 즉, 대학 중국어문 전공과 교육대학원에서 교과교육 영역의 전공 지식이론 학습의 교재로 활용할 수 있을 것이다. 또한, 저술결과 '중국어 교과교육론' 교과 중등교원 임용시험을 준비하는 교사 지망생들을 위해 교육부 교원자격검정에서 요구하는 전공 지식이론이 체계적으로 제공될 수 있을 것으로 기대한다. 따라서 이 전문 학술서적의 개발 결과는 크게 2가지 기대효과를 불러올 수 있다. 그 하나는 필자가 저술을 계획한『现代 중국어 교과교육론』 전문 학술서적으로 중국어 중등교원 양성에 필요한 이론지식을 교수·학습할 수 있는 것이다. 다른 하나는 기존의 저술들을 비롯하여 산재하는 관련 중국어 교과교육의 역사적 배경, 교과교육의 목표(교육과정), 중·고등학교 교육과정의 분석 등과 관련된 각종 자료를 수집 정리하여 중등교원 양성에 필요한 '중국어 교과교육론' 교과 관련 이론과 실제를 교수·학습하고 나아가 임용시험을 준비해야 하는 예비교사들에게 도움을 줄 수 있을 것이다. 더 나아가 중국어 교과담당 현직 교사들이 교육현장에서 중국어 교수·학습을 전개할 때 관련 이론적 지식을 제공하는 전문 학술서, 지침서 및 참고서로써 충분한 역할을 해낼 수 있을 것이라 믿는다.

다만 한 가지 주의할 점은 본문에서 사용한 한자어는 중국어 간체자로 표기하였는데, 특히 '언어 교수·학습 이론' 부분의 인명, 전용술어는 한자어 표기를 곁들여 최근 중국어 교과 중등교원 임용시험의 '중국어 시험문제' 출제 경향에 적응하도록 배려한 것이다. 끝으로 본 교과교재의 개발 및 편찬 계획에서부터 집필을 마치기까지 늘 진심어린 격려를 아끼지 않으시고 세심하게 조언해주신 원광대학교 사범대학 교육학과 김귀성 교수님께, 그리고 편집에서 출판까지 도움을 주신 도서출판 신아사 정현걸 사장님, 한규갑 상무님 그리고 편집부 여러분들께 마음에서 우러나는 심심한 감사의 마음을 표합니다.

II. 중국어 교과교육의 역사적 배경

"중국어 교과교육(中国语教科教育)"의 역사는 위로 거슬러 올라가 삼국시대(三国时代) 이전까지 그리고 아래로 현재에 이르기까지 각 시대별 역사적 상황과 관련된 외국어 교육의 추세, 면모를 살펴볼 수 있는 조건과 환경을 적절히 이해하는데 도움을 준다. 그 역사적 배경은 대체로 '조선시대(朝鲜时代) 이전' 즉 삼국시대 이전부터 고려시대(高丽时代) 말까지와 '조선시대 이후' 즉 조선시대부터 현재까지를 포함한 시기에 이루어진 정치, 교육적 방면의 총체적 상황이다. 한자(汉字)라는 부호체계를 받아들여 기록수단으로 사용하기 시작한 때부터 조선시대까지의 대표적인 외국어 교육은 다름 아닌 바로 중국어 교육이었다.

역대 외국어 교육은 그 시기, 배경, 목적에 부응하여 설치된 기관과 학관 및 교수·학습대상, 교육과정, 교과교재에 관한 역사 기록을 통해 그 면면을 살펴볼 수 있다. 이를 통해 각 시대의 다른 역사적 배경 아래 시행된 중국어 교육의 변천 과정 및 그 특징을 파악하려 한다.

1. 조선시대 이전

'조선시대 이전'은 고조선(古朝鲜)시대부터 고려시대 말까지를 포함하는 시기이다. "중국어 교과교육"에 있어 그 체계를 갖춘 조선시대를 기점으로 큰 틀에서 바라본 구분이라 할 수 있다. 즉 중국어 교육을 위한 교육제도, 교육기관, 교육과정 편성, 교과교재 개발 등 그 체계가 아직 완전하게 갖춰지지 않은 단계로 볼 수 있다.

1.1 삼국시대 이전

'삼국시대 이전'은 멀리 역사를 거슬러 고조선의 기자(箕子), 위만(卫满) 귀화, 한사군(汉四郡) 설치 및 삼국 초기 시대를 포함하는 시기구분이다. 비록 구체적인 역사기록이 전하지 않지만 적어도 그 중국어 교육에 대한 개연성 즉, 합리적 유추가 가능한 시기라 말할 수 있다. 때문에 우리나라의 중국어 교육은 그 시간, 공간적 배경을 삼국시대 이전까지 거슬러 올라가 규정해야 한다는 입장이다. 이러한 입장을 견지하는 근거로 한사군(汉四郡) 가운데 낙랑군(乐浪郡)에 속했던 지금의 평양시(平让市) 정백동(贞柏洞) 소재의 분묘 출토 목간(木简)에 기록된『논어(论语)』제 11권「선진(先进)」편, 제 13권「안연(颜渊)」편을 들 수 있다.[6] 물론 그 시기는 더욱 거슬러 올라갈 수 있는 여지가 다분하다. 예를 들면 중국 역사에 기술된 기자, 위만의 귀화를 그 기점으로 중국어 교육이 시작되었을 가능성을 완전히 배제할 수는 없기 때문이다.[7]

---

6) 柳秉鴻(1992.2),「由考古学领域所得的成果」(『朝鲜考古研究』, 平让).

7)『汉书·地理志』第八下:"현토, 낙랑은 한나라 무제 때 설치되는데 모두 고조선, 예맥, 고구려 등 변방 이민족이다. 殷나라의 도가 쇠퇴하자 기자는 조선으로 가서 그 민중들을 예로써 교화하고 밭 갈고 누에를 쳐 베를 짜게 하였다.「낙랑 지역 고조선 민족으로 하여 8조를 범함을 금지」: '상대방을 죽이면 당시 죽임으로 갚거나, 상대방을 다치게 하면 습속으로써 갚거나 상대방 도둑질한 남자는 그 집 노예로 전락하거나 여자는 노비가 되게 하니 스스로 속죄하고자 하는 사람이 50만 명이었다.……훌륭하구나, 어진 현인(즉 箕子)의 교화로다! 그래서 동이민족 천성이 유순하고 나머지 3변방의 이민족과 다른 까닭에 공자께서는 중국의 도가 행하여지지 않음을 애석하게 여기고 바다에 떠 건너갈 방도를 찾으시며 동이에 살고자하는 마음이 있었으리라(玄菟、乐浪, 武帝时置, 皆朝鲜、濊貉、句骊蛮夷, 殷道衰, 箕子去之朝鲜, 教其民以礼义, 田蚕织作。「乐浪朝鲜民犯禁八条」:'相殺以当时偿殺, 相伤以谷偿 ; 相盗者男没入为其家奴, 女子为婢, 欲自赎者, 人五十万。' …… 可貴哉, 仁贤之化也 ! 然东夷天性柔顺, 异于三方之外。故孔子悼道不行, 设浮于海, 欲居九夷, 有以也夫)! ……'"(班固撰·颜师古补注,『汉书补注』二, 台北:新文丰出版公司, 1975, p.1291).『后汉书·濊』:"옛날 주나라 무왕께서 기자를 고조선에 봉하시니 기자는 고조선 사람들에게 예의로 교화하고 밭 갈고 누에치기 하도록 하는데 8조를 제정하여 교화하였다(昔武王封箕子于朝鲜, 箕子教以礼义田蚕, 又制八條之教)。"(范晔,『后汉书·地理志』第二十二, 台北:新文丰出版公司, 1975, pp.832-833).『三国志·魏志·东夷传』의「注」에 인용된「魏略」:"옛날 기자의 이후 고조선 후(侯)는 주나라가 쇠퇴함을 목격하는데 연나라가 스스로 높여 왕이라 하고 동쪽 땅을 경략하려하자 조선 후 역시 스스로 왕이라 부르며 군사를 일으켜 연나라를 역공하며 주실(周室)을 받든 것이다. 그 대부가 예로 이를 간언해서 이에 멈춘다. 예로 서쪽으로 연나라를 설득하자 연이 이를 멈추며 공격하

1.2 삼국시대 및 후 삼국시대

글자를 아직 갖지 못했던 우리민족은 일찍부터 한자(汉字)를 빌어 기록수단으로 사용하여 왔다. 그렇지만 언어문자 부호라는 기록수단을 넘어 "중국어 교과교육"의 범위에서 주목해야 할 역사기록은 이보다 늦은 삼국시대를 그 시작으로 볼 수 있을 것이다. 또한 그 본격적인 시작이 바로 중국 '유학(儒学)'의 전래라 할 수 있다. 고구려, 백제 그리고 뒤늦게 신라가 당나라로부터 '유학'을 받아들인다. 즉 고구려 소수림왕(小兽林王) 2년(372) '유학'을 받아들여 '태학(太学:국립대학)' 및 '경당(扃堂)'을 설립하여 귀족자제들을 교육하였다. 당시 '태학'에 개설된 교육과정은 『오경(五经)』, 『삼사(三史)』, 『삼국지(三国志)』, 『진양추(晋阳秋)』[8] 등이었다. 비슷한 시기 백제도 '유학'을 받아들여 최고 학부의 학관인 박사가 그 교육을 담당하였고 일본에 이들을 파견하여 서직을 전하였다는 기록이 있다.[9] 신라는 삼

지 않았다. 이후 자손들이 약간 교만하고 가혹하여 연나라가 곧 장수를 파견해 진 지역으로 진출하려 그 서쪽을 공격하여 2천 여리의 땅을 취하며 위만에 다다라 경계를 삼으니 고조선은 마침내 쇠퇴하였다(昔箕子之后朝鲜侯, 见周衰, 燕自尊为王, 欲东略地, 朝鲜侯亦自称为王, 欲兴兵逆击燕以尊周室。其大夫礼谏之, 乃止。使礼西说燕, 燕止之, 不攻。后子孫稍骄虐, 燕乃遣将秦开, 攻其西方, 取地二千余里, 至满番汗为界, 朝鲜遂弱。)"(陈寿撰·裴松之注, 『三国志』 二, 台北:洪氏出版社, 1984, p.850). 이밖에 『周易集注·周易下』, 『尚书注疏卷五考证』, 『尚书大传』, 『旧唐书』, 『通志·四夷传·朝鲜』, 『通典·边防一·东夷上』, 『太平寰宇記·四夷·朝鲜』, 『朝鲜史略·箕子』, 王符의 『潜夫论·五德志』, 『三国遗事』, 韩百谦의 『箕田考』 등 문헌에 기자와 고조선에 관해 기술되어 있다. 『史记·朝鲜列传』:"위나라 만이 망명하려는데 모인 무리가 천여 사람으로 짐승처럼 머리 묶고 이민족 복장을 한 채 동으로 변방을 나섰다(满亡命, 聚党千余人, 魋结蛮夷服, 而东走出塞。)"(泷川亀太郎, 『史记会注考证』, 台北:洪氏出版社, 1986, p.1231). "그 후 40여 년 조선 후 준이 분수를 벗어나 왕을 칭하였는데 진승 등이 봉기하자 천하의 반란에 진, 연, 제, 조나라 백성들은 피난지 고조선으로 향한 이가 수만 명이었다. 연나라 사람 위만이 짐승처럼 머리 묶고 이민족 복장을 하고 다시 왕이 되었다(其后四十余世, 朝鲜侯准僭号称王。陈勝等起, 天下叛秦, 燕、齐、趙民避地朝鲜数万口, 燕人卫满, 魋结夷服, 复來王之。)" (陈寿, 『三国志·魏志·东夷传』卷三十, 台北:洪氏出版社, 1984, p.848).

8) 『北史·高句丽传』:"서적은 『오경』, 『삼사』, 『삼국지』, 『진양추』 등이 있었다(书有 『五经』、『三史』、『三国志』、『晋阳秋』。)"(李延寿, 『北史』권94, 台北:鼎文书局, 1982, p.2067).

9) 『旧唐书·东夷百济列传』:"그 서적은 『오경』, 『제자』, 『역사』가 있었고 다시 「표」와 「소」는 중국의 작성법에 의거하였다(其书籍有 『五经』、『子』、『史』, 又表疏并依中华之法。)"(刘昫, 『旧唐书』, 台北:鼎文书局, 1982, p.3625). 舍人亲王, 『日本书纪』권5, 「应神天皇」:"16년 봄 2월에 왕인이 와서 곧 태자 菟道稚郎子가 이를 스승삼고 여러 전적들은 왕인에게서 익히니 통달하지 않은 것이 없었다. 이른바 왕인은

국의 세력 각축전 속에 중국에 직접 유학생을 파견하여 중국어 교육에 힘을 쏟는다. 그 대표적인 인물은 김인문(金仁问, 629-694), 김육진(金陆珍, 770-?), 최하(崔贺, -?), 김영(金颖, 850-?), 최치원(崔致远, 8 57-?) 등이었다. 이들의 노력에 힘입어 국내에서 중국어 교육을 접하고 그 토착화에 공헌한 설총(薛聪, 655-?), 강수(強首, ?-692), 김필오(金弼奥/弼奚, -?), 김헌정(金宪贞, 750-?) 등도 있었다.[10] 이처럼 유학생 파견을 통해 직접 '유학'을 받아들여 진덕여왕 5년(651) 당나라의 태학을 모방한 대사(大舍:학관)[11]를 설치하고 '경학(经学)'을 강의 전수하도록 하였다. 이후 신라후기(남북국시대) 신문왕(神文王) 2년(682) '국학(国学)'[12]을 설립하여 유가 경전을 위주로 중국어문 교육을 진행하고 원성왕(元圣王) 4년(788) 인재선발 시험제도인 '독서

서적을 전한 무리의 시조이다(十六年春二月, 王仁來之, 則太子菟道稚郎子师之, 习诸典籍於王仁, 莫不通达.所谓王仁者, 是书首等始祖也。)"(连敏秀等译, 『日本书纪』, 首尔:东北亞历史财团, 2013). 太安麻呂, 『古事记』권3, 「应神天皇」:"백제국 주조고왕이 숫말 한 필, 암말 한 필로 阿知吉 스승님께 딸려 이를 공물로 바쳤다. …… 또한 백제국에 부과하여 주어 만약 어진 사람이 있다면 천거해 올리게 한다. 정말로 명을 받들어 人和迩吉 스승을 천거하고 『논어』 10권, 『천자문』 1권을 아울은 11권을 올린다(百济国主照古王, 以牧马一疋、牝马一疋付阿知吉师以贡上。……又科赐百济国, 若有贤人者, 贡上。固受命以贡上人和迩吉师, 『论语』十卷、『千字文』一卷, 并十一卷。)"(姜蓉子译, 『古史记』, 首尔:化为见识的知识, 2012). 2005년 인천소재 계양산성의 백제 유적지에서 목간 『논어』 1편이 발굴되는데 그 제작시기가 백제 한성수도 (기원전 18~기원후 475) 때인 것으로 판명되었다.

10) 姜声调(2017.11), 「在韩后三国时代以前的'诸子学'初探-以后三国鼎立时期前金石文'诸子学'印记为中心」(『中国学报』제 82집, 서울:韩国中国学会, p.357).

11) '大舍'에 관하여 金牺满(2013)의 「新罗官名'大舍'의 运用과 그 性格〉에 "신라의 관등제는 법흥왕(法兴王) 7년(520) 律令颁布 때 골품제와 관련해 완성되었으며, 王京人에 대한 京位 17등과 지방민에 대한 外位 11등의 2원적인 체계로 구성되었다. 이 가운데 경위 17등 관등제는……4두품은 제 12관등인 대사까지로 그 승진의 한계가 정해져 있었다"고 한다(『东国史学』 54집, 서울 : 东国史学会, p.1-2). 이외에, 唐润熙(2006)의 『韩国现存「论语」注释书版本研究』에 "統一新罗在学制和教学方面, 都模仿唐朝的太学, 十分强调经书的研读, 如真女王五年(651)建立了'大舍', 『东国文献备考』注解为'国学之官', 这显然是讲授经书的学官。"(北京:北京大学中国语言文学研究所博士论文, p.8).

12) 洪凤汉의 『增补东国文献备考 · 学校考』에 "가르쳐 전수하는 법은 『주역』·『상서』·『모시』·『예기』·『춘추좌씨전』·『문선』으로 나누어 전공으로 하고 박사 겸 조교 1인이었다. 혹은 『예기』·『주역』·『논어』·『효경』으로, 혹은 『춘추좌씨전』·『모시』·『논어』·『효경』으로, 혹은 『상서』·『논어』·『효경』·『문선』으로 가르쳐 전수하였다(教授之法, 以『周易』·『尚书』·『毛诗』·『礼记』·『春秋左氏传』·『文选』, 分而为之业, 博士若助教一人。或以『礼记』·『周易』·『论语』·『孝经』, 或以『春秋左氏传』·『毛诗』·『论语』·『孝经』, 或以『尚书』·『论语』·『孝经』·『文选』教授之。)"(朝鲜时代《书目从刊》本, 北京:中华书局, 2004, p.2890).

삼품과(读书三品科)'[13]를 시행 상, 중, 하 3등급으로 나누어 우수한 인재를 선발하였다.

삼국시대는 대외적으로 중국, 일본 등과 문물, 정치 교류가 빈번해지던 때였다. 특히 대중국 교류에 있어 중국어 교육은 그 역사적 상황과 관련 정치(政治), 외교(外交)적 문제의 해결을 위해 그 중요성이 강조되기에 이른다. 더하여 상호 간의 원활한 의사소통을 위해 전문적인 통역인원(通译人员) 양성이 절실하였을 것이다. 즉 역관(译官)이 출현하게 된 까닭이라 할 수 있다. 신라후기(남북국시대) 한문 교육을 담당하던 '상문사(详文师)'[14]라는 관직과 후삼국시대 외국어 교육을 관장하던 역학기구(译学机构)인 '사대(史台)'[15]에 관한 역사기록이 그 사실을 뒷받침하는 유력한 증거이다. '역학기구 '사대'는 후삼국시대 즉 신라 말기에 궁예(弓裔)가 마진국(摩震国)을 세우고 행정조직을 정비하는 과정에 외국어 교육을 관장하기 위해 설립하였다. 그 국가의 역사가 길지 않아 자세한 문헌상의 관련 기록은 전하지 않지만 적어도 역학기구의 존재를 증명하는 유일한 증거라는 점에서 의의를 찾을 수 있다.

삼국시대의 외국어 교육은 곧 중국어 교육으로 대표된다. 우리 언어의 기록수단으로 한자라는 부호체계의 차용을 넘어 대외 교류를 위한 인적자원 즉, 정세와 상황의 변화에 능동적으로 대처할 수 있는 전문적인 인재양성은 필수적이었다. 이처럼 중국어 교육의 필요성은 각 시대마다 강조되며 조선시대까지 그 중요성은 변함없이 유지할 수 있었다.

---

13) 『三国史记·新罗本紀』에 "4년 봄에 비로소 '독서삼품'의 인재선발을 정하고 『춘추좌씨전』이나 『예기』, 『문선』을 공부하고 그 의미에 통달하며 겸하여 『논어』·『효경』에 밝은 사람은 상품으로, 『곡례』·『논어』·『효경』을 공부한 사람은 중품으로, 『곡례』·『효경』을 공부한 사람은 하품으로 삼았다. 만약 널리 『오경』·『삼사』·『제자백가』의 책에 통달한자는 특별히 선발하여 기용한다. 이전에는 단지 활을 쏘는 것으로 사람을 뽑았으나 이때에 이르러 이를 고쳤다(四年春, 始定读书三品以出身。读『春秋左氏传』, 若『礼记』·若『文选』, 而能通其义, 兼明『论语』·『孝经』者为上 ; 读『曲礼』·『论语』·『孝经『』者为中 ; 读『曲礼』·『孝经』者为下, 若博通『五经』·『三史』·『诸子百家』书者, 超擢用之.前只以弓箭选人, 至是改之。)"(金富轼撰·金钟权译, 『三国史记』上, 서울 : 明文堂, 1988, p.65).

14) 『三国史记·杂志·职官』条에 "'상문사'는 성덕왕 13년에 고쳐 통문박사라 하였고 경덕왕 때 다시 고쳐 한림이라 하였다(详文师, 圣德王十三年, 改为通文博士, 景德王又改为翰林。)"(위의 주13, p.609).

15) 『三国史记』 권50 「弓裔传」에 "효공왕 8년(904), 천우원년 갑자에 나라를 세워 마진이라 부르고 연호는 무태라 하는데 처음으로 광평성을 설치하였다. …… 또 '사대'를 설치하여 여러 번역 언어를 관장하고 습득하게 하였다(孝恭王八年, 天祐元年甲子, 立国号为摩震, 年号为武泰, 始置广评省。……又置史台, 掌习诸译语。)"(위의 주13, p.784).

1.3 고려시대

고려 건국(918년) 이후 '불교'와 '유학'은 삼국시대와 비슷한 면모를 띠며 발전한다. 전자는 수신(修身), 신앙(信仰)방면에서 관련 역할을 담당하며 종교사상(宗教思想) 이념(理念)으로 정해져 전체적인 의식형태를 지배하는 사회적 작용을 했고, 후자는 정치, 교육 방면에서 관련 역할을 담당하며 치국사상(治國思想) 이념으로 정해져 부분적인 의식형태를 지배하는 사회적 작용을 했다. '유학'에 대한 중시는 그 종주국 즉, 비슷한 시기 건국된 송조(宋朝)와의 교류협력으로 이어졌다. 당시 송나라의 문화는 고도로 발전한 까닭에 고려 조정은 교류를 통해 그 우수한 문화를 받아들여 우리문화 수준의 제고를 도모하고자 하였다. 그 노력의 일환으로 광종(光宗) 광덕(光德) 9년(958) 귀화인 후주(后周) 사람 쌍지(双冀, -?)의 건의로 '과거제도(科举制度)'를 시행하였다. 그 시험과목은 시(诗), 부(赋), 송(颂) 및 시무책(时务策) 등이었다. 본래 '유학'과 '과거제도'는 긴밀하게 연계되어 응시자는 반드시 유가 경전을 탐독하고 시험을 준비해야 했다. 그 결과 성종(成宗) 11년(992) 최고의 관학기관 '국자감(国子监 : 현재 국립대학에 해당)'이 설립되어 유학의 『오경』을 교육과정 및 그 교과교재로 선정하고 『효경(孝经)』, 『논어(论语)』를 전공필수 기초 교과목으로 개설하였다.[16] '과거제도' 시행, '국자감'의 설치는 더 많은 사람들에게 유학에 몰두하도록 하였고 자연스레 서적에 대한 수요가 증가하여 그 공급을 위해 2차례의 서적수입이 있었다. 예를 들면 성종 12년(993, 淳化 4) 송나라 태종(太宗)이 『구경(九经)』 서적을 증정하여 보내주고 현종(显宗) 7

16) 『高丽史』 권99 「诸臣」 崔惟清条에 "구제도 국자감은 1년 6차례 아참의 날(衙参之日 : 관아 참관의 날 즉 순서에 따라 배열하여 알현하고 공적인 일을 상신하는 날) 의관을 갖춘 자제들이 모여 정제한 『논어』·『효경』으로 시험을 치른다. 합격자는 이부에 보고한다. 이부는 다시 대대의 계통을 고려하여 첫 관직을 제수한다(旧制国子监, 以四季月六衙日, 集衣冠子弟, 试以『论语』·『孝经』。中者, 报吏部、吏部更考世系, 授初职。)"(『(译註)高丽史』, 부산 : 东亞大学校出版社, 1965, p.482). 그리고 권74 「选举」条에 "무릇 경전 『주역』·『상서』·『예기』·『모시』·『춘추좌씨전』·『공양전』·『곡량전』은 각기 한 종의 경전이 되었다. 『효경』·『논어』는 반드시 겸하여 통달하게 하였다. …… 모두 먼저 『효경』·『논어』를 공부하고 다음에 여러 경전을 공부하고 아울러 중시하며 시무책을 수시로 시무책을 익히도록 하였다(凡经『周易』·『尚书』·『礼记』·『毛诗』·『春秋左氏传』·『公羊传』·『谷梁传』, 各为一经。『孝经』·『论语』, 必令兼通。…… 皆先读『孝经』·『论语』, 次读诸经并算, 习时务策。)"(위의 책, pp.71-72).

년(1016, 大中祥符 9) 송나라 진종(真宗)이 고려사절 곽원(郭元)이 귀국 인사 때 그 요청에 응하여 많은 서적들을 선물하고 『국조등과기(国朝登科记)』를 베낄 수 있도록 허락하였다.[17] 그 결과 고려의 지식인 사회에서 '유학'은 정치, 교육방면에서 영향력, 파급력을 지닌 중요한 사상이념으로 자리매김한 것이다. 그러나 고려와 송나라의 교류가 생각처럼 그렇게 쉽거나 순탄하지는 않았다. 이는 당시 한반도 주변정세와 무관치 않았다. 송조는 그들의 선진 문물이 북방 이민족들에게 흘러들어가는 것을 꺼려 서적 등의 교역품목 제한, 해로를 통한 왕래라는 교류방식으로 진행할 수밖에 없었다.

고려시대(918-1392) 한반도 주변에 중원(中原)을 차지한 한족(汉族)의 오대(五代)를 이어 등장한 송나라 이외에 북방에 자리했던 거란족(契丹族)의 요(辽), 여진족(女真族)의 금(金), 몽고족(蒙古族)의 원(元)나라 마지막으로 한족의 명(明)나라 등이 시대를 달리하며 흥망성쇠를 거듭하였다. 이 국가들과 고려는 때로는 우호(友好) 관계를 맺기도 하고 전쟁(战争)을 치르기도 하며 복잡하게 뒤얽힌 역사적 상황의 전개, 연출로 점철된 국제관계 속에 있었다. 때문에 주변 국가들과의 교류가 이전시대보다 더욱 빈번해지며 한층 더 어려운 국면으로 전개되는 필연적 문제에 당면하게 된 것이다. 문제해결의 열쇠는 대외 외교에 달려있다 말해도 결코 과언은 아니었다.

고려시대 대외관계 업무를 담당하던 기구는 태조(太祖) 4년(921) '예빈성(礼宾省)'을 시작으로 성종 14년(995)에 '객성(客省)'으로 개칭하고 후에 다시 '예빈성'은 '예빈시(礼宾寺)'로, '객성'은 '전객시(典客寺)'로 개칭하기를 되풀이하였다.[18] 이 기구의 종사자들

17) "순화 4년(993 : 高丽 成宗 12年) 송나라 진종 대중상부 9년(1016 : 高丽 显宗 7年)에 고려 외교사절 곽원이 귀국 인사를 올린다. 진종은 그 여청한 바에 근거하여 『구경』·『사기』·『양한서』·『삼국지』·『진서』·『제자』·『여일』·『성혜방』·어시 등을 선물하고 아울러 『국조등과기』를 베끼도록 허락하였다(淳化四年, 太宗赠送版本 『九经 』书; 宋真宗大中祥符九年, 高丽使郭元辞归, 真宗据其所请, 送给 『九经』·『史记』·『两汉书』·『三国志』·『晋书』·『诸子』·历日·『圣惠方』·御诗, 并准录 『国朝登科记』。)"(杨渭生, 「宋与高丽的典籍交流」, 『浙江学刊』 2002年 第4期, p.149-154에서 재인용).

18) 정승혜(2002.11)의 「한국에서의 외국어 교육에 대한 역사적 고찰」 각주 6)에 "태조 4년(921)에 설치된 기구로, 처음에는 예빈성(禮賓省)으로 하였다가 성종 14년(995) 객성(客省)·예빈성으로 잇달아 개칭하였으며, 충렬왕 24년(1298)에는 원(元)나라의 압력으로 관제를 고칠 때 전객시(典客寺)로 하였다가 곧 예빈시로 개칭하였다. 관원으로는 판사(判事 : 정 3품) 2명, 영(令 : 종 3품) 약간 명, 부령(副令 : 종 4품) 2명, 승(丞 : 종 6품) 2명, 주부(主簿 : 종 7품), 녹사(綠事 : 종 8품) 각각 약간 명을 두었다. 그 후 충렬왕 34년(1308) 전객시, 공민왕 5년(1356) 예빈시, 1362년 전객시, 369년 예빈시, 1372

은 외빈을 직접 상대한 까닭에 적어도 외국어(중국어)에 대한 소양을 갖추어 의사소통에 그다지 문제가 없었을 것이다.[19] 즉, 주변국들과의 대외 외교에 적절히 대응하기 위해서는 무엇보다 관련 분야에 종사할 인재의 양성과 기관의 설립이 선결되어야 할 문제라 할 수 있었다. 이러한 상황인식에 따른 문제의식은 첨예한 국제관계 속에 그 시대적 역할이 강조되는 역학기구의 설치 및 통역관의 양성으로 이어진 것이다.

한족의 송조 및 그 선진적 문화를 받아들인 고려와 북방의 이민족 국가들은 한자문화권을 형성하고 있어 기본적인 교류 상에 있어 유리한 점을 지니나 서로 만나 대면할 때 각기 해당 민족의 고유한 언어문자 부호체계의 사용을 선호하였을 것이다. 부연하자면 한자와 중국어는 공통 언어문자 부호체계 즉 제 1외국어이고, 각 민족의 언어문자는 또 다른 부호체계 즉 제 2외국어인 셈이었다. 전문적이고 체계를 지닌 역학기구의 설립이 요구되는 이유라 할 수 있다. 그 관련 기록은『고려사(高丽史)』에 선후로 언급된 '한어도감(汉语都监)',[20] '역어도감(译语都监)'[21] 및 '사역상서방(司译尚

년 전객시로 되풀이 개칭하였다가 공양왕 2년(1390)에 예빈시로 다시 고쳐 조선시대에 이어졌다"(『이중 언어학』, 서울 : 이중 언어학회, pp.289-290)한다.

19) 이에 관해 朴龙云(2005)은「고려시기의 通文馆(司译院)에 대한 검토-汉语都监 · 译语都监 · 吏学都监 · 汉文都监과도 관련하여」에서 "어떻든 이 기구의 관원들은 외빈을 직접 상대하기도 했으므로 외국어에 대한 소양이 필요하였으리라는 것은 충분히 짐작할 수 있는 일이다. 실제로 張延祐의 아버지 張儒가 신라 말에 吴越国으로 난리를 피했다가 뒤에 돌아왔는데, '光宗은 그가 중국어를 이해하므로(以解华语) 여러 번 만에 客省의 직위를 제수하고 중국의 사신(中国使)이 올 때마다 반드시 儒로 하여 접대케 하였다'(『高丽史』 卷94,「列传 · 皇甫俞义」附'张延祐')는 사례는 이점을 이해하는데 좋은 참고가 된다"고 말하였다(朴龙云,『韩国学报』120, p.8).

20) 朝鲜 世宗 23年(1441) 8月 乙亥条에 "…… 上护军 闵光美 등 60인이 세종께 : '臣 등의 사견으로 우리나라는 三韩으로부터 高丽에 이르기까지 대대로 事大하였는데, 高丽에서 汉语都坚 및 司译尚书房을 설치하여 전문적으로 중국어를 학습하니 그때 중국인들이 우리나라에 와 거주하는 이가 아주 많았습니다. 国初에 司译院을 설치하여 예를 들면 庞和 · 荆华 · 洪楫 · 曹正 등이 이어 가르치므로 이로부터 몸소 전하여 익히는 직업 인재가 배출되었습니다. 그런데 배우는 이들이 읽는 것은『老乞大』,『朴通事』, 前 · 后汉 등 书册에 지나지 않았다'고 아뢰었다(……上护军闵光美等六十人上言曰 : '臣等窃见我国自三韩至于高丽, 世世事大, 高丽设汉语都坚及司译尚书房, 专习华语, 其时汉人来寓本国者甚多。至国初置司译院, 如庞和 · 荆华 · 洪楫 · 曹正等相继训诲, 由是亲炙习业人才辈出。然学徒所读不过『老乞大』,『朴通事』,『前 · 后汉』等书而已。')"(『朝鲜王朝实录 · 世宗实录』第九册, 卷93, p.179).

21)「嬖幸列传」의 '康允绍'条에 "…… 郑子琠 역시 译者이다. 본래 灵光郡 押海人인데, 처음에 스님이 되었다가 还俗해서 译语都监录事에 보임된 까닭에 蒙古语를 익혀 여러 차례 元에 들어간 공으로

〈표-3〉 고려시대 중국어 교육 관련 역학기구

구분 / 기구	설치시기	설치동기	설치목적	특징
한어도감 (汉语都监)	시기불명	·事大	·译语 교육 및 译官 양성	·忠烈王15年(1289) 기록에 처음 보임 ·口语 중국어 교육
사역상서방 (司译尚书房)	시기불명	·事大 ·交邻	·译语 교육 및 译官 양성	·口语 중국어 교육 ·기타 외국어 교육
한문도감 (汉文都监)	恭让王3年 (1391)	·事大	·译语 교육 및 译官 양성	·汉语都监에서 개칭 ·口语 중국어 교육
통문관 (通文馆)	忠烈王2年 (1276)	·事大(亲朝) 交流	·译语 교육 및 译官 양성	·口语 중국어 교육 ·蒙古语 교육
이학도감 (吏学都监)	忠惠王元年 (1340)	·事大 交流	·文言 중심의 汉吏文 교육 ·译官 양성	·书面语 중국어 교육 ·외교문서 관장(작성, 처리, 보관, 발송 등)
사역원 (司都监院)	恭让王元年 (1389)	·事大 ·交邻	·译语 및 汉吏文 교육 ·外使 및 译官 양성	·口语, 书面语 중국어 교육 ·蒙古语 교육 ·译官은 汉文都监에서 교육

书房)'[22]이나 '한문도감(汉文都监)',[23] '이학도감(吏学都监)'[24] 및 '통문관(通文馆)'[25] 그리고

转补되어 벼슬이 知僉议府事에 이르렀다"(위의 주16, p.212).

22) 동상 주17), p.12.

23)『高丽史』권77「百官志」2에 "한문도감은 공양왕 3년(1391)에 한어도감을 고쳐 한문도감이라 하고 교수관을 배치하였다(汉文都监, 恭讓王三年, 改汉语都监为汉文都监, 置教授官。)"(위의 주16, p.218).

24)『高丽史』권77「百官志」2에 "이학도감은 충혜왕 원년(1340)에 이를 설치하고, 충목왕 4년(1348)에 판사 7인·부사 3인·판관 3인·기록사 4인을 배치하였다(吏学都监, 忠惠王元年置之, 忠穆王四年置判事七人, 副使三人, 判官三人, 录事四人。)"(위의 주16, p.216).

25)『高丽史』권76「百官志」1에 "통문관은 충렬왕 2년에 처음 설치되고 금내학관 등 참외 참차관: 문무 7품 이하'에 명해 나이가 아직 40이 되지 않은 자들은 한어를 습득하게 하였다. 금내학관은 비서성, 사관, 한림원, 보문각, 이시각, 동문원이다. 아울러 식목도감, 도병마사, 영송관을 금내 9관이라 부른다(通文馆, 忠烈王二年, 始置之, 令禁内学官等叅外。年未四十者, 习汉语, 禁内学官秘书·史馆·翰林·宝文阁·御书·同文院也. 并式目·都兵马·迎送, 谓之禁内九官。)"(동상 주16, p.186).『高丽史』권106「金坵传」에 "그때 통역하던 사람은 대개 미천한 신분 출신에서 일어나 말을 전달하는 사이 대부분 사실로 하지 않는데 간사함을 품고 자기 잇속을 채우므로 참문학사 김구가 이를 설치하도록 건의하였다.후에 사역원을 설치하고 역어를 관장하게 하였다(时舌人, 多起微贱, 传语之间, 多不以实, 怀奸济私, 叅文学事金坵, 建议置之。后置司译院, 以掌译语。)"(동상서, p.138-139). 권77「百官志」2에도 같은 기록이 보임.

'통문관'을 대체한 '사역원(司译院)'[26] 등의 기구명칭이 그것이다. 이 가운데 중국어 교육과 관련된 기구는 '한어도감', '사역상서방', '한문도감', '통문관', '이학도감', '사역원' 등이며 그 설치시기, 배경, 목적 및 특징 등을 이해할 필요가 있다. 이 가운데 중국어 교육 관련 역학기구를 위주로 정리하면, 위 〈표-3〉과 같다.

2. 조선시대 이후

'조선시대 이후'는 조선시대부터 근대 및 일제강점기를 거쳐 광복이후 즉 1955년 교육과정이 마련되기 전까지를 포함하는 시기이다. "중국어 교과교육"에 있어 그 체계가 갖춰지지 않은 조선시대이전을 기점으로 큰 틀에서 바라본 구분이라 할 수 있다. 즉 중국어 교육을 위한 교육제도, 교육기관, 교육과정 편성, 교과교재 개발 등 그 체계가 아직 완전하게 갖춰진 단계로 볼 수 없다. 물론 현재의 교육체계에 비할 바는 아니지만 교사, 학생 및 교육의 질적 측면은 오히려 강점을 지니고 있었다.

2.1 조선시대

고려 말기 안향(安珦, 1243-1306)이 성리학을 받아들이고 국내에 소개한 이래 '정주이학(程朱理学)'에 기초한 유학은 고려말기부터 조선시대까지 유행하였다. 조선 건국이후 고려시대의 폐단을 거울삼아 '숭유억불(崇儒抑佛: 유학을 숭상하고 불학을 억누름)' 정책을 시행하고 유학을 국가의 주도이념으로 정해 수신, 신앙, 정치, 교육 등 방면에서 사회적 작용을 해내도록 하였다. 나아가 '학령(学令)'[27]을 공포하여 '독존유가(獨尊一

26) 『高丽史』 권77 「百官志」 2에 "공양왕 원년(1389)에 10학을 설치하고 교수관원을 나누어 예학은 성균관에, …… 자학은 전교사에, …… 이학은 사역원에 예속시켰다(恭让王元年, 置十学, 教授官分隶, 礼学于成均馆。……字学于典校寺, ……吏学于司译院。)"(위의 주16, p.218). 『东国通鉴』 권37의 「忠烈王 2년」 조에도 보임.

27) 闵钟显의 『太学志 · 学令』 권7에 "늘 『사서』·『오경』 및 여러 역사서 등을 공부하고 『장자』·『노자』·『불학서』· 잡가류의 『백가자집』 등의 서책을 끼고 다니지 않아야 하며 어긴 자는 벌한다(常读

家: 오로지 유가를 받듦)'를 표방하고 '벽이단(辟异端: 이단학을 배제함)'의 입장을 고수하며 사실상 유학이외 모든 학술사상 발전의 길을 막아버렸다. 더욱이 조선의 최고 관학인 '성균관(成均馆: 현재 국립대학에 해당)'은『사서』·『오경』을 위주로 교수·학습을 진행하고 과거제를 시행하여 인재를 선발하였다.

조선시대(1392-1897)에 들어서면, 건국 초기부터 '사대교린(事大交邻)'의 외교정책을 수립하였다. 주변국들과 '사대' 혹은 '교린', 즉 유학의 종주국 한족의 명나라에 대해 '사대', 북방의 이민족 국가들에 대해 '교린'이라는 외교정책을 펴나갔다. 이를 뒷받침하기 위해 고려의 역학기구 '사역원'을 계승하고 재정비하여 발전을 꾀하는 한편 전문적인 외교문서 작성, 관리를 위해 '승문원(承文院)'을 추가 설립하여 이원화 기구로 개편하였다. 조선시대 3대 국시(国是)와 역학의 체계를 간략하게 요약하면, 다음 〈표-4〉와 같다.

〈표-4〉 조선의 3대 국시와 역학정책[28]

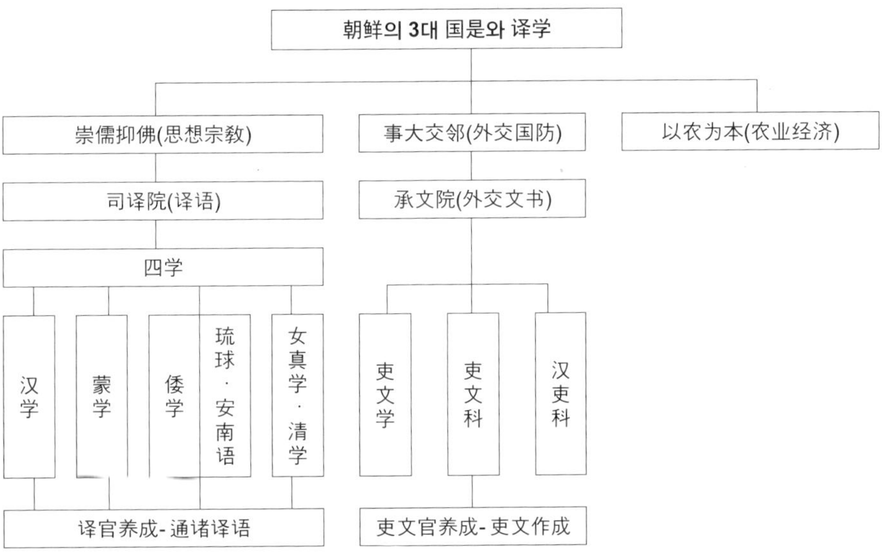

『四书』·『五经』及诸史等书, 不挟『庄』·『老』·『佛』·杂流百家子集等书, 违者罚。)"(『韩国文集丛刊』 제 3책, 서울 : 民族文化推进会, 1993, p.83)고 한다.

28) 林东锡(1989)의 도표를 인용, 수정을 거쳤음(林东锡,『朝鲜时代 外国语 教学에 저한 一考』,『건대학술지(人文社会科学)』 제 33집, p.151).

2.1.1 사역원

'사역원'은 고려의 역학기구를 계승하여 태조(太祖) 2년(1393) 설치되었다.[29] 그리고 태조 3년(1394) 11월 을묘(乙卯)에 귀화 중국인 세창서우(偰长寿)가 글을 올려 그 운영에 관한 6개 항목을 건의하였다.[30] 그 가운데 관련 교육내용, 등원 인원수 등이 포함되어 있었는데 태조는 그 건의 사항들을 도평의사사(都评议使司)로 하여 검토, 시행하도록 하였다.

'사역원'은 '사대교린'을 그 설치동기로 설립된 것이었다. 그 동기에 부합하도록 조선의 역대 통치권자들은 다양한 정책으로 '역학' 교육, 역학자 및 역관의 교육양성 등 설치목적을 달성하기 위해 체계적인 교육과정 편성, 교과교재 개발 등에 관심과 노력을 아끼지 않았다.

'사역원'에서 주력한 '역학' 교과과정은 '한학(중국어문)'이였다. '한학'을 포함하여 몽학(蒙学), 왜학(倭语), 여진학(女真学) 등이 개설되어 있었는데 총칭하여 '사학(四学)'이라 불렀다. 그 설치시기, 배경, 목적 및 그 특징 등을 도표로 정리하면, 다음 〈표-5〉와 같다.

---

29) 『태조실록』 권4 「太祖二年九月辛酉」 条에 "사역원을 설치하고 중국어를 학습하게 한다(置司译院, 肄习华语。)"(河崙·柳观·鄭以吾·卞季良 등, 『朝鲜王朝实录』, 太白山本印本, p.1408).

30) 『태조실록』 권4 「太祖三年十一月乙卯」 条에 "인원은 교수자 3인내로 한문 2인, 몽고어 1인을 배치하여 넉넉하게 봉급을 주었다. 생도 정원은 나누어 통역을 학습하고 그 부지런하거나 게으름을 관찰하여 상벌 근거로 한다. …… 통역을 학습하는 생도는 자원해 오는 자가 적게 있어 서울에 있는 5부 및 각 도를 경계로 한 중심주로 하여 양가자제 15세 이하에 타고난 자질이 똑똑하고 예민한 자를 가려 해마다 1인을 천거하도록 하였다(额设教授三员內, 汉文二员, 蒙古一员, 优给禄俸. 生徒额数, 分肄习业, 考其勤慢, 以凭罚。……习业生徒, 鲜有自愿来者, 令在京五部及各道界首府州, 择良家子弟, 十五岁以下, 天资明敏者, 岁贡一员。)"(동상 주27). 그리고 같은 책의 권6에 "사역원 제조 偰长寿 등이 글을 올려 말하기를……우리나라 전체가 중국을 사대하는데 중국 언어문자를 습득하지 않을 수 없습니다. 이 까닭에 건국 초기에 특별히 본원을 설치하고 녹봉을 받는 관원 및 교관을 배치하여 생도들을 교수·학습하고 이에 따라 중국 언어의 음훈과 문자서식을 습득하게 하였습니다. 위로는 일이 큼에 정성을 다하는 것이고, 아래로는 다른 풍속의 효과를 기약하는 것입니다(司译院提调偰长寿等上书言, …… 我国家世事中国, 言语文子不可不习。是以肇国之初, 特设本院, 置禄官及教官教授生徒, 倚习中国言语音训文字体式。上以尽事大之诚, 下以期易俗之效。)"(위의 주29).

〈표-5〉 조선시대 '사역원' 역학 교육과정 '사학'

구분 / 사학	설치시기	설치동기	설치목적	특징
한학(汉学)	太祖2年9月	事大	·译语교육 ·译学者 교육 및 양성	·高丽时代 개설 ·역학정책 중심 교과과정
몽학(蒙学)	太祖3年	交邻	·译语교육 ·译学者 교육 및 양성	·高丽时代 개설 ·偰长寿 등의 건의로 개설
왜학(倭学)	太宗14年(1414)	交邻	·译语교육 ·译学者 교육 및 양성	·对马島를 거점으로 교역확대 요구 ·壬辰倭乱이후 중시
여진학(女真学)	太宗时期	交邻	·译语교육 ·译学者교육 및 양성	·高丽时代 개설 ·显宗 8년(1667) 请学으로 개칭

이전시대와 비교하여 '역학'의 교육은 교육제도, 교육기관, 교육과정 편성을 넘어 관련 교과교재 개발 방면에까지 그 체계가 완비되어 안정적인 교육을 진행할 수 있었다. 위에서 언급한 '사학' 가운데 '한학(중국어문)'이 중심 교과과정이었다. '한학'은 사대 외교정책을 위해 개설되었고 몽학, 왜학, 여진학은 교린 외교정책을 위해 개설되었던 것이다. '한학'이 태조 2년 고려의 역학기구 '사역원'의 교과과정을 계승하여 설치된 이래 그 교육의 중심으로 자리매김하였다. 몽학은 태조 3년 셰창서우(偰长寿)의 건의로 개설되었고 왜학, 여진학은 태종시기에 그 필요성이 대두되며 개설되었을 것이라 미루어 짐작할 수 있다. 즉 왜학은 임진왜란 이후, 여진학은 병자호란(丙子胡乱) 이후 그 필요성이 강조된 것이다. 특히 여진학은 현종 8년 청학(请学)으로 개칭되었다.

조선시대 역학 교육기구인 '사역원' 교육과정 가운데 가장 중요한 지위를 차지한 것은 '사학' 중의 '한학' 즉 중국어문 교육이었으며, 그 기구설치의 동기 및 목적을 가장 폭넓게 구현해낸 교육과정이라 말할 수 있다.

2.1.2 승문원

'승문원'은 고려 충혜왕 원년(1340)에 설치된 '이학도감(吏学都监)'이 그 전신이다. 조선 건국 초기부터 '사대교린'을 위해 전대의 관련 기구를 모방, 답습하여 유지해왔다. 이후 태종 4년(1395) '문서 응봉사(文书应奉司)' 즉 약칭 '응봉사'라는 명칭으로 그 업무가 이어져오다가 태종 11년(1411)에 '승문원'이라는 정식 명칭으로 불리게 되었다.[31] '승문원'은 이문(吏文) 교육 즉 역관(통역관), 외교사절(외교관)의 교육 및 그 양성을 전담하고, 외교문서를 관장(작성, 처리, 보관, 발송 등)하던 기구이다.

'승문원'은 이원적 체계로 운영되는 역학기구인데 그 관원들을 대상으로 이루어진 이문 교육 즉 한훈(汉训) 교육(전공 기초교과에 해당), '한학(중국어문)' 교육(전공 필수교과에 해당) 등에 관한 교육영역 뿐만 아니라 음운(音韵), 제도(制度:즉 律令格式) 등에 관한 연구영역을 포함하여 운영되었기 때문이다.

이문은 주로 명나라, 청나라를 대상으로 작성되는 외교문서였던 까닭에 '한학(중국어문)' 교육의 동기 및 그 목적을 구현해낸 결과물인 셈이다. '승정원'의 설치시기, 배경, 목적 및 그 특징 등을 도표로 정리하면, 다음 〈표-6〉과 같다.

〈표-6〉 조선시대 '승정원'의 역학 교육 및 연구

구분 / 체제	설치시기	설치동기	설치목적		특징
교육연구	(朝鲜初期) 太宗11年	事大	吏文교육	·汉训(官员)	·音韵교육(전공 기초교과)
				·汉学	·语文교육(전공 필수교과)
			吏文연구	·音韵	·汉语音韵 연구
				·制度	·律令格式 연구
사대문서			吏文작성	·汉文	·작성, 처리, 보관, 발송

'승정원'은 역관, 외교사절의 이문교육과 음운, 제도의 이문연구를 담당하고 외교문서를 전담하여 작성, 처리, 보관, 발송 등 이원적으로 업무를 관장해왔던 역학기구이다.

조선시대의 역학기구는 '사역원'과 '승정원'이라는 이원화 체계의 운영이었다. 전대와 비교하면, '사역원'은 고려의 '사역원'에 해당하고 '승문원'은 고려의 '한어도감(한문

31) 『太宗实錄』 권21 「太宗十一年六月十九日戊申」 條에 "문서응봉사를 고쳐 승문원이라 하고 판사 1인 정 3품, 지사 1인 종 3품, 첨지사 2인 종 4품, 교리 2인 종 5품, 부교리 2인 정 6품, 정자 2인 종 7품, 부정자 2인 정 8품에 배치하였다. 이에 앞서 응봉사에서는 오로지 사대 문서만을 전담케 하고, 시산은 물론하고 그 책임을 감당할 만한 사람을 택하여 이를 파견하였다. 이를 오래하면 전형의 후보로 삼았는데, 이때에 이르러 녹봉을 받는 관리가 되었다(改文书应奉司为承文院, 置判事一正三品, 知事一從三品, 僉眼知事二從四品, 郊理二從五品, 副校理二正六品, 正字二從七品, 副正字二正八品。先是应奉司, 专修事大文书, 不论时散, 择堪其任者差之。岁久, 以补铨选, 至是为禄官。)"(河崙·柳观·鄭以吾·卞季良 등, 『朝鲜王朝实录』, 太白山本印本, p.1408, 31장 뒤쪽).

도감)'과 '이학도감'의 결합에 해당하여 그 역할이 집중되고 강화되는 동시에 체계적, 전문적인 성격을 띠게 되었다. 즉 당시 역학교육의 교과교재 개발과 역관선발 방법 관련 기록을 종합하면 그 성격이 분명하게 드러난다.『世宗实錄』과『经国大典』그리고『续大典』의 기록을 중심으로 정리하면, 다음 〈표-7〉, 〈표-8〉, 〈표-9〉와 같다.

〈표-7〉 조선시대 교과교재 개발과 역관 선발방법(『世宗实录』)[32]

实录 / 译学			『世宗实录』- 世宗 **12年(1430)**
汉训	讲读	临文	『书』·『诗』·『四书』·『孝经』·『直解小学』·『直解大学』·『前汉书』·『少微通鉴』·『古今通略』·『忠义直言』·『童子习』
		背讲	『老乞大』·『朴通事』, '汉语'
蒙训	写字		『待漏院记』·『贞观政要』·『老乞大』·『孔夫子』·『速八实』·『伯颜波豆』·『吐高安』·『章记』·『巨里罗』·『贺赤厚罗』·『伟兀真』·『帖兒月真』, '书字'
倭学			『消息』·『书格』·『伊路波』·『本草』·『童子敎』·『老乞大』·『议论』·『通信』·『庭训往来』·『鸠养物语』·『杂语』, '书字'

〈표-8〉 조선시대 교과교재 개발과 역관 선발방법(『经国大典』)[33]

法典 / 译学			『经国大典』- 成宗 **16年(1485)**			
			译科初试	额数	译科复试	额数
汉训	讲读	临文	『书』·『诗』·『四书』·『直解小学』·『前后汉书』·『少微通鉴』·『忠义直言』·『童子习』		同初试(兼讲『五经』·『通鉴』·『宋元节要』, 愿者听之)	13人

32)『세종실록』권47「世宗十二年三月」세종 실록에 여진학에 관한 기술을 결여하는데 그 이유로『세종실록』권33「世宗八年九月二十二日」條에 "예조「장계」에 '야인이 연속해서 올라오는데 단지 향통사로 하여 말을 전하는 것이 불편하니 함길도에 기어하는 사람 속에서 여진어 및 우리말을 모두 할 수 있는 3사람을 골라 사역원에 배속시키고 야인가 통사가 되게 하십시오'라 올리니, 이를 따르도록 하셨다(礼曹啓:'野人连续上来。只令乡通事传语未便, 请咸吉道居人内, 择其女真及本国语俱能者三人, 属于司译院, 为野人馆通事。從之。)"(河崙·柳观·鄭以吾·卞季良 등,『朝鲜王朝实录』, 太白山本印本, p.509). 〈표-4〉와 예조에서 올린 장계 내용에 근거하면 여진학 교육은 이미 실시되고 있었으나 전문성, 체계성을 결여한 것으로 보인다. 때문에 세종께서 장계에 따라 시행하도록 하명하셨을 것으로 판단한다.

33) **『經国大典』권3「礼典」의 劝奬条**. 정승혜(2002.11)의「한국에서의 외국어 교육에 대한 역사적 고찰」'4.1 조선시대 과시(科试)와 잡과(杂科)'에 제시한 〈표 3-1〉 译科에 사용된 课冊4 및 试取方法(경국대전)을 인용하고 약간의 수정을 거쳐 도표화하였다(위의 주18, p.298).

		背讲	『老乞大』·『朴通事』			
蒙训	写字		『待漏院记』·『贞观政要』·『老乞大』·『孔夫子』·『速八实』·『伯颜波豆』·『吐高安』·『章记』·『巨里罗』·『贺赤厚罗』·『王可汗』·『守成事监』·『御史吉安箴』·『高难加屯』·『皇都大训』·『帖兒月真』并16冊	司译院录名试取-汉学 23人, 蒙学·倭学·女真学各 4 人; 汉学乡试录名试取-黄海道 7人, 平安道 15人	同初试	2人
倭学			『伊路波』·『消息』·『书格』·『老乞大』·『童子教』·『杂语』·『本草』·『议论』·『通信』·『鸠养物语』·『庭训往来』·『应永记』·『杂笔』·『富士』并14冊		同初试	2人
女真学			『千字』·『天兵书』·『小儿论』·『三岁儿』·『自侍卫』·『八岁儿』·『去化』·『七岁儿』·『仇难』·『十二诸国』·『貴愁』·『吴子』·『孫子』·『太公』·『尙书』并15冊		同初试	2人
四学	译语	临文	并译『經国大典』		同初试	

〈표-9〉 조선시대 교과교재 개발과 역관 선발방법(『续大典』)[34]

译学 \ 法典			『续大典』- 英祖 22年(1746)			
			译科初试	额数	译科复试	额数
汉训	讲读	临文	四書(『论语』·『孟子』·『大学』·『中庸』)	式年(增广同大增广, 則汉学·蒙学·倭学各加 4人)	同初试	式年(增广同大增广, 則汉学·蒙学·清学各加 2人)
		背讲	『老乞大』·『朴通事』·『伍伦全备(中间部分)』(新增)		同初试	
蒙训	写字		以新译『蒙语』4卷, 『老乞大』中七处为范围写字. 并以汉语冊数为准.			
倭学			『捷解新语』(新增)			
女真学·清学			『千字』·『天兵书』·『自侍卫』·『八岁儿』·『小儿论』·『老乞大』·『三译总解』(新增), 其余诸书今皆废之.			
四学	译语	临文				

이상 〈표-7〉, 〈표-8〉에 제시된 법전의 기록으로부터 역학 관련 교과교재 개발과 역관선발 방법 이외에도 교수·학습 방법, 선발정원, 선발유형 등 사항을 이해할 수 있다. 특별히 '한학(중국어문)' 교과교재의 개발은 임진왜란을 전후하여 관심과 노력이 집중되었다. 그 개발의 발자취를 이해하기 쉽도록 도표로 정리하면, 다음 〈표-10〉과 같다.

34) 위의 주18)의, p.299.

〈표-10〉 조선시대 교과교재 개발의 발자취(임진왜란 전후)[35]

冊名	刊行年代	种类		备考
		译语	版本	
『老乞大』·『朴通事』 『直解小学』	·元代 ·年代未详	汉语		·最近汉文本『老乞大』发見, 其外不传.
『语录解』	·孝宗8年(1657)	汉语	龙兴寺木版本	·郑扬瀁编
『语录解』	·显宗10年(1669)	汉语		·南以圣等编, 宋浚吉「拔」
『老乞大谚解』	·显宗11年(1670)	汉语	芸各閣戊申字	·郑太和初刊
『朴通事谚解』	·肅宗3年(1677)	汉语		·朴世华
『译语类解』	·肅宗16年(1690)	汉语	木版本	·愼以行, 金敬俊, 金指南 등 编撰(1682)
『伍伦全备谚解』	·景宗1年(1721)	汉语		·高時彦「序」
『老乞大谚解』	·英祖10年(1745)	汉语	箕营(平让)木版本	·重订本, 卞旭「序」
『朴通事新释』	·英祖41年(1765)	汉语	箕營木版本	·金昌祖 등 修订, 「序」缺
『朴通事新释谚解』	·英祖41年(1765)	汉语	箕營木版本	·金昌祖 등 修订
『译语类解補』	·英祖50年(1775)	汉语	司译院	·金洪哲修订并「拔」
『重刊老乞大』	·正祖19年(1795)	汉语	司译院木版本	·이수(이담) 등 奉命编撰
『重刊老乞大谚解』	·正祖19年(1795)	汉语	司译院木版本	
『重刊朴通事新释』	·正祖19年(1795)	汉语	司译院木版本	
『重刊朴通事新释谚解』	·正祖19年(1795)	汉语	司译院木版本	

2.2 근대 및 일제강점기

근대 즉 근대 개화기(开化期, 1894-1910)와 일제 강점기(1910-1945)를 포함하는 시기가 그 중국어 교육의 배경이라 할 수 있다.

2.2.1 근대

19세기 후반, 한반도를 둘러싼 동북아의 국제질서에 큰 변화의 물결이 요동치기 시작한다. 고종(高宗)은 쇄국정책(锁国政策)으로 일관하다 국명을 대한제국(大韓帝国)으로 고치고 뒤늦게 그 변화에 편승하여 여러 개혁조치를 단행하였다. 그 가운데 주

35) 위의 주18)의, p.304. 임진왜란(壬辰倭乱) 이후『大全通編』시기까지를 포함한다.

목할 부분은 고종 31년(1894) 고려 광종이후 수백 년 동안 유지해오던 전통적 조직체계인 관제가 변경되고 관리를 선발하던 '과거제도'가 폐지된 것이다. 따라서 역학교육·역관양성 기구인 '사역원'도 유명무실해지고 외부(外府), 참모부(叅谋府) 등에 역관이나 역관보(译官补)를 두는 정도에 머문다. 반면에 변화추세에 따라 근대적인 학교교육이 시작되는데 시기적절하게 외국어 교육을 위한 학교도 설립된다. 그래서 이제는 정규 교과과정 중에 외국어 교육을 포함시켜 '외국어학교(外国語学校)'에서 전문적으로 교수·학습할 수 있게 된 것이다.

고종 32년(1895) 외국어학교 관제를 발표하고 그 설립을 공식화하였다. 즉 관제 제1조는 외국어학교 설치목적을 '각국의 언어를 교수하기 위한 것'이라 한 것이고, 제 2조는 배우는 언어의 수요는 학부대신(学部大臣)이 수요에 근거하여 정한다는 것이며, 제 3조는 필요에 따라 지방에 분교를 설립한다는 것이다. 당시 설립된 '외국어학교'에 관한 사항을 열거하면, 다음 〈표-11〉과 같다.

〈표-11〉 외국어학교의 설립 현황

学校學制 / 设立时期	外国語学校	学制	学科		备考
			外国语	普通科目	
1895年	日本语学校	3年	日语	·汉文读书作文 ·韩国历史地理	·设立于 汉城(서울 : 1891-) 仁川(1895-)
1895年	英语学校	5年	英语		
1895年	法语学校	5年	法语		
1895年	清语学校	5年	清语		
1896年	俄羅斯语学校	5年	俄语		
1900年	漢语学校	3年	汉语		
1900年	獨逸语学校	5年	德语		

일반학교에 비해 '외국어학교'는 상당히 인기를 누렸는데 그 이유는 시대적 상황, 정세에 따른 외국어 능통자에 대한 수요 증가와 외국어 교육에 대한 조정의 관심 때문이었다. 그 교육에 대한 지원 즉 원어민 교사초빙, 학생우대(지필묵 지급, 점심값 제공, 벼슬길 우대)[36] 등이 적극적으로 이루어졌다.

각 외국어별로 설립되었던 학교들은 이후 관립한성외국어학교로 합병하고 일어

36) 위의 주18)의, p.304. 임진왜란(壬辰倭乱) 이후『大全通編』시기까지를 포함한다.

부, 한어부, 영어부 등을 병설하였다. 이어 광무(光武) 10년(1906) 칙령(勅令) 제 43호로 '외국어학교령(外国语学校令)'을 공포하여 관·공·사립을 막론하고 모두 '외국어학교'로 병합하여 설립하였다. "외국어에 숙달하고 실무에 맞는 자의 양성을 그 목적으로 한다"고 하고 본과(本科) 3년, 연구과(研究科) 2년의 수업 연한을 규정하였다. 그러나 한일합방(韩日合邦, 1910)으로 외국어학교가 폐쇄되어 오랜 역사를 이어오던 중국어 교육은 잠정 중단의 위기를 맞게 되었다.

2.2.2 일제 강점기

한일합방이후 일제의 식민지 교육정책은 1911년·1922년·1938년·1943년 모두 4차례에 걸쳐 제정, 공포된 '조선교육령(朝鲜教育令)'에 따라 시행되었다.

1911년 제 1차 '조선교육령'(1911-1922)은 "일황(日皇)에게 충성하는 선량한 국민을 양성"하는데 목적을 있었고, 그 목적의 구현을 위해 교육제도, 정책이 정비되었다. 이후 1922년 2월 3일 제 2차 '조선교육령'(1922-1938)은 동화주의(同化主义) 교육 즉 단기간 내에 식민통치에 복종하여 살아가는 사회적 능력을 갖춘 조선인을 배출하는 주입식(注入式) 세뇌(洗脑) 교육이 강요되었다. 이 기간에 관공립학교(官公立学校)는 중국어 교육을 중단하였으나 민중들과 애국 지도자들에 의해 세워진 야학(夜学)에서 중국어 교육이 줄기차게 이루어졌다. 제 2차 '조선교육령'에 따른 교육과정이 개정된 1922년부터 1945년 해방 전까지 공식적으로 중국어 교육은 고등보통학교 즉 경성제국대학(京城帝国大学), 명륜전문학교(明伦专门学校), 중앙불전전문학교(中央佛典专门学校), 혜화전문학교(惠化专门学校) 등에서 이루어졌다.

일제 강점기는 우리나라 중국어 교육의 역사에 있어 암흑기에 해당하며 겨우 그 명맥만을 유지한 채 후일을 기약할 수밖에 달리 방법이 없었다. 그러나 국내의 야학 그리고 국외의 연해주, 서간도에 세워진 무관학교를 중심으로 중국 기반의 항일투쟁을 벌이기 위해 중국어 교육이 이루어고 있었다. 이 또한 우리나라 중국어 교육에 있어 기록되고 자리매김 되어야 할 중요한 부분이 아닐 수 없다.

2.3 정부수립 이후

정부수립 이후 즉 교수요목기(教授要目期, 1945-1954)는 '고등학교 교육과정'이 제정, 공포되기 이전 시기를 포함한다. 1949년 제정·공포된 교육법과 1950년 개정된 교육법에 따라 발족된 6·3·3의 신 학제 실시를 위해 '각급 학교 교육과정 시간 배당 기준령'의 제정으로 그 편성이 시작되었다. 이렇게 중등 보통교육이 시작되었으나 체제를 갖춘 교육과정이 마련되지 못하고 '교수요목'을 제정, 교과목별 분과주의에 입각해 교수·학습이 이루어졌다. 영어를 제외한 외국어 관련 자료를 결여한 까닭에 당시 중학교 영어교과 '교수요목'에 근거하여 그 교육 실태를 유추할 수밖에 없다. 즉 영어교과 교수요목은 그 구성 방침, 목표, 체제 및 편제상의 특징으로 조직되었다.

2.3.1 중등교육

① 교수요목의 구성 방침

영어 교육의 지향점을 "영어를 이해하고 활용할 기초실력을 양성하여, 외국에 관한 식견을 넓히고, 우리 문화의 발전을 기함"이라 기술하였다. 그러나 '교수 방침'에 '이해력과 회화력'을 제시한 점을 제외하고 교육과정 개정 이후처럼 구체적, 실용적 내용으로 구성되지 않은 한계가 있었다.

② 교수요목의 목표

영어 교육의 목표를 '이해와 발표가 가능하도록 영어를 활용한 회화력과 자문력 양성', '번역, 문법 등을 통한 독서력 증진', '발음, spelling, 어법 등에 유의한 언어 상식의 획득', '평이한 영어에서 spakespeare 시대의 문장까지 정독과 다독을 통해 흥미, 교양, 실용의 가치를 염두에 둔 지도' 등이라 제시하고 있다.

③ 교수요목의 체제

'교수요목'의 체제는 교수요지, 교수방침, 교수사항, 교수상의 주의 등으로 구성되어 교육과정 개정 이후와 비교하여 용어상의 차이는 있지만 기본적 구성요건은 거의 차이가 없었다.

④ 교수요목 편제상의 특징

'교수요목' 편제상의 특징을 필수, 선택 외국어 교과로 구분하여 간략하게 정리하면, 다음 〈표-12〉와 같다.

〈표-12〉 '교수요목'에 제시된 외국어 교과의 편제[37]

과목 및 시수		과목 및 시수	
필수	주당 시간	선택	주당 시간
영어	3~8시간	중국어, 불어, 노어, 독어	0~3시간

2.3.2 고등교육

1945년 8월 15일 해방을 맞이한 후 일제 잔재의 청산, 민족교육의 중흥을 위해서 서울을 비롯한 지방 도처에 고등 교육기관 즉 대학교가 설립되었다. 뒤이어 각 대학 내에 여러 외국어 관련 학과들도 개설되었는데 중국어도 그 가운데 하나였다. 과거 외국어학교에서 전담했던 중국어 교육은 더욱 세분화된 관련 학과들의 출현으로 보다 더 전문성을 띠게 된 것이다.

대학교 내의 중국어 교육은 관련 학과에서 진행해왔는데 서울대학교(1946)가 '중어중문학과(中语中文学科)'의 명칭으로 학과개설을 시작한 이래(한국외국어대학교, 1954)[38] 성균관대학교(1955), 경희대학교(1960)를 비롯한 대부분이 그 명칭을 사용하였다. 그러나 1980년대 이후 시대적 변화에 대한 통합적 이해가 요구됨에 따라 '중어중문' 전공 이외에 중국어, 중국어문, 중국 언어문화, 중국어 중국학, 중국어 통번역, 관광 중국어, 중국학, 중국 문화, 중국 지역, 중국통상, 중국비지니스, 중국 정치경제, 중국 사회문화 등 다양한 전공의 학과를 개설하고 있다. 그러나 사실 이들 중국어 관련 학

37) 金银镜(2010)의 논문 〈표-1〉을 참고하여 재구성하였다(金银镜, 『중등 중국어 교육과정의 변천 연구』, 庆北大学校 师范大学 硕士学位论文, p.11).

38) 성균관대학교 보다 1년 앞서 한국외국어대학(1954)에 중국어 관련 학과가 개설되었지만 '중어중문학과'라는 명칭은 아니었다.

과는 고등 교육기관으로써 중등교원 양성을 위한 "중국어 교과교육론" 내용 기술의 범위에 포함되지 않아 더 이상 기술하지 않고 여기서 줄이고자 한다.

【참고문헌】

泷川龟太郎(1986),『史记会注考证』, 台北:洪氏出版社.
班固撰·颜师古补注(1975),『汉书補注』二, 台北:新文丰出版公司.
陈寿撰·裴松之注(1984),『三国志』二, 台北:洪氏出版社.
范晔(1975),『后汉书』二, 台北:新文丰出版公司.
李延寿(1982),『北史』, 台北:鼎文书局.
刘昫(1982),『旧唐书』, 台北:鼎文书局.
金富轼撰·金钟权译(1988),『三国史记』上, 서울:明文堂.
东亞大学校研究室,『(译註)高丽史』, 부산:东亞大学校出版社, 1965.
河崙·柳观·鄭以吾·卞季良 등(1408),『朝鲜王朝实录』, 太白山本印本.
闵钟显(1993),『太学志』권 7(『韩国文集丛刊』제 3책, 서울:民族文化推进会)
徐智慧(2007),『중국어 교육의 역사적 고찰』, 韩国外国语大学校 教育大学院 硕士学位论文.
金银镜(2010),『중등 중국어 교육과정의 변천 연구』, 庆北大学校 师范大学 硕士学位论文.
林东锡(1989),『朝鲜时代 外国语 教学에 对한 一考』(『건대학술지(人文社会科学)』제 33집).
柳秉鴻(1992.2),「由考古学领域所得的成果」(『朝鲜考古研究』, 平让).
楊渭生(2002),「宋与高丽的典籍交流」(『浙江学刊』第4期).
梁伍镇(2000),「한국에서의 중국어 역관 양성에 대한 역사적 고찰」(『중국 언어연구』, 서울:한국 중국 언어학회).
한용수(2002)「한국 근대시기의 한어교육」(『중한인문과학연구』제 8집, 중한인문과학연구회).
郑丞惠(2002.11)「한국에서의 외국어 교육에 대한 역사적 고찰」(『이중 언어학』, 서울:이중 언어학회).

朴龙云(2005),「고려시기의 通文馆(司译院)에 대한 검토-汉语都监·译语都监·吏学都监·汉文都监과도 관련하여」(『한국학보』 제 31권 제 3호, 서울:일지사).

조은희(2010.06),「1920년대 중국어 교육에 관한 연구」(『中国文化研究』 第 16辑, 서울:중국문화연구회).

김성주(2012.02),「역학서 언해와 조선의 외국어 교육」(『한국어문학연구』 제 58집, 서울:한국어문학연구회).

姜声调(2017.11),「在韩后三国时代以前的'诸子学'初探-以后三国鼎立时期前金石文'诸子学'印记为中心」(『中国学报』 제 82집, 서울:韩国中国学会).

Ⅲ. 現代 중국어 교육과정 분석

'중국어 교육과정' 즉 '중등 교육과정'은 중·고등학교의 제 2외국어 교육과 관련하여 마련된 것이다. 1955년 '고등학교 교육과정'의 제정, 공포 즉 '제 1차 교육과정 개정'으로 체계적인 제 2외국어 교육이 이루어질 수 있게 되었다. 이를 시작으로 2007년까지 제 7차 교육과정 개편이 이루어졌고 이후 2007년, 2009년, 2015년 개정을 거쳐 현재 적용되고 있다.

1. 제 6차 교육과정 이전(1954-1992)

1955년 '제 1차 교육과정'부터 1993년 '제 6차 교육과정' 이전 즉 '제 5차 교육과정' 개정까지 계획, 설계가 무시된 국가주도형(国家主导型)으로 교육이 이루어졌다. 이후 교육과정 개정과 확연히 구분되는 유형 즉, 전체 7차례의 교육과정 개정 중에 그 유형의 전환이 이루어진 분기점에 해당한다. 그 까닭에 '제 6차 교육과정' 이전, 이후 2부분으로 구분하여 기술할 수 있다.

1.1 제 1차 교육과정(1955-1963)

1951년 '교과 과정 연구 위원회'가 심의에 착수한 결과 1954년 4월 20일에 문교부령 제 35호로 '국민 학교, 중학교, 고등학교, 사범학교 교육과정 시간 배당 기준령'이 공포되었다. 이로써 각급 학교의 교과별 시간 배당과 교과과정의 기본 원칙이 결정될 수 있었다. 그리고 1955년 8월 1일 마침내 '제 1차 교육과정'이 제정·공포되어 처음으로 현대식 교육 체계가 마련되었다.

문교부는 '제 2외국어 교육과정'에 영어(英语), 독어(獨语), 불어(佛语), 중국어(中国语)

등 4개국 언어를 배정하고, 교과목을 개설하도록 하였다. 그 교과과정은 교육과정 구성의 일반목표, 외국어 구성 체제(목적, 목표, 기본 방침, 지도 요항) 등으로 구성된 것이었다. 지적 체계가 중심이 된 교과중심 교육과정인데, 아울러 생활중심 대단원 학습을 지향하고 기존의 주입식 암기 위주의 학습에서 벗어나 학생들의 생활 경험을 중시, 확충하는 방향으로 개선하려 시도하였다. 그러나 현실적 여건이 성숙되지 않아 그 시도는 아쉽게도 실패로 돌아갔다.

1.1.1 제 1차 중국어 교육과정

'제 1차 교육과정'에서 '중국어 교육과정'은 교과의 구성 체계 즉 목표, 기본 방침, 지도 요항 등으로 구성된 것이다. 그 핵심내용을 간단명료하게 요약하면, 다음 〈표-13〉과 같다.

'제 1차 중국어 교육과정'의 운영에 있어 단편적인 지식 주입에 편중한 나머지 인격의 도야에 소홀하였고, 학습 활동이 표방하는 경험주의와 달리 실생활과의 유리가 심하여 교육 개혁을 요구하는 목소리가 높았다.[39] 여기에 제시된 일련의 내용 구성 체계는 장황하고 모호하며 체계성을 결여한 것이었다. 언어적인 것보다는 그 외적 측면, 그리고 언어적인 기술도 그 기능보다는 문법적 번역 위주의 교육과정이라 할 수 있다. 더욱이 당시 교육현실 즉 교육대상, 지식범위, 선택교과 등의 한계를 전혀 고려하지 않아 단지 극소수의 학교가 개설하였을 뿐이었다.

〈표-13〉 '제 1차 중국어 교육과정'의 교과 내용 체계[40]

내용 / 체계	구성내용
중국어 교육의 일반목적	・중국 및 중국문화의 이해 ・우리 문화의 재인식 ・한·중 문화 교류 ・실용적 요구의 충족

39) 한국교육과정평가원(http://www.kice.re.kr)에서 제시한 '제 2차 교육과정'의 '고등학교 교육과정' 「머리말」에서 인용.

40) [제 1차 교육과정], 한국교육과정평가원(http://www.kice.re.kr) 자료실.

교과체제	교육목표	어학교육 목표	• 중국어 표준어(중국과 국어) 해득 - 회화 및 청해력(听解力), 문장 해독, 문법 및 작문, 문자 및 발음 부호 • 고대 백화(古代白话) 및 문언문을 지도
		어학교육 병행내용	• 현대 중국을 이해하게 함 • 역사상에 나타난 중국의 특이성
	기본방침	전반적 기본방침	• 교수할 중국어가 실지로 중국인들이 쓰고 있는 생활언어(Living language)며, 또한 외국어라는 개념을 철저히 파악 • 중국어의 특성에 입각해서 과정을 전개 • 언어의 표현 단위가 구(句, Sentence)라는 입장에서 어학 교육
		개별적 기본방침	• **발음** : 언어 전달의 기본이 청각 작용이고 그 재료가 음성이라는 개념으로 발음은 절대로 정확해야 하는데 주음부호 교육이 가장 효과적 • **어휘** : 구(Sentence)를 중심으로 어휘 교육 断音节性만이 아닌 중국어의 어휘, 문자와의 관계를 명확히 함 • **문장 및 회화** : 일상 회화로부터 평이한 현대문 및 문예 작품의 이해, 시사문, 척독(尺牍)문의 초보 정도 및 문언문과 고대 백화 등을 지도하고 전개는 어법에 의함 • **문법** : 중국어의 특성에 의거한 문장론 중심, 제 2학년부터 귀납적 지도 • **문자** : 자(字)는 음성을 표기하는 부호에 지나지 않는다는 입장
	지도요항	제 1학년	발음, 어휘, 회화 문장, 작문 및 서사
		제 2학년	발음, 어휘, 회화, 문예, 작문
		제 3학년	발음 및 문자, 회화, 문장, 작문

1.1.2 제 1차 중국어 교육과정의 특징

'제 1차 중국어 교육과정'은 처음으로 체계를 지녔다는 점이 높이 살만한 점이었다. 그러나 한국전쟁 이후 1954년 '교육과정 시간 배당 기준'을 정하고 교육과정을 구상하여 1955년 8월 제정, 공포하기까지 급조된 측면이 없지 않다. 때문에 적지 않은 한계를 지닐 수밖에 없었다. 해당 교육과정의 특징을 요약하면, 다음 〈표-14〉와 같다.

〈표-14〉 '제 1차 중국어 교육과정'의 이론체계 및 특징

체계특징 / 분류	'제 1차 중국어 교육과정'의 이론체계	특징
교육과정 이론	교과중심 교육과정	·국가 주도형(획일적)[41] ·지적 체계가 중심 ·문법적 번역 위주 ·학생 실생활 경험과 유리 (비현실적)
교수·학습 대상	고등학교 학생	
교과 개설 단위	고등학교	·선택 교과목
이론지식 범위	일상 회화, 현대문 및 문예 작품, 시사문, 척독문 및 문언문과 고대 백화	·광범위 함 ·장황함

1.2 제 2차 교육과정(1963-1974)

1963년 문교부령 제 119호로 개정, 공포된 '제 2차 교육과정'은 정부수립 직후 도입된 생활 경험중심의 실용적 교육이론을 구현한 것이다. 그러나 학제 개편의 문제로 그 시행이 미루어지다 1968년 3월 비로소 시행되었다. 또한 1963년 선포된 '국민교육헌장'은 우리나라 교육계에 큰 변화를 불러왔는데 중학교 무시험 진학 및 대입 예비고사제의 실시였다. 이를 위해 교육과정의 전면적 개편을 계획하였으나 시대적 요구에 부응하려는 취지로 우선순위에 따라 부분적 개정에 착수하여 고등학교는 향후 2차례의 부분개정이 단행되었다. 그 마지막인 1973년 2차 부분 개정에서 제 2외국어 교육과정에 일본어가 추가 배정되어 독일어, 프랑스어, 에스파냐어, 중국어, 일본어 등 5개국 언어로 선택의 폭이 확대되었다.

교육과정을 총론과 각론으로 구분하여 '총론'의 해당 내용들은 '교과 공통 사항' 항목으로, '각론'의 해당 내용들은 '교수·학습 관련 활동 사항'으로 통합 조직하였다.

41) 제 1차부터 제 5차까지의 교육과정은 계획 설계가 무시된 '국가주도형(国家主导型)'의 획일적 성격을 지니는데, 학교 교육은 교과서라는 매개에 의해 좌우되었다. 게다가 외국어 교육과정은 시대적 추세를 감안하지 못한 목적을 위한 목적 추구에 그치며 실질적 변화와 개선은 거의 찾아 볼 수 없었다.

1.2.1 제 2차 중국어 교육과정

'제 2차 교육과정'에서 '중국어 교육과정'은 교과의 구성 체계 즉 지도 목표, 지도 내용, 지도상 유의점 등으로 구성된 것이다. 그 핵심내용을 간단명료하게 요약하면, 다음 〈표-15〉와 같다.

〈표-15〉 '제 2차 중국어 교육과정'의 교과 내용 체계[42]

<table>
<tr><th>내용
체계</th><th colspan="3">구성내용</th></tr>
<tr><td>개정취지</td><td colspan="3">• 교육 과정의 내용(자주성, 생산성, 유용성 등 강조)
• 교육 과정의 조직(합리성 강조)
• 교육 과정의 운영(지역성 강조)</td></tr>
<tr><td>외국어과 목표</td><td colspan="3">• 일상생활에서 사용하는 언어를 듣고 말하는 능력 배양
• 외국어의 기본적인 어법을 습득시켜 읽고 쓰는 능력 배양
• 우리나라의 문화를 외국어로 소개하는 기초적 능력 배양
• 외국과 외국인에 대한 이해를 증진시켜 국제적 협조심, 사물에 대한 식견과 판단력 심화 확장</td></tr>
<tr><td rowspan="7">교과체제</td><td rowspan="3">지도 목표</td><td>교육의의</td><td>• 중국 및 중국문화의 이해
• 우리 문화의 재인식
• 한·중 문화 교류
• 실용적 요구의 충족</td></tr>
<tr><td>어학교육 목표</td><td>• 중국의 표준어 해득
• 고대 백화 및 문언문 지도</td></tr>
<tr><td>어학교육 병행내용</td><td>• 현대 중국을 이해
• 역사상에 나타난 중국의 특이성</td></tr>
<tr><td rowspan="3">지도 내용</td><td>제 1단계</td><td>발음, 어휘, 회화 및 문장, 작문 및 서사</td></tr>
<tr><td>제 2단계</td><td>발음, 어휘, 회화, 문장, 문법, 작문</td></tr>
<tr><td>제 3단계</td><td>발음 및 문자, 회화, 문장, 작문</td></tr>
<tr><td>지도상 유의점</td><td>전반적</td><td>중국어가 외국어라는 개념을 철저히 파악, 중국어 습득은 설화 면에 중점, 언어 학습의 4요소 및 청각 작용을 활용, 중국어 특성에 입각 과정을 전개하며 융화되도록 교육, 언어의 표현 단위가 구(문장)라는 입장에서 교육, 문법 교육은 귀납적인 문장론 중심, 문언문과 고대 백화에 대한 이해는 현대 중국어와의 관련성 및 극히 초보적인 입문 정도</td></tr>
<tr><td></td><td></td><td></td><td>• 발음 : 정확히 발음하기 위해서는 주음부호 교육이 가장 효과적(표기, 声调, 강조 즉 문장의 억양의 정확한 시범과 훈련으로 습득)
• 어휘 : 구 중심부터 제 3단계 끝에 문언문, 고대 백화, 시사문, 척독 등 어휘 범위</td></tr>
</table>

42) [제 2차 교육과정], 한국교육과정평가원(http://www.kice.re.kr) 자료실.

		개별적	• **문장 및 회화**: - 일상 회화로부터 평이한 현대문 및 문예 작품, 시사문, 척독문의 초보 정도, 문언문 및 고대 백화까지 지도 - 학습의 전개는 어법에 의하여 제 1단계는 單文 중심으로 한 문답체, 제 2단계는 復文 중심으로 회화는 의사 표시와 응수, 제 3단계는 응용 회화 및 교재 내용을 중심으로 토론·문법 작문 응용 및 시사문·척독문·고대 백화·문언문 등 소개 정도 • **문법**: 중국어 문장론 중심으로 제 1단계 귀납적 지도, 제 2단계 單文 조직·성분·격(格)을 중심의 조사 용법·复文 조직 등 지도, 제 3단계 응용 문범으로 생략·전도법·표점 부호·조사 특수 용법·고문 유형·허사 등을 지도 • **문자**: 글자는 음성을 표기하는 부호의 입장에서 개념 표의의 한자 특성과 그 자형 개념을 이끌어내는 기본적 이론 교육

1.2.2 제 2차 중국어 교육과정의 특징

'제 1차 중국어 교육과정'과 비교하여 그 구성 체계 가운데 '교육목적' 항목은 비록 '교육의의'로, '지도 방침(전반적 기본 방침', '개별적 기본 방침')과 '지도요항'(제 1, 2, 3학년 지도요항)은 지도상 유의점(전반적 유의점', '개별적 유의점')과 '지도내용'(제 1, 2, 3단계 지도내용)으로 단지 명칭만 대체되었지만 그 관련 제시 내용이 보다 구체화되었다. 즉 '제 2차 중국어 교육과정'에 제시된 관련 교육의 지도 내용, 지도상 유의점 등이 자세한 측면은 상대적으로 확실히 개선된 점이다. 하지만 교육은 거의 문법 위주의 이론지식 형태로 제시하고 언어기능을 통한 의사소통 능력의 신장을 도외시한 점이 매우 아쉽다. 해당 교육과정의 특징을 요약하면, 다음 〈표-16〉과 같다.

〈표-16〉 '제 2차 중국어 교육과정'의 이론체계 및 특징

분류 \ 체계특징	'제 2차 중국어 교육과정'의 이론체계	특징
교육과정 이론	경험중심 교육과정	• 국가 주도형(획일적) • 학생 생활 경험 중시 • 문법 위주 • 각 교과 활동 목표와 내용의 세분화
교수·학습 대상	고등학교 학생	
교과 개설 단위	고등학교	• 보통 교과목
이론지식 범위	일상 회화, 현대문 및 문예 작품, 시사문, 척독문 및 문언문과 고대 백화	• 광범위 • 장황함

1.3 제 3차 교육과정(1974-1981)

1973년 개정된 '제 3차 교육과정'은 '국민교육헌장' 이념의 구현을 그 교과과정 구성의 기본 방향 그리고 국민적 자질의 함양, 인간 교육의 강화, 지식 기술 교육의 쇄신을 기본 방침으로 제정하여 1974년 고시되었다. '제 2차 교육과정'에서 표방한 생활 경험중심의 교육과정을 지양하고 지식 정보의 효과적 활용을 위해 학문중심 교육과정을 강조하여 단순한 지식의 추구보다는 학생 스스로가 그 구조의 발견, 탐구에 힘쓰도록 한 것이었다.

교과의 시간 배당 기준을 교과 활동과 특별 활동으로 구분하였고, 교과 활동은 필수 및 필수 선택 교과목과 과정별 선택 교과목으로 구분하였다. 과정별 선택 교과목에 속한 제 2외국어는 해당 과정 학생에게 10-12단위 수에서 한 종의 외국어를 이수시켜야 했다. 교과의 체제는 외국어별로 각각 목표, 내용, 지도상의 유의점 순으로 제시했다. 그 가운데 내용은 말하기·듣기·읽기·문법·쓰기·제재 선정의 기준을 포함한 것이었다.

1.3.1 제 3차 중국어 교육과정

'제 3차 교육과정'에서 '중국어 교육과정'은 교과의 구성 체계 즉 목표, 내용, 지도상 유의점 등으로 구성된 것이다. 그 핵심내용을 간단명료하게 요약하면, 다음 〈표-17〉과 같다.

〈표-17〉 '제 3차 중국어 교육과정'의 교과 내용 체계[43]

체계 \ 내용		구성내용
일반목표	자아실현, 국가 발전 및 민주적 가치의 강조 등으로 요약	
교과체제	목표	• 표준적인 현대 중국어의 기본 어법을 익히게 하여 듣기, 읽기, 말하기, 쓰기의 기초적인 기능을 기른다. • 중국인의 생활과 그 나라의 문화에 대한 이해를 증진시켜 국제적 협조심과 안목을 기르고, 우리 스스로의 발전에 도움이 되도록 한다. • 중국어를 통하여 우리나라의 문화와 현황에 대한 개략적인 소개를 할 수 있는 기초적 능력을 배양한다.

43) [제 3차 교육과정], p.62-63(한국교육과정평가원-http://www.kice.re.kr 자료실).

	내용	말하기, 듣기	발음, 기본 문형, 형식
		읽기	문장의 형식과 내용, 문법, 형식
		쓰기	필순과 구두점, 문장 구성법, 효과적인 표현법, 형식
		제재선정의 기준	• 중국어를 상용으로 하는 사람들의 생활양식, 풍속, 감정, 사고방식, 문화 등을 이해하고 우리 스스로의 자각을 깊게 하는데 도움이 되는 것 • 학습자의 건전한 사고력을 기르고, 풍부한 정서를 함양하는데 도움이 되는 것 • 한국인으로서의 긍지와 주체성을 기르는데 도움이 되는 것 • 기타 중국어 교육 목표를 성취하는데 도움이 되는 것
	지도상 유의점	• 문자 지도는 약자와 고자를 피하도록 한다. • 학습 어휘는 3,000 낱말 내외로 한다. • 발음의 표기는 주음부호로 한다. • 문법 지도는 실용성을 위주로 하고 그 용어는 가능한 한국 문법의 용어를 빌려 쓴다. • 듣기, 읽기, 말하기, 쓰기의 내용은 종합적으로 지도하도록 한다.	

1.3.2 제 3차 중국어 교육과정의 특징

'제 3차 중국어 교육과정'부터 인문고의 외국어 교과를 영어와 제 2외국어로 분리시켜 중국어 포함한 5개 외국어 가운데 해당 과정을 학생에게 이수시켰다. '제 1, 2차 중국어 교육과정'과 비교하여 눈에 띄게 단순화, 체계화되었고 장황하고 모호한 점이 개선되었다. 해당 교육과정의 특징을 요약하면, 다음 〈표-18〉과 같다.

〈표-18〉 '제 3차 중국어 교육과정'의 이론체계 및 특징

분류 \ 체계특징	'제 3차 중국어 교육과정'의 이론체계	특징
교육과정 이론	학문중심 교육과정	• 국가 주도형(획일적) • 교과중심으로 회귀 • 지식 정보 효과적 학습 • 언어기능 강조 • 口語보다 书面语 우선 • 각 교과 활동 목표 분명
교수·학습 대상	고등학교 학생	
교과 개설 단위	고등학교	• 과정별 선택 교과목
이론지식 범위	제재 선정 기준만 있을 뿐 구체적으로 제시하지 않아 그 범위의 책정이 어려움	• 포괄적 • 단순하고 모호함

1.4 제 4차 교육과정(1981-1988)

1980년 정치, 사회적 상황이 고려된 새로운 교육과정의 필요성에 부응하여 7·30교육개혁 조치를 단행하였다. 지난 3차례의 교육과정 개정과 달리 문교부가 한국교육개발원에 각급 학교 교육과정 개발연구를 위촉하는 연구·개발(R&D)형 성격을 띠게 되었다. 1981년 개정된 '제 4차 교육과정'은 건전한 심신의 육성, 지력과 기술의 배양, 도덕적인 인격의 형성, 민족 공동체 의식의 고양 등을 구성방향으로 한 것이다. 이전 교과중심, 경험중심, 학문중심의 교육에서 복합적이고 종합적인 성격의 인간중심 교육으로 전환하여 개인적, 사회적, 학문적 적합성을 추구하게 되었다.

교과과정 편제를 인문계, 실업계, 기타계열 고등학교별 구분 없이 '고등학교 교육과정'으로 통합하였다. 시간 단위 배정이 인문계 고등학교는 10-12단위, 실업계 고등학교는 6-10단위로 구분하여 이수하도록 제시되었다.

1.4.1 제 4차 중국어 교육과정

'제 4차 교육과정'에서 '중국어 교육과정'은 교과의 구성 체계 즉 목표, 내용, 지도 및 평가 상의 유의점 등으로 구성된 것이다. 그 핵심내용을 간단명료하게 요약하면, 다음 〈표-19〉와 같다.

〈표-19〉 '제 4차 중국어 교육과정'의 교과 내용 체계[44]

체계＼내용	구성내용	
일반목표	고등학교 교육은 중학교 교육의 기초 위에 사회 성원으로서의 역할을 수행하고, 원만한 인격을 형성하며, 자신의 신로 개척에 필요한 자질을 기르는데 목적이 있다.	
교과체제	중국어 목표	• 중국어 사용 능력을 기르고, 중국인의 문화를 이해시킴으로써 우리 문화 발전에 기여하게 한다. - 일상생활과 일반적인 화제에 관한 비교적 쉬운 말을 듣고, 말하고, 읽고, 쓰는 능력을 기른다. - 중국인의 생활 및 문화에 관하여 폭넓게 이해한다.

44) [제 4차 교육과정], p.102-108(한국교육과정평가원-http://www.kice.re.kr 자료실).

<table>
<tr><td rowspan="7"></td><td>내용</td><td>언어기능</td><td colspan="2">듣기와 말하기, 읽기, 쓰기</td></tr>
<tr><td rowspan="4"></td><td rowspan="4">언어재료</td><td>소재</td><td>• 중국어 상용 국민의 생활과 우리 일상생활 및 문화 전반에 관한 것
• 글의 형식은 대화체, 서술체 등 다양하게 선정하되 내용 구성은 학생들의 흥미, 필요, 지적 수준 등을 고려하여 학습동기를 유발할 수 있는 정확하고 실용적인 것</td></tr>
<tr><td>발음</td><td>• 현대 중국어의 표준 발음</td></tr>
<tr><td>어휘</td><td>• 기본 어휘 포함의 사용 빈도가 높은 2.000 내외의 어휘를 선정</td></tr>
<tr><td>문형문법</td><td>• 사용 빈도와 활용도를 고려하여 기초적인 것</td></tr>
<tr><td rowspan="2">지도
및
평가상의
유의점</td><td>지도</td><td colspan="2">• 초기 단계에서 언어 학습에 중점을 두고, 가급적 문법용어의 도입을 피함
• 학습내용 활용할 수 있게 반복하여 익히도록 함
• 어휘와 글을 자연스런 문맥 속에서 익히도록 함
• 문법 설명 위주의 수업 방법을 피함
• 직독, 직해의 습관을 양성.
• 각종 시청각 자료, 기구의 충분한 활용 학습 효과 제고
• 문자지도는 정자로 하고 약자도 참고
• 발음표기는 주음부호로, 기타 표기법은 참고</td></tr>
<tr><td>평가</td><td colspan="2">• 언어기능의 4가지 영역을 고루 평가
• 언어기능 각 영역의 효과적 평가 방법 사용
• 평가방법과 학습동기 유발을 고려 구성 실시
• 기본적 사항, 기초적 능력 평가
• 평가 결과에 따라 적절한 다음 단계 지도</td></tr>
<tr><td>[별표 1]</td><td>어휘표</td><td colspan="3">• 이수 어휘 740개 제시</td></tr>
</table>

1.4.2 제 4차 중국어 교육과정의 특징

'제 4차 중국어 교육과정'의 외국어 교과는 생활 외국어 위주로 교수·학습 내용과 평가가 완전히 통일된 제제로 구성, 운영되도록 한 것이 특징이었다. 교과체제의 지도 유의점에 평가 항목이 더해지고 이수 어휘표를 제시하고 있다는 점이 이전 교육과정과 다른 점이라 할 수 있다. 해당 교육과정의 특징을 요약하면, 다음 〈표-20〉과 같다.

〈표-20〉 '제 4차 중국어 교육과정'의 이론체계 및 특징

체계특징 / 분류	'제 4차 중국어 교육과정'의 이론체계	특징
교육과정 이론	인간중심 교육과정	• 국가 주도형(획일적) • 종합적 성격 • 언어기능 강조 • 口语 우선 • 평가항목의 추가 • 어휘표 제시
교수 · 학습 대상	고등학교 학생	
교과 개설 단위	고등학교	• 보통 교과목
이론지식 범위	중국인들의 상용 생활언어, 우리 일상생활 및 문화 전반에 관한 소재	• 흥미, 필요, 지적 수준 고려하여 학습 동기 유발 • 정확하고 실용적 내용

1.5 제 5차 교육과정(1988-1992)

'제 5차 교육과정'은 통합 교육과정을 지향하였다. 그 구성방향으로 건강한 사람, 자주적인 사람, 창조적인 사람, 도덕적인 사람을 기르는데 역점을 두었고, 기본방침으로 교육과정의 적정화, 내실화, 지역화를 강조하였다. 교육과정을 크게 교과 활동과 특별 활동으로 나누어 편성하였다. 외국어 교과는 보통 교과의 과정별 선택 중에 5종 언어에서 택 1하여 인문 · 사회 과정 10단위, 자연 과정 10단위, 실업계 · 기타 계 및 일반계 직업 과정 6단위 이수 시간을 배정한 것이다. 이전 4차례의 교육과정과 비해 내실화가 이루어져 그 구성체제의 목표와 지도 및 평가상 유의점 항목이 보다 상세하고 구체적으로 제시되었다.

1.5.1 제 5차 중국어 교육과정

'제 5차 교육과정'에서 '중국어 교육과정'은 교과의 구성 체계 즉 목표, 내용, 언어재료, 지도 및 평가 상 유의점 등으로 구성된 것이다. 그 핵심내용을 간단명료하게 요약하면, 다음 〈표-21〉과 같다.

〈표-21〉 '제 5차 중국어 교육과정'의 교과 내용 체계[45]

<table>
<tr><th>내용
체계</th><th colspan="4">구성내용</th></tr>
<tr><td>일반목표</td><td colspan="4">• 성숙한 자아의식과 조화로운 인격형성, 강인한 체력과 의지를 가지게 함
• 인간 존엄성 인식, 민주주의 이념 실현, 국가 사회의 발전과 인류행복의 증진에 기여하려는 태도
• 언어, 수리 등 학문과 생활에 필요한 기본 능력을 신장하고, 논리적이고 창의적인 사고력과 표현력을 길러 활용함
• 자연과 사회 현상의 기본 원리 이해하고 정보 처리력과 탐구능력을 길러 합리적이고 진취적인 생활을 영위함
• 다양한 미적체험 통해 심미감과 창조성 신장, 취미를 살려 여가 선용
• 자신의 적성과 능력에 따라 진로 탐색, 선택에 필요한 학문적 직업적 기반을 형성</td></tr>
<tr><td rowspan="7">교과체제</td><td>중국어 목표</td><td colspan="3">• 일상생활 및 주변의 일반적인 소재에 관한 비교적 쉬운 말을 들어 이해하고, 간단한 대화를 나눌 수 있게 한다.
- 일상생활 및 주변의 일반적인 소재에 관한 비교적 쉬운 말을 들어 이해하고, 쓸 수 있게 한다.
- 중국인의 생활과 중국 문화를 폭넓게 이해시킨다.</td></tr>
<tr><td rowspan="5">내용</td><td>언어기능</td><td colspan="2">듣기와 말하기, 읽기, 쓰기</td></tr>
<tr><td rowspan="4">언어재료</td><td>소재</td><td>• 일상생활과 일반적인 화제 중에서 소재를 선택하되, 언어의 4기능 지도 및 올바른 가치 형성에 도움이 되는 것
• 글의 내용은 학생들의 흥미, 필요, 지적 수준 등을 고려하여 학습동기를 유발할 수 있는 것과 정확하고 실용적인 것으로 특정 분야에 편중됨이 없도록 함</td></tr>
<tr><td>발음</td><td>• 현대 중국어의 표준 발음</td></tr>
<tr><td>어휘</td><td>• [별표1]의 기본 어휘를 포함하여 사용 빈도가 높은 1,800 내외의 단어
• 단어는 사용·빈도와 활용도 고려 선택</td></tr>
<tr><td>문형문법</td><td>• 기초적인 문형 · 문법을 체계적으로 익혀 문장을 바르게 이해하고 활용</td></tr>
<tr><td>지도 및 평가상의 유의점</td><td>지도</td><td colspan="2">• 언어의 4기능을 유기적 관련 속에 지도하여 각 기능이 상호 보완될 수 있게 함
• 어휘와 구문은 자연스런 문맥과 상황 속에서 제시
• 의사소통 중심의 연습과 반복을 많이 시켜 학습내용을 충분히 활용할 수 있도록 함
• 문법 설명 위주의 수업 방법을 피하고 문장 구성의 뜻을 이해시킬 때 용례를 통해 지도
• 직독, 직해의 습관을 기름
• 작문지도는 통제 작문 중심으로 함
• 각종 시청각 기자재를 충분히 활용 학습 효과 제고</td></tr>
</table>

45) [제 5차 교육과정], 한국교육과정평가원(http://www.kice.re.kr) 자료실.

			• 학습자의 필요와 능력에 알맞은 개별, 분단 학습 기회를 제공 학습활동에 적극적 참여 유도 • 중국인의 문화를 이해시켜 다른 문화에 대한 이해심과 국제적 협조심 제고 • 문자지도는 정자로 하고 약자도 참고 • 발음표기는 주음부호로, 기타 표기법은 참고
		평가	• 언어기능의 4가지 영역을 고루 평가 • 언어기능 각 영역의 효과적 평가 방법 사용 • 지엽적, 예외적인 것 피하고 기본적 중요사항 평가 • 평가목표에 따라 부분, 통합평가를 적절히 실시 • 평가방법과 학습동기 유발을 고려 구성 실시 • 듣기는 말소리와 성조 식별 및 의미 파악의 능력 평가 • 읽기는 바른 낭독, 글 줄거리·요지 파악 평가 • 쓰기는 정확한 어휘와 구문, 전달내용의 바른 표현능력을 평가 • 학생의 학습의욕이 올바르게 촉진되도록 평가 • 평가 결과에 따라 적절한 다음 단계 지도
[별표1]	**어휘표**	• 이수 어휘 760개 제시	

1.5.2 제 5차 중국어 교육과정의 특징

'제 5차 중국어 교육과정'은 가급적 쉬운 말을 들어 이해하고 쓸 수 있도록 문법적 교과 내용보다는 실제 의사소통 능력을 기르도록 한 것이 특징이었다. 교육과정의 획일적 결정, 교과운영의 경직·폐쇄성, 교수·학습 방법의 모호한 제시 등 비효율적인 부분이 눈에 띤다. 해당 교육과정의 특징을 요약하면, 다음 〈표-22〉와 같다.

〈표-22〉 '제 5차 중국어 교육과정'의 이론체계 및 특징

체계특징 / 분류	'제 5차 중국어 교육과정'의 이론체계	특징
교육과정 이론	통합 교육과정	• 국가 주도형(획일적) • 통합적 성격 지향 • 실제 의사소통 능력배양 • 내실화 • 지도와 평가항목이 구체적이고 상세함
교수·학습 대상	고등학교 학생	
교과 개설 단위	고등학교	• 보통 교과목
이론지식 범위	중국인들의 상용 생활언어, 우리 일상생활 및 문화 전반에 관한 소재	• 흥미, 필요, 지적 수준 고려하여 학습동기 유발 • 정확하고 실용적 내용

2. 제 6차 교육과정 이후(1992-2015)

1988년 서울 올림픽 개최이후 국제교류가 활발해지며 국제화의 시대적 변화 추세 속에 정보의 개방화, 교육의 내실화 방안으로 지방 교육 자치를 중심으로 교육과정 개정이 추진되었다. 1992년 '제 6차 교육과정' 개정을 전후로 그 성격, 편제 및 교과 구성 체제상의 큰 변화가 나타나기 시작하며 새로운 전기를 맞았다.

2.1 제 6차 교육과정(1992-1997)

문교부 고시 제 88-7호로 고등학교 교육과정(1988.3.31.)을 개정하고 전국 고등학교 및 이에 준하는 교육 단위에서 1996학년도부터 편성, 운영할 공통 기준으로 제시한다. 이를 통해 건강한 사람, 자주적인 사람, 창의적인 사람, 도덕적인 사람이라는 인간상을 추구하였다. 그 구현을 위해 교육과정의 구성방침으로 도덕성과 공동체 의식이 투철한 민주 시민 육성, 사회 변화에 대응할 수 있는 창의적인 능력 개발, 학생의 개성·능력·진로를 고려한 교육 내용과 방법의 다양화, 교육과정 편성·운영 체제를 개선하여 교육의 질적 관리 강화 등을 제시하게 되었다. 제 1차부터 5차까지 국가가 주도해왔던 획일적 교육과정에서 탈피하여 교육과정의 제시(교육부), 편성·운영 지침의 시행 단위(각 시·도 교육청)를 이원화하였다. 외국어 교과는 일반계 고등학교의 경우 보통 교과의 과정별 필수 과목 중에 영어를 제외한 6종 언어 중에서 택 1하여 12단위, 실업계는 단위 수 제시 없이 '과정별 필수 과목에서 선택하여 편성한다'고 제시한 것이다. 외국어 교육과정에 러시아어가 추가 배정되어 6종으로 구성한 점이 특이한 부분이라 할 수 있다.

2.1.1 제 6차 중국어 교육과정

'제 6차 교육과정'에서 '중국어 교육과정'은 교과의 구성 체계 즉 목표, 내용(언어기능, 의사소통 기능, 언어재료 포함), 방법(교수·학습 계획, 방법 포함), 평가(평가지침, 목표, 방법 포함) 등으로 구성된 것이다. 그 핵심내용을 간단명료하게 요약하면, 다음 〈표-23〉과 같다.

〈표-23〉 '제 6차 중국어 교육과정'의 교과 내용 체계[46]

<table>
<tr><th>내용
체계</th><th colspan="3">구성내용</th></tr>
<tr><td>중국어 성격</td><td colspan="3">• 매우 밀접한 관계가 있고, 그 실용성이 중시되는 중국어를 이해하고 적절히 사용하여 국제화 시대에 적응할 수 있는 언어능력 길러주는 과목
• 이해, 표현력을 기르면서 듣기와 말하기에 중점을 두어 의사소통 능력을 신장하는 기초 과목
• 중국어 학습에 대한 흥미 유발, 정확히 익힌 발음과 성조를 바탕으로 쉬운 말과 글로 의사소통할 수 있는 기초적인 언어능력을 기르고 중국인의 생활과 문화를 폭넓게 이해하여 국제화 시대에 대처할 역량을 배양</td></tr>
<tr><td>목표</td><td colspan="3">• 일상생활 관련 쉬운 말과 글을 이해할 수 있게 한다.
• 일상적인 화제 관련 내용을 간단하게 표현할 수 있게 한다.
• 중국인의 생활과 관습을 이해하게 한다.</td></tr>
<tr><td rowspan="8">내용</td><td rowspan="2">언어기능</td><td>이해</td><td>• 소리와 문자의 관계 이해
• 간단한 말을 듣고 행동하기
• 간단한 질문과 대답 이해하기
• 간단한 대화 내용 이해하기
• 쉬운 내용의 말과 글에 내포된 대의 파악하기</td></tr>
<tr><td>표현</td><td>• 자연스럽게 발음하기
• 학습 내용을 간단한 말로 표현하기
• 실물이나 그림을 보고 이야기하기
• 간단한 질문과 대답하기
• 일상생활을 쉬운 말과 글로 표현하기</td></tr>
<tr><td>의사소통 기능</td><td colspan="2">• [별표 1]에 제시된 의사소통 기능 항목 참고
• [별표 1]의 예시문의 문법 관련 내용 참고
(현재 중국 학교에서 사용하고 있는 학교 문법을 기준)</td></tr>
<tr><td rowspan="4">언어재료</td><td>소재</td><td>• 일상생활에 관한 소재 위주로 의사소통 기능 지도에 도움이 되는 것
• 학생들의 흥미, 필요, 지적 수준 등을 고려하여 학습동기를 부여할 수 있는 것, 학습 활동을 통해 의사소통 의욕을 유발할 수 있는 것, 내용은 실용적인 것</td></tr>
<tr><td>발음</td><td>• 현대 중국어의 표준 발음
• 표기는 한어병음방안</td></tr>
<tr><td>문자</td><td>• 현재 중국에서 사용하고 있는 문자</td></tr>
<tr><td>어휘</td><td>• [별표 2]에 제시된 어휘를 중심으로 『중국어Ⅰ』은 600자, 『중국어Ⅱ』는 1,300 내외를 사용</td></tr>
<tr><td>방법</td><td>교수·학습계획</td><td colspan="2">• 『중국어Ⅰ』 내용 심화 읽기와 쓰기에 중점을 두어 수업
• 기타 사항은 『중국어Ⅰ』 과목에 준함</td></tr>
</table>

46) [제 6차 교육과정], 한국교육과정평가원(http://www.kice.re.kr) 자료실.

	교수· 학습방법	•듣기 지도는 반복연습을 통해 문장의미의 충분한 이해 •말하기 지도는 상황에 따라 적절히 표현할 수 있도록 •읽기 지도는 구와 절, 문장의 구조 등 문장 전체 의미 파악 •쓰기 지도는 쉬운 작문을 할 수 있도록 •문화 내용은 적절한 자료 사용으로 편협하지 않은 사고방식과 올바른 가치관을 기르도록 •의사소통 의욕 고취를 위해 오류의 즉각적 수정 피함 •교과 도서 내용은 학생 수준, 지역성을 살려 재구성 •개별 자율학습이 가능하도록 워크북과 녹음테이프 자료 활용
평가	평가지침	•『중국어Ⅰ』 과목에 준함
	평가목표	•언어기능 - 이해기능 : 쉬운 글의 의미파악, 줄거리·주제·소재 등 이해, 쉬운 작품 독해, 중국문화 이해 - 표현기능 : 학습내용 받아쓰기, 주어진 낱말로 문장 만들기, 간단한 용건을 글로 쓰기, 생각·느낌·경험 등을 간단히 표현하기 •의사소통 기능 - 학습한 의사소통 기능의 이해와 적용
	평가방법	•『중국어Ⅰ』 과목에 준함
[별표 1]	예시문	기타 어법에 관한 사항을 참고 할 수 있음
[별표 2]	어휘표	•어휘『중국어Ⅰ』600개,『중국어Ⅱ』1,300개 내외 제시

2.1.2 제 6차 중국어 교육과정의 특징

'제 6차 중국어 교육과정'은 편제 상『중국어Ⅰ』과『중국어Ⅱ』를 구분하여 기초과정, 심화과정으로 편성한 것이다. 교과목별로 '성격'이 추가되었고 평가 항목은 분리하여 독립적으로 제시되었다. 특이한 점은 '제 5차 중국어 교육과정'까지 채택되었던 글자체, 발음부호를 '번체자(繁体字)'와 '주음부호(注音符号)'에서 '간체자(简体字)'와 '한어병음(汉语拼音)'으로 전환하였다는 사실이다. 해당 교육과정의 특징을 요약하면, 다음 〈표-24〉와 같다.

〈표-24〉 '제 6차 중국어 교육과정'의 이론체계 및 특징

체계특징 / 분류	'제 6차 중국어 교육과정'의 이론체계	특징
교육과정 이론	통합 교육과정	•통합적 성격 실현 •의사소통 능력 신장 •교과 성격 추가 •평가항목 독립적 제시 •이원화(분권 형 교육자치)

교수·학습 대상	고등학교 학생	
교과 개설 단위	고등학교	• 보통 교과목
이론지식 범위	• 『중국어 I』 - 어휘 수 600개 내외 - 중국인의 일상생활 및 중국 문화 소재 • 『중국어 II』 - 어휘 수 1,300개 내외 - 『중국어 I』 보다 심화된 수준의 소재 (어휘와 구문의 확장 심화 및 일상생활과 사회문화)	• 교육과정 분리 제시 • 이수 어휘 수 조정 • 언어기능 구분 제시 • 흥미, 필요, 지적 수준 고려 실용적 내용

2.2 제 7차 교육과정(1997-2007)

'제 7차 교육과정'은 1997년 교육법 제 155조 제 1항에 의거하여 확정, 고시된 것이었다. 국가 수준의 공통성과 지역·학교·개인 수준의 다양성을 추구하는 교육과정, 자율성과 창의성을 신장하기 위한 학생중심 교육과정, 교육청과 학교·교원·학생·학부모가 함께 실현해 가는 교육과정, 학교 교육체제를 교육과정 중심으로 개선하는 교육과정, 교육의 과정과 결과의 질적 수준을 유지·관리하기 위한 교육과정 등의 성격을 표방하였다. 이 교육과정이 2002년 3월 1일 중학교 2학년·고등학교 1학년, 2003년 3월 1일 중학교 3학년·고등학교 2학년, 2004년 3월 1일 고등학교 3학년 즉 학교 급별, 학년별로 시행되었다. 그 구성방침은 사회적 변화를 주도할 수 있는 기본 능력 배양, 국민 공통 교육과정과 선택 중심 교육과정 체제 도입, 교육 내용의 양과 수준이 적정화된 심화 학습을 위한 수준별 교육과정 도입, 학생 능력·적성·진로 등이 고려된 교육 내용과 방법의 다양화, 교육과정 편성과 운영상의 현장 자율성 확대, 교육과정 평가 체제 확립과 교육의 질 관리 강화 등이었다.

외국어 교과목의 편제와 시간 배당 상에 있어 보통 교과의 선택과목인 [외국어I]은 일반 선택과목 6단위로, [외국어II]는 심화 선택과목 6단위로 각각 편성하였다.

2.2.1 제 7차 중국어 교육과정

'제 7차 교육과정'에서 '중국어 교육과정'은 교과의 구성 체계 즉 성격, 목표, 내용(의사소통 활동, 언어재료 포함), 교수·학습 방법, 평가(평가 지침, 내용, 방법 포함) 등이었다. 그 핵심을 간단명료하게 요약하면, 다음 〈표-25〉(중학교), 〈표-26〉(고등학교) 등과 같다.

〈표-25〉 '제 7차 중학교 중국어 교육과정'의 교과 내용 체계(중학교)[47]

<table>
<tr><th>내용
체계</th><th colspan="3">구성내용</th></tr>
<tr><td>중국어
성격</td><td colspan="3">• 초급 수준의 생활 외국어를 익혀 해당 외국어 사용자와 기초적인 의사소통의 진행 및 상급 학교 진학하여 계속 학습을 할 수 있게 하는 교과목
• '생활 중국어' 교과를 통해 중국어에 대한 흥미, 중국인의 일상생활과 양식에 대한 이해의 폭을 넓혀 긍정적, 적극적 생활태도를 배양하는 교과목</td></tr>
<tr><td>목표</td><td colspan="3">• 일상생활에 관한 간단한 말과 글을 사용 의사소통할 수 있는 기초적인 능력을 기르고, 중국인들의 생활양식과 사고방식을 이해할 수 있는 태도를 기른다.</td></tr>
<tr><td rowspan="10">내용</td><td rowspan="4">의사소통
활동</td><td>듣기</td><td>• 중국어 음성과 한어병음방안 및 한자 관계 이해
• 간단한 말 듣고 행동
• 간단한 질문, 대답 이해
• 간단한 대화 내용 이해
• 쉬운 내용의 말 듣고 그 뜻 이해</td></tr>
<tr><td>말하기</td><td>• 각 음절의 성조에 주의하며 자연스런 억양으로 발음
• 학습내용을 간단한 말로 표현
• 실물이나 그림 보고 이야기
• 간단한 질문이나 대답
• 일상생활에 관해 쉬운 말로 표현</td></tr>
<tr><td>읽기</td><td>• 한자의 중국어 독음 숙지, 정확한 발음 연습
• 쉬운 내용의 글 읽고 그 뜻 이해
• 짧은 글을 읽고 그 뜻 이해
• 일상생활에 관한 글을 읽고 그 뜻 이해</td></tr>
<tr><td>쓰기</td><td>• 학습한 용례를 간단한 글로 표현
• 일상생활에 관해 쉬운 글로 표현
• 쉬운 내용의 말 듣고 받아쓰기
• 쉬운 내용의 글을 읽고 내용 요약
• 쉬운 우리말을 중국어로 옮김</td></tr>
<tr><td rowspan="6">언어재료</td><td>발음</td><td>• 현대 중국어 표준 발음, 한어병음 표기</td></tr>
<tr><td>문자</td><td>• 현재 중국에서 사용하는 문자</td></tr>
<tr><td>어휘</td><td>• 일반계 고등학교 교육과정 기본 어휘 중 200 낱말 내외를 사용</td></tr>
<tr><td>문법</td><td>• '의사소통 기능 예시문' 해당 사항 참고</td></tr>
<tr><td>예시문</td><td>• '의사소통 기능 예시문' 참고</td></tr>
<tr><td>문화</td><td>• 고등학교 교육과정 관련 교과에 제시된 내용과 일치</td></tr>
<tr><td>의사소통
기능
예시문</td><td colspan="3">• 중학교 교육과정 이수 권장 의사소통 예시문
• 문장의 구조, 종류, 기타 문법에 관한 사항을 참고</td></tr>
<tr><td>[별표2]</td><td>기본
어휘표</td><td colspan="2">• 일반계 고등학교 『중국어 I』 어휘 200 낱말 내외 사용</td></tr>
</table>

47) [제 7차 교육과정], 한국교육과정평가원(http://www.kice.re.kr) 자료실.

〈표-26〉 '제 7차 고등학교 중국어 교육과정'의 교과 내용 체계(고등학교)[48]

<table>
<tr><th>내용
체계</th><th colspan="3">구성내용</th></tr>
<tr><td>중국어
성격</td><td colspan="3">• 학생들이 중국어 학습을 통해 중국어권 역사, 문화, 일상생활의 관습 등 해당 지역의 사정을 포괄적으로 이해하며 의사소통 능력을 기를 수 있게 하는 교과목
• 자신의 생각과 느낌을 중국어로 표현할 수 있는 능력을 기르고 우리 나라의 역사 문화 및 일상생활을 소개할 수 있는 기초를 다지는 교과목</td></tr>
<tr><td>목표</td><td colspan="3">• 일상생활에서 사용하는 쉬운 중국어를 이해하고 표현할 수 있는 기초적인 의사소통 능력을 기르며, 이를 바탕으로 중국인과 적극적으로 의사소통하려는 태도를 기른다로 설정</td></tr>
<tr><td rowspan="7">내용</td><td>의사소통
활동</td><td colspan="2">듣기, 말하기, 읽기, 쓰기 등 언어기능 활동은 중학교 교육과정 관련 교과 내용에 제시된 것과 같음</td></tr>
<tr><td rowspan="6">언어재료</td><td>발음</td><td>• 현대 중국어 표준 발음, 한어병음 표기</td></tr>
<tr><td>문자</td><td>• 현재 중국에서 사용하는 문자</td></tr>
<tr><td>어휘</td><td>• [별표 II]에 제시된 『중국어 I』은 400 낱말, 『중국어 II』는 『중국어 I』의 어휘 포함 800 낱말 내외를 사용</td></tr>
<tr><td>문법</td><td>• [별표1] 제시 의사소통 기능 예시문 해당사항 참고</td></tr>
<tr><td>예시문</td><td>• [별표1]을 참조</td></tr>
<tr><td>문화</td><td>• 일상생활 관련 문화소재 위주의 의사소통 능력에 도움이 되는 것
• 내용 구성은 학생의 흥미 · 필요 · 지적 수준 등 고려한 의사소통 의욕 유발, 학습활동 통한 학생 참여도, 실제 생활에 사용, 듣기 · 말하기 · 읽기 · 쓰기 등의 상호 연계성에 유의</td></tr>
<tr><td>교수 ·
학습방법</td><td colspan="3">• 학습 목표와 내용에 맞는 교수방법 적용
• 교사와 학생, 학생과 학생 간의 학습활동을 통한 의사소통 능력 배양
• 듣기 지도는 반복연습 통해 문장 의미를 충분히 이해하도록 도움
• 말하기 지도는 개인별, 조별, 분단별 학습과 의사소통 활동 · 게임을 통해 능동적 표현의 기회 부여
• 읽기지도는 개인별 낭독을 통해 유창성을 기르도록 함
• 쓰기는 통제 작문을 중심으로 지도
• 문화에 관한 내용은 적절한 자료 사용하여 편협되지 않은 사고방식과 올바른 가치관을 기르도록 함
• 의사소통 의욕을 높일 수 있게 오류의 즉각적인 수정을 피함
• 개별 · 자율학습이 가능하도록 연습 책, 녹음테이프 등 자료 활용
• 학습효과 제고를 위해 원어민과 대화기회 제공, 멀티미디어 학습 자료 활용</td></tr>
<tr><td rowspan="3">평가</td><td>평가지침</td><td colspan="2">• 의사소통 기능을 균형 있게 평가
• 평가는 5단계로 함
• 평가 비중은 듣기와 말하기에서 읽기와 쓰기로 점진적 제고
• 학습 과정과 단계별 성취 목표를 종합적으로 평가</td></tr>
<tr><td>평가내용</td><td colspan="2">• 듣기, 말하기, 읽기, 쓰기</td></tr>
<tr><td></td><td colspan="2">• 분리평가, 통합평가를 실시하며 점차 통합 평가 비중 높임</td></tr>
</table>

48) [제 7차 교육과정], 한국교육과정평가원(http://www.kice.re.kr) 자료실.

	평가방법	• 언어기능과 의사소통 기능의 평가에 효과적 방법 사용 • 단편적, 지엽적 문법지식의 측정 피하고 언어능력의 종합적 측정 방법 활용 • 의사소통 의욕과 참여도 및 학습 발달 과정 등을 평가
[별표1]	의사소통기능 예시문	• 고등학교 교육과정 이수 권장 의사소통 기능 예시문 • 문장의 구조, 종류, 기타 문법에 관한 사항을 참고
[별표2]	기본 어휘표	• 어휘『중국어Ⅰ』400개,『중국어Ⅱ』400개 내외 제시

2.2.2 제 7차 중국어 교육과정의 특징

'제 7차 중국어 교육과정'부터 '중학교 재량활동의 선택과목'에 '생활 외국어'교과목이 신설되어 2001년을 시작으로 중국어 교육을 진행할 수 있게 되었다. 고등학교 교육과정은 제 2외국어가 기본 교과목에서 분리되어 선택과목의 인반 선택과목과 심화 선택과목으로 편성된 점이 특징이었다.『중국어Ⅰ』을 일반 선택과목으로 편성하고 고등학교 2학년 때『중국어Ⅱ』를 심화 선택과목으로 편성하고 고등학교 3학년 때 이수하게 하였다. 해당 교육과정의 특징을 요약하면, 다음 〈표-27〉과 같다.

〈표-27〉 '제 7차 중국어 교육과정'의 이론체계 및 특징

분류 \ 체계특징	'제 7차 중국어 교육과정'의 이론체계	특징
교육과정 이론	통합 교육과정	• 학습자 중심 교수·학습 • 교수·학습 분량 적정화 • 의사소통 활동 중심 • 문화 이해 교육의 중시 • 학습활동의 강조 • 내용체계의 유연성 강조 • 중학교『생활중국어』신설 • 고등학교 - 교과 분리 편성(기본 교과목에서 선택과목으로) 『중국어Ⅰ』(일반선택과목) 『중국어Ⅱ』(심화선택과목)
교수·학습 대상	중·고등학교 학생	
교과 개설 단위	중학교, 고등학교	• 보통 교과목
	•『생활 중국어』-『중국어Ⅰ』어휘 수 200 낱말 내외 - 중국인의 일상생활 및 중국 문화 소재	

이론지식 범위	•『중국어Ⅰ』- 어휘 수 400 낱말 내외 - 중국인의 일상생활 및 중국 문화 소재 •『중국어Ⅱ』- 어휘 수 400 낱말 내외 -『중국어Ⅰ』보다 심화된 수준의 소재(어휘와 구문의 확장, 심화 및 중국인의 일상생활과 사회문화)	•언어기능의 신장 •흥미, 필요, 지적 수준 고려 실용적 내용 •이수 어휘 수 조정 •어휘, 내용 확장 심화

2.3 2007 개정 교육과정(2007-2009)

'2007 개정 교육과정'은 초·중등교육법 제 23조 제 2항에 의거하여 개정되었고 2008년 12월 26일 고시된 것이다. 이 교육과정이 2010년 3월 1일 중학교 1학년, 2011년 3월 1일 중학교 2학년·고등학교 1학년, 2012년 3월 1일 중학교 3학년·고등학교 2학년, 2013년 3월 1일 고등학교 즉 학교 급별, 학년별로 시행되었다. 그 구성방침은 '제 7차 교육과정'과 동일하였고, 편제는 선택 중심 교육과정의 보통 교과 선택과목인 외국어 즉 영어를 제외한 7종 언어 중 택 1하여 [외국어I] 6단위, [외국어II] 6단위 시간을 이수하도록 한 것이다.

2.3.1 2007 개정 교육과정

'2007 개정 교육과정'에서 '중국어 교육과정'은 교과의 구성 체계 즉 성격, 목표, 내용(언어적 내용, 문화적 내용 포함), 교수·학습 방법(일반 지침, 언어기능, 언어재료 및 문화 포함), 평가(평가 지침, 방법 포함) 등이었다. 그 핵심을 간단명료하게 요약하면, 다음 〈표-28〉(중학교), 〈표-29〉(고등학교) 등과 같다.

〈표-28〉 '2007 개정 중학교 중국어 교육과정'의 교과 내용 체계(중학교)[49]

내용 체계	구성내용
중국어 성격	•초급 수준의 생활 외국어를 익혀 해당 중국어 사용자와 기초적인 의사소통의 진행 및 상급 학교 진학 계속 학습을 할 수 있는 바탕을 마련하는 교과목 •'생활 중국어' 교과를 통해 중국 문화에 대한 흥미와 관심, 중국인의 일상생활과 양식에 대한 이해의 폭을 넓혀 긍정적, 적극적 생활태도를 기르고, 한국인으로서 손색없는 행동양식을 기를 수 있게 하는 교과목

49) [2007 개정 교육과정], 한국교육과정평가원(http://www.kice.re.kr) 자료실.

<table>
<tr><td>목표</td><td colspan="3">• 일상생활에 관한 간단한 말과 글을 사용 의사소통할 수 있는 기초적인 능력을 기르고, 중국인들의 생활양식과 사고방식을 이해할 수 있는 태도를 기른다.</td></tr>
<tr><td rowspan="10">언어적 내용</td><td rowspan="4">언어기능</td><td>듣기</td><td>• 발음을 듣고 한어병음과 성조를 변별하기
• 인사, 소개하는 말을 듣고 이해하기
• 사람, 사물에 대한 간단한 정보를 듣고 이해하기
• 교실에서 사용하는 간단한 중국어를 듣고 행동하기
• 일상생활에 관한 간단한 말을 듣고 상황 이해하기</td></tr>
<tr><td>말하기</td><td>• 한어병음, 성조에 유의 단어나 간단한 문장 따라 말하기
• 인사와 안부를 묻고 답하기
• 사람이, 사물에 대한 간단한 정도를 묻거나 답하기
• 일상생활에 관한 간단한 내용을 표현하기</td></tr>
<tr><td>읽기</td><td>• 한어병음으로 표기된 단어나 간단한 문장 낭독하기
• 기본 어휘의 단어를 바르게 읽기
• 간단한 문장을 발음, 억양에 유의 읽기
• 간단한 지시문, 안내문, 메모, 전자우편 등 읽기</td></tr>
<tr><td>쓰기</td><td>• 한어병음으로 단어나 간단한 문장 받아 적기
• 한자쓰기 규칙을 이해하고 바르게 쓰기
• 간단한 메모, 엽서, 편지, 전자우편 등 작성하기
• 간단한 서식에 필요한 정보 기입하기</td></tr>
<tr><td rowspan="3">언어재료</td><td>발음 및 문자</td><td>• 현대 중국어 표준 발음, 한어병음 방안을 따름
• 현재 중국에서 사용하는 한자</td></tr>
<tr><td>어휘</td><td>• 일반계 고등학교 중국어 교육과정 [별표 II]의 기본 어휘를 중심으로 300 낱말 내외를 사용</td></tr>
<tr><td>문법</td><td>• '의사소통 기본 표현'을 이해, 활용할 수 있는 범위</td></tr>
<tr><td colspan="2">[의사소통 기본표현]</td><td>• '의사소통 기본 표현'에 제시된 항목 중심으로</td></tr>
<tr><td>문화적 내용</td><td colspan="3">• 중국인의 일상생활 문화 관련 내용으로 학생들이 흥미를 느끼며 의사소통의 이해와 표현에 도움을 줄 수 있는 것
• 학생들의 흥미와 필요, 지적 수준을 고려 학습의욕을 불러일으키고, '의사소통 기본 표현'이 적절한 맥락 속에서 활용되며, 실생활에 사용될 수 있는 것</td></tr>
</table>

〈표-29〉 '2007 개정 고등학교 중국어 교육과정'의 교과 내용 체계(고등학교)[50]

내용 / 체계	구성내용
중국어 성격	• 일상생활에서 사용하는 중국어를 익혀 해당 외국어로 기초적인 의사소통의 진행 및 상급 학교 진학하여 계속 학습을 할 수 있는 바탕을 마련하는 교과목 • 중국문화에 대한 흥미와 관심을 바탕으로 중국인의 일상생활과 양식에 대한 이해의 폭을 넓혀 긍정적, 적극적 생활태도를 기르고 나아가 한국인으로서 손색없는 행동양식을 기를 수 있게 하는 교과목

50) [2007 개정 교육과정], 한국교육과정평가원(http://www.kice.re.kr) 자료실.

<table>
<tr><td>목표</td><td colspan="3">• 일상생활과 관련된 기초적인 중국어를 이해하고 표현할 수 있으며, 중국 문화를 올바르게 이해하고 관심을 갖는다.</td></tr>
<tr><td rowspan="8">언어적 내용</td><td rowspan="4">언어기능</td><td>듣기</td><td>• 발음을 듣고 중국어의 성조와 성모, 운모를 구별
• 인사, 소개하는 말을 듣고 이해
• 사람, 사물, 상황에 대한 간단한 정보를 듣고 이해
• 교실에서 사용되는 간단한 지시, 요구를 듣고 행동
• 전화나 길 묻기 등 일상생활 관련 간단한 말 듣고 이해
• 감정, 의견 나타내는 간단한 표현 듣고 상황 및 주제 이해</td></tr>
<tr><td>말하기</td><td>• 한어병음과 성조에 유의 단어나 간단한 문장 따라 말하기
• 강세와 억양에 유의 단어나 간단한 문장 말하기
• 인사나 안부를 묻고 답하기
• 사람, 사물에 대한 간단한 정보를 묻거나 답하기
• 전화로 일상생활에 대해 간단하게 말하기
• 상대방에게 자신의 감정과 의견을 간단히 표현하기</td></tr>
<tr><td>읽기</td><td>• 한어병음으로 표기된 단어나 간단한 문장을 정확히 읽기
• 한자로 표기된 단어나 간단한 문장을 바르게 읽기
• 간단한 문장을 발음, 강세, 억양에 유의하여 읽기
• 간단한 지시문, 안내문, 표 등을 읽고 정보파악
• 간단한 메모, 엽서, 편지, 전자우편 등을 읽고 이해
• 개인의 감정, 의견을 나타낸 간단한 글 읽고 소재, 주제, 대의 파악</td></tr>
<tr><td>쓰기</td><td>• 한어병음으로 단어나 간단한 문장을 받아 적기
• 한자 쓰기 규칙을 이해하여 단어나 간단한 문장을 한자로 쓰기
• 학습한 내용을 요약하기
• 간단한 메모, 엽서, 전자우편 등을 작성하기
• 간단한 서식에 맞추어 필요한 정보를 기입하기
• 개인의 감정, 의견을 일기나 편지 등의 간단한 글로 표현</td></tr>
<tr><td rowspan="4">언어재료</td><td>발음 및 문자</td><td>• 현대 중국어 표준 발음, 한어병음 표기
• 현재 중국에서 통용되는 한자</td></tr>
<tr><td>어휘</td><td>• [별표 II]에 제시된 기본 어휘 중심으로 『중국어 I』은 400 낱말, 『중국어 II』는 800 낱말 내외를 사용</td></tr>
<tr><td>문법</td><td>• [별표 I] 제시 '의사소통 기본 표현'과 [별표 II] 제시 기본 어휘에 포함된 문법사항 참고</td></tr>
<tr><td>의사소통기본표현</td><td>• [별표 I] 제시 '의사소통 기본 표현'을 활용</td></tr>
<tr><td>문화적 내용</td><td colspan="3">• 중국인의 일상 문화와 관련된 내용으로, 의사소통 상황에 적용하여 그 이해와 표현에 도움을 줄 수 있는 것
• 중국의 사회, 문화적 현실과 문화유산을 잘 나타내고 의사소통 상황에 간접적으로 관련되며 학생들의 흥미와 관심을 불러일으킬 수 있는 것
• 실용적 내용으로 최근 공식 자료를 기준으로 구성하고, 학생들의 흥미 · 필요 · 지적 수준을 고려 학습의욕을 불러일으킬 수 있으며 관련 소재는 [별표 II]에 제시된 '의사소통 기본 표현'을 참고하여 적절한 맥락 속에서 활용되도록 구성하되 문화 내용 설명시 필요한 경우만 우리말 사용</td></tr>
</table>

<table>
<tr><td rowspan="8">교수
·
학습
방법</td><td colspan="2">일반지침</td><td>• 의사소통 학습이 되도록 교수·학습 계획을 수립
• 학생의 필요, 지적 발달을 고려 나선형으로 학습 진도 구성
• 학습동기와 흥미를 높이기 위해 퀴즈, 게임, 노래 등을 활용, 목표와 내용에 맞는 멀티미디어 교수·학습 자료 사용
• 원어를 활용 주제 및 상황별 반복학습 활동으로 실제 상황에서 활용할 수 있는 의사소통 능력을 키움
• 듣기, 말하기, 읽기, 쓰기 등의 2개 기능 이상을 통합적으로 연계 지도
• 개인, 소집단 학습 기회를 적절히 조절 능동적 참여 유도
• 의사소통 의욕을 높일 수 있게 오류의 즉각적인 수정 피함
• 필요에 따라 교과서 내용을 재구성하여 사용할 수 있음</td></tr>
<tr><td colspan="2">언어기능</td><td>듣기, 말하기, 읽기, 쓰기</td></tr>
<tr><td rowspan="4">언어재료</td><td>발음 및 문자</td><td>• 단어와 간단한 문장 한어병음이나 한자로 쓰도록
• 발음 연습은 한 음의 독립적 연습에서 사용된 문맥 속에서 자연스럽게 발음하도록
• 대화 통해 강세와 억양을 자연스럽게 익히도록</td></tr>
<tr><td>어휘</td><td>• 단어는 문장의 쓰임 통해 그 의미 파악하도록
• 단어 교체, 확장 연습 통해 활용 폭을 넓혀가도록
• 실물, 그림, 사진 등 자료나 행동을 통해 의미 이해하도록</td></tr>
<tr><td>문법</td><td>• 예문 통해 개념 이해하고 규칙성을 발견하도록 유도
• 의사소통 기본 표현 중심 쉽고 간결한 예문 활용하도록</td></tr>
<tr><td>의사소통
기본 표현</td><td>• 상황과 주제에 따라 정확히 이해하고, 사용할 수 있도록 반복학습
• 창의적으로 구두 표현할 수 있도록 그림, 상황 제시</td></tr>
<tr><td colspan="2">문화</td><td>• 현장감 있는 다양한 형태의 자료 활용으로 학습동기, 흥미 유발
• 신빙성 지닌 최신 자료 활용 중국문화와 우리문화를 객관적으로 이해할 수 있도록</td></tr>
<tr><td colspan="2"></td><td></td></tr>
<tr><td rowspan="2">평가</td><td colspan="2">지침</td><td>• 기본 어휘, 의사소통 기본 표현 중심 기본적이고 중요한 사항
• 분리, 통합평가를 적절히 실시하되 통합평가 비중 점차 높임
• 학습내용 중심 듣기, 말하기, 읽기, 쓰기 능력 고르게 평가
• 의시소통 관련 일상문화의 이해 여부를 중점적으로 평가
• 학습자의 의사소통 활동 참여도를 평가에 반영
• 학습 초기 한어병음 평가를 위주로 한자에 대한 부담 줄임
• 평가의 객관성 유지를 위해 명확한 기준을 사전에 설정 평가</td></tr>
<tr><td colspan="2">방법</td><td>듣기, 말하기, 읽기, 쓰기, 문화</td></tr>
<tr><td>[별표 I]</td><td colspan="2">의사소통
기본표현</td><td>• 고등학교 교육과정 이수 권장 의사소통 기본 표현
• 문장의 구조, 종류, 기타 문법에 관한 사항을 참고</td></tr>
<tr><td>[별표 II]</td><td colspan="2">기본
어휘표</td><td>• 일반계 고등학교『중국어 I』은 400 낱말,『중국어 II』는 800 낱말 내외</td></tr>
</table>

2.3.2 2007 개정 교육과정의 특징

'2007 개정 중국어 교육과정'부터 중국어 교과의 내용 체계를 언어적 내용과 문화적 내용으로 구분하여 언어교육에 상응하는 문화교육을 강조하고 모든 항목을 보다 구체적으로 구성하였다. 특히 교수·학습 방법의 일반 지침, 평가 지침과 관련 다양하고 체계적인 방법론을 제시한 점은 이전과 다른 특징이었다. 해당 교육과정의 특징을 요약하면, 다음 〈표-30〉과 같다.

〈표-30〉 '2007 개정 중국어 교육과정'의 이론체계 및 특징

분류 \ 체계특징	'2007 개정 중국어 교육과정'의 이론체계	특징
교육과정 이론	통합 교육과정	• 일상생활 관련 중국어 • 언어와 문화 상응 교육 • 한·중문화의 객관적 이해 • 언어, 문화적 내용 구분·학습 내용 구체적 제시 • 내용과 평가 방법론의 다양화, 구체화
교수·학습 대상	중·고등학교 학생	
교과 개설 단위	중학교, 고등학교	• 보통 교과목
이론지식 범위	•『생활 중국어』-『중국어Ⅰ』어휘 수 300 낱말 내외 - 중국인의 일상생활 및 중국 문화 소재 •『중국어Ⅰ』- 어휘 수 400 낱말 내외 - 중국인의 일상생활 및 중국 문화 소재 •『중국어Ⅱ』- 어휘 수 800 낱말 내외 -『중국어Ⅰ』보다 심화된 수준의 소재(어휘와 구문의 확장, 심화 및 중국인의 일상생활과 사회문화)	• 언어와 문화 연계 • 흥미, 필요, 지적 수준 고려한 실용적 내용 • 이수 어휘 수 조정 • 어휘, 내용 확장 심화

2.3.3 '제 7차 교육과정'과 '2007 개정 교육과정'의 비교

'2007 개정 중국어 교육과정'의 교과체계 즉 성격, 목표, 내용, 교수·학습 방법 및 평가 등 거의 모든 영역에서 이전보다 더욱 다양하고 구체적인 변화가 있었다. '제 7차 중국어 교육과정'과 비교하여 개정이후 변화된 면모를 간단하게 정리하면, 다음 〈표-31〉, 〈표-32〉 등과 같다.

〈표-31〉 '제 7차 교육과정'과 '2007 개정 교육과정'의 비교(중학교)[51]

과목		체계	제 7차 중국어 교육과정	2007 개정 중국어 교육과정	비고
보통과·선택교과	생활중국어	성격	교과목 성격, 의의(개요)	교과목 성격, 의의(개요)	• 동일함
		목표	기초적 의사소통 능력, 생활양식과 사고방식 이해 태도	기초적 의사소통 능력, 생활양식과 사고방식 이해 태도	• 동일함
		내용	- 의사소통 활동 (듣기, 말하기, 읽기, 쓰기) - 언어재료 (발음, 문자, 어휘, 문법, 의사소통 기능 예시문, 문화)	**• 언어적 내용** - 언어기능 (듣기, 말하기, 읽기, 쓰기) - 언어재료 (발음 및 문자, 어휘, 문법, 의사소통 기본 표현) **• 문화적 내용** - 중국인의 일상생활 문화 - '의사소통 기본 표현' 활용 실생활 사용 문화	• 언어학적 분류 • 동일함 • 기본 표현 • 언어적 내용과 문화적 내용 구분
		예문	• 중학교 교육과정 이수 권장 의사소통 예시문 • 문장의 구조, 종류, 기타 문법에 관한 사항을 참고	• 중학교 교육과정 이수 권장 의사소통 기본 표현 • 문장의 구조, 종류, 기타 문법에 관한 사항을 참고	• 동일함
		어휘	일반계 고등학교『중국어 I』 어휘 200 낱말 내외 사용	일반계 고등학교 중국어 교육과정 [별표 II]의 300 낱말 내외 사용	• 어휘 100 낱말 증가

〈표-32〉 '제 7차 교육과정'과 '2007 개정 교육과정'의 비교(고등학교)[52]

과목		체계	제 7차 중국어 교육과정	2007 개정 중국어 교육과정	비고
		성격	교과목 의의	교과목 성격, 의의(개요)	• 성격 명료화
		목표	기초적인 의사소통 능력, 태도	일상생활 중국어 이해 표현, 중국 문화 이해 관심	• 언어, 문화연계
		내용	- 의사소통 활동 (듣기, 말하기, 읽기, 쓰기) - 언어재료 (발음, 문자, 어휘, 문법, 의사소통 기능 예시문, 문화)	**• 언어적 내용** - 언어기능 (듣기, 말하기, 읽기, 쓰기) - 언어재료 (발음 및 문자, 어휘, 문법, 의사소통 기본 표현)	• 언어학적 분류 • 동일함 • 기본표현

51) [제 7차 교육과정], 한국교육과정평가원(http://www.kice.re.kr) 자료실. [2007 개정 교육과정], 한국교육과정평가원(http://www.kice.re.kr) 자료실.

52) 동상 주51).

보통과·선택교과	중국어 Ⅰ·중국어 Ⅱ			**• 문화적 내용** - 중국인의 일상생활 문화 - '의사소통 기본 표현' 활용 실생활 사용 문화, 언어기능 연계 유의	• 언어적 내용과 문화적 내용 구분
		교수·학습 방법	• 교수·학습 방법을 열거식으로 제시	**• 일반지침** (체계적이고 다양한 제시) **• 언어재료** (발음 및 문자, 어휘, 문법, 의사소통 기본 표현) • 문화	• 방법론이 구현된 구체적 제시
		평가	**• 평가지침** • 평가내용 (듣기, 말하기, 읽기, 쓰기) **• 평가방법** - 분리, 통합평가에서 통합평가에 점차 비중 - 언어, 의사소통 기능평가에 효과적 방법 - 언어능력의 종합적 측정 방법 활용 - 의사소통 의욕, 참여도 및 학습 발달과정 등 평가	**• 평가지침** **• 평가방법** (듣기, 말하기, 읽기, 쓰기, 문화)	• 학생부담 경감 • 교수·학습 현장에서 활용할 수 있는 평가내용에 따른 다양한 방법을 연계 제시
		별표 Ⅰ	• 고등학교 교육과정 이수 권장 의사소통 기능 예시문 • 문장의 구조, 종류, 기타 문법에 관한 사항을 참고	• 고등학교 교육과정 이수 권장 의사소통 기본 표현 • 문장의 구조, 종류, 기타 문법에 관한 사항을 참고	• 기능 예시문 • 명칭 변화(→기본 표현)
		별표 Ⅱ	『중국어Ⅰ』은 400 낱말, 『중국어Ⅱ』는 400 낱말 내외 사용	『중국어Ⅰ』은 400 낱말, 『중국어Ⅱ』는 400 낱말 내외 사용	• 동일함

이상 〈표-31〉, 〈표-32〉에 나타난 것처럼 '제 7차 중국어 교육과정'과 '2007 개정 중국어 교육과정'의 비교 결과는 후자가 구체적이고 상세하였다. 즉 중국어 교과의 성격의 명료화, 언어와 문화의 연계, 내용의 언어학적 구분, 의사소통 기본 표현, 교수·학습 현장에 적합한 다양한 평가 방법 등 방면을 들 수 있다. 교수·학습 방법 부분의 지침(방향), 평가 부분의 내용과 연계된 방법에 대한 제시는 나열하듯이 열거한 '제 7차 교육과정'과 분명한 차이점을 발견할 수 있었다.

2.4 2009 개정 교육과정(2009-2015)

'2009 개정 교육과정'이 초·중등 교육법 제 23조 제 2항에 의거하여 2009년 12월 23일에 고시된 것이다. 학교 급별, 학년별로 2001년 3월 1일 중학교 1학년·고등학교 1학년, 2012년 3월 1일 중학교 2학년·고등학교 2학년, 2013년 3월 1일 중학교 3학년·고증학교 3학년에서 시행하였다. 사실 2009년 교육과정에서 총론부분의 개정이 이루어졌지만 각론부분 중국어 교육과정 자체의 개정이 이루어지지 않았다. 그 까닭에 2011년 교육과정의 개정에 착수하게 되었다. 다만, 해당 중국어 교육과정의 개정은 '2007 개정 중국어 교육과정'을 부분적으로 수정, 보완하는데 그쳤을 뿐이었다.

2.4.1 2009 개정 교육과정

'2007 개정 교육과정'의 면모를 유지한 채 2009년 총론부분, 2011년 부분적 수정, 보완하는 방면에서 개정이 이루어졌다. 때문에 그 변화에 나타난 차이는 아주 미미한 수준으로 더 이상의 기술이 무의미하다 여겨진다.

2.4.2 2009 개정 교육과정의 특징

'2009 개정 중국어 교육과정'은 전반적으로 '2007 개정 중국어 교육과정'과 일치하였다. 즉 이 2종의 교육과정 사이에 서로 비교되는 특징을 찾을 수 없었다. 그러므로 더 이상 기술이 필요하지 않다고 본다.

2.5 2015 개정 교육과정(2015-)

'2015 개정 교육과정'은 초·중등 교육법 제 23조 제 2항에 의거하여 2015년 9월 23일 고시된 것이다. 학교 급별, 학년별로 2018년 3월 1일 중학교 1학년·고등학교 1학년, 2019년 3월 1일 중학교 2학년·고등학교 2학년, 2020년 3월 1일 중학교 3학년·고등학교 3학년에서 시기를 달리하여 시행되어지고 있다. 이 교육과정으로 자주적인 사람, 창의적인 사람, 교양 있는 사람, 더불어 사는 사람 등 인간상을 구현하기 위해서 자기 관리 역량, 지식정보 처리 역량, 창의적 사고 역량, 심미적 감성 역량의 핵심역량을 기르도록 하였다. 이를 위한 그 구성상의 중점은 선택학습, 학습의 질 개선, 자기 주도적 학습능력 및 즐거움 경험, 교육 목표·내용·교수학습 및 평가의 일관성 강화, 국가 직무능력 표준을 활용한 기초 역량과 직무 능력 함양 등이었다. 교과 편제 및 시간은 중학교 교육과정의 경우 선택 교과 '생활 중국어' 170 최소 수업 시수로 편성되었고, 고등학교 교육과정의 경우 생활·교양 교과 영역의 제 2외국어 16단위를 이수하도록 편성되었다.

2.5.1 2015 개정 교육과정

'2015 개정 교육과정'에서 '중국어 교육과정'은 교과의 구성 체계 즉 성격, 목표, 내용 체계(언어적 내용, 문화적 내용 포함) 및 성취기준 영역(학습요소, 성취기준 해설, 교수·학습 방법 및 유의 사항, 평가 방법 및 유의 사항 포함) 그리고 교수·학습 및 평가의 방향 등이었다. 그 핵심을 간단명료하게 요약하면, 다음 〈표-33〉(중학교), 〈표-34〉(고등학교) 등과 같다.

〈표-33〉 '2015 개정 중학교 중국어 교육과정'의 교과 내용 체계(중학교)[53]

내용 체계	구성내용	기능
중국어 성격	• 감수성이 풍부한 청소년기에 접하는 '생활 중국어'를 통해 학습자는 서로 다른 것에 대한 긍정적인 가치관을 가지게 됨으로써 세계 속의 한국인으로 살아가는데 필요한 기본적 소양을 기를 수 있는 교과목	
목표	• 일상생활에 필요한 기초적인 중국어 의사소통 능력을 배양함이 목표 - 기초적인 의사소통 기본 표현을 이해하고 상황에 맞게 적극적 활용 - 중국 문화의 이해를 통해 의사소통능력 함양하고 해당 문화에 대한 배려심과 존중의 자세 확립 - 다양한 매체 자료로 학습한 중국 관련 정보의 선별, 활용하는 능력	

53) [2015 개정 교육과정], p.460(한국교육과정평가원-http://www.kice.re.kr 자료실).

언어적 내용	발음 및 문자	• 현대 중국어 표준발음 및 한어병음 • 한자(간화자 포함)	• 발음을 듣고 변별하기 • 발음을 듣고 의미 파악하기 • 발음 듣고 따라 말하기 • 질문에 대답하기 • 상황에 맞게 말하기 • 정확하게 소리 내 읽기 • 읽고 의미 파악하기 • 발음 듣고 받아쓰기
	어휘	• 일상생활의 기초적인 의사소통에 필요한 어휘의 의미 * 고등학교 보통 교과 중국어 교육과정 [별표Ⅱ]에 제시한 기본 어휘 중심 250 개 내외의 낱말 사용	
	문법	• 중국어의 기본 어순 • 기본 어휘의 용법 * 생활 중국어의 의사소통 기본 표현 및 고등학교 보통 교과 중국어 교육과정 [별 표Ⅱ] 제시 기본 어휘 표 참고	
	[의사소통 기본표현]	• 사교·감정 및 의사, 사실·정보 전달, 요구·승낙 및 생활 관련 표현 등 의사소통 능력을 효율적으로 기르는 내용 * 생활 중국어 '의사소통 기본 표현' 참고	• 정보 채워 넣기 • 간단한 문장 쓰기
문화적 내용	• 중국개관 • 언어문화 • 생활문화 • 예술문화 • 전통문화 * 이외에 인물, 지리, 자연 등도 다룰 수 있다.		• 의사소통 상황에 적용하기 • 체험하기 • 상호비교하기

〈표-34〉 '2015 개정 고등학교 중국어 교육과정'의 교과 내용 체계(고등학교)[54]

내용 / 체계	구성내용	기능
중국어 성격	• 학습자들은 중국어를 배움으로써 중국 사람들과 일상적인 의사소통을 할 수 있는 능력을 갖추고, 중국어로 표현된 문화적 가치와 정보를 향유할 수 있게 하는 교과목	
목표	• 일상생활에 필요한 기초적인 중국어를 습득하고 그 지속적인 흥미와 자신감을 기르며, 중국 문화와 우리 문화의 상호 이해를 통해 의사소통하려는 적극적인 태도와 능력을 배양함이 목표 - 기초적인 의사소통 기본 표현을 이해하고 상황에 맞게 적극적 활용 - 중국 문화의 이해를 통해 의사소통 능력 함양하고 중국 문화와 우리 문화에 대한 상호 이해를 바탕으로 세계 시민으로서의 균형 잡힌 태도와 자세를 기름 - 다양한 매체 자료를 활용 중국어 및 그 관련 정보를 조사하고 처리하는 능력을 기름	

54) [2015 개정 교육과정], p.1136(한국교육과정평가원-http://www.kice.re.kr 자료실).

<table>
<tr><td rowspan="4">언어적
내용</td><td>발음 및
문자</td><td>• 현대 중국어 표준발음 및 한어병음
• 한자(간화자 포함)</td><td rowspan="4">• 발음을 듣고 변별하기
• 발음을 듣고 의미 파악하기
• 발음 듣고 따라 말하기
• 질문에 대답하기
• 상황에 맞게 말하기
• 정확하게 소리 내 읽기
• 읽고 의미 파악하기
• 읽고 대의 파악하기
• 발음 듣고 받아쓰기
• 정보 채워 넣기
• 간단한 문장 쓰기
• 서식에 맞추어 글쓰기
• 짧은 글 쓰기</td></tr>
<tr><td>어휘</td><td>• 일상생활의 의사소통에 필요한 어휘의 의미
* [별표Ⅱ]에 제시된 기본 어휘 중심 400개 내외의 낱말 사용</td></tr>
<tr><td>문법</td><td>• 중국어의 기본 어순
• 기본 어휘의 용법
• 주요 구문
* [별표Ⅰ]에 제시된 '의사소통 기본 표현' 및 [별표Ⅱ]에 제시된 기본 어휘표 참고</td></tr>
<tr><td>[의사소통
기본표현]</td><td>• 사교·감정 및 의사, 사실·정보 전달, 요구·승낙 및 생활 관련 표현 등 의사소통 능력을 효율적으로 기르는 내용
* [별표Ⅰ]에 제시된 '의사소통 기본 표현' 참고</td></tr>
<tr><td>문화적
내용</td><td colspan="2">• 중국개관
• 언어문화
• 생활문화
• 예술문화
• 전통문화
* 이외에 인물, 지리, 역사, 자연 등도 다룰 수 있다.</td><td>• 의사소통 상황에 적용하기
• 모둠활동하기
• 체험하여 이해하기
• 상호비교하기
• 조사하여 설명하기</td></tr>
</table>

* 기능 부분의 굵은 글씨체 내용은 『중국어Ⅱ』에 해당하는 사항이다.

2.5.2 2015 개정 교육과정의 특징

'2015 개정 중국어 교육과정'의 교과 내용 성취기준에 관한 내용은 듣기, 말하기, 읽기, 쓰기, 문화 등 언어기능 및 문화로 대별할 수 있는데 각 항목별로 학습요소·성취기준 해설·교수 학습 방법 및 유의 사항·교수 학습 및 평가의 방향으로 세분하여 상세하고 구체적으로 제시한 것이 특징이었다. 더하여 '교수·학습 및 평가의 방향'이라는 지침 역할의 항목을 분리하여 구체적으로 제시한 것 역시 이전 교육과정과 구별되는 점이라 할 수 있다. 그러나 '교수·학습 및 평가의 방향' 부분은 오히려 교수·학습의 방향과 평가의 방향으로 분리하여 전자는 성취기준의 교수·학습 방법 및 유의 사항 앞에, 후자는 본래의 위치에 그대로 배치하고 관련 방법론을 제시하였다면 그 체계가 훨씬 더 짜임새를 지닐 뿐 아니라 자연스러웠을 것이라는 점이다. 해당 교육과정의 특징을 요약하면, 다음 〈표-35〉와 같다.

〈표-35〉 '2015 개정 중국어 교육과정'의 이론체계 및 특징

체계특징 / 분류	'2015 개정 중국어 교육과정'의 이론체계	특징
교육과정 이론	통합 교육과정	• 일상생활 관련 중국어 • 의사소통 능력 습득 • 문화적 가치와 정보 향유 • 견문을 넓혀 포용과 창조의 덕목을 갖춘 세계 시민으로서 소양 • 언어기능 및 문화별 성취기준 구체적 제시 • 교수·학습 및 평가 방향 구체적 제시
교수·학습 대상	중·고등학교 학생	
교과 개설 단위	중학교, 고등학교	• 보통 교과목(선택, 생활·교양 교과)
이론지식 범위	• 고등학교 보통 교과 중국어 교육과정 [별표Ⅱ]에 제시한 기본 어휘 중심 250개 내외의 낱말 사용 - 중국인의 일상생활 및 중국 문화 소재 • [별표Ⅰ]에 제시된 '의사소통 기본 표현' 및 [별표Ⅱ]에 제시된 기본 어휘표 범위 - 중국인의 일상생활 및 중국 문화 소재 • 『중국어Ⅱ』- 어휘 수 800 낱말 내외 - 『중국어Ⅰ』 보다 심화된 수준의 소재 (어휘와 구문의 확장, 심화 및 중국인의 일상생활과 사회문화)	• 언어와 문화 연계 • 실용적 내용 • 이수 어휘 수 조정 • 어휘, 내용 축소 조정

2.3.3 '2007 개정 교육과정'과 '2015 개정 교육과정'의 비교

'2015 개정 중국어 교육과정'의 교과체계 즉 성격, 목표, 내용, 교수·학습 방법 및 평가 등 거의 모든 영역에서 이전보다 더욱 다양하고 구체적인 변화가 있었다. '2007 개정 교육과정'과 비교하여 개정이후 변화된 면모를 간단하게 정리하면, 다음 〈표-36〉, 〈표-37〉 등과 같다.

〈표-36〉 '2007 개정 교육과정'과 '2015 개정 교육과정'의 비교(중학교)[55]

<table>
<tr><th colspan="2">과목</th><th>체계</th><th>2007 개정 중국어 교육과정</th><th>2015 개정 중국어 교육과정</th><th>비고</th></tr>
<tr><td rowspan="8">보통과 · 선택교과</td><td rowspan="8">생활중국어</td><td>성격</td><td>교과목 성격, 의의(개요)</td><td>교과목 성격, 의의(개요)</td><td>• 긍정적가치관
• 기본적 소양</td></tr>
<tr><td>목표</td><td>일상생활 중국어 이해 표현, 중국문화 이해 관심</td><td>기초적 의사소통 능력, 문화에 대한 배려심과 존중의 자세, 중국 관련 정보 선별 활용 능력</td><td>• 의사소통 능력배양</td></tr>
<tr><td rowspan="4">내용</td><td rowspan="2">• 언어적 내용
- 언어기능
(듣기, 말하기, 읽기, 쓰기)
- 언어재료
(발음 및 문자, 어휘, 문법, 의사소통 기본 표현)</td><td>• 언어재료
- 발음 및 문자, 어휘, 문법, 의사소통 기본표현</td><td rowspan="4">• 기능분리
• 언어기능별 성취기준(학습요소, 성취기준 해설, 교수 · 학습 방법 및 유의 사항, 평가 방법 및 유의사항 포함)
• 교수 · 학습 및 평가의 방향 분리 제시</td></tr>
<tr><td>• 기능
- 발음을 듣고 변별하기
- 발음을 듣고 의미 파악하기
- 발음 듣고 따라 말하기
- 질문에 대답하기
- 상황에 맞게 말하기
- 정확하게 소리 내 읽기
- 읽고 의미 파악하기
- 발음 듣고 받아쓰기
- 정보 채워 넣기
- 간단한 문장 쓰기</td></tr>
<tr><td rowspan="2">• 문화적 내용
- 중국인의 일상생활 문화
- '의사소통 기본 표현' 활용 실생활 사용 문화</td><td>• 문화적 내용
- 중국개관, 언어문화, 생활문화, 예술문화, 전통문화</td></tr>
<tr><td>• 기능
- 의사소통 상황에 적용하기
- 체험하기
- 상호비교하기</td></tr>
<tr><td>기본표현</td><td>• 중학교 교육과정 이수 권장 의사소통 기본 표현
• 문장의 구조, 종류, 기타 문법에 관한 사항을 참고</td><td>• 사교 · 감정 및 의사, 사실 · 정보 전달, 요구 · 승낙 및 생활 관련 표현 등 의사소통 능력을 효율적으로 기르는 내용</td><td>• 조정됨</td></tr>
<tr><td>어휘표</td><td>일반계 고등학교 중국어 교육과정 [별표Ⅱ]의 300 낱말 내외 사용</td><td>고등학교 보통 교과 중국어 교육과정 [별표Ⅱ]에 제시한 기본 어휘 중심 250개 내외의 낱말 사용</td><td>• 어휘 50 낱말 간소</td></tr>
</table>

55) [2007 개정 교육과정], 한국교육과정평가원(http://www.kice.re.kr) 자료실. [2015 개정 교육과정], p.460(한국교육과정평가원-http://www.kice.re.kr 자료실).

〈표-37〉 '2007 개정 교육과정'과 '2015 개정 교육과정'의 비교(고등학교)[56]

<table>
<tr><th colspan="2">과목</th><th>체계</th><th>2007 개정 중국어 교육과정</th><th>2015 개정 중국어 교육과정</th><th>비고</th></tr>
<tr><td rowspan="8">보통과 · 생활 · 교양교과</td><td rowspan="8">중국어 I · 중국어 II</td><td>성격</td><td>교과목 성격, 의의(개요)</td><td>교과목 성격, 의의(개요)</td><td>• 의사소통능력
• 문화적 가치와 정보 향유</td></tr>
<tr><td>목표</td><td>일상생활 중국어 이해 표현, 중국문화 이해 관심</td><td>일상생활 중국어를 습득하고, 양국 문화의 상호 이해를 통해 의사소통 태도와 능력 배양</td><td>• 중국어 습득
• 문화 이해 태도와 능력 배양</td></tr>
<tr><td rowspan="4">내용</td><td rowspan="2">• 언어적 내용
- 언어기능
(듣기, 말하기, 읽기, 쓰기)
- 언어재료
(발음 및 문자, 어휘, 문법, 의사소통 기본 표현)</td><td>• 언어재료
- 발음 및 문자, 어휘, 문법, 의사소통 기본표현</td><td rowspan="4">• 기능분리
• 언어기능별 성취기준(학습요소, 성취기준 해설, 교수 · 학습 방법 및 유의 사항, 평가 방법 및 유의 사항 포함)
• 교수 · 학습 및 평가의 방향 분리 제시
* 추가된 내용</td></tr>
<tr><td>• 기능
- 발음을 듣고 변별하기
- 발음을 듣고 의미 파악하기
- 발음 듣고 따라 말하기
- 질문에 대답하기
- 상황에 맞게 말하기
- 정확하게 소리 내 읽기
- 읽고 의미 파악하기
* 읽고 대의 파악하기
- 발음 듣고 받아쓰기
- 정보 채워 넣기
- 간단한 문장 쓰기</td></tr>
<tr><td rowspan="2">• 문화적 내용
- 중국인의 일상생활 문화
- '의사소통 기본 표현' 활용 실생활 사용 문화, 언어기능 연계 유의</td><td>• 문화적 내용
- 중국개관, 언어문화, 생활문화, 예술문화, 전통문화</td></tr>
<tr><td>• 기능
- 의사소통 상황에 적용하기
* 모둠활동하기
- 체험하여 이해하기
- 상호비교하기</td></tr>
<tr><td>기본 표현</td><td>• 고등학교 교육과정 이수 권장 의사소통 기본 표현
• 문장의 구조, 종류, 기타 문법에 관한 사항을 참고</td><td>[별표 I]에 제시된 '의사소통 기본 표현'</td><td>• 조정됨</td></tr>
<tr><td>어휘표</td><td>『중국어 I』은 400 낱말, 『중국어 II』는 400 낱말 내외 사용</td><td>[별표 II]에 제시된 기본 어휘 중심 800개 내외의 낱말 사용</td><td>• 동일함</td></tr>
</table>

56) [2007 개정 교육과정], 한국교육과정평가원(http://www.kice.re.kr) 자료실. [2015 개정 교육과정], p.1136(한국교육과정평가원-http://www.kice.re.kr 자료실).

이상 〈표-36〉, 〈표-37〉에 나타난 것처럼 '2007 개정 중국어 교육과정'과 '2015 개정 중국어 교육과정'의 비교 결과 후자가 수요자 즉 학생중심을 강조한 측면이 돋보였다. 교과 내용 체계에 있어 의사소통 능력의 습득을 위해 언어기능별 교수·학습 성취에 중점을 두었다. 언어적 내용은 단지 언어재료로 구성하고 성취기준은 언어기능을 중심으로 문화적 내용까지를 포함하여 기능별로 상세하고 구체적으로 제시한 것이다. 이전 교육과정에서 언어적 내용에 포함되었던 언어기능, 교수·학습 평가에 포함되었던 평가 방향 등을 분리하였는데, 이보다는 오히려 평가 방향을 분리하지 않고 구체적으로 제시하는 편이 더욱 체계적이었을 수 있다. 이밖에 '2015 개정 중국어 교육과정'의 구성 중점으로 제시한 중국어 교육의 목표, 내용, 교수·학습 및 평가의 일관성 강화는 그 전체 과정이 연계된 일체화 효과를 낼 수 있는 장점을 지녀 바람직스럽다.

결론적으로 제 1차 교육과정부터 제 5차 교육과정은 '국가주도형'의 획일적 성격을 지니고 있었다. 즉 교육계 자체의 계획 설계가 철저히 무시되었고 학교 교육은 교과서라는 매체에 의해 좌우되었던 것이다. 하지만 작게나마 제 4차부터 교과 구성 체계의 내용 영역에 언어학적 분류가 등장하는 변화가 감지되기 시작하였다. 그 변화추이를 열거하면, 다음 〈표-38〉과 같다.

〈표-38〉 제 4차부터 2015 교육과정까지 내용 영역의 변화추이

<table>
<tr><th>교육과정</th><th>영역</th><th colspan="2">분류</th><th>비고</th></tr>
<tr><td>제 4차 교육과정</td><td rowspan="8">내용</td><td colspan="2">• 언어기능
• 언어재료</td><td>• 언어학적 명칭 분류 위배
- 언어재료→언어요소 및 기타</td></tr>
<tr><td>제 5차 교육과정</td><td colspan="2">• 언어기능
• 언어재료</td><td>• 언어학적 명칭 분류 위배
- 언어재료→언어요소 및 기타</td></tr>
<tr><td>제 6차 교육과정</td><td colspan="2">• 언어기능
• 의사소통 기능
• 언어재료</td><td>• 의사소통 기능은 언어기능에 종속
• 언어학적 명칭 분류 위배
- 언어재료→언어요소 및 기타</td></tr>
<tr><td>제 7차 교육과정</td><td colspan="2">• 의사소통 활동
• 언어재료</td><td>• 의사소통 활동은 언어기능의 반복 연습 결과
• 언어학적 명칭 분류 위배
- 언어재료→언어요소 및 기타</td></tr>
<tr><td rowspan="2">2007 개정 교육과정</td><td colspan="2">• 언어적 내용
- 언어기능
- 언어재료</td><td>• 언어학적 명칭 분류 위배
- 언어재료→언어요소 및 기타</td></tr>
<tr><td colspan="2">• 문화적 내용</td><td>• 구체적 제시</td></tr>
<tr><td rowspan="2">2015 개정 교육과정</td><td>• 언어적 내용
- 언어재료</td><td rowspan="2">• 언어기능</td><td rowspan="2">• 언어학적 명칭 분류 위배
- 핵심요소→언어요소 및 기타</td></tr>
<tr><td>• 문화적 내용</td></tr>
</table>

위 〈표-38〉과 같이 '제 4차 중국어 교육과정'부터 내용 구성 체계에 언어학적 분류가 도입되었으나 이후 '2015 개정 중국어 교육과정'에 이르기까지 거의 똑 같은 문제점을 답습해왔다. 예를 들면, 내용 영역의 '언어재료'를 마땅히 '언어요소 및 기타'로 표기해야 한다. 왜냐하면 '언어재료'는 언어학적 명칭분류에 위배되기 때문이다. 이외에 언어기능과 의사소통 기능(마땅히 언어기능에 포함), 의사소통 활동과 언어재료(마땅히 '언어요소 및 기타'로 분류해야 함)로 대등하게 분류하거나 언어적 내용을 구성하는 오류가 반복되고 있다. 이러한 문제점들은 사실 시정되어야 할 부분이다.

【참고문헌】

[제 1차 교육과정](1955), 한국교육과정평가원(http://www.kice.re.kr) 자료실.
[제 2차 교육과정](1963), 한국교육과정평가원(http://www.kice.re.kr) 자료실.
[제 3차 교육과정](1974), 한국교육과정평가원(http://www.kice.re.kr) 자료실.
[제 4차 교육과정](1981), 한국교육과정평가원(http://www.kice.re.kr) 자료실.
[제 5차 교육과정](1988), 한국교육과정평가원(http://www.kice.re.kr) 자료실.
[제 6차 교육과정](1992), 한국교육과정평가원(http://www.kice.re.kr) 자료실.
[제 7차 교육과정](1997), 한국교육과정평가원(http://www.kice.re.kr) 자료실.
[2007 개정 교육과정], 한국교육과정평가원(http://www.kice.re.kr) 자료실.
[2009 개정 교육과정], 한국교육과정평가원(http://www.kice.re.kr) 자료실.
[2015 개정 교육과정], 한국교육과정평가원(http://www.kice.re.kr) 자료실.
곽병선(1987),『교육과정』, 서울: 배영사.
문교부(1989),『고등학교 외국어과 교육과정 해설』, 서울: 대한교과서 주식회사.
김억환·김민환(1991),『새로운 교육과정 탐구』, 서울: 성원사.
유봉호(1992),『한국 교육과정사 연구』, 서울: 교학연구사.
교육부(1992),『고등학교 교육과정(I)』, 서울: 대한교과서 주식회사.
교육부(1995),『고등학교 외국어과 교육과정 해설(II)』, 서울: 대한교과서 주식회사.
이홍우(1997),『교육과정 탐구』, 서울: 박영사.
刘奉镐·郑今株(1998),『教育课程 및 教育评价』, 서울: 교학연구사.
김재춘(1999),『수준별 교육과정의 이해』, 서울: 교육과학사.

김대현(2002),『교육과정 개발의 개념과 모형-이론과 실제』, 서울: 교육과학사.

이근님 · 김영준 · 김영춘(2005),『제 2외국어과 교육과정 개선 방안 연구』, 서울: 한국 교육과정 평가원.

김영춘 · 이근님 · 강창동(2006),『고등학교 제 2외국어과 선택 중심 교육과정 개선 방안 연구』, 서울: 한국 교육과정 평가원.

李姬玉(2001),『우리 나라 중국어 교육의 역사적 고찰과 전망』, 庆熙大学校 教育大学院 硕士学位 论文.

郑然玉(2009),『改定 教育课程(2007)에 따른 高等学校 中国语 指导方向 研究』, 水原大学校 教育大学院 硕士学位 论文.

金银镜(2010),『중등 중국어 교육과정의 변천 연구』, 庆北大学校 教育大学院 硕士学位 论文.

오문의(2007),「고등학교 중국어 교육과정 개정안의 개정 원칙과 방향 및 해설」(『韩中研』 제 2집, 서울: 한국 중등 중국어 교육연구회).

손민정 · 오문의(2007),「2007년 개정 일반계 고등학교 중국어 교육과정의 내용 및 특성 고찰」(『中国文学』 第 53辑, 서울: 한국중국어문학회).

Ⅳ. 중국어 교과교육론(상)

우리나라 "중국어 교과교육"의 역사는 일찍부터 선진적 문화 시대를 열었던 중국의 변방 국가로 한자 문화권을 형성하며 오랜 기간에 걸친 영향 아래 변화, 발전해왔지만 서양 교육 체계의 도입을 계기로 현재의 면모로 발전하게 된 것이다. 조선시대까지 오랜 동안 '사대교린'을 시대적 배경으로 그 교육적 목적을 달성하기 위해 관련 교과교육 체계가 끊임없이 개선, 정비되어 왔다. 이후 근대 개화기, 일제 강점기를 거쳐 정부수립시기까지 변화를 거듭하다 1954년에 이르러 '초·중등교육법'에 의거한 교육과정이 마련되면서 본격적으로 현대적 체계에 입각한 "중국어 교과교육"이 시행될 수 있었다.

현대적 체계의 "중국어 교과교육"이란 무엇인가? 그 함축된 의의를 밝히기 위해 해당 명칭을 범위로 삼아 관련 정의, 목표, 대상 및 교과 내용의 범위와 구성 등을 살펴 볼 필요가 있다.

1. 중국어 교과교육론이란?

'중국어 교과교육론(Educational theory of subject matter in Chinese language Teaching)'은 마땅히 중국어를 외국어로 삼는 교수·학습이론, 한국인들이 중국어로 제 2언어를 삼는 교수·학습이론 및 대상언어를 심는 교수·학습이론을 포함하는 개념이다. 여기서는 단지 한국인들이 중국어를 제 2언어(즉 제 2외국어) 및 대상 언어로 삼는 교수·학습이론을 가리키는데, 흔히 습관적으로 일컫던 '중국어문 교수·학습 이론'과 그 의미가 같은 개념이라 정의할 수 있다. 그러나 주의할 점은 '중국어를 외국어로 삼는 교수·학습 이론'과 구별해서 이해해야 한다는 것이다. 이때 '중국어 교과교육론'은 '대외 중국어 교과교육론(Educational theory about the Teaching and Learning of Chinese to

Foreigners)'의 의미로 외국인을 교수·학습 대상으로 삼는 일반 중국어 교육에 관한 이론을 가리키며 우리나라 중등 교육과정에서 이수하는 '중국어 교과교육론'과는 완전히 다른 개념이다. 그래서 개념의 올바른 이해를 통한 적절한 사용에 유의함으로서 불필요한 오해의 소지를 불식시킬 필요가 있다.

2. 중국어 교과교육의 목표

'2015 개정 중국어 교육과정'을 인용하여 "중국어 교과교육"의 목표를 중학교『생활 중국어』와 고등학교『중국어 I』,『중국어 II』로 나누어 정리하면 다음 〈표-39〉와 같다.

〈표-39〉 중·고등학교 '중국어 교과교육'의 목표[57]

학교별	교과 명칭	'중국어 교과교육'의 목표
중학교	『생활 외국어』	일상생활에 필요한 기초적인 외국어 의사소통 능력을 배양한다. 가. 기초적인 의사소통 기본 표현을 이해하고, 상황에 맞게 적극적으로 활용한다. 나. 외국 문화의 이해를 통해 의사소통 능력을 함양하고, 해당 문화에 대한 배려심과 존중의 자세를 확립한다. 다. 다양한 매체와 자료를 통해 학습 해당국 관련 정보를 선별하여 활용하는 능력을 기른다.
고등학교	『중국어 I』	일상생활에 필요한 기초적인 중국어를 습득하고 중국어에 대한 지속적인 흥미와 자신감을 기른다. 또한 중국 문화와 우리 문화의 이해를 통해 중국어로 의사소통하려는 적극적인 태도와 능력을 배양한다. 가. 기초적인 의사소통 기본 표현을 이해하고, 상황에 맞게 적극적으로 활용한다. 나. 중국 문화의 이해를 바탕으로 의사소통 능력을 함양하고, 중국 문화와 우리 문화에 대한 상호 이해를 바탕으로 세계 시민으로서의 균형잡힌 태도와 자세를 기른다. 다. 다양한 매체와 자료를 활용하여 중국어 및 중국에 관한 정보를 조사하고 처리하는 능력을 기른다.
	『중국어 II』	『중국어 I』 교과의 교육목표와 대부분 일치 • 다양한 매체와 자료를 활용하여 중국어 및 중국에 관한 정보를 조사하고, 중국어로 교류할 수 있는 능력을 기른다.

57) [2015 개정 교육과정], pp.423·1135·1147(한국교육과정평가원-http://www.kice.re.kr 자료실).

'2015 개정 교육과정'의 중학교 제 2외국어 교과교육 목표는 '『생활 외국어』 교육 목표'로 통합적으로 제시하였고 달리 구분하여 『생활 중국어』 교과교육 목표로 제시하지 않았다. 그리고 고등학교 『중국어Ⅰ』, 『중국어Ⅱ』 교과교육 목표는 세부 목표의 '다'항 내용이 약간 다를 뿐 대체적으로 일치한 것이었다. 그렇다면 중·고등학교의 교육목표는 큰 차이가 있었을까? 사실 그다지 큰 차이는 없었다. 모두 '일상생활에 필요한 중국어 의사소통 능력의 배양'이라는 교육목표의 지향, 실용성의 강조라는 측면에서 약간의 차이를 보일 뿐이었다.

3. 중국어 교과교육의 대상

근래 한·중 양국 간의 인적, 물적 왕래교류가 나날이 빈번해져 그 범위가 확대되고 빈도가 증가함에 따라 자연스레 국내 중국어 학습자는 끊임없이 늘어나며 관련 학습의 관심과 열기도 지속적으로 더해가고 있는 것이다. 이에 따라 중국어 교수·학습의 수요, 시장이 크게 확장될 수 있었다. 현재 초등학교의 방과 후 수업을 비롯하여 중학교 『생활 중국어』, 고등학교 『중국어Ⅰ』, 『중국어Ⅱ』(일반 고등학교와 특수 목적 고등학교, 특성화 고등학교와 산업 수요 맞춤형 고등학교) 교과가 개설되어 있다. 이러한 중등교육기관의 학생들을 교수·학습 대상으로 한 교사를 양성하는 교과목이 바로 '중국어 교과교육론'이라 할 수 있다.

『중국어 교과교육론』을 사용하는 대상의 관련학과 또는 학부는 중국어 교육, 중어중문학 및 관련되는 학부(전공, 학과)[58]이다. 즉 대학교 중어중문학과 교직이수 학생(중어중문학과 전공기초 교과 선택 이수학생 포함), 단과 대학별(사범대학 포함) 중어중문학과 복수 전공 학생들과 교육대학원 중국어 교육전공 학생들을 포함한다. 본 교과목은 바

58) 정인순·김동현(2019.2) 등의 『2019년도 교원자격검정 실무편람』 PART. Ⅺ 부록 ② 관련고시 [별표 3] 교사자격 종별 및 표시 과목별 기본 이수과목(또는 분야) 1. 중등학교 교사자격 중 보통교과 관련 표시과목 중국어의 관련학과 또는 학부 항목에 '중국어 교육, 중어중문학 및 관련되는 학부(전공, 학과)'에 근거한 분류이다(세종특별자치시: 교육부 교원양성연수과, pp.159·189·196·198).

로 이들 관련 학과 또는 학부생들을 교육하기 위해 개설된 필수 교과과정이라는 성격을 지닌 것이다.

비록『중국어 교과교육론』의 사용범위, 대상이 한정되어 있을지라도 결코 그 중요성을 무시할 수 없는 교과과정이라 할 수 있다. 이 교과목은 관련 대학교 학부, 교육대학원 전공 과정에서 전공 이론지식의 체계 즉 명의, 대상, 관점, 범위, 구조, 내용, 안배 등 구성요건 및 그 교육 방향을 제시하는 지침서 역할을 한다. 때문에 그 성격을 중등 교육과정 중국어 교과교육의 이론지식 구성 체계 및 그 교육 방향에 관한 개론이라 규정한다면 큰 무리가 따르지 않을 듯하다.

이밖에 특별히 주의할 점은 '2015 개정 교육과정'에 따른 예비교원의 학생 참여 형 수업 및 과정중심 평가 역량제고의 필요에 착안하여 2016년 8월 4일 '교원 양성과정 개선 계획'을 수립하였다는 것이다.[59] 부연하면 '2015 개정 교육과정'의 부분적 개편, 조정에서 나아가 새로운 교육과정의 마련으로 이어질 수 있는 개연성을 보여주는 것이라 할 수 있다.

4. 중국어 교과 내용의 범위

『2019년도 교원자격검정 실무편람』[60] 교과교육 영역의 교수요목(2008학년도 이전까지는 교직과목에 해당) 중의 한 종류인 '중국어 교과교육론'은 그 관련 역사적 배경, 교과교육의 목표, 중·고등학교 교육과정의 분석 등 교과교육 전반 그리고 교과별 수업의 실제와 과정 중심의 평가 등 중등 교육과정의 각론 내용에 중점을 둔다고 그 범

59) 위의 주58), p.64.

60)『2019년도 교원자격검정 실무편람』 교과교육 영역의 교수요목(2008학년도 이전까지는 교직과목에 해당)은 중국어 교과교육론, 중국어 교과교재 연구 및 지도법, 중국어 교과 논리 및 논술, 중국어 교수법, 중국어 교육과정, 중국어 평가방법론 등이다. 그 가운데 중국어 교수법, 중국어 교육과정, 중국어 평가방법론 등을 포함하여 2017학년도부터 다양하게 운영할 수 있도록 교수요목 개정하였다(위의 주39, pp.63-64).

위를 규정한 것이다. 이에 근거하여 '중국어 교과 내용의 범위'를 중학교『생활 중국어』와 고등학교『중국어Ⅰ』,『중국어Ⅱ』로 구분하여 열거하면 다음 〈표-40〉, 〈표-41〉 등과 같다.

〈표-40〉 중학교 중국어 교과 내용의 범위[61]

<table>
<tr><th>구 분</th><th colspan="2">내 용</th><th>비 고</th></tr>
<tr><td rowspan="2">언어적 내용</td><td>어 휘</td><td>• 일상생활의 기초적인 의사소통에 필요한 어휘
* 고등학교 보통 교과 중국어 교육과정 [별표Ⅱ]에 제시된 기본 어휘 중심의 250개 내외 낱말</td><td></td></tr>
<tr><td>의사소통 표현</td><td>사교표현, 감정 및 의사표현, 사실 및 정보 전달, 요구 및 승낙 표현, 생활 관련 표현 등</td><td>중학교 교육과정『생활 중국어』(p.467-470)</td></tr>
<tr><td>문화적 내용</td><td colspan="2">• 중국개관, 언어문화, 생활문화, 예술문화, 전통문화 등
* 이 외에 인물, 지리, 자연 등도 다룰 수 있음</td><td>『생활 중국어』 문화적 내용</td></tr>
</table>

〈표-41〉 고등학교 중국어 교과 내용의 범위[62]

<table>
<tr><th>구분</th><th colspan="2">내용</th><th>비고</th></tr>
<tr><td rowspan="2">언어적 내용</td><td>어휘</td><td>• 일상생활의 의사소통에 필요한 어휘
『중국어Ⅰ』, [별표Ⅱ]에 제시된 기본 어휘를 중심으로 400개 내외의 낱말
『중국어Ⅱ』, [별표Ⅱ]에 제시된 기본 어휘를 중심으로 800개 내외의 낱말</td><td>•『중국어Ⅰ』의 400개 낱말 포함</td></tr>
<tr><td>의사소통 표현</td><td>• 사교의 표현, 생활 관련 표현, 사실 및 정보 전달, 요구 및 승낙 표현 등</td><td></td></tr>
<tr><td>문화적 내용</td><td colspan="2">• 중국개관, 언어문화, 생활문화, 예술문화, 전통문화 등
* 이 외에 인물, 지리, 역사, 자연 등도 다룰 수 있음
*『중국어Ⅰ』의 내용에 준하되, 필요에 따라 심화된 내용을 다룰 수 있음</td><td>•『중국어Ⅰ』,『중국어Ⅱ』 문화적 내용</td></tr>
</table>

위 〈표-40〉, 〈표-41〉에 인용한 '2015 개정 교육과정' 중국어 교과의 언어적 내용과 문화적 내용에 모두 기능별 성취기준(교수·학습 방법, 평가 방법 및 유의사항 포함), 교수·학습 및 평가 방향을 그 이론지식의 범위로 제한하여 규정하고 있다. 하지만 확

61) 위의 주53).

62) 위의 주54).

장성의 측면에서 보면 문화적 내용에 인물, 지리, 역사, 자연(중학교『생활 중국어』, 고등학교『중국어Ⅰ』) 및 심화된 내용(고등학교『중국어Ⅱ』)이 추가될 여지가 있다.

5. 중국어 교과 내용의 구성

'2015 개정 교육과정'에 따른 중국어 교과는 '2007 개정 교육과정'부터 내용 체제를 언어적 내용과 문화적 내용을 대별하는데, 언어적 내용은 다시 언어기능과 언어재료(언어요소 및 기타로 명칭)로 나누었다. 그리고 '2015 개정 교육과정'에서 다시 교과 내용 체계를 언어적 내용과 문화적 내용의 영역별, 핵심 요소(발음 및 문자, 어휘, 문법, 의사소통 표현), 내용, 기능 등으로 구분한 후 언어 기능별 성취기준(교수·학습 방법, 평가 방법 및 유의사항) 그리고 교수·학습 및 평가의 방향(고등학교에 해당) 방면에 구체적 설명을 더하는 방식으로 구성하였다. 그 구성 양식을 중학교『생활 중국어』와 고등학교『중국어Ⅰ』,『중국어Ⅱ』구분 없이 나타내면 다음 〈표-42〉와 같다.

〈표-42〉 중국어 교과 내용의 성취기준[63]

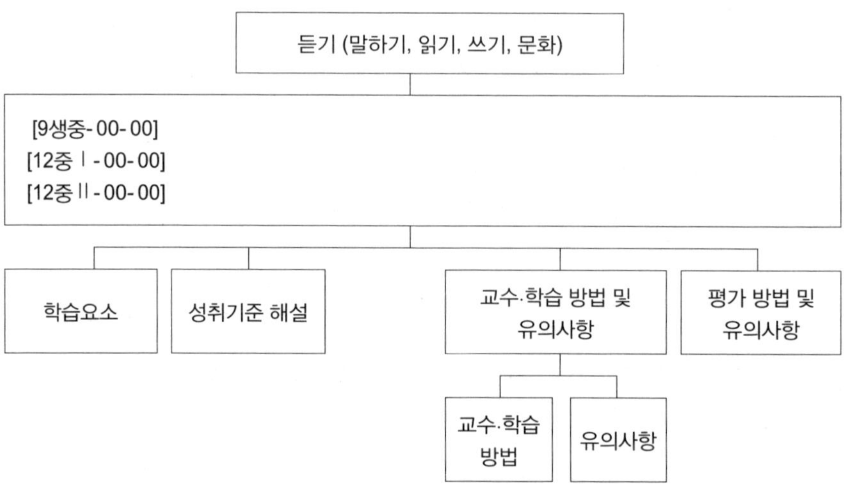

63) 위의 주53), pp.461-466. 위의 주54), pp.1136-1145·1148-1156.

교과 내용의 성취기준 부분에 교수·학습 방법 및 유의사항을 적절히 연계함으로써 무엇을 교수·학습할 것인지, 교수·학습을 거쳐 성취해야 할 기준은 어떠한지, 어떻게 교수·학습해야 하고 유의할 사항은 무엇인지, 교수·학습을 통해 성취기준에 도달하였는지 등을 포함해야 한다. 여기에 고등학교『중국어Ⅰ』,『중국어Ⅱ』교과의 경우 교수·학습 및 평가의 방향을 제시하여 중학교 중국어 교육과정보다는 심화된 내용에 필요한 지침을 제공하여야 한다. 교육과정의 말미를 장식하는 '교수·학습 및 평가의 방향'과 분리하여 교수·학습의 방향은 성취기준 중의 '교수·학습 방법 및 유의사항' 앞에 그리고 평가의 방향은 본래 위치에 그대로 배치하는 것이 바람직할 것이다.

그 외에 문화적 내용을 살펴보면 '제 7차 교육과정'이후 '2007 개정 교육과정', '2009 개정 교육과정'을 거치며 문화적 내용의 구성을 위해 열거된 항목들은 적지 않은 문제점을 포함하고 있었다. 따라서 이 보다는 문화의 일반적 분류에 근거하여 구성하도록 제시하면 보다 적절하지 않을까 제언해 본다.

【참고문헌】

[2007 개정 교육과정], 한국교육과정평가원(http://www.kice.re.kr) 자료실.
[2015 개정 교육과정], 한국교육과정평가원(http://www.kice.re.kr) 자료실.
정원식 등(1975),『교과교육 원리』, 서울:능력개발사.
정인석(1988),『교과교육론』, 서울:교육출판사.
곽병선 등(1988),『교과교육 원리』, 서울:갑을출판사.
정인석(1996),『신 교과교육론』, 서울:교육출판사.
이홍우(1997),『지식의 구조와 교과』, 서울:교육과학사.
이돈희 등(1998),『교과교육학 탐구론』, 서울:교육과학사.
곽병선·김용숙·김재복·박문태·장석우(1998),『교과교육 원리』, 서울:갑을출판사.
김수천(1999),『교육과정과 교과』, 서울:교육과학사.
진영은·조인진(2001),『교과교육의 이해』, 서울:학지사.
김경배·김재건·이홍숙(2010),『교과교육론』, 서울:학지사.

조인진(1994), 『학교 교과의 형성과 변화과정에 관한 분석－교과의 형식과 성격을 중심으로』, 성균관대학교 대학원 박사학위 논문.

정태범(1985), 「교과교육학의 개념적 모형」(『교원교육』 제 1권 제 1호, 한국교원대학교 교육연구원)

김순자(1987), 「교과교육학의 연구 영역 및 과제」(『원우론총』 제 5집, 숙명여자대학교 대학원원우회)

곽병선(1992), 「교과의 논리와 가치에 대한 성찰」(『교과교육연구』 제 1집, 이화여자대학교 대학원)

진위교(1995), 「학교 교육의 내용과 방법 : 정보화 사회의 요구, 그에 적합한가?」(『교육학연구』 제 33권 제 4호)

함수곤(1997), 「교육 개혁과 교과교육」(『교과서연구』 제 27호)

邵敬敏(2002), 「现代汉语课程教材的改革与创新意识」(『中国大学教学』12, 北京 : 中国全国高等学校教学研究中心).

姜声调(2016), 「关于"现代中国语学概论"教材的编写建议」(『中国语文论丛』 第74辑, 서울 : 中国语文研究会).

V. 중국어 교과교육론(하)

본 주제에서 다룰 내용은 '중국어 통론' 성격의 이론지식이다. 그 교과교육에 있어 선행되어야 할 중국어의 이해, 숙지를 위해 필요한 내용을 제시하여 교수·학습 및 그 입문을 도울 수 있다.

1. 중국어 학과론

중국어의 명칭, 현대적 규정 등이 그 주요 내용이라 할 수 있다. 먼저 해당 명칭의 면면, 특징과 역사적 연혁을 기술하고 나아가 학과 명칭에 대해 현대적인 규정이 이루어져야 한다.

1.1 중국어

1.1.1 중국어란?

중국어(中国语)가 상당히 다양한 명칭으로 불려왔다. 중국어 이외에 달리 한어(汉语), 한문(汉文), 당문(唐文), 당어(唐话), 화어(华语), 화문(华文), 중문(中文), 중국화(中国话) 등의 속칭으로 불리기도 한다. 그 언어의 계통에 따라 구분하면 중국어는 한장어계(汉藏语系)에 속하는 분석어(分析语)로 양사(量词)가 대량으로 발달하고 성조(声调)를 지니고 있다는 점이 특징이다. 게다가 중국어 기록을 위한 부호체계인 한자(汉字)는 일종의 의음문자(意音文字)인데 표의(表意: 의미를 표시)하는 동시에 일정한 표음(表音: 음을 표시)하는 기능을 갖추고 있다. 중국어는 구어(口语) 및 서면어(书面语) 2부분을 포함한 것이다. 그 중에 서면어의 경우 고대 서면 중국어를 '문언문(文言文)'이라 부르고, 현대 서면 중국어를 일반적으로 '현대 표준 중국어(现代标准汉语)'라 부른다.

1.1.2 중국어의 언어 간 역사적 지위

언어는 일정한 사회와 민족에 귀속된 것이다. 중국은 56개 민족의 구성체인데 대다수의 민족이 다 자신의 언어를 소유하고 있지만 중국어를 사용하는 인구가 절대다수를 차지하는 까닭에 각 민족이 사용하는 공통어로 자리매김 하였다. 중국어는 세계에서 가장 유구한 역사를 통해 발달한 언어로 동아시아 문화사상 대단히 중요한 지위를 차지하며 동북, 동남아시아 지역의 국가들에 커다란 영향을 미쳤다. 즉 그 영향 지역을 '한자문화권'이라 부른다. 남북한(南北韩), 일본(日本), 베트남(越南), 미얀마(缅甸) 등 국가에서 지금까지 언어 가운데 사용하고 있는 중국어 어휘는 여전히 적지 않으며 중요한 역할을 해내고 있다. 특히 우리 말로 병음(拼音)하여 사용되는 한자(중국어) 어휘는 그 전체의 70%이상을 차지할 정도로 많다.

또한 중국어는 1973년 국제연합이 법으로 정한 6종류의 공무수행을 위한 언어 중의 하나로 분류되어 현재까지 그 중요성이 강조되고 있는 것이다. 이러한 중국어의 역사 연혁은 일반적으로 7단계의 시기로 나눌 수 있는데 간략하게 열거하면 다음과 같다.

① 은상시대(殷商时代)

기록에 근거하면 중국 은상시기(BC1600-1046)에는 모두 '중원아음(中原雅音)'을 유지하였고 줄곧 전국시기(战国时期, BC403-221)까지 이어져 백가쟁명(百家争鸣)에 필수 요건이 되었다. 이는 이른 시기 중국인들이 이미 모두 '아음입시(雅音入市 : 올바른 발음이 시정에 유입되어 사용됨)'의 공통적인 바람이 있었다는 사실을 증명하는 것이다.

② 수대(隋代)

가장 이른 시기 관방(官方)의 공통어 정책 추진은 수나라시기가 그 시작이다. 수나라가 혼란스럽던 위진남북조(魏晋南北朝) 시대를 통일하고 차앙안(长安)에 수도를 정하였다. 전대의 중국 북방 지역에는 오랫동안 북방 유목민족의 통치 아래 있었던 까닭에 한족(汉族)의 풍속, 습관 등 문화에 커다란 변화가 있었다. 그래서 정통성 회복이라는 측면에서 한족의 예악(礼乐)을 다시 일으키려던 수나라 문제(文帝)에 의해 수많은 한족문화 정책이 시행되었다. 그 가운데 루파이옌(陆法言) 등에 명해 『절운(切韵)』을 편찬하게 한 일을 포함하는데 경전(经典)과 비교를 거쳐 순수하고 바른 중국어를 심사하여 정하도록 하였다.

③ 당대(唐代)

당나라시기에 이르면 수나라시대에 편찬된 『절운(切韵)』의 기초 위에 쑨미옌(孙愐)의 『당운(唐韵)』과 리저우(李舟)의 『切韵』이 편찬되었다. 그 중에 쑨미옌의 『唐韵』을 당시의 표준음으로 삼아 관리 선발을 위한 과거시험에 반드시 적용하도록 규정하였다.

④ 송대(宋代)

송나라시기에 이르면 당나라시대에 편찬된 『唐韵』의 기초 위에 거듭 수정하여 천언펑니옌(陈彭年) 등이 『광운(广韵)』, 띵뚜(丁度) 등이 『집운(集韵)』을 편찬하였다. 그리고 북송(北宋)이 멸망한 후, 남송(南宋)시기에 이르러 리우웨엔(刘渊)이 다시 『广韵』에 기초하여 『평수운(平水韵)』을 저술하였다.

⑤ 명대(明代)

원(元)나라시대 거의 100여 년의 몽고족의 통치는 한족의 전통적인 예악풍속, 언어문화에 커다란 변화를 일으켰다. 따라서 명(明)나라 태조(太祖) 주웨엔장(朱元璋)은 즉위 2년(1369)에 당·송나라 제도를 모범으로 삼아 과거제도를 부활시키고 아울러 유학을 일으켜 세웠다. 명나라가 출범한 이후 어음변화(语韵变化)의 원인인 중국 북방 중국어에 커다란 변화가 발생한 까닭에 예를 들면, 원나라 시대에 편찬된 『몽고자운(蒙古字韵)』은 겨우 16운이 존재할 뿐이어서 중국어의 전통적 특징을 잃어버리게 하였다. 게다가 당시의 어음과 당·송 시대의 206운 체계는 너무 차이가 현격하여 명나라 태조는 즉위 8년(1775) 웨사오펑(乐韶凤), 쑹리엔(宋濂) 등에 명하여 전적(典籍) 중의 『중원음운(中原音韵)』과 남경 말을 참고하여 『홍무정운(洪武正韵)』을 편찬도록 한 후 관방의 운서로 삼았다.[64] 여기서 언급한 '남경 말' 역시 관화(官话:관방의 말)의 대표적 일종이었다. 『洪武正韵』을 후대에 '운백(韵白)'라 부르는데 주요하게 관방 언어와 문서 그리고 희극(戏剧), 설창(说唱), 평탄(评弹) 등에 널리 사용되기도 하였다.

⑥ 청대(清代)

만청조(满清朝)에 들어서 비록 만주족 말을 국어(国语)로 정하였을지라도 당조(当朝)의 피지배층으로 전락한 한족들은 여전히 중국어를 말하였고, 일부의 한족 관리들은 명나라 시대 관방의 말을 사용한 까닭에 청나라 조정의 관방 언어는 실제로 만한(满汉) 2종 언어 제도를 채택할 수밖에 없었다. 만주족이 북경에 진입한 후 만주 말의 어휘 양이 너무 부족하여 늘 말은 그 뜻을 충분히 전달하지 못한다는 사실을 깨닫게 되었다. 따라서 대량의 중국어 어휘를 빌리거나 받아들이는 방식으로 자기 만주 말 음운과 발음습관, 문화적 특색을 지닌 어휘들을 그들이 사용하던 만주식 중국어에 폭넓게 수용하였다. 청나라 말기에 만한 언어 성분의 융합을 아직 형성하지 못했던 베이징(北京) 말투의 만주족 말이 현대 표준 베이징어의 전신이었다. 베이징 음운 체계의 성조(声调)는 음평(阴平:第一声), 양평(阳平:第二声), 상성(上声:第三声), 거성(去声:第四声) 등 4성(四声)이며 입성(入声)이 없었다. 즉 입성은 일부 방언(方言)에 남아 전할 뿐이었다.

청조시기 베이징 말은 바로 이상 몇 가지를 결합한 산물이다. 그 말의 음조(音调)가 높은 이유는 동북지방 관방 말의 영향에 기인한 것이었다. 청나라 시대 베이징 말은 문독(文读), 백독(白读) 2종류로 나누었다. 문독은 과거 표준음으로 난징(南京) 말에 가까워 지식인 사이에서 많이 사용되었으나 청나라 말기에 이르러 기본적으로 실전되었고 단지 백독만 남게 되었다.

청나라 중기, 한족 관리들에 대한 의지가 심해짐에 따라 업무처리 효율의 제고를 위해 조정에서는 일률적으로 베이징 말을 사용하도록 하였다. 즉 용쩡(雍正)황제가 베이징 관방 방언을 관청에서 사용하는 말로 확정하는데 이것이 바로 중국 역사상

64) 『明史·乐韶凤传』:"八年, 帝以旧韵出江左, 多失正, 命与廷臣参考中原雅音正之。书成, 名『洪武正韵』。"(『明史』二, 卷一百三十六, 台北:新文丰出版公司, 1975, p.1522).

첫 번째 정부주도의 표준어 추진, 보급의 사례였다. 이후 중후기에 이르면 북방의 대다수 지역(쓰촨四川, 꾸이저우贵州, 윈나안云南 포함)에서 모두 베이징 말을 기초로 삼는 새로운 관방 말이 사용되기에 이른다. 그 영향으로 베이징 말이 이미『洪武正韵』에 바탕을 둔 난징 말을 초과하여 청나라 전 지역에 가장 폭넓게 사용되는 언어로 자리매김하였다.

19세기 말 즉 청나라 말년에 이르러 중국의 형세에 커다란 변화가 발생하고 이를 계기로 서방 학술사상이 유입되어 그 영향을 크게 받았다. 사실 이보다는 오히려 일본의 영향을 더 많이 받았다. 일본은 메이지유신(明治维新)을 전후하여 일본어를 공통어로 추진하고 그 민족 공통어를 '국어'라 불렀다. 즈음하여 당시 중국인들의 문화생활에도 변화의 물결이 밀려와 '국어'란 이 명사(名词)를 전파하기 시작하였다. 1909년 청나라 정부는 관방의 말을 '국어'라 불렀다. 그리고 1911년 청나라 조정의 학부(学部)에서 '국어 통일 방법 안(统一国语办法案)'이 통과되어 본래 명나라 시대 관방 말(난징 말)의 지위를 대체하며 대대적으로 그 보급이 추진되었다.

⑦ 민국시대(民国时代)

신해혁명(新亥革命, 1911년) 이후 '국어'란 이 명사를 당시 북양정부(北洋政府)의 승인을 받아 민족 공통어의 호칭을 얻었다. 그러나 청나라의 멸망으로 베이징 관방 말의 표준음 지위에 대해 광범위한 의구심을 품게 하였다. 그래서 민국 초기 두 차례에 걸친 '국어'에 관한 치열한 논쟁이 있었다.

1.2 현대 중국어

1.2.1 현대 중국어의 유래

현대 중국어는 베이징 말을 대표로 하는 북방방언의 기초 위에 점차 형성되고 발전해 온 것이다. 송·원나라 이후 북방 방언에 2종류의 변화추세가 나타나기 시작하였다.

첫째는 백화문학(白话文学)의 출현과 발전인데 구어체와 분리된 문언체가 차츰 구어체에 근접하여 백화문학을 형성한 것이다. 이러한 문학작품의 출현이 북방방언의 확대 보급을 가속시켰다.

둘째는 '관방의 말'이 차츰 각 방언 구역에 퍼져 확산된 것이다. '관방의 말'이 명·청나라 관가에서 유행하였을 뿐 아니라 각기 다른 방언지역에서도 의사소통의 도구가 되었다. 이 시기 일찍이 푸젠(福建)과 광뚱(广东) 지역에 '정음서원(正音书院: 바른 음 서원)'을 설립하였고 청나라 정부가 해당 서원을 매우 중시하였다.

1.2.2 현대 중국어의 지역방언

중국어는 방언을 포함한 현대 중국어를 가리키는 개념이다. 현대 중국의 방언으로 그 지역구분에 따라 대체로 7종이 존재한다. 이들 방언 지역과 사용 인구 비율을 열거하면, 다음 〈표-43〉과 같다.

〈표-43〉 중국어의 7종 방언 사용지역과 그 비율

중국어 방언	방언 사용지역과 그 비율
베이팡팡이옌 (北方方言)	뚱베이(东北), 화아베이(华北), 시베이(西北), 시나안(西南), 쟝화이(江淮) 등지에 분포되어 있고 대략 70%의 중국인들이 사용하고 있다.
우팡이옌 (吴方言)	쟝(江)·저(浙) 및 상하이(上海) 일대에 분포되어 있고 대략 8.4%의 중국인들이 사용하고 있다.
웨팡이옌 (粤方言)	광뚱(广东)과 광시(广西) 일부 지역에 분포되어 있고 대략 5%의 중국인들이 사용하고 있다.
샹팡이옌 (湘方言)	후나안(湖南)과 후베이(湖北) 남부 지역에 분포되어 있고 대략 5%의 중국인들이 사용하고 있다.
민팡이옌 (闽方言)	푸젠(福建), 타이완(台湾), 하이나안(海南), 광뚱(广东) 동부 및 저쟝온저우(浙江温州), 위화안(玉环) 등지에 분포되어 있고 대략 4.2%의 중국인들이 사용하고 있다.
커자화 (客家话)	광뚱매이시옌(广东梅县), 광시(广西), 쟝시(江西), 푸젠(福建), 쓰촨(四川) 커자러언(客家人) 집성촌 등지에 분포되어 있고 대략 4%의 중국인들이 사용하고 있다.
깐팡이옌 (赣方言)	쟝시성(江西省)에 분포되어 있고 대략 2.4%의 중국인들이 사용하고 있다.

1.2.3 현대 중국어의 규범화

오랜 기간 중국어는 여러 차례의 규범화를 거쳐 지금의 모습을 갖게 된 것이다. 비록『절운』,『광운』,『집운』,『중원음운』등은 실제로 수·당·송 시대의 간략화를 거친 것이지만 줄곧 그 역사가 전해져 지금의 현대 중국어 및 한자에까지 이어졌다.

1955년 중국 문화부와 문자 개혁 위원회가 연합하여 [첫 번째 이체자 정리표(第一批异体字整理表)]를 공표하였는데 모두 515개 간화자(简化字), 54개 간화편방(简化偏旁)으로 '첫 번째 간략화 한자(一简字)'라 불렀다. 다시 1977년 [두 번째 한자 간략화 방안(第二次汉字简化方案)]을 공표하여 한자에 대한 정리, 간략화를 진행하며 사회적 활용에 편리하게 하였다.

과연 무엇이 규범화된 현대 중국어일까? 중국 '문자법'에 명확하게 푸통화(普通话)의 추진 보급과 한자 규범화를 추진하는 것이라 말하고 있다. 규범화된 한자 즉 정리, 간략화를 거친 글자와 아직 정리를 거치지 않은 글자, 이 둘을 줄여 '이간자(二简字)'라 부른다. 이러한 글자들은 문제가 많은 까닭에 1986년 푸통화[65]의 확립과 추진 보급을 선포하였고, 1955년 말 중국 국무원이 '첫 번째 전국 언어문자 개혁회의'와 '현대 중국어 규범화 문제 학술 토론회'를 개최하였던 것이다. 이렇게 사상, 이론상으로부터 중국 민족의 공통어 추진을 위한 충분한 준비를 마쳤다. 그리고 1956년 2월 6일 중국 국무원은 '푸통화 추진보급에 관한 지시'를 발표하고, 푸통화의 개념을 명확히 하며 그 추진의 서막을 열었다. 1958년 2월 18일 마침내 '중국어 병음 방안'을 정식으로 공포하는데 중국어 규범화의 표방은 한 걸음 더 나아갔고, 병음은 국제적으로 통용되는 라틴어 자모를 채택하였으며, 결과 글자 알기(식자: 识字), 음 표기(주음: 注音), 바른 음(정음: 正音)을 위해 아주 큰 편리를 제공하였다. 당시 제기하였던 보급 방침은 "대대적으로 제창하고 중점적으로 추진하며 점진적으로 보급하는(大力提倡, 重点推行, 逐步普及)" 것이었다. 1990년대에는 개혁개방과 사회발전의 필요에 적응하기 위해 보급 방침을 "대대적으로 추진하고 적극적으로 보급하며 점진적으로 제

65) 이른바 '푸통화(普通话)'는 북방 관화(관방의 말)로 기초방언, 베이징음운으로 표준(사성)음, 중국 현대문학 작품으로 기본표현을 삼고 베이징말의 '儿'化를 채택하는 중국의 표준어를 가리키는 말이다.

고하는(大力推行, 积极普及, 逐步提高)" 것으로 조정되었다. 1982년 전국인민대표대회에서 통과된 새로운 "헌법"은 "국가가 전국에 통용되는 푸통화를 추진 보급하는" 것을 명확하게 기록하여 푸통화의 법률적 지위를 확립하였다. 1994년 10월 30일 국가 언어위원회, 국가 교육위원회, 방송부 등이 연합으로 「푸통화 수준 측정 평가를 전개하는 일에 관한」 통지를 공표하고 아울러 푸통화 3급 6등 측정 표준을 제기하며 그 수준 측정 평가의 작업을 시작하였다. 2000년 10월 31일 제 9회 전국인민대표대회 상임위원회 제 18차 회의에서 "중화인민공화국 국가 통용 언어 문자법"이 통과되어, 2001년 1월 1일부터 시작하여 정식으로 반포실시 되었다. 이는 중국 언어 문자의 규범화, 표준화 작업이 법률제도로 뒤받침되는 하나의 새로운 발전시기에 진입하였다는 사실을 나타낸다. 총칙 제 2조 중에 "국가 통용 언어 문자는 푸통화와 규범화된 한자"라 명확하게 규정하였다. 그리고 '문자법' 가운데 "푸통화와 규범화된 한자를 국가기관 공무용 언어·문자, 학교와 기타 교육기관의 교육 교수 학습용 언어·문자, 방송은 푸통화로 기본 방송용어를 삼고 공공 서비스업은 규범화된 한자로 기본 서비스용 문자를 삼는다(공공시설)"고 규정하였다.

현대 중국어는 다시 약간의 관련 학과로 나누는데 즉 '중국어 어음학', '중국어 어휘학', '중국어 어법학', '중국어 어의학', '중국어 화용학', '중국어 방언학' 등이다. 중국어학의 분류는 이보다 훨씬 광범위하지만 중등 교육과정 '중국어 교과교육론' 교과의 범위를 벗어나 더 이상 언급하지 않을 것이다.

1.2.4 현대 중국어의 특징

① 어음방면

음악성이 강하다. 이것은 중국어 음절의 한계가 분명하고 단음절이 많으며 음악적 음이 비교적 많을 뿐 아니라 성조와 어조의 높고 낮은 변화, 억양 그리고 이어지거나 끊어지는 때문이다. 구체적으로 복 보음(复辅音)이 없고 원음(元音:즉 母音)이 우세를 차지하며 성조가 있는 등에 표현되어 있다. 예를 들면, 영어 Teacher – 汉语 老师(lǎoshī)와 같다.

② 어휘방면

현대 중국어 어소는 단음절로 기본형식을 삼고, 광범위하게 복합법(复合法)을 사용하여 새로운 낱말을 구성하며, 쌍음절 낱말이 우세를 차지하는데 표현되는 것이다.

③ 어법방면

중국어는 종합적 성격의 언어이며 형식 변화가 비교적 결여되어 있다. 어순과 허사는 어법 의의를 표현 전달하는 주요 수단인데 어법 구조의 일치성이 분명하고 낱말이 다기능성을 갖추고 있으며 어휘의 조합이 쉽다는데 표현되어 있다.

1.2.5 현대 중국어 교과 과정의 확정적 지위

중어중문학 전공의 필수 교과인 동시에 도구교과, 이론교과, 실천교과 등의 요소를 겸하고 있다. 이 교과의 임무는 바로 이전에 모두가 중국어에 대한 감정적 인식을 이성적 인식 상까지 발전시켜 빼어난 언어소질과 언어 능력으로 배양해내는 것이다. 그 교수·학습의 의의는 다음 4가지 방면에서 찾을 수 있다.

첫째, 중국어를 교수·학습해야 할 뿐 아니라 그 해야 하는 까닭을 알게 한다.

둘째, 중국어 교수·학습자의 규범화된 언어 활용 의식을 제고한다.

셋째, 기타 학과의 교수·학습에 대해 적극적인 촉진 작용이 있다.

넷째, 언어현상에 대한 감별능력을 증가시키고 강화한다.

2. 중국어 교과교육의 내용

'2007 개정 교육과정'은 중국어 교과의 내용을 대체로 언어, 문화 2종류 영역으로 나누며 그 가운데 언어적 내용을 다시 언어기능과 언어재료(마땅히 언어요소 및 기타로 바로잡아야 함) 2가지 항목으로 나눈 것이다. 그런데 '2015 개정 교육과정'은 중국어 교육과정을 이전처럼 언어, 문화 2종류 영역으로 나누지만 언어요소를 핵심요소로 고치고 기능을 분리해내 핵심요소, 문화 항목에 모두 안배한 것이다. 여기에 언어기능과 성취기준을 연계하여 교수·학습 방법, 평가 및 유의점 그리고 교수·학습 및 평가 방향을 상세하고 구체적으로 제시하였다. 그러나 해당 교과 내용 체계의 구성 측면에서 보면 '2007 개정 교육과정'의 중국어 교과 내용 영역 구분이 상대적으로 객관성, 합리성을 보다 잘 구현하고 있다.

2.1 언어적 내용

일반 언어학 내용의 구성요소는 언어기능과 언어요소이다. 그러나 우리나라 외국어 교육과정의 경우 언어요소를 언어재료, 핵심요소로 제시하고 있다. 이보다는 포괄성을 지니도록 '언어요소 및 기타'로 고쳐 제시하는 것이 바람직할 것이다.

2.1.1 언어기능

'언어기능'은 듣기, 말하기, 읽기, 쓰기 4종류를 포함하는데 학습에서 습득에 이르기까지 반드시 '언어기능'을 연계한 반복 연습, 기억, 활용 등 활동이 있어야 한다. 또한 그 취지를 의사소통 의의에 둔 의사소통 활동을 통해 무의식적으로(즉 자신도 모르는 사이) 일종의 언어 장악에 이르게 된다.

2.1.2 언어요소 및 기타

'언어요소'는 문자, 어음, 어법, 어의 등을 가리키는 것인데 엄격하게 대강과 교과서 강의, 해설에 따라 일련의 관련 교수·학습을 진행하고 아울러 연습, 기억, 활용 등 활동을 시도해야 한다. 다시 말해 의식적으로 언어 지식의 교수·학습을 진행하기 위해서는 그 계획적, 체계적인 성격도 반드시 갖추어야 할 바인 것이다.

문자, 어음, 어법, 어의 등 언어요소 즉 언어 교수·학습 관련 이론지식 그리고 듣기, 말하기, 읽기, 쓰기 등 4가지 언어기능의 반복 연습, 기억, 활용 등 활동을 통해 언어 습득에 이를 수 있다. 언어 관련 이론지식의 교수·학습에서 나아가 그 기능과 적절한 연계를 통해 습득이라는 목적에 도달할 수 있어야 한다. 다시 말해 언어의 목적은 그 관련 이론지식 학습에 있지 않고 그 학습한 이론지식을 말로 표현할 수 있는 습득(언어 의사소통 능력)에 있다.

2.2 문화적 내용

2.2.1 문화

'문화'는 대단히 광범위한 개념인데, 그에 대한 엄격하고 정확한 정의를 내리는 것은 매우 곤란한 일이다. 수많은 철학자, 사회학자, 인류학자, 역사학자와 언어학자들이 지금껏 노력하여 각자 학과의 시각으로부터 문화에 대한 개념을 정의해왔다. 그런데 현재까지 여전히 하나의 공인되고 다른 사람들을 만족시킬만한 정의를 내리지 못하고 있다. 통계에 근거하면 '문화' 관련 각기 다른 종류의 정의로 적어도 200여 종이 존재한다. 개괄적으로 말하면, '문화'는 일종의 사회현상이고 사람들이 장기간에 걸친 창조로부터 형성된 산물이다. 동시에 일종의 역사현상이기도 하고 사회, 역사의 침전물이기도한 것이다. 정확하게 말하면, '문화'는 한 국가나 민족의 정신사상, 역사지리, 정치제도, 예술기능, 사유방식, 가치관념, 의식형태, 생활태도, 행위규범 등을 가리키는 것이다. 즉 '인류생활의 총체적 양식'이나 '인류 생활양식의 총화'라 정의할 수 있다.

2.2.2 언어와 문화

언어 학습과 언어 교수·학습의 시각으로부터 언어를 이해하려면 반드시 먼저 언어와 문화의 관계에 대한 이해가 선행되어야 한다. 왜냐하면 언어 이해와 언어 사용은 모두 일정한 문화요소를 떠날 수 없기 때문이다. 사람들이 언어를 학습하려면 반드시 동시에 관련 문화적 배경 지식을 학습해야 하듯이 언어 교수·학습을 진행하려면 반드시 동시에 언어 이해, 언어 사용과 밀접한 관련을 지닌 문화 배경 지식의 교수·학습을 진행해야 한다. 가령 우리가 한 시간의 언어와 문화의 관계를 교수·학습하는 것은 주요하게 언어 이해, 언어 사용과 밀접한 관계를 지닌 문화요소를 파악하기 위한 것이다.

이러한 언어의 교수·학습 방법으로 프랑스 학자 베이스(贝思 H. Besse)가 외국어 교육의 범주 안에서 이루어질 수 있는 문화에 대해 문화 없이 언어만을 가르치는 방식(Enseigner la langue sans sa culture), 언어 없이 문화만을 가르치는 방식(Enseigner la culture sans sa langue), 외국 언어·문화를 가르치는 방식(Enseigner une langue/culture étrangère), 문화 상호적 접근법(Approche interculturelle) 등 4가지로 제시하였다. 이 가운데 언어교육과 문화교육의 상관 관계가 중시되는 문화상호적 의사소통(Communication interculturelle) 개념과 학습자의 문화 이해 과정으로서의 이화(Distanciation)와 동화(Assimilation, inentification)의 상호작용을 근본원칙으로 하는 '문화 상호적 접근법'이 가장 효율적인 방법이라 할 수 있다.[66] 그 접근법은 자국과 타국의 언어, 문화에 대해 동등한 입장에서 비교하는 관점이라 할 것이다. 그래서 독일 학자 한스 위르겐 크룸(汉斯 于尔根 克鲁姆 Hans-Jürgen Krumm)가 "문화 비교의 출발점은 바로 양 문화의 등가치성이다. 이러한 등가치성은 우리 사회에 새로운 결속과 연결을 가져다준다. 즉 상대방의 상이성을 받아들이고 자기의 규범을 객관적으로 문제시해 볼 마음의 여유를 갖게 하는 것이 간문화적(間文化的) 외국어 교육의 학습목표에 속한다"[67]고 주장하였다. 다시 말해 언어와 문화의 연계를 통한 교수·학습은 상호주의 즉 서로의 상이성에 대해 인정, 수용 및 존중하는 태도를 길러 객관적 입장의 문화이해 그리고 의사소통 중에 구현해내는 것이다.

2.2.3 언어와 문화의 관계

언어와 문화는 하나와 하나로 둘 처럼 보이지만 둘이 아니라 하나인 불가분의 관계이다. 1980년대 중반기를 기점으로 중국학자들이 '문화 언어학(文化言语学)'에 주목하여 그 상호 관계를 이해하고 설명하려 하였다. 예를 들면, 사오징미인(邵敬敏)은 「중국 문화 언어학의 반추(关于中国文化语言学的反思)」라는 논문에서 "엄격히 말해 언어와 문화는 일반적인 병렬관계가 아니라 부분과 전체의 대립관계인데, 혹 말하자면

66) 강성영(2000), 「우리나라 프랑스 언어, 문화교육에 있어서 문화 상호적 접근법 적용 실태」(『불어불문학연구』 제 41집) 번역을 인용, pp.266-268.

67) Hans-Jürgen Krumm: Interkulturelles Lernen im Fremdsprachenunterricht, a.a.O., S. 118(권오현, 「간문화적 커뮤니케이션으로서의 외국어 교육」, 『독어교육』 제 14집, 1996, p.29).

점과 면의 상대적인 일종의 특수 병렬관계이다. 문화는 언어를 포함하고 언어는 문화 가운데 일종의 특수한 문화이다"[68]라고 하였다. 언어와 문화의 관계를 대체로 4가지 방면에서 보다 구체적으로 기술할 수 있다.

첫째, 언어는 문화의 중요한 구성부분인데 언어와 문화는 부분과 전체의 관계로 이 둘은 분리할 수 없는 것이다.

둘째, 언어는 문화를 기록하는데 사용되는 부호체계이며 문화의 주요한 전달 매체(담체)이다.

셋째, 언어와 문화는 서로 종속, 포함하며 촉진과 제약하는 것이다.

넷째, 언어는 문화발전의 기초이다.

2.2.4 중국어 교과의 문화적 내용

'2007 개정 교육과정'부터 중국어 교과 문화적 내용을 상세하고 구체적으로 제시하고 있다. 이는 이전 교육과정의 한계로부터 출발하여 언어와 문화 교육을 연계한 교수·학습으로 그 극복에서 나아가 교육적 효과를 높이기 위해 문화 교육을 강조한 것이다. '2015 개정 중국어 교육과정'과 그 관련 내용을 비교하면, 다음 〈표-44〉와 같다.

〈표-44〉 '2007, 2015 개정 교육과정' 중국어 교과 문화적 내용[69]

영역	'2007 개정 교육과정'	'2015 개정 교육과정'
문화적 내용 (중학교)	• 중국인의 일상생활 문화와 사회문화 관련 내용 - 인사와 소개 - 취미와 여가활동 - 가정, 학교, 사회생활 및 예절 - 의식주 - 문화유산	• 중국개관 : 국기, 언어, 소수민족, 인구, 행정구역 등 • 언어문화 : 인사, 호칭, 숫자, 해음(諧音) 등 • 생활문화 : 여행, 운동, 가족, 하루 일과, 학교생활, 건강, 취미, 교통수단, 식사 등 • 예술문화 : 경극, 음악, 영화, 문학 등

68) "严格地讲, 语言和文化不是一般的并列关系, 而是部分和整体的对立关系, 或者说是点面对待的一种特殊并列关系。文化包括言语, 言语是文化中一种特殊的文化。" (王福祥、吴汉樱编, 『文化与言语(论文集)』, 上海 : 外语教学与研究出版社, 1997, p.5)。

69) 위의 주55), 56).

문화적 내용 (고등학교)	•중국인의 일상생활 -언어문화 : 인사, 소개, 호칭, 숫자, 언어 예절 등 -취미와 여가활동 : 스포츠, 춤, 음악, 독서, 컴퓨터 게임, 여행 등 -가정 및 학교생활 : 가족 관계, 친구, 교사와 학생 관계, 동아리 활동 등 -의식주 : 식사, 의복, 주거 •중국 사회 문화적 내용 -사회문화 : 정치, 경제, 사회, 역사, 지리, 제도, 교육, 교통, 소수민족, 인구, 화폐, 언어 정책 등 -문화유산 : 명소, 유적지, 문화재, 명절, 기념일, 행사 등 -예술문화 : 전통 문화, 음악, 연극, 영화, 미술, 문학 등	•중국개관 : 국기, 언어, 소수민족, 인구, 행정구역 등 •언어문화 : 인사, 호칭, 숫자, 해음(諧音), 언어 예절 등 •생활문화 : 여행, 운동, 가족, 하루 일과, 학교생활, 건강, 취미, 교통수단, 식사 등 •예술문화 : 경극, 음악, 영화, 문학 등 •전통문화 : 명절, 전통적인 의식주, 전통놀이, 전통 공예 등 •기타 : 인물, 지리, 역사, 자연 등

위 〈표-44〉에 인용한 것처럼 중국어 교과 문화적 내용을 대조 분석하면 '제 7차 교육과정' 이후 '2007 개정 교육과정', '2009 개정 교육과정'을 거치며 그 구성을 위해 열거된 항목들은 대체로 범위가 방대하거나, 구조가 무질서하거나, 체계를 결여하거나, 내용이 중복되는[70] 등의 문제점을 지니고 있었다. '2015 개정 교육과정'에서는 중국개관, 언어문화, 생활문화, 예술문화, 전통문화(이외에 인물, 지리, 역사, 자연 등도 다룰 수 있고, 『중국어Ⅱ』의 경우 필요에 따라 심화된 내용을 다룰 수 있다.) 등을 문화적 내용으로 제시

70) 교육대학원 '중국어 교과교육론' 수업에 사용된 강의안에서 인용한 내용으로 필자가 '2007(2009) 개정 교육과정'의 내용체계 중 문화적 내용부분을 연구 분석한 뒤 4가지 문제점을 제기한 것이다. 이후 지도학생들이 논문에서 동의 없이 여러 차례 인용하였다. 그 원문을 예로 들면, "우리나라 교육부 교육과정 평가원이 제시한 중국어 교과 '문화적 내용'은 엄격하게 약간의 내용구성 상의 주의사항을 규정하고 있으나 도리어 그 범위가 방대하거나, 구조가 무질서하거나, 내용이 중복되거나, 체계를 결여하는 등 문제가 있었다. 그런데 이러한 문제점들은 절박하여 어쩔 수 없이 극복해가야 할 요긴한 일인데 이를 위해 약간의 유효한 방안을 강구하여 부족한 곳을 보충하고, 처한 문제를 해결하여 규범화의 길로 들어서야 언어와 문화로 하여 서로 보완되며 장점을 드러내 모두 좋은 결과를 얻을 수 있어 결국 순리적으로 예기한 교수·학습 효과에 도달할 수 있다(韩国教育科学技术部教育课程评价院提示中国语教科'文化的内容', 尽管严格地规定一些构成内容上的注意事项, 却有其范围庞大、结构杂乱、内容重复、缺乏系统等问题。而这些问题是迫不得已地去克服的要紧事, 为此谋求一些有效方案, 弥补不足之处, 解决所处问题, 要走进一规范化之路, 能使语言与文化获得互补相成、相得益彰、两全其美的结果, 究竟顺利地达到预期的教学效果。)"(강성조, 『'중국어 교과교육론' 강의안』, 2013.3.5, p.48).

하고 있다. 이 역시 체계성을 결여한 점은 마찬가지라 생각한다. 오히려 이보다는 문화의 일반적 분류에 근거하여 구성하도록 제시했어야 한다는 생각이다. 그 일반적 분류에 따른 재구성 내용을 열거하면, 다음 〈표-45〉와 같다.

〈표-45〉 중국어 교과 문화적 내용의 재구성[71]

<table>
<tr><th>영 역</th><th colspan="3">내 용</th><th>비 고</th></tr>
<tr><td rowspan="2">언어적 내용</td><td colspan="3">언어기능</td><td rowspan="2"></td></tr>
<tr><td colspan="3">언어요소 및 기타</td></tr>
<tr><td rowspan="3">문화적 내용</td><td>단원별문화 (언어문화)</td><td colspan="2">• 의사소통 문화
• 일상생활 문화</td><td>기본 표현의 글자, 어휘, 문장에 내재된 문화</td></tr>
<tr><td rowspan="2">대단원별문화 (일반문화)</td><td>유형문화</td><td>• 의식주, 유물유산, 자연지리, 위인영웅, 민족구성, 예술작품,……</td><td rowspan="2">언어문화를 제외한 인류생활의 다양한 양식(선택)</td></tr>
<tr><td>무형문화</td><td>• 정신사상, 역사전통, 종교신앙, 정치제도, 풍속습관, 예술기능, 언어문자, 의식형태, 가치관념,……</td></tr>
</table>

‘2015 개정 교육과정’이 제시된 이래 체계 없는 열거로 일관하였던 방식에서 벗어나 중국어 교과의 문화적 내용을 단원별 문화(언어문화)와 대단원별 문화(일반문화)로 귀납하고, 중등 교과과정 중에 수용할 수 있는 제한된 범위 내에서 그 내용을 선택적으로 구성하는 것이 필요하다. 이를 위해 중국어 교육과정 교과 내용 체계 중 문화적 내용의 규범화가 반드시 선행되어져야 한다. 왜냐하면 규범화, 체계화를 바탕으로 문화적 내용을 구성한다면 그 교수·학습에 충실할 수 있는 동시에 중국어 가운데 함축된 문화 내용의 확실한 이해, 적절한 활용이 이루어져 중국어다운 중국어 즉 올바른 중국어 한마디를 표현할 수 있기 때문이다.

【참고문헌】

[2007 개정 교육과정], 한국교육과정평가원(http://www.kice.re.kr) 자료실.
[2015 개정 교육과정], 한국교육과정평가원(http://www.kice.re.kr) 자료실.
叶蜚声·徐通锵(1993),『语言学纲要』, 台北:书林出版有限公司.

71) 위의 주70), p.49.

胡裕树主编(1995),『现代汉语』, 上海:上海教育出版社.
周本淳主编(1997),『古代汉语』, 上海:华东师范大学出版社.
王福祥·吴汉樱等编(1997),『文化与语言』, 北京:外国语教学与研究出版社.
刘珣主编(2000),『对外汉语教育学引论』, 北京:北京语言大学出版社.
骆小所(2005),『现代汉语引论』, 昆明:云南大学出版社.
邵敬敏(2007),『现代汉语通论』, 上海:上海教育出版社.
刘珣主编(2008),『对外汉语教学』, 北京:北京语言大学出版社.
黃伯荣·廖序东(2012),『现代汉语概论』, 北京:高等教育出版社.
정은주(1998),『현행 고등학교 중국어 교과서의 문화내용 분석과 개선방안』, 경희대학교 교육대학원 석사학위논문.
李姬玉(2001),『우리나라 중국어 교육의 역사적 고찰과 전망』, 서울:경희대학교 교육대학원 석사학위논문.
정유선(2009),「문화교육의 관점에서 본 고등학교 중국어 교과서의 문제점과 개선방안」(『비교문화연구』제 13권 제 2호, 서울:경희대학교 비교문화연구소).
권오현(1996),「간문화적 커뮤니케이션으로서의 외국어 교육」(『독어교육』제 14집).
邵敬敏(1997),「关于中国文化语言学的反思」(王福祥、吴汉樱等编,『文化与言语(论文集)』, 上海:外语教学与研究出版社).
강성영(2000),「우리나라 프랑스 언어, 문화교육에 있어서 문화 상호적 접근법 적용 실태」(『불어불문학연구』제 41집).
손민정(2008),「고등학교 중국어 교육에 있어서 문화 교육의 필요성 및 그 내용 고찰」(『中国文学』第57辑, 서울:韩国中国语文学会).
정유선(2009),「문화 교육의 관점에서 본 고등학교 중국어 교과서의 문제점과 개선방안」(『비교문화연구』제 13권 제 2호, 서울:경희대학교 비교문화 연구소).
田兰玉(2012),「在韩初级汉语教学中文化教学的思考」(『国际中国学研究』第15辑, 서울:韩国中国学会).
박홍수·김종호·나민구(2014),「고등학교 중국 문화」(충남:충청남도 교육청).
申敬善(2014),「通过课堂互动与文化教学来强化汉字教学」(『中国言语研究』 제 52권, 서울:한국 중국 언어학회).
임재민(2017),「언어와 문화 통합교육에 대한 예비 중국어 교사의 인식 연구」(『中国言语研究』第68辑, 서울:한국 중국 언어학회).

Ⅵ. 언어 교수·학습 이론

1. 언어 통사론

1.1 언어

'언어'는 인류사회 특유의 산물인데 사회성과 전국민성을 지니고 있다. 사회성은 '언어'가 사회에서 만들어지고 사회에 의존하기에 사회가 없으면 '언어' 역시 곧 존재하거나 발전할 수 없다는 것이다. 그리고 전국민성은 '언어'가 전체 사회 구성원을 위해 존재하며 구별 없이 사용된다는 것이다. 외부적 기능으로부터 말하면 '언어'를 인류의 중요한 의사소통과 사유의 수단이라 말할 수 있다. 『사해(辞海)』에 "'언어'는 인류의 가장 중요한 의사소통 도구이다. 그것과 사유는 밀접하게 연계되어 있는데, 인류의 사유와 사상 표현 전달의 수단이며 인류 사회의 가장 기본적인 정보 전달매체이다. 사람들은 언어의 도움을 빌어 인류 문명의 성과를 보존하고 전달한다. '언어'는 사람이 기타 동물과 구별되는 본질적 특징 중의 하나이다"[72]라고 하였다. 만약 '언어'가 없다면 인류의 사회생활은 곧 유지될 수 없을 것이다. 그 결합구조를 보면, '언어'는 어음을 그 외면 형식으로 삼고 어법을 결합 구조의 규칙으로 삼으며 어의로 의사소통의 매개로 삼아 구성되는 체계이다. 미국 언어학자 에드워드 사피얼(爱德华·萨丕尔 Edward Sapir, 1921)은 '언어'에 대해 "'언어'는 순수한 인위적 그리고 비 본능적(非本能性) 의사소통의 방법인데 자각적으로 창조해낸 부호에 의지하여 정서적 개념과 욕망을 전달한다"[73]고 정의하였다.

---

72) "人类最终要的交际工具。它同思维有密切的联系, 是人类思维和表达思想的手段, 也是人类社会最基本的信息载体。人们借助语言保存和传递人类文明的成果。语言是人区别于其他动物的本质特征之一。"(辞海编辑委员会编, 『辞海』, 上海: 上海辞书出版社, 1992, p.447)。

73) "Language is a purely human and non-instructive method of communicating ideas, emotion and

인류의 사유를 형상사유와 추상사유로 나눈다. 이 가운데 '추상사유'는 언어로 담체를 삼은 것인데 개념, 판단, 추리를 포함한다. 이러한 추상적인 사유과정 중에 '언어'의 낱말, 낱말조합, 문장이 줄곧 전체 사유과정을 주도하거나 제약하고 있다. 내부 결합 구조를 보면 '언어'는 인류 특유의 음성과 의미가 서로 결합된 한 조의 부호체계이다. 그것은 어음, 어법, 어의 3요소를 포함하고 있다. '언어'부호의 중요한 특징은 임의성과 연결성이다. 즉 '임의성'은 '언어' 중의 어음과 의의, 내용 등이 필연적인 연계가 없는 것을 가리키고 '연결성'은 언어부호 하나하나의 발음이 모두 말할 때의 필요에 따른 것을 가리키는 것이다.

1.2 언어의 특징

'언어'는 상대적이고 복합적인 4종류의 특징을 지니고 있다. 즉 부호성과 체계성, 임의성과 연결성, 불변성과 가변성, 전승성과 의사소통성이다. 이 4종류를 구체적으로 기술하면 다음과 같다.

1.2.1 부호성과 체계성

'언어'는 사회적 약속으로 이루어진 관념을 표현 전달하는 부호이며 그 본질은 사회적인 것이다. 이것이 언어의 가장 중요한 특징이라 할 수 있다. '언어'는 일종의 사회적 계약인데, 한 사회는 한 종류의 표현 전달 수단을 받아들이며 다른 종류들은 배척하는데 사실은 모두 사회상 집단의식의 습관적 발현이다.

1.2.2 임의성과 연결성

'임의성'은 언어부호와 문자가 가리킬 수 있거나 가리키는 사이의 일종의 임의적으

---

desires by means of voluntarily produced symbols"(Edward Sapir, Language : An Introducation to the Study of Speech. Harcourt, Brace and Company, 1921).

로 이어진 관계이며 이 종류는 실체가 없어 논증할 방법이 없다. '연결성'은 '언어'가 가리킬 수 있거나 음성에 의지하여 완성되는 것인데 단지 1음위의 음성적 공간에서 전파할 수 있으나 그 범위와 능력을 돌파할 수 없는 언어사용과 표현 전달의 한계를 만들었다.

1.2.3 불변성과 가변성

'언어'는 끊임없이 활용, 변화, 발전 중에 있는 체계인데 그 가운데 각 요소들은 이미 일정한 안정성을 지니기도, 변동성을 지니기도 한 것이다. 다시 말해 그 변화 체계가 시공을 뛰어 넘어 계속 유지되기도 하고 여러 차례 수정, 보완, 생성되기도 하며 도도한 계승순환의 발걸음을 이어가고 있다.

1.2.4 전승성과 의사소통성

'언어'는 어떤 종류의 의의 상에서 보면 이로써 인류 문화가 전승, 보존되는 유효한 매체이다. 따라서 그 자체 발전 가운데 점차 아주 강한 전승성과 의사소통성을 구현해낼 수 있다. '언어'와 문화는 전체와 부분, 총체와 매체라는 관계를 지닌 것이며 사람과 사람 사이의 의사소통 역할을 넘어 문화의 전파 역할을 해낸다.

1.3 언어 교수·학습상의 기본개념

전 세계의 '언어' 종류를 통계하면 어림잡아 6,000여 종이 있고, 문자는 100여 종이 있다고 한다. 그 가운데 중국어는 영어 다음으로 많은 사람들이 사용하는 '언어' 종류이다. 이러한 '언어'는 대체로 다음 4종류로 구분할 수 있다.

1.3.1 제 1언어와 제 2언어

이 2종류 개념에 대한 해석은 순전히 '언어' 교수·학습의 선후순서에 따른 것이다.

① 제 1언어(First Language)
사람이 태어난 후 제일 먼저 학습하여 장악하는 '언어'이다.

② 제 2언어(Second Language)
제 1언어를 장악한 후 학습하여 사용하는 기타 '언어'이다.

1.3.2 모국어와 외국어

이 2종류 개념은 나라별 혹은 민족관계에 따라 구분한 것이다.

① 모국어(Mother Language)
본 민족의 '언어'이자 대다수의 사람들이 태어난 후 제일 먼저 학습하여 습득하는 '언어'인데, 즉 제 1언어다.

② 외국어(Foreign Language)
모국어 이외의 다른 나라 '언어'나 다른 민족의 '언어'로 대다수의 사람들이 학습하여 사용하는 제 2언어, 즉 외국어다.

1.3.3 본 민족어와 비 본 민족어

이 2종류 개념은 언어집단에 따라 구분한 것인데 통상적으로 민족적 한계에 따라 구분한 것이다.

① 민족어(National Language) : 바로 본 민족의 '언어'이다. 따라서 '모국어'와 통용할 수 있다.
② 비 민족어(Non National Language) : 타 민족의 '언어'를 가리키는 것인데 외국어일 수도, 본국 기타 민족의 '언어'일 수도 있다.

1.4 제 1언어와 제 2언어 교수·학습의 차이

'언어' 간의 교수·학습의 차이 즉 제 1언어와 제 2언어 교수·학습의 차이점을 구분하여 기술하면, 다음 〈표-46〉과 같다.

〈표-46〉 제 1언어와 제 2언어 교수·학습의 비교

비교 구분	제 1언어와 제 2언어 교수·학습의 비교
같은 점	• 모두 언어의 의사소통 능력을 획득하기 위한 것이다. • 모두 이해, 모방, 기억, 활용 등 단계를 거치는 유의미한 창조과정이다. • 모두 유추, 다양화, 간략화 등 학습 전략을 활용하는 것이다.
다른 점	• 학습 주체와 동기가 다르다. • 교수·학습의 출발점이 다르다. • 교수·학습 조건, 환경의 분위기가 다르다. • 교수자 및 관련 기타 언어의 영향이 다르다. • 교수·학습 과정과 문화배경에 따라 받아들이는 상황이 다르다. • 추구하는 목적과 요구가 다름에 따라 교수·학습 동력이 다르다. • 교수·학습 내용, 중점과 난점이 다르다. • 교수·학습 방법과 기교를 달리해야 한다.

다시 말해 제 1언어와 제 2언어 교수·학습 모두 '언어' 의사소통 능력을 획득하기 위한 것인데 이해, 모방, 기억, 활용 등 단계를 거치며 유추와 다양화, 간략화 등 학습 전략을 활용하여 장악할 수 있다.

1.5 제 2언어 교수·학습의 특징

제 2언어 교수·학습의 특성은 내체로 7가지로 귀납할 수 있는데 정리하면, 다음 〈표-47〉과 같다.

〈표-47〉 제 2언어 교수 · 학습의 특징

제 2언어 교수 · 학습의 특징	비고
1. 교수 · 학습은 주요하게 대상언어를 활용한 언어 의사소통 능력을 배양하는 것으로 목표를 삼는 것이다. 2. 교수 · 학습은 기능훈련을 중심으로 대량의 연습과 반복적 실천을 통해 언어 이론지식을 기능으로 전환하는 것이다. 3. 제 2언어 교수 · 학습은 강화 훈련 진행에 집중하는 것을 위주로 한 교수 · 학습 형식이다. 4. 제 2언어 교수 · 학습은 기초 단계의 교수 · 학습을 중시하는 것이다. 5. 교수 · 학습은 언어 대비에 무게를 싣고 대상언어와 모국어의 대비를 통해 교수 · 학습의 중점과 난점을 확정하는 것이다. 6. 교수 · 학습은 모국어의 대상언어에 대한 간섭작용이 존재하는 것이다. 7. 교수 · 학습은 문화 교수 · 학습에 더욱 무게를 싣는 것이다.	

2. 언어 교수·학습 이론

'언어' 교수·학습 이론은 언어 교수·학습상의 기본 개념, 언어학파의 출현 및 그 발전, 언어 교수·학습과 심리학, 언어 교수·학습 이론 등 부분으로 나누어 열거하면 다음과 같다.

2.1 언어 교수 · 학습상의 기본 개념

1960년대부터 시작하여 서양의 학자들이 '언어습득(语言习得 Language Acquisition)'과 '언어학습(语言学习 Language Learning)'이라는 2종류 다른 학습 개념의 구분을 제기하였다. '언어' 교수·학습 이론을 기술하기 전에 우선 그 기본 개념에 대한 이해는 필수적이라 할 수 있다. 대체로 습득, 학습(습득), 중간언어 등이 있는데 이 개념들은 교수·학습, 성장 발달 단계에 따라 구분 적용되는 것들이다.

2.1.1 습득과 학습

① 습득

'습득(Acquisition)'은 자연스런 환경 중에 의사소통 의의에 취지를 둔 언어 의사소통 활동을 지나 잠재의식적으로 자신도 모르게 일종의 언어를 획득하게 된 것이다. 그 전형적인 사례가 바로 아동이 제 1언어를 습득하는 것이라 할 수 있다.

② 학습

'학습(Learning)'은 교육 현장이라는 환경에서 전문적인 교사의 지도를 전제한 가운데 엄격한 교수·학습 대강과 교과교재에 따라 수업, 연습, 기억, 활용 등 활동을 통해 계획적, 체계적, 의식적으로 관련 규칙에 내재된 언어를 장악하는 것이다. 이미 모국어나 적어도 한 종류 이상의 외국어를 교수·학습한 경우 예외 없이 모두 '학습'을 거쳐 '습득'에 이르는 과정을 거칠 수밖에 없다.

2.1.2 중간언어

'중간언어(中介语 Interlanguage)'는 '과도기적 언어'나 '언어 간 언어'라 부르기도 하는데 제 2언어 습득과정 중에 학습자가 일정한 학습 계획을 거쳐 대상언어(目的语)를 받아들이는 기초 위에 형성된 일종의 이미 제 1언어와도 다르고 대상언어와도 다른 교수·학습의 진전에 따라 대상언어를 향해 점차 전향되어가는 동태적 언어계통을 가리키는 것이다. 즉 동태적 언어계통은 계통, 비 계통의 가변성을 포함하는 개념이다. 중간언어가 가변성을 그 특징으로 한 까닭에 언어 간 개입으로 빚어진 부정적 전이(负迁移 : 전이현상, 즉 모국어의 영향과 대상언어의 간섭 현상을 포함)를 결코 피할 수 없다.

2.1.3 대상언어(Target Language)

한창 학습하고 있거나 장악을 희망하는 '언어'를 가리킨다. 즉 해당 언어(외국어)에 대한 필요성, 목적성에서 출발하여 학습하고 습득하는 과정을 거쳐 언어능력을 갖추게 된다. 외국어나 비 본 민족어 심지어 비 제 1언어인 모국어이거나를 막론하고 단지 한 사람이 학습하여 장악하려는 목표가 된다면 모두 대상언어라 부를 수 있다. 흔히 모국어와 상대적으로 사용한다.

이러한 관점에서 우리말과 중국어를 구분하면 우리말은 제 1언어, 모국어, 민족어이고 중국어는 제 2언어, 외국어, 비 민족어, 대상언어이다.

2.2 언어학파의 출현 및 그 발전

19세기 초 역사 비교 언어학의 출현으로부터 비로소 언어 연구라는 한 마디를 일컬을 수 있게 되었으며 그 까닭에 하나의 독립된 학과를 형성할 수 있게 되었다. '언어학'은 여러 세기의 발전 중에 4종류 주요한 사조가 출현하여 '언어학' 발전의 4단계를 대표하였다. 즉 역사 비교 언어학, 구조주의 언어학, 변형생성 어법과 기능주의 언어학이다. 그 발전 단계에 따른 '언어학' 학파의 출현 상황을 정리하면, 다음 〈표-48〉과 같다.

〈표-48〉 '언어학' 학파 출현 및 그 발전의 4단계

발전단계	언어학	출현 시기 및 장소	영향
제 1단계	역사비교 언어학	18세기 말부터 19세기 초, 독일	어법-번역법
제 2단계	구조주의 언어학	20세기 초, 스위스 제네바	시청각법, 청각구두법
제 3단계	변형생성 어법	20세기 중기, 미국	인지법(언어습득 장치, 보편 어법가설)
제 4단계	기능주의 언어학	1960년대 말부터 70년대, 유럽	의사소통법

2.2.1 역사 비교 언어학

'역사 비교 언어학(历史比较语言学 Historical Comparative Linguistics)'은 18세기 말부터 19세기 초 사이 유럽에서 기원하였는데 독일이 그 중심지이다. 연구의 중점은 인도 유럽어계 여러 언어의 어음체계이며, '언어학'이 한 유파의 독립된 학과를 형성하도록

하였다. 해당 어계의 언어들이 비록 서로 다른 시기에 생성되었지만 같은 구조적 특징을 지녔다는 사실을 발견하고 그 공통적인 기원을 밝혀낸 점이 중요한 업적이라 할 수 있다. 1786년 영국학자 윌리엄 존스(威廉·琼斯 Sir William Jones, 1746-1794)가 '역사 비교 언어학' 연구의 서막을 열었다. 그는 산스크리트어(梵语)에 대해 깊은 연구를 진행한 후 산스크리트어와 라틴어, 그리스어 사이에 매우 체계 있는 대응관계가 존재하고 있는 것을 지적해냈다. 거의 1세기의 탐색 연구를 거쳐 전 세계 수많은 언어의 동원(同源)관계를 분명히 하였고 전 세계 언어의 계보 분류를 해냈으며 언어학의 발전을 위해 커다란 공헌을 해냈다. 비록 '역사 비교 언어학'은 언어의 역사적 비교를 강조하였지만 언어의 동일시기 연구에 소홀하거나, 고립적으로 언어단위를 연구하거나, 언어의 계통성에 대한 연구를 결여한 것이 그 한계점이었다.

2.2.2 구조주의 언어학

'구조주의 언어학(结构主义语言学 Structuralism Linguistics)'은 20세기 초에 유럽에서 기원하였는데 스위스 제네바가 그 중심지이다. '역사 비교 언어학'의 한계를 극복하고 언어학 연구의 새로운 영역을 개척하였다. 스위스의 언어학자 소쉬르(索绪尔 Ferdinand de Saussure, 1857-1913)가 구조주의 언어학 시대를 열었다. 그 언어 이론의 핵심은 언어가 부호체계이며 그 체계는 수많은 작은 체계로 구성되었다는 것이다. 부호는 형식('能指')과 개념('所指')으로 구성되고 전후자의 관계가 임의적 성격을 띠기도 하지만 일단 형성된 후에는 약정적 성격을 띠기도 한다. 부호체계의 내부적 언어단위 사이에 조합관계(组合关系)와 취합관계(聚合关系)가 존재한다. 소쉬르는 '语言(Language)'과 '言语(Speech)'를 구분하기도 하였으며 '내부 언어학(언어 자체의 결합구조)'과 '외부 언어학(언어와 사회, 민족, 문화, 정치 등의 관계)'을 구분하였다. 또한 역사 언어학(다른 시기 언어 연구, 동태 언어학)과 공시 언어학(동일시기 언어 연구, 정태 언어학)의 구분에서 나아가 언어의 공시적 연구를 주장하였다. 그 기본적 관점은 바로 언어가 완전한 부호체계로 단계별 형식구조를 갖추고 있고 언어구조의 각 단계를 묘사할 때 특별히 각종의 대립 성분을 분석하는데 무게를 실어야 한다고 여긴 것이다. 이러한 언어학설의 기초 위에 1930년대 언어기능을 강조하는 프라하(布拉格 Praha) 기능 언어학파, 언어부호 간의 각종 관계를 강조하는 코펜하겐(哥本哈根 København) 언어부호 학파가 출현하였다. 그리고 1940년대 전 유럽을 주도하던 구조주의가 미국의 묘사언어학으로 발전하며 공시의 언어 사실을 묘사하는 미국의 묘사 언어학파가 출연하기도 하였다. 이러한 학파들의 문제점은 언어형식, 구조분석에 경도되어 언어 의미의 연구를 소홀히 한 것이었다.

2.2.3 변형생성 어법

'변형생성 어법(转换生成语法 Transformational Generative Grammar)'은 20세기 중기 즉 1957년 미국 언어학자 노암 촘스키(艾弗拉姆·诺姆·乔姆斯基 Avram Noam Chomsky, 1928-)가『문장법 구조』라는 저서를 출판하여 그 탄생을 예고한 후 곧이어 '변형생성 어법 학회'가 출범하였다. 그는 단지 실제 언어로 연구 대상을 삼고, 언어의 묘사와 분석으로 목적을 삼는 문제 등에 반대하며 '구조주의 언어학파' 특별히 '묘사 언어학파'를 공격하였다. 그래서 문제의 극복을 위해 '언어능력(Linguistic Competence)'－사람들의 내면화된 언어규칙 체계와 '언어표현(Linguistic Performance)'－언어능력의 실제 활용, 즉 사람들이 실제로 말하는 말로 구분할 것을 제기하였다. 언어학 연구의 필요성은 사람들이 언어의 규칙체계, 무한정 말해내는 인류 인지구조의 언어능력을 장악할 수 있도록 설정한 것이다. 그 방안으로 '언어습득 장치(语言习得机制 Language Acguisition Device)'와 '보편 어법(普遍语法 Universal Grammar)'의 가설 및 '심층구조', '표층구조'의 이론을 제기하였다. 하지만 지나치게 천부적 선천성을 강조한 나머지 언어 획득과정 중의 환경과 교육의 중요성을 저평가하였고 언어의 사회성이라는 측면에 대해 부분적인 사실을 망각하였다. 그 한계 극복을 위해 한창 언어형성의 선천－후전 상호작용론을 통해 접근해 가고 있다 표명하였다.

2.2.4 기능주의 언어학

'기능주의 언어학(功能主义语言学 Functional Linguistics)'은 1960년대 말부터 1970년대에 걸쳐 유럽에서 출현하였다. 그 대표적 인물은 영국의 할리데이(韩礼德 M . A. K. Halliday, 1925-), 프랑스의 마티넷(马丁内 A. Martinet, 1908-) 등 저명한 언어학자들이다. 할리데이는 퍼스(弗斯 John Rupert Firth, 1890-1960)의 이론을 계승 발전시켜 언어의 계통과 구조에 대해 충분한 연구를 진행한 기초 위에 기능의 시각에서 언어를 연구한 것이다. 언어의 의의와 기능을 탐구토론 하는데 치중하여 언어를 어떻게 사용하는지 연구하고 언어와 사회의 관계, 언어기능과 언어계통의 관계를 분석하였다. 또한 기능어법 이론의 계통을 세웠으며 '계통어법'을 뼈대로 언어기능을 기술하였다. 계통어법은 언어의 성질, 언어과정과 언어의 공통점 등 근본적 성질의 문제를 연구할 뿐만 아니라 언어학의 활용문제를 탐구 토론한다. 계통 언어학은 묘사주의를 주장하고 규정주의를 반대한 것이다.

위에서 열거한 주요 언어학파들의 이론이 직접적으로 영향을 미친 것은 제 2언어 교수·학습 방법 유파의 형성과 그 진화발전이다.

2.3 언어 교수·학습과 심리학

'심리학(心理学 Psychology)'은 고대 그리스에서 시작되고 철학에 속했지만 이후 1879년에 이르러 독일 철학자이자 생물학자였던 빌헬름 분트(冯特 Wilhelm Wundt, 1832-1920)가 가장 먼저 라이프니치대학에 심리학 실험실을 설립하여 '심리학'을 독립된 학파로 선포한 것이다. 제 2언어 교수·학습의 심리학적 근거로 대체로 구조주의 심리학, 기능주의 심리학, 게슈탈트 심리학, 행위주의 심리학, 정신분석학 심리학, 인지 심리학, 인본주의 심리학 등 관련 학파를 들 수 있는데 구체적으로 기술하면 다음과 같다.

2.3.1 구조주의 심리학

'구조주의 심리학(结构主义心理学 Structuraiism Psychology)'을 뿌리내린 인물은 빌헬름 분트이고 대표인물은 바로 그의 제자인 영국 심리학자 티치너(铁钦纳 E. B. Tichener, 1867-1927)이다. 이 학파는 내성적(内省的 Introspection) 방법으로 심리구조에 대해 연구할 것을 주장하였다. 그 학설의 핵심내용을 열거하면, 다음 〈표-49〉와 같다.

〈표-49〉 '구조주의 심리학'의 핵심내용

구조주의 심리학의 핵심내용	비고
1. 심리학은 사람들의 직접 경험을 연구하는 것이다. 2. 사람의 경험을 감각(感觉), 이미지(意象), 격정(激情) 등 3요소로 구분하는데 모든 복잡한 심리현상이 다 이러한 요소로 구성된 것이다. 3. 연구 방법상에 있어 구조주의는 내성적 방법을 강조한 것이다.	

그러나 전통적 사고변별 방식의 내성뿐만 아니라 내성과 실험을 서로 결합한 것인데 실험 심리학적 방법을 활용하여 실험자가 자신의 직접 경험에 대해 정확히 관찰하고 기록하는 기초 위에 연구를 진행하였다.

2.3.2 기능주의 심리학

'기능주의 심리학(机能主义心理学 Functionalism Psychology)'은 구조주의와 상대되는 학파인데 그 창시자는 미국의 저명한 심리학자 윌리엄 제임스(詹姆士 William James, 1842-1910)이고 대표 인물로 죤 듀이(杜威 John Dewey, 1859-1952) 등이 있다. 그 학설의 핵심내용을 열거하면, 다음 〈표-50〉과 같다.

〈표-50〉 '기능주의 심리학'의 핵심내용

기능주의 심리학의 핵심내용	비고
1. 기능주의 심리학은 의식의 작용을 강조한 것이다. 2. 의식 연구를 주장하지만 의식을 개별 심리요소의 집합이 아니라 하나의 흐름이 끊이지 않는 과정이라 보았다. 3. 주장하는 사람의 심리는 하나의 전체이며 각개의 요소로 분할할 수 없는 것이다. 4. 집중한 연구는 의식의 구성성분이 아니라 의식의 작용과 기능이다.	

이러한 기능주의의 특징은 미국 심리학 실제 생활 발전의 길을 향하도록 추동한 것이다. 연구 방법상에 있어 내성법을 채택하길 주장하였지만 객관적 실험과 측정을 더욱 중시하였다.

2.3.3 게슈탈트 심리학

20세기 초 독일에서 구조주의를 반대하는 학파가 출현하였는데 즉 '게슈탈트 심리학(各式塔心理学 Gestalt Psychology)'으로 그 창시자는 베르트하이머(韦特海默 Max Wertheinmer, 1880-1943)와 쾰러(柯勒 Wolfgang Köhler, 1887-1967), 코프카(考夫卡 Kurt Koffka, 1886-1941) 등이다. 독일어 'Gestalt'의 의미가 '전체(整体)'인 까닭에 '완형학파(完形学派)'라 부르기도 한다. 이 학파는 의식을 요소로 분해하는 것을 반대하며 심리를 하나의 전체 조직으로 해서 연구하도록 주장한 것이다. 그 학설의 핵심내용을 열거하면, 다음 〈표-51〉과 같다.

〈표-51〉 '게슈탈트 심리학'의 핵심내용

게슈탈트 심리학의 핵심내용	비고
1. 전체가 각 부분, 각 요소로 환원될 수 없다. 2. 전체는 부분에 우선하여 존재하며 부분의 성질과 의의를 제약하는 것이다. 3. 부분을 서로 더해도 전체와 같지 않으며 전체는 부분의 조합보다 큰 것이다.	

게슈탈트 학파는 종합적 방법을 채택하여 심리현상을 연구하고 그 방법상에 있어 주요하게 시범과 주관적 보고의 방법을 채택하며 지각, 학습과 문제 해결 등 방면에서 대량의 실험연구 전개를 강조한 것이다. '시청각 교수·학습 방법' 유파의 전체 구조 학습이론에 일정한 영향을 미쳤다.

2.3.4 행동주의 심리학

'행동주의 심리학(行为主义心理学 Behaviourism Psychology)'은 20세기 미국 심리학계에 구조주의와 기능주의를 반대하여 출현한 사조이다. 이 학파에서는 학습과정과 측정 이외에 나타난 행위를 강조하는데, 그 창시자는 미국 심리학자 왓슨(华生 John. B. Watson, 1860-1946)이며 후기 대표적 인물로 스키너(斯金纳 B. F. Skinner, 1904-1990)이다. 행동주의는 2개의 주요한 특징이 있는데, 하나는 의식을 부인하고 심리학이 단지 사람의 행위만의 연구를 주장한 것이며, 다른 하나는 내성을 반대하고 객관적 실험 방법의 채택을 주장한 것이다. 왓슨 학설의 핵심내용을 열거하면, 다음 〈표-52〉와 같다.

〈표-52〉 '행동주의 심리학'의 핵심내용

행동주의 심리학의 핵심내용	비고
1. 심리학은 자연과학이며 그 목적은 사람의 행위를 예견하고 제어하는 것이다. 2. 의식은 보이지도 신뢰할 수도 없어서 객관적 연구를 진행할 방법이 없는 것이다. 3. 심리학 연구의 대상은 의식이 아니며 관찰, 측량할 수 있는 밖으로 나타난 행위인 것이다.	

왓슨이 러시아 파브로프(巴甫洛夫·伊凡·彼德罗维奇 Иван Петрович Павлов, 1849-1936)의 고전적 조건반사(Classsical conditioning) 학설의 영향을 받아 건립한 자극－반응(刺激 Stimulus－反应 Response) 모형은 고전적 행동주의 이론이다. 이른 시기 행동주의자의 '자극－반응'모형을 보면 자극과 반응의 직접 연계를 강조하며 사람 뇌와 신경 중추 심리활동 중의 작용을 부정하여 심각한 이론상의 허점을 드러냈다.

1930년대 출현한 신행동주의의 사례로 미국 심리학자 톨맨(托尔曼 E. C. Tolman, 1886-1959)은 자극과 반응 사이의 개체 인지적 중개과정을 연구하였는데 자극과 반응 중간에 반응을 대표하는 내부 심리과정(필요, 동기, 지각, 재인식, 기능 등을 포함)의 '중개변량(中介变量)'이 증가하였다. 신행동주의 대표 인물의 한 사람인 스키너가 조작주의 철학의 영향을 받아 조작 행동주의(操作行为主义)와 '자극－반응－강화'의 모형을 건립하였다. 그 직접적 영향으로 20세기 상반기 심리학이 의료, 교육, 인사관리 등 영역에서 활용되도록 추동하였다. 제 2언어 교수·학습 방면에서 청각구두 교수·학습 방법, 시청각 교수·학습 방법, 단계 교수·학습 방법 등 많은 중대한 영향을 지닌 교수·학습 방법 유파의 심리이론 기초가 되었다. 그러나 사람과 동물이 공유한 외향적 행위를 강조하고, 사람과 동물을 동등시하며, 사람의 사유 활동을 경시하는 약점을 지닌 까닭에 1950년대 이후 이 학파는 점차 쇠퇴의 길로 접어들 수밖에 없었다.

2.3.5 정신분석학 심리학

'정신분석학 심리학(精神分析派心理学 Psycho-Analysis Psychology)'은 20세기 오스트리아 비엔나(奥地利维也纳)에서 정신과 의사 프로이드(弗洛伊德 S. Freud, 1856-1939)가 창립한 것이다. 프로이드 학설의 핵심내용을 열거하면, 다음 〈표-53〉과 같다.

〈표-53〉 '정신분석학 심리학'의 핵심내용

정신분석학 심리학의 핵심내용	비고
1. 사람의 심리는 2부분으로 한 부분은 의식이고 다른 한 부분은 무의식이다. 2. 사람의 모든 사상과 행위는 모두 심령 깊은 곳의 본능과 원시적 충동에서 근원하는 것인데 특별히 성충동이 그러하고, 이러한 본능과 충동은 무의식으로 사람의 사상을 지배하고 있으며 사람의 정상 행동과 이상 행동 중에 표현된 것이다. 3. 사람이 태어난 후 그 욕망을 사회적 표순이 용인하지 않아 억제되는 까닭에 민족을 얻지 못하고 억압당해 무의식중까지 파고드는 이것이 정신병의 중요한 원인이다. 4. 환자와 대화, 꿈의 분석과 자유로운 연상 등 수단을 통해 환자가 말하도록 유도하여 긴장된 마음을 완화하고 풀리게 하는 치료의 목적에 도달할 수 있다는 것이다.	

프로이드의 정신분석 학설은 깊고 폭넓은 영향을 미쳤지만, 이 학설은 무의식 요소가 사람들의 전체 활동 중의 작용을 지나치게 과장하여 기본적으로 맹목적인 본능과 충동으로부터 조성된 무의식이 사람의 행위를 결정한다고 여긴 것이다. 이 종류의 관점에 대해 수많은 심리학자들이 거부감을 표시하였다.

2.3.6 인지 심리학

'인지 심리학(认知心理学 Cognitive Psychology)'은 20세기 초에 출현하였는데 1960년대 행위주의 심리학의 약점이 드러난 이후 신속하게 발선하기 시작하였다. 1967년 독일에서 출생한 미국 심리학자 노이쎄르(奈塞尔 U. Neosser, 1928-)가 『인지 심리학』 저서를 출간하며 현대 인지 심리학의 정식적인 탄생을 알렸다. 넓은 의미의 인지는 바로 사람의 인지활동을 가리키고, 인지심리학은 사람의 인지과정을 연구하며, 인지를 사람의 전체 심리활동의 과정으로 삼은 것이다. 이 학설의 핵심내용을 열거하면, 다음 〈표-54〉와 같다.

〈표-54〉 '인지 심리학'의 핵심내용

인지 심리학의 핵심내용	비고
1. 학과를 횡적으로 정보론(信息论), 제어론(控制论), 계통론(系统论)과 컴퓨터 과학 등으로 분류하는데 현대 인지 심리학에 대해 깊고 폭넓은 영향이 있었다. 2. 인지 심리학은 사람을 자극의 피동자로 간주하는 것이 아니라 정보 생산자 즉 일종의 풍부한 내적 자원을 갖추고 아울러 이러한 자원과 주위환경을 이용하여 상호작용할 수 있는 적극적 유기체로 간주한 것이다. 3. 사람 뇌 가운데 정보에 대해 가공을 진행하는 과정이 바로 인지과정인데 인지 심리학은 사람에 대한 내부 고급 심리과정의 연구를 강조하였다. 4. 심리학을 활용한 일반 연구방법 이외에 자신이 특별히 지닌 컴퓨터 모방 등 연구방법을 발전시키기도 하였다. 객관적으로 인류의 어떤 복잡한 심리적 내부과정을 묘사할 뿐 아니라 인공지능의 연구를 추동할 수 있어 컴퓨터 기술의 발전을 촉진하였다. 5. 인지 심리학은 이미 인지 교수·학습 방법 유파의 이론적 기초이다.	

인지 심리학의 출현은 당대 심리학이 서로 융합하는 새로운 추세를 표현하였으며 그 영향은 전체 심리학 영역에 두루 미친 동시에 사회생활 관계도 갈수록 밀접하게 변하도록 한 것이었다.

2.3.7 인본주의 심리학

'인본주의 심리학(人本主义心理学 Humanistic Psychology)'은 1960년대 미국에서 출현한 심리학 유파인데 창시자는 매슬로우(马斯洛 Abraham Harold Maslow, 1908-1970)이며 영향이 가장 큰 대표적 인물은 칼 로저스(罗杰斯 Carl Ransom Rogers, 1902-1987)이다. 심리학의 첫 번째 중요한 임무가 사람을 이해하고 인성의 본질을 들춰내는 것이라 강조하였는데 사람을 신화하지 않아야 할뿐 아니라, 사람을 동물화하지도 않아야 한다고 하였다. 이 학설의 핵심내용을 열거하면, 다음 〈표-55〉와 같다.

〈표-55〉 '인본주의 심리학'의 핵심내용

인본주의 심리학의 핵심내용	비고
1. 인본주의 심리학은 사람의 가치와 존엄을 강조하고 사람이 자유의지를 지녔다 강조하며 자신의 잠재능력 발전과 자아실현 욕구의 발현이라 본 것이다. 2. 사람의 내재적 가치는 만족에 대한 욕구이다. 사람은 생리상 만족의 욕구를 얻을 수 있고 안전의 욕구, 귀속의 욕구, 사랑의 욕구, 자존과 다른 사람을 존중할 욕구가 있으며 더욱이 인지적, 심미적 욕구에서 자아실현의 욕구에 이를 수 있다.	

3. 환경이 알맞기만 하면 사람은 적극적으로 사회목표를 실현하려 노력할 것이다.
4. 사람이 욕구의 만족을 쟁취하는 과정 중에 인성의 내재적 행복감과 풍족감이 생겨날 수 있다.
5. 인본주의 심리학은 사람이 자아 지도능력이 있어 자아실현 과정중의 정확한 방향을 인식할 수 있기에 다른 사람에게 관심을 갖고 다른 사람을 신뢰하며 다른 사람에게 진실하게 대해야 한다.
6. 사람과 사람의 관계 중에 감정요소가 결정적 작용을 일으키는 까닭에 강요, 억압의 방법을 반대하며 사람의 자아의식을 일깨워 자아실현을 촉진해야 한다.
7. 연구방법 상에 있어 추상적 사변과 요소분석이 서로 대립된 전체 분석법을 사용하고 사람에 대해 전면적으로 묘사하며 사람을 하나의 이지와 감정의 전체로 해서 연구할 것을 강조하였다.

인본주의 심리학은 전통 심리학(행위주의와 정신분석학파)에 대해 힘써 비판을 진행하였으며 심리학 발전의 새로운 방향을 대표한 것이다. 1960년대 이래 출현한 공동체 언어 교수·학습 방법(团体语言学习法 즉 상담식 교수·학습 방법: 咨询法), 침묵 교수·학습 방법(默教法) 등 인본주의 교수·학습 방법 유파의 이론적 기초가 되었다.

2.4 언어 습득 이론

언어 즉 제 1언어, 제 2언어를 막론하고 그 교수·학습의 최종 목표는 의사소통 능력이 갖추어진 상태인 '습득'에 이르는 것이다. 비록 제 2언어 교수·학습이 '학습'－언어기능의 반복연습－'습득'이라는 교육과정, 발달단계를 거치지만 그 최종 목표 역시 '습득'으로 귀결할 수 있다.

2.4.1 제 1언어 습득이론

제 1언어 습득과 관련된 이론은 대체로 자극－반응 이론, 선천론, 인지론, 언어 기능론 등인데 구체적으로 열거하면 다음과 같다.

① 자극－반응 이론(刺激－反应 Stimulus-Response Theory)

행위주의자들은 언어가 선천적으로 얻어지거나 후천적으로 습득되는 것이 아니라 주장하며 제 1언어 습득과정 중 외부 조건의 작용을 강조하였다. 이 종류의 행위는 인류의 기타 행위와 마찬가지로 '자극－반응－강화(强化)'의 모형을 통해 습관으로 양성되고 학습될 수 있다는 것이다. 바로 '자극－반응 이론'의 탄생을 예고한 관점인데, 그 창시자는 미국 심리학자 왓슨(华生, Watson)이다. 그가 건립한 '자극－반응(S-R)' 원리는 인류의 복잡한 행위가 '자극', '반응' 2부분으로 분해될 수 있다고 지적하였다. 사람의 행위는 '자극'을 받은 '반응'이다. 갓난아이의 언어 능력은 줄곧 이어진 '자극'으로부터 얻어진 것인데 그들은 모방(성인 언어)을 통해 반응해내고 만약 반응이 정확하다면 어른들의 칭찬에 힘입어 모방은 더욱 강화될 것이다. 이렇게 일정한 '자극'과 상응하는 '반응'이 여러 차례 중복되면 습관이 되고 이로부터 언어를 '습득'할 수 있게 된다. 이것이 행위주의 심리학의 이론인데 1940년대부터 1950년대까지 성행하였고 대표적 인물은 손다이크(桑代克 E. L. Thorndike, 1874-1949), 스키너(斯金纳) 등이다. 이들은 엄격한 과학적 방법을 채택하여 인류에게 관찰되는 행위에 대해 객관적 연구를 진행하도록 주장하며 연구자 내부의 의식사유 활동을 반대한 것이다. 언어를 일종의 인류적 행위로 간주하고 연구자의 언어행위를 통해 한 체계의 완전한 제 1언어 습득 이론을 건립하려 시도하였다. '자극－반응 이론'에 대한 평가, 즉 '자극－반응 이론'에 따라 제 1언어 습득을 해석하면 4가지 문제점이 나타났는데 다음 〈표-56〉과 같다.

〈표-56〉 '자극－반응 이론'에 따른 제 1언어 습득의 문제점

자극－반응 이론에 따른 제 1언어 습득의 문제점	비고
1. 사람들이 평소 듣고 말하는 매 한마디 말은 거의 모두 새로운 것이며 아동이 모방을 통해서 매 한마디 말을 배워 말할 수 없다. 2. '자극－반응론'이 아동 언어 행위 중의 창조성을 해석할 수 없다. 3. 성인이 결코 아동이 한 말에 대해 강화를 진행하는 것은 아니어서 엄마가 아이의 매 한마디에 대해 모두 긍정이나 부정의 표시를 하지 않는다. 4. 단지 '자극－반응'에 의지하여 가령 약간의 언어 외부형식을 배울 수 있지만 언어 의사소통 능력을 배양해낼 수 없다.	

② 선천론(先天论 Nativist Approach Theory)

'선천론' 즉 선천성 결정론을 '내재론'이라 부르기도 하는데 대표적 인물은 노암 촘스키(艾弗拉姆·诺姆·乔姆斯基 Avram Noam Chomsky, 1928-)이며, 그가 1980년대 초에 제기한 '보편어법' 이론에 기초한 아동 제 1언어 습득이론이다. '자극－반응 이론'을 맹렬하게 비판하는 입장에서 건립된 이성주의에 기초한 이론으로 언어는 '습관의 총화(习惯的总和)'가 아닌 추상적 규칙에 의해 구성된 복잡한 체계라 여긴 것이다. 촘스키는

사람들이 언어를 습득하는 것도 결코 단순한 모방, 기억이 아니라 이러한 복잡한 규칙을 '내면화 (内化)'해야만 자동적으로 활용되는 정도에 도달하며 언어 이해와 생성의 기초가 된다고 여겼다. 사람들이 언어를 활용하는 것도 모방, 기억한 것을 하나하나 끄집어내면 바로 되는 것이 아니다. 왜냐하면 사람들의 언어 행위는 창조성으로 충만하기 때문에 두뇌속의 유한한 언어 규칙체계를 활용해서 무한한 문장을 이해하고 생성해야 할 필요가 있는 것이다.

아동이 언어를 장악할 수 있는 까닭은 인류가 선천적으로 가지고 있고, 유전요소를 받아 결정된 언어규칙을 장악하는 능력 즉 '언어능력(语言能力)'을 갖추고 있기 때문이다. 즉 내재주의(혹은 심령주의) 인물 촘스키가 제 1언어 습득을 연구할 때 제기해낸 것인데, 이 종류 가설은 인류가 일종의 선천적(태어날 때부터 지닌)으로 갖추고 있는 언어를 습득하는 능력, 그 능력이 바로 유전요소를 받아 결정된 것이라 생각하였다. 여기에 촘스키는 다시 '언어 활용(语言运用)'의 개념 즉 말하는 사람과 듣는 사람의 언어규칙에 대한 구체적인 활용(언어활동)을 제기하였다. 언어 활용은 언어능력을 기초로 한다. 유전요소를 받은 이런 종류의 능력은 언어습득 장치(语言习得机制 Language Acguisition Device, 약칭 LAD)로 나타난다. 이 특수 장치는 인류의 기타 기능과 분리되어 독립적으로 존재할 뿐 지력과 직접적인 관계가 없으며 12세 이전에 작용을 발휘한다. 언어습득 장치는 2부분을 포함한다. 한 부분은 미정의 참수형식(待定的参数形式 Pending Parameter Form)으로 나타난 인류의 언어가 보편적으로 갖춘 언어원칙으로 '보편어법(普遍语法 Universal Grammar)이라고도 부른다. 보편어법은 인류의 모든 언어의 심층구조 중에 존재하는 가장 본질적인 것이다. 예를 들면, 어떤 언어도 모음이 있고 의미에 영향을 미치는 어순, 주어(主语)·술어(谓语)·목적어(宾语) 등 문장 구성성분, 시간 관계를 표시하는 수단이 모두 있는 것을 말한다. 다른 한 부분은 언어 정보를 평가하는 능력이며 접촉한 실제 언어의 핵심부분에 대해 언어 참수의 수치를 정하는 것이다. 영아 대뇌 중의 '최초 언어상태'는 바로 언어의 보편 원칙과 미정의 참수 치이다. 아동이 한 종류 모국어의 구조를 접촉하였을 때 곧 자신도 모르게 보편 어법지식을 활용하여 해당 언어 중의 규칙을 변별해 알고 점차 약간의 가설을 형성한 후 언어 환경 중에 획득한 정보에 근거 표현하며 평가능력을 활용하여 이러한 가설을 분석, 검증해 간다. 그렇게 증명된 가설이 해당 언어의 어법규칙이나 언어구조의 일부분이 된다. 이 미정된 참수 부여수치의 과정은 연속적, 계속적으로 누적되어 점차 아동의 해당 언어(모국어) 규칙체계에 대한 인식을 형성하고 그 언어능력으로 발전한다. 따라서 언어습득 과정은 가설-검증의 연역과정이다. 아동은 두뇌 가운데 언어참수의 값을 정해주는 이외에 다시 구체적 언어 주위 부분 및 어휘를 학습할 필요가 있다.

'선천론'에 대한 평가, 즉 '선천론'에 따라 제 1언어 습득을 해석하면 3가지 문제점이 나타났는데 다음 〈표-57〉과 같다.

〈표-57〉 '선천론'에 따른 제 1언어 습득의 문제점

선천론에 따른 제 1언어 습득의 문제점	비고
1. '선천론'은 특별히 인류가 태어날 때부터 지닌 언어습득의 능력을 강조하는데 마치 새가 선천적으로 배워 날 수 있는 능력, 사람이 배워 걸을 수 있는 능력처럼 언어 획득을 결정하는 근본원인이다. 2. '선천론'이 비록 결코 후천적인 언어 환경의 작용을 부인하지 않지만 환경이 단지 구체적인 언어 재료를 제공하고, 언어습득 장치 공정의 작용을 촉발시키는데 상대적으로 말해 이 작용은 부차적이다. 3. '선천론'은 아동의 모국어 습득 과정을 주동, 적극, 창조성의 과정으로 본 것인데 자극-반응론자들이 말한 자극에 대한 피동적 모방, 반응, 강화, 중복의 과정 즉 아동이 습득한 것은 한 마디 한 마디 구체적인 말이 아니라 해당 언어의 규칙체계이다.	

③ 인지론(认知论 Cognitive Theory)

스위스(瑞士)의 저명한 아동심리학자 피아제(皮亚杰 Jean Piaget, 1896-1980)의 '발생학적 인식론(Genetic Epistemology)'을 이론적 기초로 한다. 그는 아동심리 발달을 천명 서술할 때 사람은 유전적 심리기능을 지녀 사람과 환경의 상호작용을 결정하고 환경에서 학습하는데 그 작용한 결과 곧 아동의 인지구조(Cognitive Structure)를 형성하고 발전시킨다고 지적해 낸 것이다. 인지구조의 구성 부분은 도식(图式 Schema)이라 부르기도 하며 사람 뇌중에 각종 각양의 도식이 저장되어 있는데 운전하는 도식, 밥을 짓는 도식 등이다. 도식은 심리활동의 조직구조이고 인류가 사물을 인식하는 기초이기도 하며 인류가 환경에게 학습하는 산물인 동시에 새로운 사물에 대한 이해와 수용 역시 두뇌 중에 이미 존재하는 도식에 달려 있는 것이다.

인지의 발전은 동화, 순응, 평형의 3가지 기본 과정의 영향을 받는다. 즉 동화는 개

체의 환경에 대한 작용이고, 순응은 환경의 개체에 대한 작용이며, 평형은 언제나 동태적으로 비교적 낮은 수준의 평형으로부터 비교적 높은 수준의 평형으로 옮겨가는 것이다. 아동이 새로운 사물, 새로운 경험에 맞닥뜨리면 아무튼 그것을 원래 가진 도식과 결합하고 그것을 자신의 일부분으로 만드는데 이것을 곧 동화(同化 Assimilation)라 부른다. 만약 동화에 성공하면 인식을 외부세계와 일치시켜 잠깐 동안의 평형(平衡 Equilibrium)에 도달하려 할 것이다. 만약 원래 가진 도식을 받아들일 수 없다면 아동은 곧 원래 가진 도식을 조정하거나 새로 도식을 만들어 환경에 적응하고 새로운 사물과 동화하는 이것을 순응(顺应 Adaptation)이라 부른다. 순응의 결과 인식을 외부세계와 일치시키기도 하여 새로운 평형에 도달한다.

인지론이 견지하는 아동의 제 1언어 습득에 대한 관점은 아동의 두뇌 중에는 신비한 언어습득 장치가 없고 보편어법도 존재하지 않지만 인류는 선천적으로 인지 장치와 인식능력을 지니고 있다는 것이다. 인지 장치, 인식능력과 환경이 상호작용하며 환경에서 학습한다. 아동 언어의 발전은 개체가 객관적인 환경과 서로 교섭하는 과정 중에 동화, 순응과 잠깐 동안의 평형에 도달함을 거치며 끊임없이 한 단계로부터 새로운 한 단계로 발전해 가는 것이다.

'인지론'에 대한 평가, 즉 '인지론'과 '자극－반응 이론' 역시 첨예하게 대립되는 2가지 문제점이 나타났는데 다음 〈표-58〉과 같다.

〈표-58〉 '인지론'과 '자극－반응 이론'간의 쟁점

'인지론'과 '자극－반응 이론'간의 쟁점	비고
1. '인지론'은 언어가 규칙체계이고 언어학습 역시 일종의 창조적, 규칙의 지배를 받는 내재적 과정이며 간단한 자극－반응이 아닌 이것이 '선천론'과의 공통점이라 강조한 것이다. 2. '인지론'은 '선천론'과 다른 곳이 있어 언어 학습능력의 특수성을 지나치게 강조하는데 동의하지 않고 언어습득 장치의 견해도 동의하지 않으며 단지 일종의 선천적 인지 능력, 언어능력의 발전이 인지능력의 발전에 우선할 수 없을 뿐 아니라 더욱이 인지능력의 발전을 결정할 수 없다는 것이다.	

④ 언어 기능론(语言功能论 Functional Theory)

영국 언어학자 할리데이(韩礼德 Halliday, 1925-2018)가 대표적 인물이다. 위에서 언급한 3학파는 모두 언어 구조의 시각에서 제 1언어의 습득을 탐구 토론하는데 '언어 기능론'은 독창적으로 언어 의사소통 기능의 시각에서 아동 언어의 발달을 연구한 것이다. 성인의 언어체계 가운데 언어구조는 단지 그중의 일부분으로 의미를 표현 전달하는 수단의 하나일 뿐이다. 아동에게 언어 습득은 어떻게 의미를 표현 전달하고, 어떻게 언어를 써서 일을 하며 의사소통을 진행할지 배워 말하기 위한 것이다. 따라서 더욱 중요한 것이 언어의 어의체계와 화용체계 장악이라 할 수 있다. 단지 언어구조의 시각에서 아동의 언어 습득을 탐구 토론하면 아동이 왜 성인의 언어체계를 장악할 수 있는지, 아동의 언어체계는 어떻게 성인의 언어체계로 전향되는지 해석할 수 없다. 반드시 한걸음 더 나아가 아동이 어떻게 이러한 구조를 활용해서 의사소통을 진행하는지 살펴보아야 한다. 아동이 모국어를 습득하는 과정은 점차 언어를 써서 표시하는 기능을 탐색하고 장악하는 각종 방식의 과정으로 간주해야 하는 것이다. 사실상 아동이 말을 배우기 이전에 이미 비언어적 수단(예를 들면 소리 지르고, 손을 써서 물건을 가리키고, 손을 써서 성인의 옷을 잡아당기는 등)을 써서 의미를 표현 전달하는데 이때 아동의 언어체계 중에 아직 성인의 언어 구조가 없다. 그러므로 아동의 언어체계는 그 처음이 의미체계이며, 언어는 의미체계로부터 점차 발전하기 시작한 것이다. 아동은 성인의 언어를 빌려 표현 전달하는데 간단한 것에서 복잡한 것에 이르며 의사소통 중에 아동의 언어체계는 점차 성인 언어체계를 향해 접근해가 일치하게 된다.

'언어 기능론'에 대한 평가, 즉 제 1언어의 습득을 의미체계의 장악 과정이라 보며 그 자체로 3가지 모순점을 드러내는데, 다음 〈표-59〉와 같다.

〈표-59〉 '언어 기능론'에서 제 1언어 습득을 보는 모순점

언어 기능론의 제 1언어 습득을 보는 모순점	비고
1. 기능론은 언어의 핵심－ 언어의 의사소통 기능에 맞닿아 있어 새로운 각도에서 제 1언어의 습득과정을 설명한 것이다. 2. 언어기능 이론도 기능 법 교수 · 학습 유파의 형성에 영향을 미친다. 3. 해당 이론은 아동의 언어 의미와 기능의 장악에 대한 서술을 중시하고 언어구조의 발전에 대한 서술은 그다지 중시하지 않은 것이다.	

이상 열거한 4종류 제 1언어 습득 이론을 간단하게 정리하면, 다음 〈표-60〉과 같다.

〈표-60〉 제 1언어 습득 이론의 몇 가지 관점

<table>
<tr><th>내용 / 이론</th><th>제 1언어 습득이론의 관점</th><th>종합적 관점</th></tr>
<tr><td>자극－반응론</td><td>후천적 환경의 외부요인이 모든 것을 결정하기에 반드시 모방, 강화, 중복 등 외부요인에 의지하여 제 1언어를 습득해야 한다고 여긴다.</td><td rowspan="4">·아동의 제 1언어 습득은 선천적 언어습득 능력과 후천적 환경작용의 결과인데 언어규칙의 내면화 뿐만 아니라 모방, 훈련을 통한 언어습관의 양성이 필요하다.
·아동 언어능력의 발전은 그 전체 인지능력발전의 일부분이며 아동의 성장발육 과정과 서로 상응하는 것이다.
·아동의 제 1언어 습득은 언어구조 특별히 어법체계의 습득, 언어기능과 언어활용 관련 문화지식의 습득을 포함하여 이 몇 방면이 동시에 진행되는 것이다.
·아동의 제 1언어 습득은 의사소통 활동 중에 실현되는 것이다.</td></tr>
<tr><td>선천론</td><td>선천적 언어습득 장치가 모든 것을 결정하기에 아동 뇌 속의 보편어법이 아동으로 하여 자연스럽게 언어의 규칙체계를 내면화 할 수 있도록 한다고 여긴다.</td></tr>
<tr><td>인지론</td><td>선천적으로 갖추고 있고 후천적으로 발전한 인지능력이 모든 것을 결정하며 언어능력은 단지 인지능력의 일부분일 뿐이라고 여긴다.</td></tr>
<tr><td>언어 기능론</td><td>제 1언어의 습득과정을 의미체계의 장악 즉, 성인 언어체계의 중요한 구현으로 가는 과정이라 여긴다.</td></tr>
</table>

2.4.2 제 2언어의 습득이론

제 2언어와 관련된 습득이론에 대조분석 가설, 중간언어 가설, 내재 대강 가설, 입력가설, 보편 어법 가설, 문화 적응 가설, 결정적 시기 가설 등이 있다. 이 7종류의 가설을 간명하게 열거하면, 다음과 같다.

① 대조분석 가설

'대조분석 가설(对比分析假说 Contrastive Analysis Hypothesis)'은 1957년 미국 언어학자 로버트 라도(罗伯特拉多 Robert Lado, 1915-1995)가 처음 제기한 것이다. 그는 제 2언어의 습득도 자극, 반응, 강화를 통해 습관을 형성한다고 여긴다. 그러나 제 1언어의 습득과 다른 것이 제 2언어와 제 1언어가 다를 때 학습자는 제 1언어 약간의 규칙을 빌어 도움 받을 수 있는데 부정적 전이(负迁移 Negative Transfer)를 발생시키며 '간섭(干扰)'이라 부르기도 한다. 부정적 언어전이는 제 2언어 습득의 곤란과 학생의 오류를 만들어낸다. 이 가설은 제 2언어 습득의 주요한 장애가 제 1언어(모국어)의 간섭에서 온 것인데 2종류 언어 구조의 같거나 다른 대비를 통해서 제 2언어 습득의 난점과 쉽게 나타나는 오류를 예측하고 교수·학습 가운데 강화 수단을 채택하여 이러한 난점과 중점을 부각시켜 모국어의 간섭을 극복과 아울러 새로운 습관을 형성하는 것이 필요하다 여긴 것이다.

전이(迁移 Transfer)는 심리학적 개념이며 학습과정 중에 이미 획득한 지식, 기능과 방법, 태도 등이 새로운 지식과 기능의 학습에 미치는 영향이다. 이러한 영향이 어떤 것은 적극, 촉진의 작용을 일으키면 긍정적 전이(正迁移 Positive Transfer)라 부르고 저해 작용을 일으키면 부정적 전이(负迁移 Negative Transfer)라 부른다. 로버트 라도는 제 2언어와 제 1언어의 비슷한 언어성분은 쉽게 배우고 다른 성분은 배우기 어렵다 여긴 것이다. 바로 2종류 언어 구조의 특징이 같은 곳은 긍정적 전이를 만들어내고 다른 곳은 부정적 전이를 야기한다는 것이다.

대비분석 가설의 제 2언어 습득에 대한 해석은 완전히 행위주의 자극－반응－강화의 이론인데 이는 청각 구두 교수·학습 방법, 시청각 교수·학습 방법 등 중요한 제 2언어 교수·학습 방법에 이론을 제공하였으며 특별히 구문유형 대체 훈련의 이론적 기초가 되어 제 2언어 교수·학습에 대해 깊은 영향을 주었다.

② 중간언어 가설

'중간언어 가설(中介语假说 Interlanguage Hypothesis)'은 1969년 미국 언어학자 래리 셀린커(塞林克 Larry Selinker, 1937-)가 수립한 개념이며, 1972년 그 저서『중간언어(中介语 Interlanguage)』에서 처음으로 해당 가설을 제기하였다.

'중간언어'는 제 2언어 교수·학습 과정에 외국어 학습자가 대상언어를 입력하는 기초 위에 형성한 독립된 언어의 어음, 어휘, 어법 등 방법에 있어 제 1언어와 다르고 대상언어와도 다르며 학습의 발전에 따라 끊임없이 대상언어 계통을 향해 점차 옮겨 가는 동태적 언어 체계를 가리키는 것이다.

'중간언어'가 학습자 언어 발전의 어떠한 한 단계의 정태적 언어 체계를 가리킬 수 있을 뿐 아니라 학습자가 처음 배우는 기점에서 대상언어까지 접근해 가는 언어 발전의 궤적을 가리킬 수도 있다. '중간언어'는 대체로 다음 〈표-61〉과 같은 특징을 지닌 것이다.

〈표-61〉 '중간언어'의 특징

중간언어의 특징	비고
1. 하나의 독립된 언어체계인데 모국어와 다르고 대상언어와도 다르다. 2. 체계성은 학습자가 창조한 하나의 언어체계이다. 3. 하나의 끊임없이 변화하는 언어체계이다. 4. 중간언어가 생겨난 원인은 언어전이, 대상과 규칙의 과도한 개괄, 훈련이 만들어낸 전이, 학습자의 학습 전략과 의사소통 전략 등 5방면으로 귀납할 수 있는데 중간언어가 결코 모두 잘못된 것은 아니다. 5. 중간언어의 오류는 반복성을 지니는데 규칙적으로 반복되고 복잡하게 얽히며 발전하는 것이다. 6. 중간언어의 오류는 완고성을 지니며 어느 한 부분에 정체되어 나아가지 못하면 경직화(僵化 Fossilization) 되는 것이다. 경직화(僵化)를 화석화(化石化 Fossilization)라 부르기도 한다.	

'중간언어 가설'의 의의는 제 2언어의 획득을 하나의 점차 누적되고 완전해져 가는 과정으로 간주한 것이다. 즉 학습자가 부단히 가설-검증을 통해 주동적으로 규칙의 조정, 수정으로 얻은 규칙을 발견하고 원래 지닌 지식구조에 대해 중복 조합을 진행함과 아울러 점차 대상언어 체계를 형성하는 과정을 말한다. 그래서 '중간언어 가설'로 학습자의 언어체계 본질의 탐색, 제 2언어 습득 발전 단계의 파악, 제 2언어 습득의 과정과 제 1언어의 영향을 밝혀내는 데 도움이 될 수 있다.

③ 내재 대강 가설

'내재 대강 가설(内在大纲假说 Built-in Syllabus Hypothesis)'은 영국의 저명한 응용 언어학자 피터 코더(彼得·科德 S. Pit Corder, 1918-1990)가 1967년 그 저서『학습자 언어 오류의 중요한 의의(The Significance of Learners' Errors)』에서 제기한 것이다. 제 2언어 학습자가 언어습득 과정 중에 그 자신의 내재 대강(内在大纲 Built-in Syllabus)을 지니고 있는데 학습자의 여러 오류는 비로 이 내재 대강의 반영이다. 이것은 학습자가 피동적으로 교사의 교수·학습 배정을 따르지 않고 단지 그가 가르친 언어지식을 받아들이는데 아이가 모국어를 습득하는 것과 같이 그 자신의 규칙과 순서가 있다. 이순서는 결코 완전히 언어 형식의 쉽고 어려움에 따른 것이 아닌 까닭에 교수·학습 현장에서 가르치는 어법규칙의 순서와 일치하지 않을 것이다. 이렇게 제 2언어의 습득도 자신만의 궤적이 있고 그 내재 대강이 규정한 과정순서에 따라 받아들인 정보에 대해 처리를 진행한다. 내재 대강은 사실상 인류가 언어의 객관적, 보편적 규칙을 장악하는 것으로 교사는 단지 한정된 범위 내에서 교수·학습 과정을 제어하지만 완전히 학습자가 받아들인 언어에 대한 내면화 과정을 제어할 방법이 없는 것이다. 교사의 교수·학습 배정과 학생의 습득 규칙 즉 내재 대강이 불일치 할 때 곧 제 2언어의 습득에 영향을 미칠 수 있다. 따라서 어떻게 이 내재 대강을 분명히 아느냐가 제 2언어 습득 연구의 중요한 문제라 할 수 있다.

④ 입력 가설

'입력 가설(输入假说 Comprehensible Input Hypothesis)'은 미국 언어교육자 스테펀 크라센(史蒂芬·克拉申 Stephen D. Krashen, 1941-)이 제기한 제 2언어 습득에 관한 일련의 가설들이다. 1985년 그 저서『입력 가설:이론과 계시(The input hypothesis: issues and implications)』중에 '습득과 학습 가설', '자연 순서 가설', '모니터 가설', '입력 가설', '감정 여과 가설' 등 5가지 이론을 귀납하고 '입력 가설'이라 총칭하였다. 이 일련의 이론들은 제 2언어 습득 연구 중 가장 전면적이고 영향이 크게 논술된 것이라 여겨지지만 동시에 수많은 논쟁을 불러일으킨 이론이다. 이상 5가지 가설을 나누어 간략하게 열거하면, 다음과 같다.

• 습득과 학습 가설(习得与学习假说 Acquisition and Learning Hypothesis)

크라센은 성인이 확연히 다른 제 2언어 획득의 2종류 방법을 지니고 있다고 여겼는데, '습득과 학습 가설'은 그 입력이론의 기초이다. 하나는 언어의 습득, 즉 잠재의식적, 일상적으로 마음 속에 내포된 학습, 이것은 아동이 자연스럽게 제 1언어를 획득하는 방법이다. 다른 하나는 언어의 학습, 즉 이것은 명확하고 정규적인 언어학 방면으로부터 언어를 이해하며 장악하는 방법이다. 일반적으로 언어 교수·학습 현장에서 보이는 것이 바로 이런 종류의 학습이라 할 수 있다. 크라센은 습득이 제일 중요한 것이고 우리들이 상상하는 것보다 훨씬 중요시해야 하는 것이며 학습은 사실상 보조적인 것이라 여긴다. 학습을 통해 획득한 언어는 대상 언어 습득의 기초가 될 수 없고 사용해서 자연적으로 사상을 표현 전달할 수도 없으며 의사소통 중에 유창하게 제 2언어를 활용하려면 습득에 의지할 수밖에 달리 방법이 없다고 하였다.

그 이론의 문제점은 성인의 제 2언어 획득 중에 잠재의식적 습득 작용을 지나치게 강조한 나머지 의식적인 것, 특히 교실 교수·학습의 작용을 무시하여 곧 수많은 사람들의 반대를 불러일으킨 것이다. 그래서 교육실천으로 교실 교수·학습 중에 획득한 언어지식은 반복 연습을 거쳐 자동적인 행위나 잠재의식적 행위로 변할 수도 있고 마찬가지로 의사소통 활동 중에 활용할 수도 있다는 사실을 증명한 것이다.

• 자연 순서 가설(自然顺序假说 Natural Order Hypothesis)

이 가설은 사람들의 언어구조 지식에 대한 습득이 자연적 순서에 따른 것이라 여긴다. 크라센은 코더(彼得·科德)의 '내재 대강 가설'에 찬성하며 사람들이 언어 규칙을 습득하는데 하나의 예측할 수 있는 공통적 순서, 즉 어떤 것은 습득을 먼저하고 어떤 것은 습득을 뒤에 한다고 말하였다. 그리고 이를 실험을 통해 습득이 제 2언어로 삼는 영어 형태소 하나의 고정된 순서를 지닌다는 결론을 도출하였다. 이순서는 학습자의 모국어와 연령에 영향을 받지 않아 '자연 순서'라 부른 것이다. 예를 들면, 약간의 실험은 아동과 성인이 영어를 제 2언어로 삼아 교수·학습할 때 장악 진행 시기가 장악해 가는 시기보다 선행하고 장악한 명사 복수가 장악한 명사 소유격('s) 등보다 선행한다고 표명한 것이다. 그래서 크라센은 '자연 순서 가설'이 결코 사람들에게 이 종류 순서에 따라 교수·학습 대강을 작성하도록 요구하지 않는다고 여긴 것이다. 사실상 만약 우리들 목적이 어떤 종류의 언어 능력을 습득해야 하는 것이라면 바로 어떤 어법 순서도 따르지 않고 교수·학습할 이유가 있다.

• 모니터 가설(监控假说 Monitor Hypothesis)

이 가설은 '언어 습득'과 '언어 학습'의 내재적 관계를 구현한 것이다. 전후자의 작용은 각기 다르다. 언어 습득체계가 진정한 언어 능력이라 할 수 있다. 언어 학습체계 즉 의식적인 언어지식은 단지 제 2언어를 활용할 때 감시, 제어나 편집 작용을 일으킬 뿐이다. 부연하자면 의식적 체계는 언어 행위 중에 단지 한 가지 기능만 있고 감독자, 편집자가 될 수 있으며 감시와 제어의 작용을 일으켜 출력된 언어 형식에 대해 검사와 통제를 진행하는 것이다. 이때 학습이 단지 표현 전달에 대해 이 작용을 일으키고 이해에 대해 작용을 일으키지 않는데 주의해야 한다. 이 종류의 감시와 제어 작용을 언어 출력 전에 일으킬 수 있고 그 중간, 후에 일으킬 수도 있다. 그러나 그 기능이 작용을 발휘할 수 있을지는 다음 3가지 조건에 의지하는데, 다음 〈표-62〉와 같은 특징을 지닌다.

〈표-62〉 '모니터 가설'의 감시, 제어 기능 발휘를 위한 조건

모니터 가설의 감시, 제어 기능 발휘를 위한 조건	비고
1. 충분한 시간이 있어야 한다. 즉 언어 사용자는 반드시 충분한 시간이 있어야 비로소 유효하게 어법 규칙을 선택하고 활용할 수 있다. 2. 언어의 형식에 주의해야 한다. 즉 언어 사용자의 주의력은 반드시 사용한 언어의 형식상에 집중하고 바로 언어의 정확성을 고려해야 한다. 3. 성격의 영향을 고려해야 한다. 즉 어떤 사람은 삼가고 신중하여 오류를 범할까 두려워하거나, 자아의식이 강하거나, 말할 때 많이 고려하는 것이다. 4. 규칙을 알아야 한다. 즉 언어사용자는 반드시 배운 언어의 어법 개념 및 언어 규칙의 지식을 지녀야 하는 것이다.	

• 입력 가설(输入假说 Comprehensible Input Hypothesis)

크라센은 이것이 제 2언어 연구 중 가장 의미 있는 가설이라 여겼으며 사람들이 이를 써서 언어 이 문제를 어떻게 습득하는지 대답한 것이다. 이 가설은 아래 2가지 의미를 지닌다.

첫째, 크라센은 인류가 언어를 획득하는 유일한 방식이 정보에 대한 이해라 여겼는데 바로 이해할 수 있는 입력(Comprehensible Input) 수용을 통해 언어지식을 습득하는 것이다. 사람들의 주의력은 입력된 정보 자체에 집중되는 것이지 언어 형식상이 아니다. 그들이 입력된 정보를 이해하였고 아울러 많고 적게 그들의 능력을 약간 초과한 언어를 포함하여 입력하게 했을 때 언어 구조도 곧 습득되었고 언어 구조 역시 자연스런 언어의 의사소통 과정 중에 습득될 수 있었다. 만약 정보(마치 교실 교수·학습 중 어떤 때 출현한 것 같이 그렇게)가 의미 없거나 어떤 종류의 원인 때문에 학습자가 이해하지 못하면 곧 학습효과를 만들어낼 수 없다.

둘째, 입력된 언어 정보가 지나치게 어렵거나 쉽지 않아야 해서 크라센은 'i+1'을 써서 표시한다. i는 학습자의 현재 언어수준을 대표하고 바로 자연 순서상에 처한 어떤 단계이기도 하다. 'i+1'은 다음 단계가 마땅히 도달해야 하는 언어 구조의 수단으로 즉 차츰 그 현재보다 한층 높은 언어 수준인데 그로 하여 위아래 문장을 통해 일정한 언어 환경이나 도표, 교구 등 비 언어수단의 도움을 빌어 'i+1'의 정보를 이해하

고 여태껏 바로 해당 정보가 포함된 다음 단계의 언어 구조를 습득하였다.

크라센의 입력가설은 듣기 이해의 중요성을 강조하는데 특별히 언어 획득 중의 중요 작용이 이해할 수 있는 입력이며 매우 의미 있는 것이다.

• 감정 여과 가설(情感过滤假说 Affective Filter Hypothesis)

이 가설은 대량의 이해할 수 있는 입력 환경이 결코 학생이 바로 대상 언어를 잘 배울 수 있는 것과는 다르며 제 2언어 습득 과정은 수많은 감정 요소의 영향을 받기도 할 것이라 여긴다. 언어 입력은 반드시 감정 여과(The Affective Filter)를 거쳐야 비로소 '언어 수용(吸收 Itake)'으로 변할 수 있는 것이다. 즉 인류 두뇌 가운데 이 종류의 언어에 대한 막힘 현상은 감정이 입력된 정보에 대해 여과 작용을 일으키는 까닭에 '감정 여과'라 부르거나 입력을 가로막고 있는 바깥 장벽이 된다고 말한 것이다. 크라센은 언어를 습득하는데 영향을 미치는 감정 요소를 다음 몇 가지로 제시하는데, 다음 〈표-63〉과 같은 특징을 지닌다.

〈표-63〉 '감정 여과 가설'이 언어 습득에 미치는 영향(감정요소)

'감정 여과 가설'이 언어 습득에 미치는 영향(감정요소)	비고
1. 동력이다. 학생의 학습 목적이 명확한지가 직접적으로 학습 효과에 영향을 미친다. 목적이 명확하면 동력이 크고 발전이 빠르지만 이와 반대라면 거둔 효과가 매우 미약하다. 2. 성격이다. 스스로를 믿는 외향적 성격은 익숙하지 않은 학습 환경에 놓이기를 즐기는데 자아 감정이 긍정적인 학습자가 학습 중에 발전이 비교적 빠르다. 3. 감정 상태이다. 주요하게 마음 졸임과 느긋함을 가리킨다. 마음 졸이는 감정이 비교적 강한 사람은 감정의 장벽이 높고 획득한 입력도 적다. 이와 반대라면 쉽게 더욱 많은 입력을 얻게 된다.	

이상 열거한 5종류의 가설을 종합하여 크라센은 제 2언어 습득의 실현이 주요하게 2방면에서 결정된다는 것이다. 하나는 습득자가 반드시 이해할 수 있는 입력을 알아들어야 한다는 것이다. 다는 하나는 습득자가 감정상에 있어 반드시 입력에 대해 개방, 수용의 태도를 취해야 하는 것이다. 이해할 수 있는 입력은 결여할 수 없는 것이나 겨우 그것이 있는 것으로는 부족하며 다시 가림 막을 낮추는 효과가 필요하다. 이해할 수 있는 입력에 더해 가림 막을 낮추는 효과, 마음 졸임을 줄이는 환경이 바로 반드시 언어를 습득할 수 있게 한다. 이것이 크라센이 제기한 제 2언어 습득의

기본원칙이다.

⑤ 보편 어법 가설(普遍语法假说 Universal Grammar Hypothesis)

'보편 어법 가설'은 1980년대 초 촘스키와 몇몇 언어학자들이 '보편 어법 이론'을 제기하였고 원칙과 참수이론이라 부르기도 한다. '보편 어법 이론'은 어법 이론일 뿐만 아니라 언어 습득 이론인데 이를 써서 제 1언어가 어떻게 습득되는지, 언어 습득 장치가 어떻게 작용을 발휘하는 것인지 해석한다. 촘스키는 영아의 '최초 언어 상태'를 인류 언어가 공통으로 지닌 언어 원칙과 미정의 언어참수 모두 포함된 것이라 여긴다. 영아가 구체적인 언어(모국어)를 접촉하게 되면 가설을 통해 검증된 이러한 참수치가 점차 그 모국어의 규칙체계를 형성한다. 이것이 바로 위 단락에서 기술한 '언어 원칙 참수' 이론이다. 문제는 성인이 제 1언어를 장악한 후에 다시 제 2언어를 학습하는데 있어 '보편 어법'이 여전히 작용을 일으킬 수 있는가이다. 제 1언어 습득 중에 이미 확정된 참수치가 제 2언어에 근거해서 참수에게 다시 수치를 정해줄 수 있을까? 수많은 학자들이 대량의 실험과 연구를 진행하였지만 얻은 답안은 다른 것이었다.

'보편 어법 이론'이 제 2언어 습득을 해석하는데 대해 여전히 다른 견해가 존재하나 1980년대 중기 이래로 '보편 어법 이론'의 제 2언어 습득 연구에 대해 커다란 추진 작용을 일으켰다. 언어 원칙 참수 이론을 기초로 한 제 2언어 습득 연구가 이미 근래에 제 2언어 습득 연구의 주류가 되었으며 이후 중요한 발전 추세로 자리매김 하였다.

⑥ 문화 적응 가설(文化适应假说 Acculturation Hypothesis)

'문화 적응 가설'은 1970년대 후기 미국 응용 언어학자 요한 슈만(约翰·舒曼 John Schumann, 1953-)이 제기한 것이다. 이 가설은 문화와 언어의 관계로부터 출발하여 제 2언어 습득의 과정이 점차 대상 언어 문화에 적응하는 과정으로 간주하고, 전체 제 2언어 습득을 문화 적응의 한 부분으로 간주한 것이며, 제 2언어 학습자의 대상 언어 문화에 적응한 정도가 해당 대상 언어를 장악하는 정도에 비례한다고 여긴다. '문화 적응'이란 학습자와 대상 언어 동아리의 사회와 심리적 결합을 가리키는 것이어서 학습자와 대상 언어 문화의 사회적 거리와 심리적 거리가 곧 제 2언어 습득에 영향을 미치는 주요 원인이 되었다.

'문화 적응 가설'의 주요한 것은 자연 상태 하에 제 2언어 습득 과정을 해석했다는 것이다.

⑦ 결정적 시기 가설(关键期假说 Critical Period Hypothesis)

'결정적 시기 가설'은 1959년 캐나다 신경생리학자 펜필드(彭菲尔德 Wilder Penfield, 1891-1976)와 로버츠(罗伯兹 Roberts, 1874-1963) 등이 제기한 것이다. 이들에 따르면 대뇌 적응성 시각에서 14세 이전이 언어를 학습하는 가장 적합한 연령이라 여겼다. 구체적으로 말해 언어 학습의 '결정적 시기(Critical Period)'는 사춘기 (Puberty : 약 12살)이며, 이 시기를 놓치면 성공적으로 언어 습득을 할 수 없다는 이론이다. '결정적 시기'는 하나의 유기체 생명 중 한 단락의 시간을 가리키며 이 단락의 시간에 어떠한 외부 조건의 유기체에 대한 영향이 기타 시간에 도달할 수 있는 정도를 초과할 수 있다는 것이다. 언어 획득의 결정적 시기 연구 유래는 이미 오래되었다. '일찍이 외국어 학습을 시작할수록 효과가 좋다'는 점에 동의하는 사람은 학습 이론상 흔히 「언어 학습 결정적 시기 가설(语言学习关键期假说 The Critical Period Hypothesis)」을 인용해서 이러한 관점을 논증하려 했다. 하버드 대학 심리학 교수 에릭 헤인즈 린버그(埃里克·海因茨·伦内贝格 Eric Heinz Lenneberg, 1921-1975)가 의학 임상 경험으로부터 '신경 생리학의 관점(神经生理学的观点)'에서 체계적으로 언어 학습 결정적 시기를 해석하였다. 그는 사람의 대뇌가 2세부터 편측화(偏侧化 lateralization)하기 시작하는데 편측화의 완성 전에 사람이 전체 뇌를 써서 언어를 학습하여 대략 11-19세쯤에 대뇌는 편측화가 완성될 것이라 여겼다. 이때부터 언어 학습을 주로 왼쪽 대뇌가 책임진다. 사람 뇌의 '편측화' 후의 언어 학습은 전체 뇌로 학습할 때보다 못하다. 따라서 언어 학습은 대뇌가 편측화를 완성하기 전이 가장 좋으며 이때가 바로 '언어 학습의 결정적 시기'라 할 수 있는 것이다.

2.5 제 2언어 교수·학습 이론

제 2언어 습득에 관한 연구는 새롭게 개척된 분야이다. 그 시작을 각기 달리 보는 견해들이 있지만 1957년 로버트 라도가 그 저서『문화를 연계한 언어학(跨文化语言学)』에서 표방한 '대비 분석 연구'를 제 2언어 습득 연구 기점으로 삼는 것이 합리적이라 생각한다.

2.5.1 각종 교수·학습이론의 유파별 경향

제 2언어 교수·학습 이론에 관한 유파는 인지파, 경험파, 인본파, 기능파 등 4학파로 구분한다. 이 4학파를 언어학의 이론 기초와 언어 학습이론으로부터 다시 2종류로 귀납, 분류할 수 있다. 이러한 제 2언어 교수·학습 방법에 관한 주요한 유파를 간명하게 정리하면, 다음 〈표-64〉와 같다.

〈표-64〉 제 2언어 습득 이론의 유파별 경향[74]

<table>
<tr><th>유파별 구분</th><th colspan="4">제 2언어 습득 이론의 유파별 경향</th></tr>
<tr><td rowspan="5">제 2언어
교수·학습 유파</td><td colspan="2">언어 구조의 규칙을 중시</td><td colspan="2">언어의 기능 의의를 중시</td></tr>
<tr><td colspan="2">교실 내 자기 주도적 학습, 습득을 강조</td><td colspan="2">교실 내외 의사소통 중 자연스런 습득을 강조</td></tr>
<tr><td>인지주의</td><td>경험주의</td><td>인본주의</td><td>경험주의</td></tr>
<tr><td>(어법 번역법)
(자각 대비법)
인지법</td><td>직접법
독해법
상황 설정법
청각 구두법
시청각 법</td><td>단체언어 학습법
침묵법
전신반응법
암시법</td><td>의사소통법
임무 기반 교수·학습법</td></tr>
<tr><td colspan="2">(자각실천법)</td><td colspan="2">자연법</td></tr>
<tr><td>언어학
이론적 기초</td><td>변형생성 어법이론</td><td>구조주의 언어학</td><td colspan="2">기능주의 언어학</td></tr>
<tr><td>심리학
이론적 기초</td><td>인지 심리학</td><td>행위주의 심리학</td><td colspan="2">인본주의 심리학</td></tr>
</table>

위 〈표-64〉와 같이 제 2언어 교수·학습 이론의 유파를 크게 2종류로 나눌 수 있다. 그 가운데 한 종류는 언어 구조의 규칙을 중시하며 교수·학습 현장 중의 자기 주도적 학습을 강조한 반면에 다른 한 종류는 언어의 기능 의의를 중시하며 교수·학습 현장 내외의 의사소통 중 자연스런 습득을 강조한 것이다.

전자는 언어 구조의 규칙을 중시하는 교수·학습 방법으로 변형생성 어법 이론과 인지 심리학의 영향을 받은 인지주의, 구조주의 언어학과 행위주의 심리학의 영향을 받은 경험주의를 포함하는 것이다. 후자는 언어의 기능 의의를 중시하는 교수·학습 방법으로 기능주의 언어학과 인본주의 심리학의 영향을 받은 기능주의와 인본주의

74) 刘珣主编(2000)의『对外汉语教育学引论』第七章 第二语言教学法主要流派与发展趋向의 '(图6) 第二语言教学法主要流派分类表'를 번역 재구성하였다(北京: 北京语言大学出版社, p.283).

를 포함하는 것이다.

2.5.2 인지주의와 경험주의 교수 · 학습이론

'인지주의'는 '문법 번역 교수 · 학습 방법'을 대표로 하는데 이 학파 교수·학습 방법의 주요한 특징은 학습자가 언어 규칙의 이해와 자각에 대한 장악을 강조한 것이다. '경험주의'는 '직접 교수·학습 방법'을 대표로 하는데 이 교수·학습 방법의 주요한 특징은 대량의 모방과 훈련형식을 통해 습관으로 형성할 것을 강조한 것이다. 1970년대 이전에 이미 형성된 언어 교수·학습에 대해 비교적 큰 영향이 있었으며 그 주요 원칙이 완전히 다른 2종류 학파라 할 수 있다.

① 인지주의 교수·학습 이론

'인지주의'의 제 2언어 교수·학습 이론은 '문법 번역 교수·학습 방법', '자각 대비 교수·학습 방법', '인지 교수·학습 방법' 등을 포함한다.

• 문법 번역 교수·학습 방법(语法翻译法 Grammar-Translation Method)

이 이론은 18세기 말에 성행하였으며 독일 언어학자 올랜도르프(奥伦多夫 Heinrich Gottfried Ollendorff, 1803-1865)가 그 대표적 인물이다. 오래된 번역법, 문법법과 '어휘-번역법' 등이 모두 동일한 유형의 방법에 속한다. '문법 번역 교수·학습 방법'은 체계적인 문법 지식의 교수·학습을 요강으로 모국어에 의지하여 번역 수단을 통해 주로 제 2언어 읽기, 쓰기 능력을 배양하는 교수·학습 방법이다. 중세기 그리스어와 라틴어를 교수·학습하기 위한 문법 설명, 번역 위주의 방법인데, 이로써 20세기 초 현대 외국어를 학습하였고 이 종류 교수·학습 방법이 수많은 국가의 외국어 교수·학습 중에 주도적인 지위를 차지하였다. 그 이유는 교사가 특별한 능력, 준비없이 교수 학습할 수 있고 학생이 어느 정도 글을 읽도록 할 수 있다는 믿음 때문이었다.

'문법 번역 교수·학습 방법'의 언어학적 기초는 역사 비교 언어학으로 모든 언어가 다 일종의 공통적 원시 언어에서 기원하였고 언어 규칙이 공통적이며 어휘가 대표하는 개념 역시 같지만 단지 어휘의 어음과 쓰기 형식이 다를 뿐이었다. 그 기본적 특징과 장단점을 살펴보면, 다음 〈표-65〉와 같다.

〈표-65〉 '문법 번역 교수·학습 방법'의 기본적 특징과 장단점

내용 분류	'문법 번역 교수·학습 방법'의 기본적 특징과 장단점
기본적 특징	• 대상 언어의 서면 언어 이해로 독해, 쓰기 및 지적 능력을 발전시키는 것을 주요 목표로 구어와 듣기 능력을 중시하지 않는 교수·학습이다. • 체계적인 어법 지식을 교수·학습의 주요 내용으로 그 교수·학습은 연역법을 채택하고 어법 규칙을 상세히 분석하며 학생의 숙지와 번역 연습을 통해 굳건히 하길 요구한다. • 어휘의 선택은 완전히 본문 내용으로부터 결정되고 번역되는 새로운 낱말 표를 써서 교수·학습하며 문장은 수업과 연습의 기본단위이다. • 모국어를 써서 교수·학습을 진행하고 번역은 주요한 교수·학습 수단, 연습 수단과 평가 수단이다. • 규범화된 서면어 학습, 원문의 중시, 문학 명저의 독해를 강조한다.
장점	• 학생의 어법 개념이 분명하다. • 독해 능력이 비교적 강하며, 더욱이 길고 어려운 문장의 구조 분석을 통해 곧 의미를 이해할 수 있다. • 번역 능력과 쓰기 능력 배양에 도움이 된다.
단점	• 구어 교수·학습을 경시한 학생의 어음(语音), 어조(语调)가 좋지 못해서 외국어로 의사소통하는 능력 배양에 불리하다. • 교수·학습 방식이 단조로워 학생이 쉽게 흥미를 잃는다. • 교사 중심의 교수·학습 방법으로 학생들의 상호작용을 결여한다.

• 자각대비 교수·학습 방법(自觉对比法 Conscious-Comparative Method)

'자각대비 교수·학습 방법'은 1930년대에서 1950년대에 이르기까지 러시아에서 제기되었던 제 2언어 교수·학습 방법이다. 즉 모국어와 대상언어의 번역과 구조의 대비를 통해 자각적으로 대상언어를 장악하도록 주장한다. '자각대비 교수·학습 방법'은 '직접 교수·학습 방법'과 대립 면을 형성하며 객관적으로 '문법 번역 교수·학습 방법'을 계승, 발전시킨 교수·학습 방법이다. 그 기본적 특징과 장단점을 살펴보면, 다음 〈표-66〉과 같다.

〈표-66〉 '자각대비 교수·학습 방법'의 기본적 특징과 장단점

내용 분류	'자각대비 교수·학습 방법'의 기본적 특징과 장단점
기본적 특징	• 모국어에 의지하여 자각적으로 번역 대비를 진행하는 것이 '자각대비법'의 가장 중요한 특징인데 교수·학습 전 과정이 다 모국어로 대상언어를 수업해야 하고 학습자의 모국어 지식과 기능을 충분히 이용하는 것이다. • 언어와 지식의 교수·학습에 충실하여 언어 규칙의 지도아래 실천을 진행하고 먼저 이론 지식에 관해 이해하도록 가르쳐 맹목적인 실천을 피하도록 강조한다. • 언어 형식과 의의를 이해하는 기초 위에 다시 모방, 연습을 진행한다.

	• 분석에서 종합까지 먼저 문장 구조의 요소 그런 후 다시 전체 문장, 본문을 학습하여 비판없이 받아들이는 것을 피하게 한다. • 서면어를 기초로, 문학 언어를 기본 재료로 하고 구어의 교수·학습을 중시하지 않으며 듣기, 말하기를 앞세우는 것에 반대한다. 구어는 서면어의 기초 위에 훈련과 배양을 진행해야 비로소 유효한 발전을 거둘 수 있다. 즉 분석적으로 어음, 어휘, 어법지식을 장악하고 다시 종합적으로 문장과 본문을 장악하게 한다.
장점	• 왜냐하면 짝별 비교를 통해 얻은 순서인 까닭에 얻은 평가가 더욱 믿을 만하고 유효하다.
단점	• 직접 순서를 배열하는 법과 비슷한데 단지 사람 수가 비교적 적은 상황에 적합하지만 조작, 실행이 비교적 번거롭다.

• 인지 교수·학습 방법(认知法 Cognitive Approach Method)

'인지 교수·학습 방법' 즉 '인지부호 접근법(认知-符号法 Cognitive-Code Approach)'은 1960년대 미국에서 출현하였는데 미국 심리학자 캐롤(卡鲁尔 J. B. Carroll, 1958-)이 그 대표적 인물이다. 이 이론은 언어 학습을 지적능력 활동이라 보고 어떠한 언어 속의 문장도 모두 무궁무진한 것이며 사람이 매 하나의 문장을 학습할 수 없지만 학습과정 중에 도리어 아직 배운 적이 없거나 본적이 없는 문장을 들어 이해하고 활용할 수 있다고 하였다. 이것이 바로 지적능력과 어법이 함께 작용하는 것이다. 그 기본적 특징과 장단점을 살펴보면, 다음 〈표-67〉과 같다.

〈표-67〉 '인지 교수·학습 방법'의 기본적 특징과 장단점

내용 분류	'인지 교수·학습 방법'의 기본적 특징과 장단점
기본적 특징	• 학습과정 중에 학습자의 지적능력의 작용을 충분히 발휘하게 해야 한다. 관찰, 기억, 사유, 상상 등 활동을 통해 내변화된 언어의 지식체계로 정확한 언어 활용 능력을 획득하도록 강조한다. 연역법의 교수·학습 원칙을 제창하고, 기계적 모방을 반대하며 동시에 지나친 지식 수업을 반대한다. • 학생을 중심으로 한다. 학생의 강렬한 학습적 자심감과 농후한 학습 흥미 배양을 중시하며 활동과 훈련 위주로 스스로 학습하는 능력에 주의하여 충분한 적극성과 자기 주도성을 유발하도록 강조한다. • 듣기, 말하기. 읽기, 쓰기가 함께 진행되도록 한다. 저음부터 바로 선번석인 훈련을 진행하고 구어와 서면어를 모두 중시한다. • 적당하게 학습자의 모국어를 사용한다. 특별히 모국어와 대상언어를 대비할 수 있어 대상언어의 학습에 유리하나 모국어 남용에 반대한다. • 정확하게 학습자의 오류에 직면해야 한다. 학습과정 중에 출현한 오류를 피할 수 없지만 오류에 대해 분석한 후 학습자가 오류 발생을 두려워해서 언어의 활용에 영향을 미치고 심지어 학습에 대한 자신감을 잃지 않도록 대처해야 한다.

장점	• 학생의 창조적 사유 배양에 유리하다. • 언어 지식을 이해하는 기초 위에 훈련을 진행하고 학생의 학습 흥미 유발에 유리하며 언어 사용이 정확하고 제격에 맞게 한다.
단점	• 어음, 어조에 대한 요구가 엄격하지 않다. • 학생의 의사소통 능력 배양을 강조하지 않는다.

② 경험주의 교수·학습 이론

'경험주의'의 제 2언어 교수·학습이론은 '직접 교수·학습 방법', '독해 교수·학습 방법', '상황 설정 교수·학습 방법', '청각 구두 교수·학습 방법', '시청각 교수·학습 방법' 등을 포함한다.

• 직접 교수·학습 방법(直接法 Direct Method)

'직접 교수·학습 방법'은 19세기 후반 '어법 번역 교수·학습 방법'의 상대적 이론으로써 유럽에서 출현하였는데 벌리츠(贝力兹 M. D. Berlitz), 에거트(艾盖尔特 B. Eggert), 파머(帕默 H. E. Palmer, 1877-1949) 등이 그 대표적 인물이다. 직접 외국어로 외국어를 교수·학습하고 학생의 모국어, 번역을 사용하지도 않으며 형식적 어법을 중시하지도 않는다. 그 교수·학습 목표는 규범화된 서면어가 아니라 외국어의 구어이다. 유아시기 모국어를 습득하는 자연적 과정에 따라 대상 언어로 직접 객관적인 사물과 연계하며 모국어에 의지하거나 번역을 사용하지 않는 일종의 제 2언어 교수·학습 방법이다. '개혁법', '자연법', '심리법', '구어법', '타협법', '종합 직접법', '절충 직접법', '순서 점진 직접법' 등으로 부르기도 한다. 그 기본적 특징과 장단점을 살펴보면, 다음 〈표-68〉과 같다.

〈표-68〉 '직접 교수·학습 방법'의 기본적 특징과 장단점

내용 분류	'직접 교수·학습 방법'의 기본적 특징과 장단점
	• 모국어 사용을 불허하며 동작과 그림 등 직접 수단으로 낱말 의미와 문장을 해석한다. • 대상 언어와 그 대표하는 사물을 직접 연계하는데 교수·학습 중 모국어, 번역을 배제하고 각종 직관적 수단을 채택하여 대상언어로 대상언어(첫 낱말들은 실물, 그림이나 동작 시범을 통해서 가르침)를 학습하며 현장 교수·학습은 흔히 역할을 맡거나 연기하는 방식을 사용한다. • 어법 규칙을 먼저 학습하는 것보다 직접 감각지식에 기대 모방, 연습, 기억 위주의 습관을 형성한 까닭에 일정한 단계에서 이미 획득한 언어 재료 중의 어법 규칙을 총결, 귀납한다.

기본적 특징	• 구어 교수·학습을 기초로 먼저 듣고 말한 후 읽고 쓴다. 구어를 시작으로 먼저 말을 학습한 후 서면어를 학습하는 방법인데 어음 교수·학습을 중시하고 어음, 어조, 어속(语速)의 규범을 강조한다. •문장을 교수·학습의 기본 단위로 전체 문장을 배우고 활용하며 단음이나 고립된 단어로부터 시작하지 않는다. 단지 문장 중에 비로소 정확하게 장악할 수 할 수 있고 어휘가 연이어진 문장을 이루어도 기억하는데 편리하다. •당시대에 통용되는 언어를 기본 교재 자료로 생동적이고 살아 있는 언어를 학습한다. 제한된 상용 언어 재료로부터 시작하여 상용 낱말, 문장형식에 대해 그 사용 빈도에 따라 과학적으로 선별한다.
장점	•각종 직관적 교구를 채택하기에 광범위한 실제 생활에 근접한 교수·학습 방식을 활용하여 외국어 사유 능력을 배양하는데 도움이 된다. •직접 학습과 응용을 강조하기에 언어 실천 연습이 중시되며 학생의 학습 적극성이 높고 흥미가 농후하다. •구어와 어음 교수·학습을 중시하며 유효하게 학생의 언어 활용능력을 배양할 수 있다.
단점	• 모국어를 배척하여 약간의 추상적이며 복잡한 개념에 대한 이해가 어려울 수 있다. •분명한 어법 해석이 없어 어법 오류를 초래한 말이 비교적 많다. •실물, 그림 등을 써서 지도하는 까닭에 어휘가 제한될 뿐 아니라 흥미로운 장면을 만들어 낼 수 없다.

• 독해 교수·학습 방법(阅读法 Reading Method)

'독해 교수·학습 방법'은 20세기 초 영국 학자 마이클 웨스트(麦可·韦斯特 Michael West, 1888-1973)가 영어 교수·학습을 진행하는 중에 새롭게 제기한 제 2언어 교수·학습 방법이다. 그는 외국어를 배워 할 줄 알면 외국어로 독해하는 것이 비교적 쉽고 학생이 입을 열어 말하기 전에 먼저 일정한 수량의 재료를 학습하여 어감을 지닌 까닭에 말을 할 때 범할 오류의 가능성을 줄일 수 있고 훨씬 빨리 대상 언어를 배울 수 있다 여긴 것이다. 따라서 그 영어 교수·학습의 기본 목표가 학생의 직접 독해 능력(즉 번역을 통하지 않고 직접 이해)을 배양하는 것이라 할 수 있다. 그 기본적 특징과 장단점을 살펴보면, 다음 〈표-69〉와 같다.

〈표-69〉 '독해 교수·학습 방법'의 기본적 특징과 장단점

내용 분류	'독해 교수·학습 방법'의 기본적 특징과 장단점
기본적 특징	•학습자의 필요에 따라 상대적으로 기타 기능보다 말하기도 비교적 쉽고 교수·학습 목적에 도달하기 좋은 시도로 학습자도 성취감이 있어서 학습의 적극성과 믿음을 강조한다. •독해 능력 배양으로부터 학습자가 일정한 어감이 생겨 구어를 학습할 때 오류를 적게 범하고 더욱 빨리 대상 언어를 배워 말할 수 있다. 이렇게 웨스트(韦斯特)는 '독해가 기초이다'라 강조한 것과 달리 파머(帕默)는 '구어가 기초이다'라 강조한다.

장점	•'독해법'은 엄격하게 모국어 번역의 사용을 제어하고 직접 대상 언어의 재료를 독해하도록 강조한다. •어법 교수·학습이 귀납법 등의 특징을 채택하도록 하여 '직접법'의 기본 원칙을 모두 구현하였으나 '어법 번역 교수·학습 방법'과 서로 대응한다.
단점	•'독해법'은 지나치게 독해 기능의 배양에 치우치고 기타 언어 기능을 경시하는데 바로 이 이론의 부족한 곳이다.

• 상황 설정 교수·학습 방법(情景法 Situational Language Teaching)

'상황 설정 교수·학습 방법'은 1920년대부터 1930년대 사이 영국에서 제기된 것으로 영국의 저명한 언어 교육자 파머(帕默 H. E. Palmer)와 혼비(霍恩比 A. S. Horn by, 1898-1978) 등이 그 대표적 인물이다. 이 이론은 일찍이 '구어법(口语法 Oral Approach)'이라 불렀으며 구어 능력의 배양을 기초로 유의미한 상황배경을 통해 대상 언어의 기본 구조 훈련을 강조하는 교수·학습 방법이라 할 수 있다. 그 기본적 특징과 장단점을 살펴보면, 다음 〈표-70〉과 같다.

〈표-70〉 '상황 설정 교수·학습 방법'의 기본적 특징과 장단점

내용 분류	'상황 설정 교수·학습 방법'의 기본적 특징과 장단점
기본적 특징	•교수·학습 목적은 듣기, 말하기, 읽기, 쓰기 4종류 언어 기능의 실제 장악이며, 그 기능은 언어 구조 장악을 통해 획득할 수 있다. •언어 교수·학습은 구어로부터 시작하며 교재는 먼저 구두 연습하고 그런 후 서면 형식을 가르친다. •교수·학습 현장의 용어는 대상언어이다. •새로운 언어 포인트는 상황 배경 중에 소개하고 훈련한다. •어휘 선택의 순서과정을 활용하여 기본 어휘를 교수·학습한다. •먼저 쉽고 뒤에 어려운 원칙에 따라 어법 항목의 등급을 배열한다. •학생은 일정한 어휘, 어법의 기초를 다진 후에 다시 독해와 작문을 교수·학습한다.
장점	•상황, 배경의 설정은 외국어와 사물의 연계를 가속할 수 있어 배운 언어를 이해하는데 도움이 될 것이다. •전체 구조를 중시하는 대화 교수·학습은 교육현장의 생동하고 활발한 분위기를 조성하여 학생이 배운 언어가 자연스럽고 표현 전달이 정확하게 한다.
단점	• 완전한 모국어 배제로 언어 재료에 대한 철저한 이해가 불리하다. • 지나치게 전체 구조의 감각적 지식을 강조한 나머지 학생들의 언어 항목에 대해 분명한 인식을 결여한다.

• 청각 구두 교수·학습 방법(听说法 Audio-Lingual Method)

'청각 구두 교수·학습 방법'은 1940년대 미국에서 제기된 제 2언어 교수·학습 방법인데 블룸필드(布龙菲尔德 Leonard Bloomfield, 1887-1949)와 프라이스(弗里斯 Charles C. Fries, 1887-1967)가 그 대표적 인물이다. 문장 유형구조 훈련 반복을 통해 구어 듣기, 말하기 능력을 배양하는 교수·학습 방법인데 당시에는 '육군법(陆军法)', '구어법(口语法)'이라 불렸고 1950년대에 이르러 '청각 구두 교수·학습 방법'으로 발전하여 '구형법(句型法)', '구조법(结构法)'이라 불리며 미국 외국어 교수·학습 중에 지배적 지위를 차지하였다.

'청각 구두 교수·학습 방법' 교수·학습의 목표를 듣기, 말하기, 읽기, 쓰기 4가지 언어기능으로 나누지만 그 중점은 듣기, 말하기 기능의 발전에 둔 것이다. 그 기본적 특징과 장단점을 살펴보면, 다음 〈표-71〉과 같다.

〈표-71〉 '청각구두 교수·학습 방법'의 기본적 특징과 장단점

내용 분류	'청각구두 교수·학습 방법'의 기본적 특징과 장단점
기본적 특징	• 우선 듣기, 말하기 구어를 학습하고 읽기, 쓰기 서면어를 학습한다. • 반복 훈련 즉 모방, 중복, 기억의 방법을 써서 습관을 형성한다. • 교수·학습 내용은 언어 구성의 기본구조 구형을 중심으로 구형 연습을 통해 대상 언어를 장악한다. • 모국어 사용을 배제, 제한하고 직접적 수단을 사용하거나 상황배경, 언어 환경을 빌어 대상언어로 직접 이해하거나 표현 전달한다. • 모국어와 대상 언어 및 그 내부의 언어 구조에 대비하여 학습자의 어려운 점을 찾아내고 교수·학습 중점을 결정한다. • 제때 학습자의 오류를 바로 잡아 잘못된 습관 형성을 피한다. • 현대화된 교수·학습 기술과 수단 예를 들면 슬라이드, 녹음, 영화, 텔레비전 등을 이용하여 여러 경로로부터 자극을 강화한다.
장점	• 학생이 대담하고 주도적으로 배운 언어를 사용하여 의사소통하도록 배양하기에 구어 능력이 비교적 강하다. • 구형 훈련은 초보 학습자들에 대해 도움이 크며 언어가 규범화 된다. • 학습자 사이에 실력 차가 있어도 사용할 수 있는 교수·학습 방법이다.
단점	• 대량의 모방과 기계적 훈련 위주로 창조적 사유의 발전에 불리하다. • 언어 내용과 언어 환경을 벗어난 구형연습이 언어에 대한 원활한 활용에 불리하다. • 느슨한 읽기 쓰기 훈련이 전면적인 실천 능력의 발전에 불리하다. • 학습자의 상상력이나 자주성을 살릴 수 없다.

• 시청각 교수·학습 방법(视听法 Audio-Visual Approach Method)

'시청각 교수·학습 방법'은 1950년대 프랑스에서 처음 제기된 일종의 제 2언어 교수·학습 방법인데 구베리나(古布里纳 P. Guberina)와 고겐하인(古根汉 G. Gougenhein)이 그 대표적 인물이다. 정면으로 '청각 구두 교수·학습 방법(听说法)'의 언어 환경을 벗어나 고립적으로 구형을 연습하고 학생이 유효하게 언어능력 사용을 배양하는 문제에 영향을 미치는데 '직접 교수·학습 방법'과 '청각 구두 교수·학습 방법'의 많은 장점을 흡수하였다. 그 기본적 특징과 장단점을 살펴보면, 다음 〈표-72〉와 같다.

〈표-72〉 '시청각 교수·학습 방법'의 기본적 특징과 장단점

내용 분류	'시청각 교수·학습 방법'의 기본적 특징과 장단점
기본적 특징	• 시각적, 청각적 감각 지식과 서로 결합한다. • 언어와 상황, 배경이 긴밀하게 결합되어 있다. 사람들의 의사소통 활동은 일정한 상황과 배경 중에 진행되며 언어활동도 그 제약을 받는다는 것이다. • 문장의 전체 구조를 감지할 수 있다. • 조별 형상, 영상과 단락 단락의 완전한 대화를 통해 언어, 어조, 어휘, 어법이 대화중에 전체적으로 감지되게 한다. • 먼저 구어를 교수·학습하고 후에 서면어를 교수·학습한다. • 교재를 집중적인 듣기, 말하기 교수·학습 위주로 강화해야 한다.
장점	• 전체적 감지를 중시하고, 특히 상황과 배경중의 교수·학습을 중시한다. • 학습자의 대상 언어 활용 능력 배양에 유리하여 훗날 '기능법'에 대해 일정한 영향이 있었다.
단점	• 모국어를 완전히 배제하여 언어 재료에 대한 철저한 이해에 불리하다. • 지나친 전체 구조 감지의 강조로 언어 항목에 대한 분명한 인식을 결여한다. • 근본적인 문제는 구조법의 공통적 약점이 아니지만, 단지 언어형식의 장악을 중시한 나머지 그 의사소통 능력 배양에 집중하지 못한 것이다.

③ 인지주의와 경험주의 경계의 교수·학습 이론

• 자각 실천 교수·학습 방법(自觉实践法 Self-Motive Method)

'자각 실천 교수·학습 방법'은 1960년대 러시아에서 광범위하게 채택되었던 제 2언어 교수·학습 방법인데 그 대표적 인물은 러시아의 심리학자 알렉산더 베리아예프(亚历山大·别利亚耶夫 АлександрБеляев, 1884-1942)이다. 학습자가 일정한 이론 지식 장악을 자각하는 기초 위에 주로 대량의 언어 실현 활동을 통해 자각적인 대상 언어 활용에 도달한다고 주장한다. 그 기본적 특징과 장단점을 살펴보면, 다음 〈표-73〉과 같다.

〈표-73〉 '자각 실천 교수·학습 방법'의 기본적 특징과 장단점

내용 분류	'자각 실천 교수·학습 방법'의 기본적 특징과 장단점
기본적 특징	• 자각성의 원칙이다. '자각 대비법'의 '언어 이론 지도하의 실천'을 계승한 것이었는데, 어법 규칙을 이해해야 할 뿐 아니라 어법 분석을 진행할 수 있고 어의와 실제 용법을 이해하며 자각에서 직관에 도달해야 한다고 여긴다. • 실천성의 원칙이다. 외국어 교수·학습의 목적이 외국어로 의사소통을 진행하는 실천 능력을 배양하는 것이라 강조한다. 이 원칙은 '자각 실천 교수·학습 방법'의 제일 중요한 원칙이라 할 수 있다. • 의시소통성의 원칙이다. 이 원칙은 '실천성 원칙'에 대한 발전인데 1970년대 이래 주도적 원칙이었다. 언어활동은 의사소통 활동의 실천이어야 하고 목적은 학생의 의사소통 능력을 배양이며 교수·학습 수단과 검사의 척도이기도 하다는 것이다. • 상황, 배경성의 원칙이다. 지식 전수 즉 언어 의사소통 실천을 모두 특정한 상황과 배경, 장소 중에 진행하고 최대한 진실에 근접한 의사소통 상황과 배경에 근접해야 한다고 주장한다. • 종합 교수·학습의 원칙이다. 문장을 기본으로 의사소통 단위의 종합 교수·학습 즉 듣기, 말하기, 읽기, 쓰기 4가지 기능의 종합 교수·학습을 강조한다. • 모국어를 고려하는 원칙이다. 모국어의 긍정적 전이작용을 강조하며, 모국어 사용을 제한, 배척하지 않는다. • 어체를 고려하는 원칙이다. 학생이 외국어 능력을 배양하는 동시에 대상언어로 진실한 의사소통을 진행하는데 필요한 각종 어체와 능력을 장악하게 한다. 이는 사실 '의사소통성 원칙'의 연장이다. • 구어 우선의 원칙이다. '자각 실천 교수·학습 방법'은 직관성 원칙 및 초급과 중급단계 외국어 교수·학습에 적용되는 원칙이다.
장점	• 실천의 출발점은 학습자가 일정한 언어 이론지식을 장악하여 학습자 스스로 왜 실천하고, 어떻게 실천하는지를 이해하는 것이다. • 실천 활동이 목적을 지닌 것, 의식적으로 제어하는 활동으로 학습자가 자각성을 발휘하여 숙련된 기교의 형성에 유리하게 한다.
단점	• 단지 학습자의 내부 언어 중에 대상언어를 활용하고 있다. 그러나 대상언어로 사유해야 자동적으로 숙련된 언어 기교 및 어감을 형성할 수 있어 직접적인 대상언어의 수준에 도달할 수 있다. • '문법 번역 교수·학습 방법'의 자각 대비 교수·학습 방법에 가까운 것인데 지나치게 많은 대비와 번역을 사용하고 외국어의 실천 능력, 특히 구어 능력의 배양을 도외시한다.

2.5.3 인본주의와 기능주의 교수·학습 이론

1960년대에서 70년대까지 출현한 교수·학습 방법은 인본주의 심리학의 영향을 받아 인문 방면의 요소를 더더욱 고려한 이론이다. 특히 학생중심으로 교수의 학습을 위한 봉사를 강조하고 교수·학습 중에 감정 요소의 작용을 중시하며 조화롭고 융합된 학우, 교사와 학생 관계를 형성하여 학생의 자기 주도성을 충분히 발휘하도록 한

다. 심리학으로부터 어떻게 성공적인 학습창조를 위한 필수적인 조건방면에 치중하여 교수·학습 방법을 탐구해낼지 토론하였다. 그 가운데 '인본주의'는 '공동체 언어 교수·학습 방법(상담식 교수·학습 방법)'이 대표적인데, 이 학파 교수·학습 방법의 주요한 특징은 '학생중심'을 강조하며 교수·학습 중 감정 요소를 중시한 것이다. '기능주의'는 '의사소통 교수·학습 방법'이 대표적인데, 이 학파 교수·학습 방법의 주요한 특징은 학생의 의사소통 능력 배양을 중시한 것이다.

① 인본주의 교수·학습 이론

'인본주의'의 제 2언어 교수·학습 이론은 '공동체 언어 교수·학습 방법(상담식 교수·학습 방법)', '침묵 교수·학습 방법', '전신반응 교수·학습 방법', '암시 교수·학습 방법' 등을 포함한다.

• 공동체 언어 교수·학습 방법(团体语言学习法 Community Language Learning)

'공동체 언어 교수·학습 방법' 즉 '상담식 교수·학습 방법(咨询法 Counseling Lea-rning)'은 1960년대 초에 미국에서 제기되었는데 미국 심리학자 커란(柯伦 Chades. A. Curran)이 그 대표적 인물이다. 교수·학습 방법으로 교육 과정 중의 감정 요소를 중시하고 교사와 학생 간의 상호 신뢰, 지지의 창조적 관계를 건립하며 학생들이 좋은 심리상태를 형성하도록 한다. 이를 위해 특별히 6가지 기본 요소를 강조하였다.

첫째, 안전감(Security)이다. 성인들은 외국어를 학습할 때 자신의 무지 탄로와 실패의 노출을 두려워한다는 것이다.

둘째, 주의력(Attention)이다. 학습자가 유쾌한 학습 분위기에서 느슨하고 편안함을 느낀다는 것이다.

셋째, 진취성(Aggression)이다. 학습자는 배우고 싶은 것을 빨리 장악하고 적극성, 자기 주도성을 띤다는 것이다.

넷째, 기억력(Retention)이다. 단체 교수·학습 활동에서 접한 언어 재료를 사고, 흡수, 기억하게 하는 것이다.

다섯째, 사고력(Rreflection)이다. 사고를 거쳐 비로소 지식과 언어 재료를 잘 기억하고 활용할 수 있게 된다는 것이다.

여섯째, 변별력(Discrimination)이다. 학습자가 말, 어휘, 어법 규칙 뿐 아니라 더 세밀하게 모두를 변별하고 언어 요소 간의 관계를 이해하는 가운데 그 활용의 정확성을 제고할 수 있다는 것이다.

커란은 자극－반응의 행위주의 심리학과 인지 심리학 모두 학습문제를 해결할 수 없고 유효한 교수·학습 모형도 제시할 수 없다 여긴 것이다. 그래서 인류의 학습이 완전한 사람의 학습이고 언어 학습이 일종의 전체적 학습과정이기에 학생의 지식 접수, 능력배양 뿐만 아니라 이미 지닌 인지사유의 일면도 감정 수요의 일면을 지녀 양면의 조화일치가 필요하다 주장하였다. 그 기본적 특징과 장단점을 살펴보면, 다음 〈표-74〉와 같다.

〈표-74〉 '공동체 언어 교수·학습 방법'의 기본적 특징과 장단점

내용 분류	'공동체 언어 교수·학습 방법'의 기본적 특징과 장단점
기본적 특징	•전체 학습 관점과 감정 요소를 중시하는 특징이 모둠 소집단 사이의 상호 교류, 도움을 구현하여 학습을 개인의 노력뿐 아니라 단체 협력 성과라 여긴다. •주목할 특징은 학생중심인데, 교수가 학습에 봉사하는 것이다. •학생의 모국어에 의지하다 점차 외국어로 과도해 가는 것이다. •학습의 6가지 기본적 요소 즉 안전감, 주의력, 진취성, 기억력, 사고력, 변별력 등을 강조한다.
장점	•학생들 간에 서로 돕고 공동으로 연구토론하며 문제가 있으면 교사에게 자문하는데 교사와 학생, 학생들 사이가 매우 융화되고 조화로워 훌륭한 학습 효과의 추구에 유리하다.
단점	•이 방법으로 양성된 교사를 구하기 어렵다. •교사의 지도 작용 발휘가 부족하다. 이 역시 교사에 대한 더욱 높은 요구의 제기를 의미한다. •교수·학습 중에 언어 규칙으로 의사소통 활동, 능력 배양 중시 부족을 지도해야 한다. •모국어가 다른 학습자 집단의 경우 모국어, 외국어 모두 알아듣지 못하면 대화를 더 이상 진행할 수 없다.

• 침묵 교수·학습 방법(默教法 The Silent Way)

'침묵 교수·학습 방법'은 1960년대 초에 미국에서 제기되어 1970년대 성숙된 제 2 언어 교수·학습 방법인데 미국 교육자 게터그노(加特诺 Caleb Gattegno, 1911-1988)가 설계한 이론이다. 이 교수·학습 방법은 외국어 교사가 교수·학습 현장에서 될 수 있는 대로 침묵하고 학생이 많이 말하도록 하는 것이라 생각한다. 성공적인 제 2언어 교수·학습이란, 모국어 습득처럼 '자연(自然)'에 의지하지 않고 오히려 '인위적 방법(人为

的方法)' 즉 교사는 침묵으로 일관하고 학습자는 적극적인 시도를 통해 스스로 몰입하여 언어를 습득해가는 것이라 할 수 있다. 그 요점은 채색 도표와 쿠이시나르 컬러 막대(奎西奈彩色棒 Cuisenaire-Rods)를 사용하는 것이다. 그 기본적 특징과 장단점을 살펴보면, 다음 〈표-75〉와 같다.

〈표-75〉 '침묵 교수·학습 방법'의 기본적 특징과 장단점

내용 분류	'침묵 교수·학습 방법'의 기본적 특징과 장단점
기본적 특징	• 학생을 주체로 학생의 학습이 교사의 가르침에 비해 더욱 중요하며 교사가 학습에 봉사해야 한다. • 교사의 침묵이 가장 큰 특징이라 할 수 있다. • 직관적 교구를 충분히 이용하는데 컬러막대, 컬러 괘도, 지시봉 및 실물, 동작, 손짓 등 수단을 사용하여 교사의 말로 하는 수업을 대체한다. • 교사는 일반적으로 학생의 오류를 바로 잡지 않는다. 중립적인 관찰자가 되어 학생의 성공, 실패에 대해 가벼이 자신의 감정을 드러내지 않고 학생 스스로 오류를 바로잡게 한다. • 학생들 간의 관계는 경쟁이 아니라 서로 협력하고 도와 오류를 바로 잡으며 공동으로 문제를 해결하는 것이다. • 구어가 우선하고 문장을 본위로 먼저 듣기, 말하기 능력을 배양한 후 읽기, 쓰기 능력을 배양한다. • 어휘를 언어 학습의 핵심으로 간주하고 낱말은 기능에 따라 분류를 진행하며 일정한 순서에 따라 학습한다. 어휘의 선택, 즉 소량의 낱말로 대량의 문장을 창조하도록 강조한다.
장점	• 배운 언어를 오래 기억한다. • 학생의 주도적 작용을 중시한다. • 학생이 스스로의 학습을 위해 책임지며 능동성, 적극성을 충분히 발휘하게 한다.
단점	• 학생의 오류를 조금도 바로잡지 않아 학생의 학습에 아주 불리하다. • 언어가 사회적 환경을 벗어나 그 의사소통 가치의 중시가 부족하다. • 학생들이 막대가 나타내는 것을 파악하는 동안 당혹감과 좌절감을 경험한다.

• 전신반응 교수·학습 방법(全身反应法 Total Physical Response, TPR)

'전신반응 교수·학습 방법' 즉 '이해 교수·학습 방법(理解教学法)'은 1960년대 초기 미국에서 제기되어 1970년대 성행하였는데 미국 심리학자 아셔(阿舍尔 James T. Asher)가 그 창시 인물이다. 이 교수·학습 방법은 언어 학습 행위의 조화를 중시하며 신체 동작을 통해 외국어를 가르치는데 주로 미국 이민 아동의 영어 교육을 위한 것이다. 그 기본적 특징과 장단점을 살펴보면, 다음 〈표-76〉과 같다.

〈표-76〉 '전신반응 교수·학습 방법'의 기본적 특징과 장단점

내용 분류	'전신반응 교수·학습 방법'의 기본적 특징과 장단점
기본적 특징	• 먼저 이해한 후 표현 전달하고 동작이나 지령을 통한 언어 학습을 주장한다. 이 교수·학습 방법의 큰 특색이고 제 2언어 교수·학습 방법에 대한 공헌이라 할 수 있다. • 어법 구조와 어휘의 학습, 훈련을 중시하는데, '구조법' 영향을 비교적 크게 받았다. • 인본주의 심리학을 기초로 될 수 있는 대로 교사가 무엇을 가르치고, 어떻게 가르칠지 감독하며, 학생을 배우로 삼아 명령에 따라 행동하게 한다. • 학생의 의사소통 능력의 배양이 총체적 목적이다. 이를 위해 표현 능력을 발전시키기 전에 대상언어에 대한 이해능력을 기르도록 해야 한다.
장점	• 이 교수·학습 방법은 어떻게 학생의 긴장심리를 줄여 학습효율을 높일 것인가이다. 따라서 여전히 학생을 중심으로 한다. • 빠른 시간에 좋은 효과가 있고 오래도록 기억할 수 있다. • 교수 기술이 비교적 용이하고 문법 설명이 필요치 않다. • 매개어로 설명할 필요가 없어 그 시간을 연습에 집중할 수 있다. • 전체적으로 자유로운 분위기에서 즐거운 학습이 가능하다. • 막 입문했거나 대화 능력이 부족한 학습자에게 효과적이다. • 몸을 움직여 기억하기에 집중력이 떨어지는 학습자에게 효과적이다.
단점	• 학생의 외국어 학습이 적극적이라면 효과가 큰 반면 소극적이라면 효과가 적다. • 성인 학습의 특징에 대한 주의가 부족한데, 일반적인 동작 명령과 행동용어 수준 이상의 중급과 고급 언어의 학습 방법을 결여한다. • 발음 지도나 교정이 충분치 않다. • 읽기, 쓰기 능력의 배양에 대한 중시가 부족하다 • 어휘나 문법 규칙의 교수·학습에 대한 의구심이 있다. • 듣기 능력으로부터 의사소통 능력으로 발전이 용이하지 않다.

• 암시 교수·학습 방법(暗示法 Suggestopedia)

'암시 교수·학습 방법' 즉 '계시 교수·학습 방법(启示法)'은 1960년대 중기 동유럽에서 제기된 제 2언어 교수·학습 방법인데 불가리아 정신병 요법 심리학자, 교육자 로자노프(洛扎诺夫 G. Lozanov)가 그 창시 인물이다. 이 교수·학습 방법은 고도의 동기 창조를 주장하여 사람들의 잠재력을 유발하고 각종의 무의식 암시 요소를 조직한 까닭에 유효한 학습 임무 완수에 편리한 것이다. 이로부터 그 이름을 얻게 되었고 달리 가속적 방법을 채택하여 외국어 교육을 진행해서 '암시 속성 교수·학습 방법(Suggestive-Acceleratively Learning and Teaching, SALT)'라 부르기도 한다.

로자노프는 교육체계가 반드시 심리학, 생리학과 연동하도록 강조하며 그 규칙 3가지에 대한 고려를 주장한 것이다.

첫째, 학습 활동은 모든 대뇌 조직(즉 좌우 뇌)이 동시에 작용해야 하는 것이다.

둘째, 학습 중 분석과 종합이 동시에 진행되어야 한다.

셋째, 학습자의 의식과정과 초 의식 과정이 동시에 진행되어야 한다.

이 교수·학습 방법의 기본적 특징과 장단점을 살펴보면, 다음 〈표-77〉과 같다.

〈표-77〉 '암시 교수·학습 방법'의 기본적 특징과 장단점

내용 분류	'암시 교수·학습 방법'의 기본적 특징과 장단점
기본적 특징	• '암시법'의 특징은 쾌적하고 그윽하며 운치 있는 환경을 조성하여 마음 놓을 수 있는 화기애애한 분위기의 조성이다. • 학습자의 의식적인 활동을 유발해야 할 뿐만 아니라 각종의 암시 수단을 통해 충분히 무의식적 활동도 유발하고 의식과 무의식 활동을 조화롭게 발전시켜 학습자의 학습 잠재력을 발굴하는 것이다. • 교사와 교재 재료의 신망 및 학습자의 유치함을 넘어 고도의 자신 감을 쌓고 대담하게 대상언어를 활용하도록 격려한다. • 학습자의 심리 장애를 없애고 그 잠재력을 충분히 발휘하도록 하는 상황 아래 언어 재료의 입력량을 확대한다.
장점	• 학생이 마음 놓고 유쾌한 심정으로 교사의 낭독을 들으며 의식과 무의식의 인지 활동을 할 수 있다. • 학습자 자신도 모르는 사이에 수많은 언어 재료를 기억한다. • 학생들의 언어 학습이 유창한 수준에 효과적으로 도달할 수 있다.
단점	• '암시법'이 기억을 강조하는데 언어지식 체계에 대한 전수에 있어 어법 규칙의 언어 의사소통 지도 작용에 대한 중시가 부족하다. • 제기된 교수·학습 현장 환경 조성의 요구는 일반 학교가 달성할 수 없는 것이다.

② 기능파 교수·학습 이론

'기능파'의 제 2언어 교수·학습 이론은 '의사소통 교수·학습 방법', '임무형 교수·학습 방법' 등을 포함한다.

• 의사소통 교수·학습 방법(交际法 Communicative Approch)

'의사소통 교수·학습 방법' 즉 '의사소통 언어 교수·학습(交际语言教学 Communicative Language Teaching)'은 일찍이 '기능법(功能法 Functional Approach)'이라 불렸는데 1970년대부터 유럽에서 제기된 제 2언어 교수·학습 방법으로 영국 언어학자 도미닉 윌킨스(多米尼克·威尔金 Dominique A. Wilkins)가 그 창시 인물이다. 이 교수·학습 방법은 언어 기능과 관념을 대강으로 특정한 사회 언어 환경 중에 언어를 활용하여 의사소통 진행 능력을 배양하는 교수·학습 방법이다. 언어를 문법 항목이나 문형, 어휘 등 구성 요소로 분해하

지 않고 의사소통의 총체로 파악하며 그 사용 장면과 결부시켜 실제적 전달 능력을 배양하려 한다. 그 기본적 특징과 장단점을 살펴보면, 다음 〈표-78〉과 같다.

〈표-78〉 '의사소통 교수·학습 방법'의 기본적 특징과 장단점

내용 분류	'의사소통 교수·학습 방법'의 기본적 특징과 장단점
기본적 특징	• 제 2언어 교수·학습 목표는 창조적 언어 활용으로 의사소통 능력 배양을 명확하게 제시하는 것인데 언어 활용의 정확성을 요구할 뿐만 아니라 제격에 맞기를 요구하는 것이다. • 기능과 관념을 위주로 학습자의 실제 필요에 근거한 진실하고 자연스런 언어 재료의 선택이고 인위적 '교과서 언어'가 아니다. • 교수·학습 과정의 의사소통이 학습의 목적일 뿐 아니라 학습의 수단인데 진실로 의사소통에 가까운 감정배경의 창조, 작은 조별 활동 형식의 채택, 언어 의사소통 능력의 배양을 통해 교실 의사소통 활동과 교실 밖 생활 중의 의사소통을 결합해낸다. • 의사소통의 주요형식으로 언어를 교수·학습의 기본단위로 삼아 어음, 어법, 어의 등은 주로 말하는 감정배경을 통해 교수·학습을 종합하며 필요한 구형 훈련도 언어 능력 장악을 위해 이루어진다. • 단일 항목 기능 훈련과 종합적 기능 훈련을 서로 결합하는데 최종적으로 의사소통 중에 종합적으로 언어를 활용하는 목적에 도달하도록 해야 한다. • 화제에 따라 나선형 언어 재료 안배를 통해 기능과 구조를 화제 중에 결합하고 순서에 따라 점진적으로 교수·학습을 조직하며 몇 차례의 순환을 거치면서 매번 점차 난이도를 높이도록 한다. • 언어 의사소통의 내용과 정보의 전달을 강조하고 언어형식을 엄격하게 요구하지 않으며 학습과정 중에 출현한 언어 오류에 대해 일정하게 용인하여 의사소통 활동의 주도성과 적극성을 발휘하도록 한다. • 배운 것을 활용한다는 원칙에 근거하여 다른 전공의 학습에 전공 언어의 교수·학습을 진행한다. 다른 의사소통 목적과 방식, 범위에서 사용되는 대상언어의 특징을 부각시켜 선택 사용하는 언어 재료 및 듣기, 말하기, 읽기, 쓰기 등 언어기능 훈련방면 모두 다르게 중점을 구현하도록 한다.
장점	• 명확하게 의사소통 능력 배양 즉 해당 언어 교수·학습의 근본 목표를 제시하고 그 교수·학습 과정에서 의사소통 실현을 힘써 도모한다. • 기능 관념의 범위를 제기하였고 교수·학습 대강을 작성하였으며 언어 구조를 위주로 한 전통적 관념을 깼다. • 학생의 수요로부터 진실하고 자연스런 언어 재료 제공을 강조하며 말을 교수·학습 단위로 '문장 본위'의 전통적 방법을 대체한다. • 언이 활용이 제격에 맞고 유창한 성질, 그리고 완전히 새로운 관점에 따르 학생의 언어 오류에 대한 대처를 중시한다.
단점	• 언어 기능과 관념은 넓은 개념으로 이 방면의 기초적 연구가 아직 상당히 부족하다. • 교수·학습 중 언어 기능과 구조의 결합은 여전히 어려운 문제이다. • 교실 교수·학습의 의사소통 화를 진정으로 달성하기 어렵다. • '의사소통 교수·학습 방법'은 교수·학습 내용과 방법상의 혁신이 교사 양성, 교재 편찬, 측정 평가 등 일련의 새로운 문제를 가져왔다. • 학습자가 범한 오류를 허용하는 것과 그 오류에 대해 듣지도, 묻지도 않는 태도는 다른 것이다.

• 임무 기반 교수·학습 방법(任务型教学法 Task-based Language Teaching)

'임무 기반 교수·학습 방법'은 1980년대 제기된 일종의 '하는 가운데 배우는(Learni-ng by doing)' 것을 강조하는 제 2언어 교수·학습 방법이다. 교사가 교수·학습 현장에서 언어 학습자에게 임무 완성의 지도를 위해 진행하는 방법이라 할 수 있다. 교수·학습 활동 중에 교사는 마땅히 구체적이고 조작 가능한 임무를 설계해내고 학생은 임무의 이행 과정을 거쳐 참여, 체험, 교류, 협력, 상호작용하는 학습 방식으로 학습자 자신의 인지능력을 충분히 발휘하며 그들이 이미 지닌 대상언어 자원의 외국어 교수·학습 방법이 작동하게 한다. '임무 기반 교수·학습 방법'은 과거 여러 종류 교수·학습 방법의 장점을 수용하여 형성된 것으로 다른 교수·학습 방법과 결코 서로 배척되지 않는다. 그 기본적 특징과 장단점을 살펴보면, 다음 〈표-79〉와 같다.

〈표-79〉 '임무 기반 교수·학습 방법'의 기본적 특징과 장단점

내용 분류	'임무 기반 교수·학습 방법'의 기본적 특징과 장단점
기본적 특징	• 진실성 원칙이다. 이 원칙은 임무 설계 중에 임무에 사용된 입력 재료가 진실한 생활에서 유래하고 동시에 임무 이행의 감정배경 및 구체 활동은 될 수 있는 대로 진실한 생활에 아주 가까운 것을 가리킨다. • 형식, 기능 원칙이다. 진실성 원칙의 기초 위에 언어 형식과 기능의 관계를 명확히 하여 학습자가 임무 이행 중에 언어 형식과 기능의 관계 및 언어와 언어 환경의 관계를 충분히 느껴 학습자의 언어가 제격에 맞는지에 대한 이해를 늘린다. • 연관성 원칙이다. 임무 기반 교수·학습 중에 교실의 약간 임무나 임무의 약간 임무는 마땅히 서로 관련되고 통일적 교수·학습 목적이나 목표지향을 갖추고 있으며 동시에 내용상 서로 맞물린다. • 실행 가능성 원칙이다. 임무 설계 중에 마땅히 교수·학습 현장 환경 중의 실현 가능성 문제를 고려하여 그 절차가 지나치게 많고 과정이 지나치게 복잡한 교실 임무를 피해야 한다. • 실용성 원칙이다. 교실 임무는 아무튼 교수·학습에 봉사하는 것이다. 임무 설계 중에 학생의 개체 활동을 위한 조건을 창조할 수 있어야 최대한 학생을 위해 교류와 상호작용의 기회를 제공하여 예정한 교수·학습 목표에 도달할 수 있다. • 흥미성 원칙이다. 이 교수·학습 방법의 장점 하나가 바로 흥미 있는 교실 의사소통 활동을 통해 유효하게 학습자의 학습 동기를 유발하고 그들이 주도적으로 학습에 참여하게 하는 것이다.
	• 다양한 임무활동 수행은 학생의 학습 흥미 유발에 도움이 된다. • 임무를 완성하는 과정 중에 언어 지식과 언어 기능을 결합해서 학생의 종합적인 언어 활용 능력을 배양하는데 도움이 된다. • 학생이 적극적으로 언어 교류 활동에 참여하도록 촉진하고 상상력과 창조적 사유를 계발하여 학생이 주체적 작용을 발휘하는데 유리하다.

장점	•임무 기반 교수·학습 중 대량의 짝별이나 조별 활동을 통해 모두 자신의 임무를 완성해야 더욱 잘 전체 학생들과 교수·학습을 진행할 수 있다. •활동 내용의 파급이 광범위하고 정보량이 많아 학생들의 지식 면을 넓히는데 도움이 된다. •활동 중에 지식을 학습하고 사람끼리 교류, 사고, 결정과 임기응변 능력을 배양하며 학생들의 전면적 발전에 유리하다. •임무 기반 교수·학습 중 교사의 계발로 학생들마다 다 독립적 사고, 적극적 참여기회가 있어 학습의 적극성, 좋은 학습 습관을 양성하기 쉽다.

③ 인본주의와 기능주의 경계의 교수·학습 이론

• 자연 교수·학습 방법(自然法 Natural Approach)

'자연 교수·학습 방법'은 1970년대 후기 미국에서 출현한 새로운 제 2언어 교수·학습 방법인데 미국 캘리포니아대학 스페인어학과 교수 터렐(特雷尔 Tracy Terrell)과 언어 교육학자 크라센 등이 그 대표적 인물이다. 자연 환경 중의 모국어 습득과 제 2언어 습득에 대한 관찰과 연구에 근거하여 비 자연적 조건(즉 교실 교수·학습) 중에 최대한도로 학습자에 대한 언어 입력을 확대하고, 먼저 집중해서 이해 능력을 배양하며, 습득을 통한 제 2언어의 교수·학습 방법 장악을 강조하도록 제기하였다. 그 기본적 특징과 장단점을 살펴보면, 다음 〈표-80〉과 같다.

〈표-80〉 '자연 교수·학습 방법'의 기본적 특징과 장단점

내용 분류	'자연 교수·학습 방법'의 기본적 특징과 장단점
기본적 특징	•학습자의 구어와 서면 의사소통 능력 배양이 교수·학습 목표인데 교실 활동 전부로 의사소통을 진행한다. •이해의 중요성을 강조하는데 언어 학습은 이해로부터 시작하여 듣기와 읽기 활동을 강화하고 구어 표현 전달을 미루어야 한다. 이해의 집중을 위해 학습자가 모국어로 문제를 대답하도록 허락한다. •자연적 습득을 강조하는데 교실 전부를 써서 내용, 정보교류를 중시한 의사소통 활동을 진행하여 학습자에게 언어 습득의 기회를 제공한다. •일반적으로 학습자의 오류를 바로 잡지 않아 그 표현 전달의 적극성에 미치는 영향을 피할 수 있다. •마음 놓이고 유쾌한 학습 분위기를 조성하여 학습 감정을 최적화하고 감정의 여과를 낮추며 학습자의 수요와 흥미에 근거하여 교수·학습 내용을 확정한다.
장점	•이 교수·학습 방법은 학생중심의 원칙을 부각 감정 요소를 중시하는데, 교실 분위기가 마음 놓이고 유쾌하기를 주장하여 '인본파 교수·학습 방법'의 특색을 구현하였다. •언어 의사소통 능력을 강조하고 교수·학습 과정의 의사소통화도 강조하는데 '의사소통 교수·학습 방법'과의 공통점이다.

	• 기타 교수 · 학습법의 방법과 기교를 수용하였는데 일종의 종합적 교수 · 학습 방법이어서 비교적 큰 적응성을 갖추고 있다.
단점	• 교실 교수 · 학습 조건 하에 의식적 학습 작용의 평가가 부족하다. • 교수 언어의 구조, 성인의 어법 규칙 장악 의의에 대한 인식을 결여한다. • 비 대상 언어 환경 중에 특별히 비 본 민족어 교사가 끊임없이 대량의 이해할 수 있는 입력을 제공하기 어렵다. • 학습자가 자신의 학습을 위해 학습의 진전 속도를 책임지고 결정하는 것은 결코 학습자마다 모두 달성할 수 있는 것이 아니다.

【참고문헌】

[2007 개정 교육과정], 한국교육과정평가원(http://www.kice.re.kr) 자료실.

[2015 개정 교육과정], 한국교육과정평가원(http://www.kice.re.kr) 자료실.

Lado, R.(1957), *Linguistics Across Cultures: Applied Linguistics for Language Teachers*, Michigan: University of Michigan Press.

Edward Sapir(1921), *Language: An Introducation to the Study of Speech*. Harcourt, Brace and Company.

Chomsky, Noam.(1965), *Aspects of the theory of syntax*, Cambridge, MA: M. I. T Press.

Gattegno, C.(1972), *Teaching foreign language in schools; The silent way*, 2nd ed, New York: Educational Solutions.

Selinker, L.(1972), *Interlanguage, International Review of Applied linguistics*, 10.

Krashen, S. D.(1973), Lateralization, Language learning, and the critical period: Some new evidence, *Language Learning*, 23.

Asher, J.J., et al.(1974), Learning a second language through commands: The second field test, *Modern Language Journal*, 58.

Wilkins, D. A.(1976), *National Syllabuses*. Oxford: Oxford University Press.

Krashen, S. D.(1977), The Monitor Model for second language performance, In Burt, M., Dulay, H. & Finocchiaro, M.(Eds.), *Viewpoints on English as a second language*, New York; Regents.

Asher, J.J.(1977), *Learning another language through actions: The complete teacher's guidebook*, Los Gatos, CA: Sky Oaks Productions.

Terrell, T. D.(1977), A natural approach to second language acquistion and learning, *Modern Journal*, 61.

Lozanov, G.(1978), *Suggestology and Outlines of Suggestopedia*, New York : Gorden and Breach.

Krashen, S. D.(1978), Individual variation in the use of the Monitor, In Ritchie, W.(Ed.), *Principles of second language learning*, New York : Academic Press.

Krashen, S. D., Long, M. H. & Scarcella, R. C.(1979), Age, rate, and eventual attainment in second language acquistion, *TESOL Quarterly*, 13.

Seliger, H. W.(1979), On the nature and function of language rules in language teaching, *TESOL Quarterly*, 13.

Krashen, S. D.(1981), *Second language acquistion and second language learning*, Oxford : Pergamon Press.

Chomsky, Noam.(1981), *Lectures on government and binding*, Dordrecht : Foris.

Krashen, S. D.(1982a), Accounting for child-adult differences in second language rate and attainment, In Krashen, S., Scarcella, R. and Long, M. Eds), *child-adult differences in second language acquistion*, Rowley, MA : Newbury House.

Krashen, S. D.(1982b), *Principles and practice of second language acquistion*, Oxford : Pergamon Press.

Krashen, S. D. & Terrell, T.(1983), *The natural approch : Language acquistion in the classroom*, Hayward, CA : Alemany Press.

Krashen, S. D.(1985), *The input hypothesis* : Issues and implications. London : Longman.

Richards, J. C. & Rodgers, T. S.(1986), *Approchs and methods in language teaching : A description and analysis*, Cambridge University Press.

Chomsky, n.(1988), *Language and problems of knowledge*, Cambridge, MA : M. I. T Press.

배두본(1990),『영어 교육학』, 서울 : 한신문화사.

辞海编辑委员会编(1992),『辞海』, 上海 : 上海辞书出版社.

王建勤主编(1997),『汉语作为第二语言的习得研究』, 北京 : 北京语言文化大学出版社.

王魁京(1998),『第二语言学习理论研究』, 北京 : 北京语言文化大学出版社.

崔永华·杨寄洲主编(1997),『对外汉语课堂教学技巧』, 北京 : 北京语言大学出版社.

이돈희·황정규·윤희원·조영달·권오량·우정호·최승언·강신복(1998),『교과교육학 탐구』, 서울 : 교육과학사.

로베르 갈리송 저·한상헌 역(2000),『일반 외국어 교육학』, 서울 : 도서출판 만남.

刘珣主遊编(2000),『对外汉语教育学引论』, 北京 : 北京语言大学出版社.

VII. 중국어 교과교재의 개발 및 선정

중국어 교과교재의 개발, 선정 관련 상황 그 시작은 현대적 교육과정 체계가 마련된 '제 1차 교육과정' 시기부터 '2015 개정 교육과정' 시기까지를 범위로 살펴볼 수 있는 것이다. 일반적으로 교과교재는 개발 후 발행, 여러 차례 수정·보완을 거듭하는 과정주기를 반복하며 현재까지 이어져왔다.

1. 중국어 교과교재의 개발

교육부 '교과용도서'에 관한 규정 제 2조 제 1항에 "'교과용도서'라 함은 교과서 및 지도서를 말한다"고 정의하고 있다. '교과서'란 "학교에서 학생들의 교육을 위하여 사용되는 학생용의 서책·음반·영상 및 전자저작물 등을 말한다"고 하며 '지도서'란 "학교에서 학생들의 교육을 위하여 사용되는 교사용의 서책·음반·영상 및 전자저작물 등을 말한다".[75] 이러한 '교과용도서'는 대체로 '국정도서', '검정도서', '인정도서'를 포함하는 것이다. 이 3종류 '교과용도서'를 정의하면, 다음 〈표-81〉과 같다.

중등 교육과정 중국어 교과교재는 주요 교과목을 중심으로 대체로 국정, 검정 2종류로 구분하여 발행해왔다. 그 객관성이 중시되는 국정 교과교재는 교육부 직접 관할 하에 위임·위탁하여 발행하고, 다양성이 고려되는 검정 교과교재는 각 출판사가 출원하고 교육부장관의 검정을 거쳐 발행한다. 즉, 전자는 교육부가 대부분 주요 교과목의 교재를 발행하거나 그 범위를 국어, 국사 등 교과에 한정하여 발행한 전례이다. 후자는 각 출판사가 출원하고 심의를 통해 교과용도서의 지위를 부여받아 발행한 전례이다.

75) 교육부 '교과용도서'에 관한 제 2조 제 2, 3항 규정이다(김덕근 등,『우리나라 현행 '교과용도서' 법규의 개정 방안』, 한국교육과정평가원, 2013, p.113에서 재인용).

〈표-81〉 교육부 규정 '교과용도서' 3종류의 정의[76]

정의 / 종류	교육부 규정 '교과용도서' 3종류의 정의
국정도서	"교육부가 직접 또는 위임·위탁을 통해 편찬한 것으로 교육부가 저작권을 가진 교과용도서를 말한다."
검정도서	"민간이 출원한 도서를 심의를 통해 교과용도서로서의 지위를 부여한 것으로 교육부장관의 검정을 받은 교과용도서를 말한다."
인정도서	"민간이 출판하거나 시·도교육감이 개발한 도서를 심의를 통해 교과용도서로 승인하는 것으로 교육부장관의 인정을 받은 도서를 말한다."

중국어 교과교재는 한때 교육부가 저작권을 갖고 위임·위탁하여 발행하기도 하였으나 현재는 검정 교과교재로 분류되어 각 출판사가 발행하고 있는 실정이다. 그 교과교재 개발에 관한 이론체계, 편찬방법, 지도이념 및 발행연혁 등을 나누어 살펴보면 다음과 같다.

1.1 중국어 교과교재의 준거

교과교재의 개발, 편찬에 있어 준거해야 할 사항은 무엇일까? 환영받는 교재를 개발, 편찬하려면 대체로 다음 4가지 준거에 입각하여 검토해 볼 필요가 있다.

첫째, 언어학, 심리학, 교육학 등이 그 이론적 기초의 검토이다. 예를 들면 교수·학습 내용 즉 어음, 어법, 어의(문자) 등 언어요소를 확정하려면 일정한 언어학 이론에 근거해야 한다. 듣기, 말하기, 읽기, 쓰기 등 언어기능을 훈련하려면 교과교재 각 부분을 어떻게 안배하는 것이 학습자의 이해, 기억, 장악에 도움이 될 수 있는지 모두 심리학과 교육학 이론에 근거해야 한다.

둘째, 언어 교육이론과 학습이론의 직접적인 준거이다. 교과교재 개발, 편찬은 일정한 교수·학습 원칙 즉 『교원자격검정 실무편람』과 '중등 교육과정'을 충실히 반영해야 한다. 때문에 교과교재는 해당 『교원자격검정 실무편람』과 교육과정의 영향을 받는데 그치지 않고 충실히 구현해내야 하는 것이다. 또한 교과교재 개발 및 편찬을

76) 위의 주75), pp.113-114에서 재인용.

할 때 교수·학습 이론 및 기타 요소 등도 충분히 고려해야 한다. 예를 들면 중간언어 이론, 이해할 수 있는 전달, 학습자의 개인적 요소 등이다.

셋째, 대상언어, 언어학과 그 문화는 교과교재 내용의 원천이다. 교과교재의 내용을 확정하려면 대상언어의 요소, 기능 및 문화 등의 대강이 필요하며 이를 바탕으로 내용 체제의 구성안배가 적절히 이루어질 수 있다.

넷째, 교수·학습 계획과 대강이 교과교재 개발 및 편찬의 직접적인 근거이다. 교과교재는 반드시 '중등 교육과정'에서 제시한 내용에 의거 총체적으로 설계하는 것이다. 즉 그 총체적 설계에 따른 교수·학습 계획과 대강을 규범으로 삼아 교과교재가 개발 및 편찬되어야 한다.[77]

이상 4가지 준거를 고려하여 교과교재의 개발, 편찬이 이루어진다면 결국 좋은 결과를 예측할 수 있을 것이다.

1.2 중국어 교과교재의 이론체계

'중등 교육과정'의『중국어』교과교재 개발에 있어 구비하여야 할 이론체계는 바로 그 사용대상, 명시적 목표, 범위체계, 체제상황, 구조안배, 관점지식 등 방면의 내용을 포함하는 것이다.

1.2.1 사용대상

'중·고등학교 중국어 교과교재'를 사용하는 대상은 그 교수·학습과 관련된 대학교 중어중문학과 교직이수, 각 단과대학(사범대학 포함) 학과 복수전공 학생 및 교육대학원 중국어 교육 전공 대학원생 그리고 중·고등학교 교수학습 현장의 교육 종사자인 교사와 대상자인 학생들이다. 비록 그 사용 대상의 범위는 한정되어 있지만 그 교수·학습은 기초적인 의사소통을 넘어 향후 상급 학교에 진학하여 계속 학습할 수 있도록 전공 기초를 다지는 과정에 있어 이들에 대한 고려는 필수적이다.

---

77) 위의 주74), p.313. 위 내용은 치씨의 견해를 참고하여 재구성한 것이다.

'중등 교육과정' 중국어 교과교재의 '사용대상'에 관한 내용은 이미 'IV. 중국어 교과교육론(상) 3. 중국어 교과교육론 대상' 부분에서 언급하였기에 여기서는 더 이상 기술하지 않을 것이다. 위에 기술한 해당 내용을 참고하길 바란다.

1.2.2 명시적 목표

현장 교수·학습 진행을 위한 필수적 4대 요소는 교수·학습 계획, 교수·학습 대강, 교과교재 개발 및 편찬, 교사와 학생 간 교수·학습 활동 등이다. 학교 교육현장에서 교사가 학생을 대상으로 교수·학습을 진행할 때 결코 관련 학과의 교과교재를 결여할 수 없다. 왜냐하면 교육부에 의해 계획 설계된 '중등 교육과정'에 따라 개발된 교과교재는 중·고등학교 교육의 성패를 좌우하는 필수적 매체(媒體) 역할을 해내기 때문이다.

'중·고등학교 중국어 교과교재'는 그 교수·학습의 현장을 중·고등학교로 한정한 공간에서 중국어를 제 2외국어 선택교과나 보통교과 생활·교양 교과 영역의 교육에 사용하는 수업 재료인 것이다. '중등 교육과정' 중국어 교과교재의 '명시적 목표'에 관한 내용은 이미 'IV. 중국어 교과교육론(상) 1. 중국어 교과교육론이란?, 2. 중국어 교과교육의 목표' 부분에서 언급하였기에 여기서는 더 이상 기술하지 않을 것이다. 위에 기술한 해당 내용을 참고하길 바란다.

1.2.3 범위체계

이른바 '범위체계'는 '범위'와 '체계'가 하나로 결합된 개념이다. '범위'는 '중·고등학교 중국어 교과교재'라는 제목이 포함하는 학과 영역 즉 그 구성 체제가 서로 연결되어 형성한 조합의 영역이다. '체제'는 구성 소재의 조합, 즉 약간의 사물이나 어떤 의식이 일정한 질서와 내재적 관련에 따라 서로 결합된 체계적인 조직 단위이다. 다시 말해, '범위체계'는 사물이나 의식이 일정하게 제한된 영역 내에서 서로 조합 배치된 그 일련의 포괄적 체제인 것이다.

현행 2015 개정 '중등 교육과정'의 중국어 교과교재에 제시된 '범위체계'는 중학교

『생활 중국어』(생활 외국어 성격, 생활 외국어 목표, 내용체계 및 성취기준, [의사소통 기본 표현], 교수·학습 및 평가의 방향), 고등학교『중국어 I』및 심화된 내용의『중국어 II』(성격, 목표, 내용체계 및 성취기준, 교수·학습 및 평가의 방향, [별표 I][의사소통 기본 표현], [별표 II][기본 어휘표]) 등 전체 영역을 포함한 것이다. 그 '범위체계'에 관한 구체적 내용은 이미 'IV. 중국어 교과교육론(상) 4. 중국어 교과 내용의 범위' 부분에서 언급하였기에 여기서는 더 이상 기술하지 않을 것이다. 위에 기술한 해당 내용을 참고하길 바란다.

1.2.4 구조안배

교재 개발 및 편찬의 시각과 범위체계의 문제는 자연스럽게 그 전체 체제의 구조안배에 영향을 미쳐 개발 및 편찬 방향을 조정하거나 개선하도록 할 것이다. 게다가 그 구조안배는 상대적으로 관련 교과교재 교수·학습 내용의 조직배분에 대해 결정적 작용을 해낼 것이다. 그래서 그 안배의 정도가 적절하고 마땅해야 한다. 바로 해당 교과교재를 개발 및 편찬 할 때 교수·학습 내용에 대해 거시적 관점과 미시적 관점의 파악, 기획 방면에서 주관적 능동성을 발휘하고 전공 성질의 특징을 구현할 수 있어야 비로소 그 전체적 질적 수준이 제고될 수 있다.[78]

과연 그 구조안배에 있어 얼마나 객관적이고 합리적일 수 있을까? 이는 '규범화'의 문제로 귀결하여도 무방할 것이다. 교과교재의 개발, 편찬에 있어 일정한 시각입장, 범위체계, 체제상황, 구조안배, 이론방법 및 지도이념 등 전체적 구성요인을 갖추고 있어야 하는데 그 가운데 시각입장과 범위체계가 핵심중의 핵심이다. 만약 이 2가지 핵심을 결정하지 못한다면 교과교재의 구조안배에 일정한 영향을 미쳐 객관적, 합리적 면모가 결여된 상황을 만들어 낼 수 있다.[79]

---

78) 姜声调(2016),「关于"现代中国语学概论"教材的编写建议」(『中国语文丛』第74辑, 서울:中国语文研究会), p.106.

79) 위의 주78), p.108.

1.2.5 체제상황

‘2007 개정 교육과정’부터 제 2외국어 교과교재의 구성 체제를 언어적 내용과 문화적 내용으로 대별하고 있다. 그리고 언어적 내용은 다시 언어기능과 언어재료(언어요소 및 기타)로 구성하도록 제시한 것이다. 이후 ‘2015 개정 교육과정’은 ‘2007 개정 교육과정’ 구성 체제를 개선하여 언어적 내용과 문화적 내용의 부속 개념인 ‘핵심요소’에 발음 및 문자, 어휘, 문법, 의사소통 표현, 문화를 안배하고 관련 내용 및 기능을 제시하였다. 따라서 중국어 교과교재 역시 그 구성 체제에 따라 개발, 편찬할 수 있다. 다만 이상 2종류 교육과정 가운데 내용 영역의 부속 개념인 ‘언어재료’, ‘핵심요소’를 ‘언어요소 및 기타’로 명칭을 바꾸어 제시하고 관련 내용을 기술하여야 한다. 해당 교과교재의 내용 체제를 일반 언어학 학과 분류에 따라 객관성, 합리성을 담보할 수 있도록 재구성하면, 다음 〈표-82〉와 같다.

〈표-82〉 중국어 교과교재 내용의 재구성[80]

<table>
<tr><th>영역</th><th>언어요소 및 기타</th><th colspan="2">내용</th><th>언어기능
(듣기·말하기·읽기·쓰기)</th></tr>
<tr><td rowspan="7">언어적 내용</td><td rowspan="3">어음</td><td rowspan="3">한어병음 체계</td><td>발음부호(声母, 韵母)</td><td rowspan="7">·발음을 듣고 변별하기
·발음을 듣고 의미 파악하기
·발음 듣고 따라 말하기
·질문에 대답하기
·상황에 맞게 말하기
·정확하게 소리 내 읽기
·읽고 의미 파악하기
·읽고 대의 파악하기
·발음 듣고 받아쓰기
·정보 채워 넣기
·간단한 문장 쓰기
·서식에 맞추어 글쓰기
·짧은 글 쓰기
·서식에 맞추어 글쓰기
·짧은 글 쓰기</td></tr>
<tr><td>성조(声调 : 变调, 调值 포함)</td></tr>
<tr><td>얼화(‘儿’化)</td></tr>
<tr><td>어법</td><td colspan="2">품사, 성분, 어순, 술어문, 각종 문장(단문, 장문, 긴축문), 억양, 연음과 끊어 읽기</td></tr>
<tr><td>어의</td><td colspan="2">어휘, 화용, 수사, 번역</td></tr>
<tr><td>문자</td><td colspan="2">한자(간체자 및 그 조자원리 포함)</td></tr>
<tr><td>의사소통 기본표현</td><td colspan="2">·중·고등학교 의사소통 기본 표현을 참고
-사교의 표현, 감정 및 의사표현, 사실 및 정보 전달, 요구 및 승낙 표현, 생활관련 표현 등</td></tr>
<tr><td rowspan="2">문화적 내용</td><td rowspan="2">문화</td><td>언어문화</td><td>의사소통, 일상생활 문화</td><td rowspan="2">·의사소통 상황에 적용하기
·모둠활동하기
·체험하여 이해하기
·상호비교하기
·조사하여 설명하기</td></tr>
<tr><td>일반문화</td><td>의식주생활 문화, 유·무형문화</td></tr>
</table>

* 기능 부분의 굵은 글씨체 내용은 고등학교『중국어 I』,『중국어 II』에 해당하는 사항이다.

80) [2015 개정 교육과정] 참고(한국교육과정평가원 http://www.kice.re.kr 자료실).

중국어 교과교재 구성영역 언어적 내용과 문화적 내용의 부속 개념인 언어요소 및 기타 부분에 열거한 내용을 위주로 그 체제가 조직되어 계통을 지닐 수 있도록 규범화해야 한다. 기존의 중국어 교과교재들이 개발 편찬자들의 전공에 경도되어 이미 일반 언어학의 거시적 관점 및 구체, 묘사 언어학의 미시적 관점을 벗어나 전체 구성 체제를 조직한 나머지 객관성, 합리성의 문제를 간과하기 마련이었다. 이러한 문제점을 해결하기 위해 반드시 해당 교과교재의 언어학적 학과 분류의 요소 및 그 하위 내용의 전체적 구성 체제에 대한 규범화가 전제되어야 하며 이는 필수적이라 할 수 있다.

1.2.6 지식관점

교과교재 개발, 편찬에 있어 가장 중요한 점은 일관되며 변함없는 관점이 전제되어야 한다는 것이다. 그 관점은 오로지 개발 및 편찬의 시각, 전공의 특징, 최신 추세와 동향 등 방면에 기대 형성된 것인데 마치 물이 스며드는 것처럼 이론지식 중에 연계되고 파급된다. 그 구성 요인으로부터 교과교재 개발, 편찬의 관점을 살펴보면 다음 몇 가지에 주의할 필요가 있다.

첫째, 개발 및 편찬의 시각과 입장이다. 중국어 교과교재는 현대중국어 즉 푸통화(普通话)를 교수·학습 내용으로 하여 관련 언어 이론지식의 학습, 언어기능의 반복 훈련을 통해 습득하는 과정에 필수적인 현장교육 진행을 위한 요소의 한 가지이다. 사실 중국어는 언어학의 부속 개념이다. 따라서 그 기틀이 언어학에 한정되고 중국어라는 구체적 언어를 지칭하는 구체 언어학의 하위 개념 즉 현대를 시대적 조건과 환경으로 삼기에 하위의 공시 언어학의 범주에 속한다. 또한 공시 언어학의 하위 개념 즉 구체적으로 언어의 내재적 현상과 규칙에 대해 묘사를 진행하기에 묘사 언어학 범주에 속하며 전체 개념이 연계된 포괄적 성격의 공시 묘사 언어학의 범주에 속하기도 한다. 그 관점에서 객관적 교과교재 개발, 편찬의 시각과 입장을 견지하며 집필해 갈 수 있다.

둘째, 선택, 생활·교양 교과의 특수한 성격이다. 중·고등학교 중국어 교과교재는 대학교 중국어문학과(중국어교육) 사범대 복수전공 교직이수 학생, 교육대학원 중국어 교육 전공 학생 및 중·고등학교 교사를 대상으로 개발 편찬한 것이다. 그 교과교재가 현대 중국어 관련 이론지식을 교수·학습하는데 도움을 지녀 중국어 의사소통 능력 배양의 교수·학습 실천에 유효적절히 활용될 수 있을 것이라 기대한다. 분명한 점은 교과교재가 추상적, 개괄적 성격의 언어 이론지식을 갖추어야할 뿐 아니라 구체적, 실용적 성격도 갖춘 언어매체라는 것이다. 그러므로 해당 교과교재를 개발, 편찬하려면 그 교과가 지닌 특성을 충분히 고려하여 적용 대상, 체제 상황에 맞게 구체적인 기술이 진행되어야 한다.

셋째, 최신 추세와 동향이다. 교과교재 내용의 기본적 구조 체계는 마땅히 언어학적 학과나 언어요소를 구성 요건으로 삼고 그 관련 지식이 될 수 있으면 현대 중국어 학과 영역의 최신 추세와 동향을 반영해야 한다. 때문에 관련 교수·학습하는 구체적 지식은 철지나 구태의연한 면모를 떨쳐낸 새롭고 실제적, 과학적 방면을 전제한 것이다. 비록 이전 교과서 개발 및 편찬의 방법을 계승할지라도 새로운 창조를 진행하여 이미 누적된 우수한 성과를 본받는 동시에 최근 그 개발, 편찬의 추세와 동향을 적극적으로 반영해야 한다. 이밖에 해당 교과교재 개발, 편찬자는 객관적이고 합리적인 관점을 견지하여 불필요한 논쟁에 휩싸이지 않도록 유의해야 할 것이다.

위에 언급한 것처럼 중국어 교과교재의 지식관점은 개발 및 편찬의 시각, 전공의 특징, 최신 추세와 동향의 영향 아래 형성된 것이다. 그리고 그 관점을 바탕으로 상응하는 구조를 안배하고 지식이론을 귀납 분류한 후 전체 내용을 기술하여 책으로 펴내야 한다.[81]

1.3 중국어 교과교재의 편찬방법

중국어 교과교재의 개발 및 편찬 방법은 대체로 2가지 방면으로부터 그 구체적 내용을 들어 관련 논술방향을 제시할 수 있다. 그 방법으로 말하면 지식성에 편중된 것인지 아니면 능력성에 편중된 것인지? 형식, 묘사, 정태 및 미시적 관점을 중시하는

81) 위의 주78), p.109.

것인지 아니면 의미, 해석, 동태 및 거시적 관점을 중시하는 것인지? 이러한 문제점들을 나누어 서술하면, 다음과 같다.[82]

1.3.1 지식성과 능력성

'지식성(知識性)'이란 전공을 기초로 교수·학습해야 할 해당 과학의 관련 학과 지식을 가리킨다. 즉 현대 중국어는 바로 사회과학의 언어학적 학과 분류 요소(언어요소) 관련 지식의 교수·학습에 착안하여 기술한 것이다. '능력성(能力性)'이란 전공지식을 기초로 교수·학습하고 그 전공지식을 널리 활용할 수 있는 능력을 가리킨다. 즉 현대중국어는 바로 현대 중국어 지식을 기초로 교수·학습한 중국어 활용 능력의 배양에 착안하여 기술한 것이다.

중국어 교과교재 개발 및 편찬에 있어 가장 이상적인 방법은 '지식성'과 '능력성'을 모두 고려하여 마땅히 기초 지식을 전제로, 분석방법을 핵심으로, 언어능력을 목표로 삼는 내용을 수용하는 것이다. 이것이 그 개발 및 편찬의 올바른 방향이자 옛 것을 본받아 새롭게 거듭나는 유일한 길이라 할 수 있다.[83]

1.3.2 형식·묘사·정태 및 미시적 관점과 의미·해석·동태 및 거시적 관점

중국어 교과교재 개발 및 편찬의 방법은 형식·묘사·정태 및 미시적 관점을 중시할 것인가? 의미·해석·동태 및 거시적 관점을 중시할 것인가? 형식을 중시하면 내용의 함축이 부족하여 맛을 결여할 것이고 반대로 의미를 중시하면 구조가 불완전하여 방향을 잃을 것이다. 묘사를 중시하면 이론지식의 열거에 급급한 경향을 띨 것이고 해석을 중시하면 이론지식을 실명하는데 급급한 경향을 띨 것이다. 정태를 중시하면 능동적, 상호적 교수·학습에 불리할 것이고 동태를 중시하면 능동적, 상호적 교수·학습에 유리할 것이다. 미시적 관점을 중시하면 전체 체제의 설계가 비교적

82) 위의 주78), p.110.

83) 위의 주82).

분명하지 않고 불합리할 것이고 거시적 관점을 중시하면 전체 체제의 설계가 비교적 분명하고 합리적일 것이다. 그래서 비교적 이상적인 방법은 2방면의 관점을 적절히 결합하거나 취사선택하여 그 효과를 배가할 수 있도록 운용의 묘를 살리는 것이다. 특별히 수요자 중심의 사고에서 출발하면 거시적 관점에서 설계된 체제의 교수·학습 내용이 전체 구조의 안배에 있어 비교적 분명하고 합리적인 까닭에 학생들이 쉽게 받아들일 수 있다.[84]

1.4 중국어 교과교재의 지도이념

중국어 교과교재를 개발 및 편찬할 때 그 내용 가운데 반드시 일정한 '지도이념(指导思想)'을 포함하고 있어야 한다. '지도이념'은 어떤 항목의 실천 활동을 할 때 사람의 두뇌 가운데 지배적 역량, 압도적 우세를 차지하는 정신적 지침이다. 그래서 교과교재의 '지도이념'은 교재 개발 기획(전체 계획의 수립), (세부)계획, 전개, 개발 및 편찬의 기본적 사고 방향과 관념을 가리키는 것이다. 바로 이렇게 교과교재는 전체 구조체계, 내용설계를 관통하는 기본적 사고 방향과 관념이 바로 편찬의 정신이라 할 수 있다. 그 '지도이념'은 의심할 여지없이 "학생을 근본으로 교사와 학생이 상호작용"하는 것이 기본 정신이다. 그래서 교과교재가 어느 때, 장소를 막론하고 모두 "학생을 근본으로 교사와 학생이 상호작용"하는 '지도이념'을 구현해내야 한다. 그 구현을 통해 학생 참여의 적극성을 이끌어내는 동시에 능동성(能动性)을 유발하여 학생이 스스로 학습하는 자기주도성(主动性)을 발휘하게 하는 까닭에 자연스럽게 교수·학습 당자자의 큰 환영을 받을 수 있다. 어떻든 교과교재의 개발 및 편찬하는 일은 때와 장소를 초월하여 교수·학습에서 착안하고 그 초보적 계획으로부터 전체적 설계에 이르기까지 모두를 포함한 유기적인 조합으로 '지도이념'을 구현해내는 것이다. 그 구현을 위해 교과교재 개발 및 편찬 기획, 계획, 전개, 편찬 단계에서 다음과 같은 사항들이 고려되어야 한다.

첫째, 기획단계에서 초보적으로 전체 계획된 언어 교과교재 개발 및 편찬의 가장

84) 위의 주82).

기본적인 방면은 사용 교수·학습 대상의 특징에 적합하도록 하는 것이다.

둘째, 계획단계에서 정교하게 총체적 구조를 안배하고 내용을 설계하는 방면은 교수·학습 대상의 언어 지식과 능력을 배양하도록 하는 것이다.

셋째, 전개단계에서 유효하게 학습자의 적극성, 능동성을 유발하는 방면은 교수·학습 대상의 자기주도 학습 열정을 끌어내도록 하는 것이다.

넷째, 개발 및 편찬단계에서 세심하게 교과교재의 미시적, 거시적 설계를 실행하는 방면은 교수·학습 대상의 학습, 실천 효과에 도달하도록 하는 것이다.

이와 같이 교과교재가 그 '지도이념'을 교수·학습 구조, 내용 속에 포함하고 아울러 그 본래 계획한 의도에 기본적으로 부합한다면 당연히 최종 목표에 도달한 것으로 볼 수 있다. '지도이념'은 교과교재 개발 및 편찬에 대해 핵심적인 작용을 해내기에 일단 가벼이 여기거나 결여하면 곧 기본 사유과정과 관점이 분명하지 않아 문제가 생길 수 있어 교수·학습 대상이 기피하거나 꺼려하게 될 것이다. 따라서 교과교재 개발 및 편찬에 있어 "학생을 근본으로 교사와 학생이 상호작용"하는 '지도이념'을 구현하는데 집중해야 비로소 폭넓은 교사와 학생의 환영, 특히 학생들의 환영을 받을 수 있다고 생각한다.[85]

2. 중국어 교과교재의 선정

교과교재는 교육과정별 지도이념, 시대적 요구 및 해당 교과의 특성에 맞는 교수·학습법 이론 등에 의거하여 개발, 편찬되는 일종의 매체이다. 즉 교육 현장에서 교사가 학생을 대상으로 교수·학습을 진행할 때 사용하는 필수적인 교육 재료나. 교수·학습 계획, 대강 및 교사와 학생 간 교수·학습 등과 서로 결합하여 학교 수업 내용을 구성하는 유기적 부분이라 할 수 있다.

85) 위의 주78), pp.112-113.

2.1 중국어 교과교재의 선정 및 그 원칙

교과교재의 선정은 학교 교육현장에서 교수·학습 진행에 앞서 반드시 이루어져야 할 중요한 일이다. 그 선정을 위해 교수·학습에 대한 분석, 교과교재 선정의 단계, 평가원칙과 준수원칙 등의 문제가 적절히 고려되어야 한다.

2.1.1 교수·학습 대상의 분석

중국어 교과교재를 선정할 때 우선적으로 고려해야 할 문제가 바로 교수·학습 대상의 수준에 대한 파악이라 할 수 있다. 그 파악을 위해 중국어 교수·학습 능력에 대한 수준의 측정(汉语水平测试:Chinese Level Test)의 진행, 집계(채점, 평가 결과) 등 과정이 전제되어야 한다. 이를 객관적 지표로 삼아 중국어 교수·학습 대상자들의 수준을 이해하고 나아가 수준별 등급을 결정하게 된다.

한·중 수교 이후 양국의 교류가 빈번해짐에 따라 점차 중국어에 대한 열기도 상승하여 연령, 직업을 초월한 적지 않은 사람들이 중국어에 대한 관심을 넘어 직적 배우려는 추세에 있다. 여기서 주목할 부분은 바로 미취학 어린이, 초등학생 때부터 중국어 학습이 이루어지고 있는 점이다. 때문에 '중등 교육과정' 중국어 교수·학습에 필요한 교과교재 선정은 부득이 중국어 수준의 측정을 거칠 수밖에 없다는 사실이다.

또한 그렇게 결정된 수준별 등급에 따라 교수·학습 대상을 구분하여 적당한 학급의 배정, 교과교재의 선정한 후 관련 수업을 진행할 수 있다. 그러나 주의할 점은 중국어 수준 측정으로 결정된 수준별 등급은 단지 분반의 근거로 삼을 수 있을 뿐 기타 용도로 사용할 수 없다는 것이다.

결론적으로 중국어 수준 측정은 교수·학습 대상자들의 수준의 이해, 수준별 등급의 결정, 적당한 학급의 배정(분반) 및 교과교재의 선정이 그 목적이다. 특히 교수·학습 대상자들의 수준이해, 분반의 근거라는 제한적 용도가 그 사용 범위이다.

2.1.2 중국어 교과교재 선정의 단계

중국어 교과교재의 선정(选用)은 대체로 교과교재의 선택, 결정, 사용 등 3단계의 과정을 포함하는 의미이다. 그 단계별 내용을 설명하면 다음과 같다.

① 교과교재의 선택(选材)

교과교재의 선택에 있어 객관성의 확보가 중요하다. 그 교수·학습 대상, 이론지식의 수준이 가장 우선적으로 고려되어야 할 사항이라 할 수 있다. 그 선택을 위해 먼저 사용 대상의 중국어 수준을 측정하여 학습능력을 파악해야 한다. 그 방법으로 시험문제를 출제하고 응시하게 하는 간접적인 방법과 얼굴을 마주하고 문답을 진행하는 직접적인 방법 2가지를 병행할 수 있다. 그런 후 측정 결과로 나타난 수준별 등급에 따라 적당한 교과교재를 선택하는데, 그 폭이 넓을수록 객관성 확보에 유리하다. 그러므로 단지 한 종류의 교과교재만을 고집하지 말고 적어도 몇 종류를 선택하고 그 가운데 한 종류를 결정하는 것이 바람직하다.

② 교과교재의 결정(定材)

교과교재의 결정에 있어 합리성의 확보가 중요하다. 비록 교과교재가 선택되었다 할지라도 반드시 그 교재로 결정할 수는 없다. 게다가 선택 과정에 한 종 또는 여러 종이 범위에 포함될 수 있다. 따라서 그 결정은 교과교재 선정의 평가, 준수원칙이 얼마나 잘 반영되고 적절히 구현해냈는지가 가장 중요한 요인이다. 만약 전제한 2종류의 원칙을 충실히 잘 반영하고 구현한 교과교재가 있다면 그 결정은 그다지 어렵지 않을 수 있다. 다만 그렇지 못하다면 교과교재 선정의 평가, 준수라는 2종류 원칙을 기준으로 가장 객관적인 선택, 합리적인 결정을 해야 한다.

③ 교과교재의 사용(用材)

교과교재는 선택, 결정의 과정을 거쳐 비로소 사용하는 것이다. 이미 전제한 교과교재의 선택, 결정 2가지 모두 중요한 사항이지만 그 사용 역시 그렇다할 수 있다. 아무리 객관적인 선택, 합리적인 결정이 이루어졌어도 그 사용이 변변치 못하여 교육적 효과를 낼 수 없다면 다 무슨 소용이겠는가? 다 부질 없는 절차, 과정의 연속이었을 뿐이다. 해당 교수·학습에 사용하여 그 교육목표를 구현해낼 수 있느냐가 무엇보다 중요하다. 따라서 교사와 학생들이 해당 교과교재를 사용하여 교수·학습을 진행하고, 그 결과 이미 정한 목표에 도달할 수 있어야 한다. 이것이 곧 교과교재 사용을 통해 얻을 수 있는 효과라 할 수 있다.

2.1.3 중국어 교과교재 선정의 평가원칙

교과교재의 선정은 관련 현장 교수·학습에 있어 중요한 부분이다. 때문에 그 선정을 위해 일정한 원칙이 있어야 한다. 그 하나가 바로 '평가원칙'인데 즉 실용성, 진실성, 과학성, 지식성, 흥미성 등을 포함한다. 이 5가지 '평가원칙'을 나누어 서술하면, 다음과 같다.

① 실용성

교과교재 내용은 학습자의 수요로부터 출발하여 학습자가 의사소통 활동을 진행하는데 필요한 것이다. 즉 학습자가 급히 장악하고자 하는 것이며 생활 중에 때맞춰 바로 활용할 수 있는 것이어야 한다.

② 진실성

언어재료는 반드시 생활, 현실에서 찾아야 할 것이다. 왜냐하면 될 수 있는 대로 현실 생활에 가까운 진실한 언어 감정, 배경을 제공해야 하기 때문이다. 중요한 점은 대상언어 환경의 상황 설정에 적당한 것이어야 한다.

③ 과학성

교과교재의 과학성은 적어도 다음 4가지 방면을 강조한 것이다.

첫째, 규범화되고 통용되는 언어를 교수·학습해야 한다. 중국어의 규범화되고 통용되는 표준어는 푸통화(普通话)이고 표준음 발음부호는 '한어병음방안(汉语拼音方案)'이며 한자는 중국정부가 정식으로 공포한 간화자(简化字)이다.

둘째, 교재 내용의 구성이 언어 교수 · 학습의 방법에 부합해야 한다. 예를 들면 그 제재 내용은 일상생활 의사소통으로부터 시작하여 가까운 것에서 먼 것까지, 점차 확대하여 사회생활, 정치경제, 문화전통 등까지 다룰 수 있는 것이다.

셋째, 언어요소에 대한 해석이 정확하여 학습자의 잘못된 이해가 없도록 해야 한다. 예를 들면 '2015 개정 교육과정'이전 외국어 교과 내용 영역 언어적 내용에 포함된 '언어재료'라는 개념은 언어학적 분류에 따라 '언어요소 및 기타'로 바로잡아야 한다.

넷째, 교재내용이 학과 이론지식 연구의 새로운 수준을 반영하도록 때맞춰 오래된 내용을 대체해야 한다. 국제적 교류가 빈번하고 급속히 변화하는 환경 속에서 그 시대적 추세를 반영해낼 외국어 교과교재는 적어도 5년을 갱신주기로 그 내용의 수정, 보완해야 하는 것이다.

④ 지식성

교재 내용이 필요한 관련 이론지식을 제공해야 하고 대량의 그리고 충분한 연습문제를 제공해야 한다. 이론지식을 기초로 언어기능과 연계한 반복학습을 거쳐 언어를 습득하게 된다. 이때 연습은 기능과 능력을 갖추게 하는 길이며 교과교재 중의 주요한 부분이다.

⑤ 흥미성

교재 내용이 현실을 반영해야 하며 학습자가 관심을 기울이는 화제여야 한다. 예를 들면, 외국어 학습자는 일반적으로 관련 국가의 문화와 사회 현실에 흥미를 느끼는데 그 흥미가 그들이 교수 · 학습하려는 언어에 대한 동력이 되기도 한다. 즉 필요한 말은 자연적으로 배우려하거나 배우고 싶어 한다. 또한 수업에서 교수 · 학습한 말을 수업 후에 즉시 의사소통 활동 중에 활용하면 흥미를 느낄 수 있다.

위에서 언급한 실용성, 진실성, 지식성, 흥미성 등은 사실 모두 과학성의 범위에 포함되는 성질들이다.

2.1.4 중국어 교과교재 선정의 준수원칙

교과교재의 선정의 '평가원칙'이외에 다른 하나가 '준수원칙'인데 즉 의사소통성, 대상 적합성, 내용 체계성 등을 포함한다. 이 3가지 '준수원칙'을 나누어 서술하면, 다음과 같다.

① 의사소통성(交际性)

교재의 내용은 의사소통 활동을 전개하는데 유리하도록 교수·학습 과정을 의사소통화해야 하는 것이다. 언어를 의사소통의 도구로 삼아 교수·학습하고 가능하다면 "의사소통 교수·학습 방법"에서 주장하는 '교수·학습 과정의 의사소통화'에 충실하여 학습자가 창의적으로 언어를 활용하고 자신의 의사를 표현 전달할 수 있도록 해야 한다.

② 대상 적합성(针对性)

교과교재는 사용 대상의 특징에 적합해야 하는 것이다. 학습자의 모국어 및 관련 문화배경과 대상언어 및 관련 문화배경이 대비되는 특징이 그 교수·학습의 중점이라 할 수 있다. 따라서 학습자의 연령·국별·문화의 정도, 교수·학습의 목적, 교수·학습의 시점, 교수·학습의 시간 등 각기 다른 특징을 고려하여 교과교재의 선정이 이루어져야 한다.

③ 내용 체계성(系统性)

교과교재 내용은 기본적인 이론지식의 소개와 기능 훈련 방면 즉 어음, 어의, 어법, 문자 등 언어요소와 듣기, 말하기, 읽기, 쓰기 등 언어기능 방면의 안배에 있어 균형과 조화를 이루며 일정한 구도체계를 형성해야 하는 것이다. 또한 외부적으로 초급, 중급, 고급 등 각 단계의 교과교재를 서로 연계하고 내부적으로 듣기, 말하기, 읽기, 쓰기 등 개별적 언어기능과 종합적 언어기능을 결합하여 활용할 수 있어야 한다.[86]

86) 위 2.1.3과 2.1.4의 원칙에 대해 리우쉰(刘珣)은 '교고 교재 편찬과 선택사용의 원칙(教材编写和选

2.3 중국어 교과교재 연구 및 지도법

중국어 교과 교수·학습에 있어 그 연구 및 지도법에 관한 문제는 '무엇을 가르칠 것인가(教什么)', '어떻게 가르칠 것인가(怎么教)', '어떻게 학습할 것인가(怎么学)' 등의 문제로 종합할 수 있는 것이다. 즉 해당 교과교재 연구의 관점과 방법, 지도 방법 등의 내용을 그 맥락으로 한다.

2.3.1 중국어 교과교재 연구의 관점과 방법

중국어 교과교재의 연구의 첫 걸음은 당연히 관련 '중등 교육과정'의 철저한 이해와 숙지에서 비롯되어야 한다. 그리고 학생중심의 관점에서 그 교과교재를 연구하여 성격, 체계, 구조 및 내용 등 문제가 지닌 장단점을 파악할 필요가 있다.

① 중국어 교과교재 연구의 관점

다른 각 학과의 교과교재와 마찬가지로 그 연구의 관점은 '학생중심'이다. 교과교재를 단순한 교수·학습의 재료 그 이상 즉 학습자의 발달 단계에 따른 지식축적, 능력배양에 중요한 가치를 지닌 교육적 방편으로 보아야 한다.

중국어 교과교재 그 자체에 대한 교사의 생각은 어떠한가? 학습자의 입장이라면 과연 무엇을 알고 싶을까? 이 2가지 문제가 사실 교과교재 연구의 시발점이다. 중등 교육과정의 성격, 체계, 구조 및 내용에 부합한 구현, 학습자의 하고자 하는 의욕 고취와 흥미 유발, 여러 시점과 상황에 적절한 의사소통 능력의 배양 등의 문제를 분석적으로 연구할 필요가 있다. 이로부터 교과교재에 대해 깊이 이해하고, 장단점을 파악하는 일은 매우 중요하다.

用的原则)'라는 소주제의 단락에서 그 원칙을 적합성, 실용성, 과학성, 흥미성, 체계성 등으로 규정한 것이다(위의 주51, pp.313-318). 그러나 리우 씨의 구분은 한계성을 지녀 이를 다시 '평가원칙'과 '준수원칙'으로 세분하여 재구성할 필요가 있다.

② 중국어 교과교재 연구의 방법

중국어 교과교재의 연구를 위해 교사는 학습자의 입장에서 다음 몇 가지 문제를 반드시 고려해야 한다.

첫째, 학습자의 학업능력을 고려하여 교재의 난이도를 파악해야 한다.

둘째, 학습자의 발달 단계를 고려하여 학습내용의 체계적 배열 여부를 살펴야 한다.

셋째, 학습자가 어려워하는 부분을 어떻게 가르쳐야 할지 고려해야 한다.

넷째, 학습자가 주도적으로 학습하고 능동적으로 대처할 수 있도록 보충, 유도의 조력을 고려해야 한다.

아무리 좋은 교과교재라 할지라도 결코 완벽할 수는 없다. 실제로 매일 학생을 대상으로 교수·학습하는 교사가 가장 잘 알 수 있는 문제다. 문제점을 적시에 파악하고 대처해야 한다. 나아가 그 문제점의 해결을 위해 개선방안을 마련하거나 바람직한 교재의 개발, 편찬에 노력을 기울일 필요가 있다.

2.3.2 중국어 교과교재의 지도방법

중국어 교과교재를 어떻게 효과적으로 교수·학습하고, 그 역할을 극대화할 수 있는지 깊이 생각하고 실효성 있는 지도계획을 마련해야 한다. 그런 후 교과교재가 어디서, 어떻게 역할을 다할 수 있게 할 것인지 그 방법을 모색해야 한다.

3. 중국어 교과교재의 개발 및 그 변천 상황

정부수립이후 1955년 '제 1차 교육과정'이 공포되기 전까지 중국어 교과가 아직 개설되지 않았었다. 일반적으로 이 시기를 '교수요목 시기'로 부른다. 중국어 교과교재의 발행은 '제 1차 교육과정' 공포 이후부터가 그 시작이다. 이후 현재까지 발행된 해당 교과교재의 변천 상황에 대한 이해를 돕기 위해 간략히 표로 정리하면, 다음 〈표-83〉과 같다.

〈표-83〉 중국어 교과교재 개발 및 변천 상황

교육과정기	연도	교과교재	학년	저자	출판사
제 1차 교육과정기	1956	•「중국어 독본」 •「중국어 독본」 •「중국어 독본」	1 2 3	차상원 외 2인	우종사
	1957	•「중국어」 •「중국어」 •「중국어 Ⅰ」	1 2	김용현 외 1인	정음사
	1958	•「중국어」	3	김용현 외 1인	정음사
	1960	•「중국어 독본」	2	차상원 외 2인	우종사
	1965	•「중국어 독본」 •「중국어 독본」 •「중국어 독본」	1 2 3	차상원	우종사
	1967	•「중국어」 •「중국어」 •「중국어」 •「중국어 독본」 •「중국어 독본」	1 2 3 1 2	차주환 차주환 차주환 차상원 외 1인 차상원 외 1인	우종사

위 〈표-83〉과 같이 '제 1차 교육과정'기의 경우 1956년(3종), 1957년(2종), 1958년(1종), 1960년(1종), 1965년(3종), 1976년(5종) 등 6차례에 걸쳐 모두 15종의 중국어 교과교재가 출판되었다. 당시 아직 중국어 교수·학습에 대한 열기가 미미한 수준이었다. 이를 반영하듯 그 개발에 종사하였던 저자, 출판된 교과교재의 종류가 다양하지 못한 한계를 지니고 있었다.

〈표-84〉 중국어 교과교재 발행 및 변천 상황

교육과정기	연도	교과교재	학년	저자	출판사
제 2차 교육과정기	1968	•「중국어」 •「중국어」 •「중국어」	1 2 3	차주환	우종사
	1969	•「중국어」		차주환	우종사
	1970	•「중국어」 •「중국어」 •「중국어」	1 2 3	차주환	우종사
	1975	•「중국어」(인문계) •「중국어」(인문계) •「중국어」(인문계)	1 2 3	차주환	우종사

위 〈표-84〉와 같이 '제 2차 교육과정'기의 경우 1968년(3종), 1969년(1종), 1970년(3종), 1975년(3종) 등 4차례에 걸쳐 모두 10종의 중국어 교과교재가 출판되었다. 그 개발에 종사한 저자는 단 한 저자, 출판사에 불과하였다.

〈표-85〉 중국어 교과교재 발행 및 변천 상황

교육과정기	연도	교과교재	학년	저자	출판사
제 3차 교육과정기	1977	•「중국어」 •「중국어」 •「중국어」	1 2 3	차주환	우종사
	1979	•「중국어 1」(인문계) •「중국어 2」(인문계)	1 2	차주환	우종사
	1980	•「중국어 上」 •「중국어 下」		차주환	우종사
	1982	•「중국어 상」 •「중국어 하」		차주환	우종사
		•「중국어 1」 •「중국어 2」		차주환	우종사
	1983	•「중국어 상」 •「중국어 하」		차주환	우종사

위 〈표-85〉와 같이 '제 3차 교육과정'기의 경우 1977년(3종), 1979년(2종), 1980년(2종), 1982년(4종), 1983년(2종) 등 5차례에 걸쳐 모두 13종의 중국어 교과교재가 출판되었다. '제 2차 교육과정'기와 비교하여 1차례 더 편찬되었을 뿐 그 저자, 출판사 등 양상은 거의 비슷하였다.

〈표-86〉 중국어 교과교재 발행 및 변천 상황

교육과정기	연도	교과교재	학년	저자	출판사
제 4차 교육과정기	1984	•「중국어 상」 •「중국어 하」		차주환	우종사
	1986	•「중국어」		차주환	우종사

위 〈표-86〉과 같이 '제 4차 교육과정'기의 경우 1984년(2종), 1986년(1종) 등 2차례에 걸쳐 모두 3종의 중국어 교과교재가 출판되었다. 이전 '교육과정'기와 비교하여 출판된 교과교재가 상대적으로 적었지만 그 저자, 출판사 등 양상은 비슷하였다.

〈표-87〉 중국어 교과교재 발행 및 변천 상황

교육과정기	연도	교과교재	학년	저자	출판사
제 5차 교육과정기	1990	·『중국어 상』		송찬기	법문사
		·『중국어 상』		한무희 외 1인	부민문화사
		·『중국어 상』		노동선 외 1인	진명출판사
		·『중국어 상』		유성준 외 1인	송산출판사
	1991	·『중국어 상』		송찬기	법문사
		·『중국어 하』			
		·『중국어 상』		한무희 외 1인	부민문화사
		·『중국어 하』			
		·『중국어 상』		노동선 외 1인	진명출판사
		·『중국어 하』			
		·『중국어 상』		유성준 외 1인	송산출판사
	1992	·『중국어 상』		송찬기	법문사
		·『중국어 하』			
		·『중국어 상』		한무희 외 1인	부민문화사
		·『중국어 하』			
		·『중국어 상』		노동선 외 1인	진명출판사
		·『중국어 하』			
		·『중국어 상』		유성준 외 1인	송산출판사
		·『중국어 하』			

위 〈표-87〉과 같이 '제 5차 교육과정'기의 경우 1990년(4종), 1991년(7종), 1992년(8종) 등 3차례에 걸쳐 모두 19종의 중국어 교과교재가 출판되었다. '제 4차 교육과정'기를 포함한 이전과 비교하여 그 저자, 출판사 등이 많아지고 늘어났다.

〈표-88〉 중국어 교과교재 발행 및 변천 상황

교육과정기	연도	교과교재	학년	저자	출판사
제 6차 교육과정기	1996	·『중국어 1』		허세욱 외 1인	지학사
		·『중국어 1』		박덕준 외 1인	진명출판사
		·『중국이 2』			
		·『중국어 상』		송찬기	법문사
		·『중국어 하』			
		·『중국어 상』		한무희 외 1인	부민문화사
		·『중국어 하』			
		·『중국어 상』		노동선 외 1인	진명출판사
		·『중국어 하』			
		·『중국어 상』		유성준 외 1인	송산출판사
		·『중국어 하』			

	1997	·「중국어 1」		허세욱 외 1인	지학사
		·「중국어 2」			
		·「중국어 1」		송창기	민중서림
		·「중국어 2」			
		·「중국어 1」		한무희 외 1인	부민문화사
		·「중국어 2」			
		·「중국어 1」		박덕준 외 1인	진명출판사
		·「중국어 2」			
		·「중국어 1」		진용권 외 1인	송산출판사
		·「중국어 2」			
	1998	·「中國語 I」		허세욱 외 1인	지학사
		·「中國語 II」			
		·「中國語 I」		한무희 외 1인	부민문화사
		·「中國語 II」			
		·「中國語 I」		박덕준 외 1인	진명출판사
		·「中國語 II」			
		·「中國語 I」		진용권 외 1인	송산출판사
		·「中國語 II」			
		·「중국문화 1」		교육부	대한교과서

위 〈표-88〉과 같이 '제 6차 교육과정'기의 경우 1996년(3종), 1997년(16종), 1998년(9종) 등 3차례에 걸쳐 모두 28종의 중국어 교과교재가 출판되었다. 이전 '교육과정'기와 비교하여 그 저자, 출판사 등이 확연히 많아지고 늘어났다. 때문에 교과교재 선정, 연구 및 그 지도에 있어 다양성이 확보된 점이 긍정적인 부분이라 할 수 있다.

〈표-89〉 중국어 교과교재 발행 및 변천 상황

교육과정기	연도	교과교재	학년	저자	출판사
제 7차 교육과정기	2001	·「中國語 I」		송창기 외 1인	민중서림
		·「中國語 I」		임승규 외 1인	시사에듀케이션
		·「中國語 I」		박덕준 · 정동수 등	정진출판사
		·「中國語 I」		이재돈 · 모해연 등	정진출판사
		·「中國語 I」		강식진 · 안기섭 등	진명출판사
		·「你好」		맹주억 외 3인	교육인적자원부
	2002	·「中國語 II」		한무희 외 1인	부민문화사
		·「中國語 II」		임승규 외 1인	시사중국어사
		·「中國語 II」		박덕준 · 정동수 등	정진출판사
		·「中國語 II」		이재돈 · 모해연 등	정진출판사
		·「中國語 II」		강식진 · 안기섭 등	진명출판사

위 〈표-89〉와 같이 '제 7차 교육과정'기의 경우 2001년(6종), 2002년(5종) 등 2차례에 걸쳐

11종의 모두 중국어 교과교재가 출판되었다. '제 6차 교육과정'기와 비교하여 그 개발에 참여한 저자가 많아졌으나 출판사가 약간 줄어들었다. 특별히 교과교재 개발의 참여자가 현직 교사와 대학 교수진으로 확대되어 보다 객관성을 확보할 수 있게 되었다.

〈표-90〉 중국어 교과교재 발행 및 변천 상황(중학교)

교육과정기	연도	교과교재	학년	저자	출판사
2007 개정 교육과정기	2010	•『생활 중국어』		김명화 외 3인	넥서스Chinese
		•『생활 중국어』		박정구 외 5인	다락원
		•『생활 중국어』		김준연 외 3인	대교
		•『생활 중국어』		이문혁 외 2인	대교
		•『생활 중국어』		김현철 외 2인	더텍스트
		•『생활 중국어』		백은희 외 2인	두산동아
		•『생활 중국어』		조경희 외 2인	디딤돌
		•『생활 중국어』		맹주억 외 3인	미래엔컬쳐그룹
		•『생활 중국어』		이재돈 외 4인	민중서림
		•『생활 중국어』		심형철 외 3인	시사중국어사
		•『생활 중국어』		강식진 외 4인	중앙Books
		•『생활 중국어』		박덕준	천재교육
		•『생활 중국어』		정의원 외 2인	천재교육

위 〈표-90〉과 같이 '2007 개정 교육과정'기의 경우 2010년에 모두 13종의 중학교『생활 중국어』교과교재가 출판되었다. '제 7차 교육과정'기 교과교재 개발상의 객관적 면모를 유지하며 그 저자, 출판사 모두 많아지고 늘어나는 고무적인 양상으로 이어졌다.

〈표-91〉 중국어 교과교재 발행 및 변천 상황(고등학교)

교육과정기	연도	교과교재	학년	저자	출판사
2007 개정 교육과정기	2012	•『중국어 I』		박흥수 외 2인	교학사
		•『중국어 I』		박용호 외 5인	넥서스Chinese
		•『중국어 I』		임승규 외 4인	다락원
		•『중국어 I』		김난미 외 2인	박영사
		•『중국어 I』		최규발 외 2인	박영사
		•『중국어 I』		심형철 외 4인	시사중국어사
		•『중국어 I』		우인호 외 3인	정진출판사
		•『중국어 I』		박덕준 외 4인	천재교육
		•『중국어 I』		최재영 외 3인	천재교과서
		•『중국어 II』		박덕준	천재교육
		•『중국어 II』		최재영	천재교과서
		•『중국문화 I』		교육과학기술부	천재교육

위 〈표-91〉과 같이 '2007 개정 교육과정'기의 경우 2012년에 모두 12종의 고등학교 『중국어 Ⅰ』, 『중국어 Ⅱ』 및 『중국문화Ⅰ』 교과교재가 출판되었다. 그 양상은 중학교 중국어 교과교재의 개발 및 편찬 상황과 기본적으로 일치하였다.

〈표-92〉 중국어 교과교재 발행 및 변천 상황(중학교)

교육과정기	연도	교과교재	학년	저자	출판사
2009 개정 교육과정기	2013	•『생활 중국어』 •『생활 중국어』 •『생활 중국어』		김성철 외 4인 심형철 외 3인 박덕준 외 4인	다락원 시사중국어사 천재교육

위 〈표-92〉와 같이 '2009 개정 교육과정'기의 경우 2013년에 모두 3종의 중학교 『생활 중국어』 교과교재가 출판되었다. 그 출판 수량은 많지 않았다.

〈표-93〉 중국어 교과교재 발행 및 변천 상황(고등학교)

교육과정기	연도	교과교재	학년	저자	출판사
2009 개정 교육과정기	2014	•『중국어 Ⅰ』 •『중국어 Ⅰ』 •『중국어 Ⅰ』 •『중국어 Ⅱ』 •『중국어 Ⅰ』 •『중국어 Ⅱ』 •『중국어 Ⅰ』 •『중국어 Ⅱ』		모해연 외 3인 정상률 외 4인 심형철 외 5인 이종민 외 6인 신승희 외 5인	교학사 다락원 시사중국어사 정진출판사 천재교육
	2015	•『중국어 Ⅱ』 •『중국어 Ⅱ』		모해연 외 4인 정상률 외 4인	교학사 다락원
	2016	•『중국어 Ⅰ.2』 •『중국어 Ⅰ』		이종민 등 신승희 등	정진출판사 천재교과서
	2017	•『中國語 Ⅰ』 •『中國語 Ⅱ』 •『중국어 Ⅰ』 •『중국어 독해 1』 •『중국어 독해 2』		이종민 외 6인 신승희 등 박흥수 외 2인	정진출판사 천재교과서 충청남도교육청

위 〈표-93〉과 같이 '2009 개정 교육과정'기의 경우 2014년(8종), 2015년(2종), 2016년(2종), 2017년(3종) 등 4차례에 걸쳐 모두 15종의 고등학교 『중국어 Ⅰ』, 『중국어 Ⅱ』와 『중국어Ⅰ.2』 교과교재가 출판되었다. 중학교 중국어 교과교재에 비해 상대적으로 훨

씬 많은 수량이 편찬되었고 내용도 심화되었다.

〈표-94〉 중국어 교과교재 발행 및 변천 상황(중학교)

교육과정기	연도	교과교재	학년	저자	출판사
2015 개정 교육과정기	2018	•『생활 중국어』 •『생활 중국어』 •『생활 중국어』 •『생활 중국어』 •『생활 중국어』 •『생활 중국어』 •『생활 중국어』 •『생활 중국어』 •『생활 중국어』		김명화 외 3인 유성진 등 정상률 등 박용호 등 우치갑 등 심형철 외 5인 이기훈 등 신승희 외 3인 이성희 등	넥서스Chinese NE능률 다락원 동양북스 미래엔 시사중국어사 와이비엠 천재교과서 파고다북스

위 〈표-94〉와 같이 '2015 개정 교육과정'기의 경우 2018년에 모두 9종의 중학교『생활 중국어』 교과교재가 출판되었다.

〈표-95〉 중국어 교과교재 발행 및 변천 상황(고등학교)

교육과정기	연도	교과교재	학년	저자	출판사
2015 개정 교육과정기	2018	•『중국어 1』		김성철 · 김명화 등 김명화 외 3인 김성철 외 7인 박용호 외 5인 최병권 외 6인 심형철 외 5인 유성진 외 6인 이기훈 외 7인 이종민 외 5인 임승규 외 4인 신승희 외 4인 이선희 외 4인	넥서스Chinese 넥서스Chinese 다락원 동양북스 미래엔 시사중국어사 엔이능률 와이비엠 정진출판사 지학사 천재교육 파고다북스

위 〈표-95〉와 같이 '2015 개정 교육과정'기의 경우 2018년에 모두 12종의 고등학교『중국어 I』,『중국어 II』와『중국어 1』 교과교재가 출판되었다.

중학교, 고등학교 해당 교과교재 모두 개정된 교육과정을 충실히 구현하기 위해 언어기능과 성취기준을 연계한 교과교재의 개발이 이루어졌다.

【참고문헌】

[2007 개정 교육과정], 한국교육과정평가원(http://www.kice.re.kr) 자료실.

[2015 개정 교육과정], 한국교육과정평가원(http://www.kice.re.kr) 자료실.

吕必松(1990),『對外漢語教學发展概要』, 北京: 北京語言学院出版社.

北京语言学院(1991),『世界漢語教學概况』, 北京: 国际文化出版公司.

박완열(1995),『교과교재연구 지도법』, 부산: 경성대학교 출판부.

정인석(1996),『신 교과교육론』, 서울: 교육출판사.

이대균·송정원(1997),『교재·교구 연구 및 지도』, 서울: 양서원.

이돈희 등(1998),『교과교육학 탐구』, 서울: 교육과학사.

함수곤(2000),『교육과정과 교과서』, 서울: 대한교과서.

劉珣主編(2000),『對外漢語教育學引論』, 北京: 北京語言大學出版社.

고승덕(2001),『교과교재 연구 및 지도』, 서울: 학문사.

정용부·오성숙(2001),『교과교재 연구 및 지도법』, 서울: 학지사.

김정규·이광자·조정숙(2001),『교과교재 연구 및 지도법』, 서울: 정민사.

李姬玉(2001),『우리나라 중국어 교육의 역사적 고찰과 전망』, 서울: 경희대학교 교육대학원 석사학위논문.

김수경(2007),『중학교 생활 중국어 교과서 개발』, 수원: 경기대학교 교육대학원 석사학위논문.

許藝知(2010),『2007 개정 중등 교육과정 생활 중국어 교과서 13종 비교 연구』, 서울: 숙명여자대학교 교육대학원 석사학위논문.

김태영(2011),『2007 개정 중학교 생활 중국어 13종 교과서 분석 및 지도방안』, 서울: 상명대학교 교육대학원 석사학위논문.

김지영(2012),『2007 개정 고등학교 중국어 I 교과서의 문화 내용 분석 및 교육 방안』, 대구: 계명대학교 교육대학원 석사학위논문.

정유선(2009),「문화교육의 관점에서 본 고등학교 중국어 교과서의 문제점과 개선방안」(『비교문화연구』 제 13권 제 2호, 서울: 경희대학교 비교문화연구소).

강선주(2012),「고등학교 9종 중국어 교과서의 문화영역 분석」(韓國中國文化學會編,『中國學論叢』第 37輯, 서울: 學考房).

姜聲調(2016),「關於"現代中國語學概論"教材的編寫建議」(『中國語文論叢』第74輯, 서울: 中國語文研究會).

VIII. 중국어 교과 교수·학습의 실제

1. 교수·학습이란?

교수·학습은 영어의 '교수와 학습(Teaching & Learning)'의 합성어이며, 중국어의 '교학(教學)'에 해당하는 말이다. 이 가운데 후자 중국어의 어원을 살펴보면, 『예기·학기(礼记·学记)』편에 "옥석의 바탕이 비록 훌륭할지라도 다듬지 않으면 그릇이 될 수 없을 것이고 사람이 비록 만물의 영장일지라도 학습하지 않으면 인류, 대자연의 이치를 알 수 없을 것이다. 이 까닭에 고대의 왕들은 나라를 세우고 백성을 다스리는데 교수·학습을 최우선의 임무로 삼았다. …… 이 까닭에 학습하고 그런 후에 자신의 부족함을 알고 다른 사람을 가르치고 그런 후에 자신의 곤혹스러움(통달하거나 정통하지 못함)을 안다. 부족함을 알고 그런 후에 스스로 반성할 수 있고 곤혹스러움을 알고 그런 후에 스스로 노력하여 향상시킬 수 있다. 그러므로 '교수'와 '학습'은 서로 영향을 미치고 촉진하며 제고되어 발전한다"[87]고 하였다.

간단히 정의하면 '교수·학습'은 학습자에게 학습동기 유발, 능동성 발휘에 도움을 지니도록 설계된 개별·모둠·전체를 대상이나 방식으로 삼는 집단 활동 즉 그 학습과정에 격려와 도움 및 지도 작용이 포함된 활동을 가리키는 것이다.

2. 중국어 교과 교수·학습 지도안의 작성과 실제

교수·학습 지도(과정)안은 교육 종사자인 교사와 대상자인 학생의 학습 활동을 효

87) 『礼记·学记』: "玉不琢, 不成器; 人不学, 不知道。是故古之王者建国君民, 教学为先。……是故学然后知不足, 教然后知困。知不足然后能自反也, 知困然后能自强也。故曰教学相长也。"(『礼记』, 十三經注疏本, 台北: 艺文印书馆, 1988, p.648)。

과적으로 진행하기 위한 조직적, 구체적 교육계획 방안이다. 다시 말하면, 이미 선정을 거친 일정한 교과교재를 정해진 시간에 정해진 범위까지 교수·학습하기 위해 어떤 목표를 세워 어떤 방법으로 지도할 것인지 구체적으로 계획, 제시하는 것이다. 그래서 고승덕은 "……교사, 학생 및 교재의 상호작용에 의한 구체적인 수업 장면이나 전개방향을 생각하여 작성되는 '수업 전개의 청사진'이다"[88]라고 정의하였다.

2.1 중국어 교과 교수·학습 지도안의 작성

교수·학습 지도(과정)안은 실제 교육현장에서 이루어지는 교수·학습 장면을 미리 전제하고 학습자의 반응을 예측하며 구체적으로 작성하는 것이다. 성공적인 교수·학습이 진행되려면 그 지도안에 일정한 조건을 구비해야 하는데, 그 구체적인 내용은 다음 〈표-96〉과 같다.

〈표-96〉 중국어 교수·학습 지도안의 구비 조건[89]

순서	중국어 교수·학습 지도안의 구비 조건	비고
1	교수·학습 진행의 요령과 유의사항을 제시한다.	·구조화 : 도입, 전개, 정리 / 전체, 모듬, 개별학습 ·평가 : 형성, 진단, 총괄평가
2	구조화된 교수·학습을 통해 조직적, 효율적으로 시간을 관리한다.	
3	학습자가 명확하게 이해하도록 구체적인 교수·학습 목표를 정한다.	
4	학습자의 사전 지식, 경험을 활용 학습동기 유발을 고려한다.	
5	이해와 사고를 촉진하는 교수·학습 전략을 세우도록 한다.	
6	내용제시와 설명의 구체성, 정확성이 드러나도록 한다.	
7	교수·학습 자료, 매체를 효과적으로 활용한다.	
8	명료한 의사소통 및 적절한 언어를 사용할 수 있도록 한다.	
9	학습자의 사고를 촉진하도록 진취적, 효과적인 질문전략을 구상한다.	
10	학습자의 이해도를 파악하고 적절한 피드백을 제공한다.	
11	교사와 학생의 끊임없는 상호작용이 이루어지도록 한다.	
12	열의 있고 헌신적인 수업태도를 견지하여야 한다.	
13	교수·학습 내용의 복습, 숙지를 위한 과제를 제시한다.	
14	학습자의 이해도, 교수·학습 개선을 위한 평가를 실시한다.	

88) 고승덕(2001),「교과교재 연구 및 지도」, 서울:학문사, p.75.

89) 교육부 교육과정 평가원의 각 대학 사범대학, 단과대학 및 교육대학원 평가를 앞두고 중국어 관련 교육시연 평가 방향을 예측한 내용인데, '교수·학습 지도안' 작성을 위한 조건에 적절히 반영하였다.

그러면 교수·학습 지도안의 형식과 내용을 어떻게 구성할 것인가? 즉 어떤 교재를 사용하여 어떤 내용을 어떻게 가르칠 것인가를 구체적으로 제시하면 된다. 일반적인 형식은 교과에 구별 없이 정형화되어 있지만 내용상 약간의 독창성을 살릴 수 있다.

2.1.1 대단원 교수·학습

〈표-97〉 중국어 교과 대단원 구성

교재 및 단원	교과교재 제목, 대단원을 기술한다.
단원지도의 기초	단원의 성격과 지도의 기초를 기술한다.
단원 목표	단원의 교수·학습 목표를 기술한다.
단원 교수·학습 지도계획	대단원을 이루는 각 차시별 지도계획을 기술한다.

2.1.2 본 차시 교수·학습

〈표-98〉 중국어 교과 본 차시 단원 구성

구성요소	내용	
① 단원명	• 교수·학습 대상 / 차시 / 일자 / 장소 등 배열	
	• 주요 학습내용 / 교수·학습 활동(교사, 학생) / 시간 / 교수학습 매체 / 교수·학습상의 유의점	
② 본 차시 교수·학습 목표	• 단원 목표와 달리 구체적으로 기술해야 한다.	
③ 교수·학습 지도단계	**도입**	• 과제 제출 / 학습목표 제시/ 진단평가
	전개	• 형성평가 / 피드백 제공
	정리	• 과제 제시 / 다음 차시예고
④ 판서계획	• 학습목표의 판서 • 교수·학습 내용의 요점을 판서	
⑤ 참고자료	• 교재, 부교재, 동영상, PPT자료, 프린트 자료……	

이상의 내용을 포함해서 중국어 교과 교수·학습 지도안 속에 도표화하여 제시해야 한다.

2.1.3 교수·학습 목표

'교수·학습 목표'는 교수·학습 후에 학생이 마땅히 도달해야 할 결과의 표현이다. 예를 들면 성취 – '말할 수 있다', '설명할 수 있다', '묻고 답할 수 있다', '의사소통할 수 있다', '내용을 이야기할 수 있다', '어휘를 적절히 활용할 수 있다', '어법에 따라 배열할 수 있다', '용법에 맞게 작문할 수 있다', '그 정확한 답안을 가려낼 수 있다', '문장오류를 구분해 낼 수 있다', '해당 목표에 도달할 수 있다.' 등 구체적으로 기술해야 한다.

이러한 '교수·학습 목표'의 필요성은 교수·학습의 효율을 배가하고, 학습계획의 수립에 도움을 주며, 학습효과를 세분화된 행동목표로 명확히 할 수 있는 까닭에 보조 재료의 선택사용이 쉬울 뿐 아니라 교수·학습 평가에 대해 적합도와 신뢰도를 제고할 수 있는 점 등이다. 그 종류로 일반목표(대단원별 목표), 세부목표(단원별 목표), 구체목표(차시별 목표), 최종목표(해당 차시 세부목표) 등이 있다.

2.2 중국어 교과 교수·학습 지도안의 실제

교수·학습 지도안은 정형화되어 있다. 다만 필수적인 내용을 제외한 부분은 독창적으로 기술할 수도 있다. 중국어 교수·학습 지도안의 실제를 제시하면, 다음 〈표-99〉와 같다.

〈표-99〉 중국어 교수·학습 지도안의 실제

<table>
<tr><td>일시</td><td>2018.12.03</td><td>대상</td><td>고등학생</td><td>지도
교사</td><td>○○○</td></tr>
<tr><td rowspan="2">단원</td><td rowspan="2">11. 你想吃什么?</td><td>차시</td><td>2/5</td><td rowspan="2">장소</td><td rowspan="2">2학년 1반
교실</td></tr>
<tr><td>쪽수</td><td>pp.114- 117</td></tr>
<tr><td>학습 목표</td><td colspan="5">1. 중국어로 음식을 주문할 수 있다.
2. 중국어로 음식 맛을 묻고 답할 수 있다.</td></tr>
<tr><td rowspan="2">준비자료</td><td colspan="2">교사</td><td colspan="3">학생</td></tr>
<tr><td colspan="2">교과서, 판서, 프린트, ppt, 동영상</td><td colspan="3">교과서, 필기구, 프린트</td></tr>
</table>

단계	형태	수업의 흐름	교수 - 학습 활동		시간	자료(○) 및 유의점(·)
			교사	학생		
도입	전체학습	상호 인사 및 출석확인	▸ 상호 인사 - 학생들과 밝은 얼굴로 인사함. - 출석 확인.	▸ 상호 인사 - 교사와 밝은 얼굴로 인사함. - 출석 확인에 응함.	5분	
		과제점검 및 지난 차시 복습 (진단평가)	▸ 과제점검 - 과제점검 및 피드백.	▸ 과제점검 - 과제 제출.		○ PPT자료 ○ 진단평가지
			▸ 지난 차시 학습내용 복습 - 학습한 내용을 질문하여 학생의 이해도 파악. - 간단한 문제와 함께 지난 차시 수업시간의 주요 개념 평가. (진단 평가)	▸ 지난 차시 학습내용 복습 - 배웠던 학습 내용을 인지하고, 부족한 부분은 확인하여 보충. - 문제의 답안을 확인하고 주요 개념은 교사와 함께 정리.		
		학습목표 제시	〈학습목표〉 **1. 먹고 싶은 음식을 주문할 수 있다.** **2. 음식 맛을 묻고 답할 수 있다.**		2분	○ 판서 (학습목표)
			▸ 학습목표 제시 - 먼저 이번 차시 학습목표를 제시 - 학생들에게 큰 소리로 반복하여 읽도록 함.	▸ 학습목표 확인 - 이번 차시 학습목표를 확인함 - 교사의 지시에 따라 큰 소리로 반복하여 읽음.		
		동기유발 및 본시학습 내용안내	▸ 동기유발 - 이번 차시 수업 관련 동영상 방영. ▸ 본시 학습내용 안내 - 배울 내용을 간략하게 설명.	- 동영상을 시청하며 이번 차시 수업 내용을 상상. - 배울 내용에 대한 간략한 설명 듣기.	3분	○ 동영상
전개	전체·모둠·개별학습	본문 및 응용 학습	▸ (본문) 회화 - 발음과 성조, 그리고 끊어 읽기에 유의하여 원어민 녹음 파일을 듣게 함. - 교사가 한 문장씩 읽고 학생들이 큰 소리로 따라 읽도록 함. - 한 문장씩 번갈아 가며 읽고 대화하도록 함. - 본문을 해석하고 관련된 내용을 간단히 설명함.	▸ (본문) 회화 - 발음과 성조, 끊어 읽기에 유의하여 원어민 녹음 파일을 듣기. - 교사의 지시에 따라 한 문장씩 큰 소리로 따라 읽음. - 지시대로 한 문장씩 번갈아 읽고 대화함. - 본문을 해석하여 어떤 내용인지 이해함.	30분	○ 원어민 녹음 파일, PPT자료

<table>
<tr><td rowspan="4"></td><td></td><td></td><td>▸ 응용학습
- 예문과 단어를 제시하여 학습 내용을 교체연습하게 함.</td><td>▸ 응용학습
- 제시된 예문과 단어를 활용하여 학습 내용을 교체연습함.</td><td></td><td></td></tr>
<tr><td rowspan="3">전체·개별학습</td><td rowspan="2">질의응답 및 형성평가</td><td>▸ 질의응답
- 학생들에게서 질문을 유도.
- 학생의 오답을 말하더라도 인내심을 갖고 기다리며 정답을 말하도록 방법론을 제시함.</td><td>▸ 질의응답
- 배운 내용에 대해 궁금한 점을 질문.
- 교사가 제시한 방법론을 떠올리며 집중력을 발휘하여 그 의도한 정답을 말할 수 있도록 함.</td><td rowspan="2">5분</td><td>○ PPT자료
○ 형성평가지</td></tr>
<tr><td>▸ 형성평가 제시
- 이번 시간에 배운 표현으로 문제를 제시.
- PPT로 형성평가 문제를 제시하여 이번 차시에 배운 내용을 알 수 있는지 확인.
- 학생과 함께 정답을 확인하고 피드백 해줌.</td><td>▸ 형성평가 해결
- 이번 시간에 배운 표현을 응용하여 문제 풀이.
- 교사가 PPT상으로 제시한 형성평가 문제를 확인하고 풀이함.
- 교사의 지도에 따라 정답을 확인하고 피드백 받음.</td><td>○ PPT자료
○ 형성평가지</td></tr>
<tr><td>학습내용 정리</td><td colspan="2">〈학습목표〉
1. 먹고 싶은 음식을 주문할 수 있다.
2. 음식 맛을 묻고 답할 수 있다.</td><td>3분</td><td>○ 판서(학습목표)</td></tr>
<tr><td rowspan="3">정리</td><td rowspan="3">전체학습</td><td></td><td>▸ 본시 학습내용 정리
- 오늘의 학습목표를 학생들에게 상기시키며, 배웠던 주요 표현을 함께 확인.
▸ 본시 교수·학습한 주요 표현을 간략하게 정리하며 기억하도록 함.</td><td>▸ 본시 학습내용 정리
- 이번 차시의 학습 목표를 상기하며 배웠던 주요 표현을 함께 확인.
▸ 교사의 교수·학습 내용 정리를 잘 듣고 기억함.</td><td></td><td>○ 원어민 녹음 파일</td></tr>
<tr><td rowspan="2">과제제시 및 차시예고</td><td>▸ 과제 제시
- 배운 내용을 복습하는 것을 당부하고 역할 극을 할 때 문제가 없도록 본문을 여러 번 읽어오도록 함.</td><td>▸ 과제 제시
- 배운 표현을 복습하고 역할 극을 할 때 문제가 없도록 본문을 여러 번 읽음.</td><td rowspan="2">1분</td><td></td></tr>
<tr><td>▸ 차시 예고
- 다음 차시에는 본문 에피소드 2까지를 교수·학습 범위로 제시하고 예습하도록 함.</td><td>▸ 차시 예고
- 다음시간에 어떤 부분을 배울 것인지 인지하고 미리 예습함.</td><td></td></tr>
</table>

		끝인사	▸상호 인사 - 학생들과 밝은 표정으로 인사하며 수업을 마무리함.	▸상호 인사 - 교사와 밝은 표정으로 인사하며 수업을 마무리함.	1분	

3. 중국어 교과교재에 의한 교수·학습

'중국어 교과교재'는 중·고등학교 교육 현장의 4대 교수·학습 재료의 하나이다. 해당 교과의 교수·학습을 진행하는데 결코 결여할 수 없는 교육 매체라 할 수 있다. 그러면 과연 '중국어 교과교재'를 사용한 교수·학습은 어떻게 전개되어야 할까? 그 교수·학습과 관련 내용을 성격, 특징, 전개 및 유의점 등 방면으로 나누어 기술하면 다음과 같다.

3.1 중국어 교과교재의 성격

본 교과교재는 중국어를 사용한 의사소통 능력, 다양한 정보를 이용할 수 있는 처리 능력 및 그 관련 문화의 이해를 통한 포용력 있는 시민의식 등 중요한 역량 구축에 일조할 것이다. 즉 학습자들이 중국어를 교수·학습하여 중국 사람들과 일상적인 의사소통을 할 수 있는 능력을 갖추고, 중국어로 표현된 문화적 가치와 정보를 향유할 수 있게 한다. 그래서 학습자들은 중국에 대한 견문을 넓히고, 포용과 창조의 덕목을 갖춘 올바른 시민으로 성장할 수 있을 것이다. 이러한 점이 바로 '중국어 교과교재'가 지닌 성격이라 말할 수 있다.

3.2 중국어 교과교재의 특징

여기서 언급할 '중국어 교과교재'는 그 의거, 시기, 대상, 수준 및 발달단계 등을 고려하여 개발, 편찬되는 것이다. 때문에 이상 4가지에 따라 그 교과교재의 특징을 열거할 수 있다. 구체적으로 나누어 서술하면, 다음 〈표-100〉과 같다.

〈표-100〉 중국어 교과교재의 특징

중국어 교과교재의 특징	비고
1. 해당 시기별 『교원자격 검정 실무편람』과 '교육과정'에 의거하여 기술한 것이다. 2. 중·고등학교 교육과정 시기에 선정, 사용하는 교과교재이다. 3. 중·고증학생을 주요 교수·학습 대상으로 개발, 편찬한 것이다. 4. 중·고증학생을 교수·학습할 수 있는 중국어 이론지식 수준이다. 5. 관심·흥미·적성 및 요구에 따라 선택하여 기초부터 학습하지만 필요와 진로에 따라 선택하여 학습할 수 있는 교과교재이다.	

특히 '중국어 교과교재'는 해당 시기별 『교원양성검정 실무편람』과 교육과정에 제시한 내용을 얼마나 충실하게 반영하였는지가 가장 중요한 부분이다.

3.3 중국어 교과교재의 교수·학습 전개

'중국어 교과교재'를 사용한 교수학습을 전개하려면 먼저 그 자체에 대한 치밀한 연구와 깊은 이해가 선행되어야 한다. 그 구체적 내용은 언어요소를 교수·학습의 주요 영역으로 언어기능과 적절한 연계를 통해 성취기준의 목표에 도달하도록 하는 것이다. 그래서 교수·학습한 교과교재 내용에 대한 부단한 언어기능의 반복 학습을 거쳐 습득에 이르러 의사소통할 수 있어야 한다.

3.3.1 중국어 현장 교수·학습의 목표와 요구

중국어 교수·학습 현장에서 학생이 학습을 통해 도달해야 할 목표는 중국어로 의사소통할 수 있는 능력을 갖추는 것이다. 즉 '언어능력(语言能力)'이 아닌 '언어 의사소통능력(语言交际能力)'을 말한다.

'언어능력'은 한 사람이 언어요소(语言要素)와 화용규칙(语用规则)을 장악하는 능력을 가리키는 것이다. 언어요소와 화용규칙을 언어지식이라 총칭한다. 언어요소는 어음, 어법, 어의, 문자 등 언어능력의 구성요소이다. 그리고 화용규칙은 일정한 언어 환경에 근거 대화내용과 언어의 어음형식, 어휘의미, 문장형식 및 대응방식 등에 대해 선택을 진행하는 규칙이다.

'언어 의사소통능력'은 한 사람이 언어를 써서 의사소통을 진행하는 능력을 가리키는 것인데 구어 의사소통 능력과 서면 의사소통 능력을 포함한다. 그 구성요소 즉 '언어기능'은 듣기, 말하기 읽기, 쓰기 기능이며 '언어 의사소통 기능'이 바로 언어를 써서 의사소통을 진행하는 기능이다. 그러면 어떻게 학생에게 언어 의사소통 능력을 갖추도록 할 것인가?

먼저 상황 설정에 주의해서 교수·학습해야 한다. 의사소통은 상황 설정을 떠날 수 없는데 언어 의사소통 능력으로 목적을 삼는 의사소통성 교수·학습은 반드시 하나의 진실하거나 진실을 모방하여 흡사한 언어 상황 설정 중에 진행되어야 한다. 교수·학습 현장에서 교사의 가장 큰 작용은 학생을 위해 하나의 진실한 의사소통 환경을 조성하는 것인데 세심하게 의사소통 가치를 지닌 상황 설정을 만들어내 예를 들면 학생의 일상 학습, 일과, 생활과 밀접하게 관련된 생활모습을 설계해내는 것이다.

다음 기계적 교수·학습에 대한 중시에서 의사소통적 교수·학습에 대한 중시로 변화해야 한다. 의사소통적 교수·학습의 유형은 일정한 언어 환경 중에 진행되고 구어 회화 의사소통 능력의 교수·학습을 위주로 목표는 대화능력을 형성하는 것인데 언어의 규범과 제격인 성질을 강조한다. 기계적 교수·학습에서 의사소통적 교수·학습까지는 언어 요소에서 언어 기능까지에 해당하며 다시 언어 의사소통 능력의 형성까지는 그 2종류 교수·학습 방법을 결여할 수 없다.

여기에 언어 의사소통능력은 의사소통 문화와 연계되어 그 표현의 수준, 품격, 운치를 더할 수 있다. 이른바 '의사소통 문화'란 바로 이런 종류 은유적 함축이 언어체계 중에 반영한 한 민족의 심리상태, 가치관념, 생활방식, 도덕의식, 시비표준, 풍속습관, 미학정취 등등 일종의 특수한 문화요소를 가리킨다. 이러한 문화요소는 언어문화의 내용 및 그 어의(어휘, 화용 포함)체계 중에 구현된 것이라 할 수 있다.

3.3.2 중국어 교과 언어요소별 교수·학습

중국어 교과 내용의 언어요소는 언어학의 어음, 어법, 어의 및 한자 등을 포함하는 학과 구성, 분류 개념이다. 구체적으로 각 학과의 어떤 부분을 중국어 교과 내용에 포함시키고, 어떻게 교수·학습해야 하는지 기술하면 다음과 같다.

① 어음

중국어 교과교재의 '어음'부분은 '한어병음방안'을 주요 내용으로 구성하는 것이다. 이른바 '한어병음체계'는 중국어 발음부호 즉 성모(声母)와 운모(韵母)라는 라틴어식 표기 부호체계, 성조 즉 사성표기와 변조 및 성조 값이라는 의미 구별체계, 베이징말의 '儿(r)'化라는 표현체계 등을 포함하는 개념이다. 그 교수·학습 전개에 관한 내용을 정리하면, 다음 〈표-101〉과 같다.

〈표-101〉 중국어 교과교재 '어음' 교수·학습 내용[90]

한어병음체계	중국어 교과교재 '어음' 교수·학습 내용	비고
발음부호	• 성모와 운모의 배합, 발음을 듣고 따라 읽히기·변별하기·의미 파악하기	
성조	• 사성 표기하기, 듣고 변별하기, 변조와 경성 읽기, 성조 값	
'儿(r)'化	• 주요원음 변별, 얼화 원칙, 얼화의 기능	

중국어 '어음'의 교수·학습 방법은 다음 7가지가 대표적이다.[91]

• **교구의 시연**: 발음부위 도표를 이용하거나 입 앞에 종이를 대고 해당 유기음(送气音) 발음을 시범하여 보여준다.

• **발음의 과장**: 발음의 난점 해결 방법으로 학습자에게 발음 부위에 주의하도록 적당히 입술, 입모양을 과장하여 시범한다.

• **손짓의 모방**: 4개 성조 관련 혀의 위치 변화를 손짓, 손가락으로 공중에 그려 보여 준다.

• **듣기의 변별**: 모국어와 외국어(대상언어)의 발음, 유기음(送气)과 무기음(不送气) 및

90) [2015 개정 교육과정]을 참고(한국교육과정평가원 http://www.kice.re.kr 자료실).

91) 위의 주51, 리우쉰(刘珣)의 저서에서 제시한 교수·학습 방법론을 재구성한 것이다(pp.359-360).

학생이 틀리게 발음한 것과 교사가 맞게 발음한 것을 서로 비교하여 학생 스스로 바로잡게 한다.

• **기존지식으로 설명**: 기존의 지식이론을 이용하여 새로운 지식이론을 교수·학습하는데 예를 들면 'i·u'로부터 'ü', 'z·c·s'로부터 'zh·ch·sh'를 유도해내도록 한다.

• **성조와 조합**: 일정한 의미의 어휘를 써서 해당 발음과 성조를 연계 교수·학습한다.

• **얼화 익히기**: 주요원음 'a, e, i, o, u, ü'에 'r'이 직접 더해지는 음변현상 '얼화(儿化)' 및 그 후속 작용을 교수·학습한다.

② 어법

중학교와 고등학교에서 선정 사용하는 중국어 교과교재의 '어법' 교수·학습 전개에 관한 부분은 그 편리를 위해 구분하여 기술할 것이다. 해당 내용을 정리하면, 다음 〈표-102〉와 같다.

〈표-102〉 중국어 교과교재 '어법' 교수·학습 내용[92]

내용 구분	중국어 교과교재 '어법' 교수·학습 내용		비고
중학교	『생활 중국어』	• 중국어의 기본 어순, 기본 어휘 용법	
고등학교	『중국어 I』	• 중국어의 기본 어순, 기본 어휘 용법 위주	
	『중국어 II』	• 중국어의 다양한 어순, 기능어 및 상용 어휘의 용법, 각종 구문 및 문장 간의 연결	

위 〈표-102〉와 같이 중학교 단계의 학습자에 대한 중국어 교과교재 '어법' 교수·학습은 일상생활 관련 의사소통에 집중하여 그 기본 어순, 기본 어휘 용법을 위주로 전개하는 것이다. 그리고 고등학교 단계의 학습자에 대한『중국어 I』교재 '어법' 교수·학습은 중국어의 기본 어순과 기본 어휘 용법 위주,『중국어 II』교재 '어법' 교수·학습은 중국어의 다양한 어순, 기능어 및 상용 어휘의 용법, 각종 문구 및 문장 간의 연결 위주로 전개하는 것이다.

92) '2015 개정 교육과정'에서 제시한 중국어 교과 '문법' 내용을 인용하였음([2015 개정 교육과정], pp.460·1136·1147, 한국교육과정평가원 http://www.kice.re.kr 자료실).

중국어 '어법' 교수·학습 방법은 다음 2가지가 대표적이다.[93]

• **귀납법** : 먼저 학생으로 하여 구체적인 언어요소를 교수·학습하고 끝임 없는 반복연습을 거친 후 교사가 관련 어법규칙의 귀납에 개입하며 나아가 이를 연계하게 한다. 이렇게 일종의 구체적 방법으로부터 추상적 방법에 도달하는 것이다. 즉 언어실천으로부터 지식이론에 도달하고 다시 언어실천에 도달한다. '귀납법'은 학습자가 주동적으로 관찰하고 분석하는 능력 배양에 유리한 것인데 '직접 교수·학습 방법', '청각 구두 교수·학습 방법'과 '의사소통 교수·학습 방법' 등이 이를 제창한다.

• **연역법** : 먼저 '연역법'은 학습자에게 명확하게 어법구조를 이해하게 어법규칙에 대해 설명한 후 이를 바탕으로 끊임없이 연습하게 한다. 이는 일종의 추상적 방법으로부터 구체적 방법에 도달하는 것이다. 즉 언어 지식이론의 실천으로부터 언어실천에 도달한다. 이 방법은 제 2언어 교수·학습에 적합하여 '인지 교수·학습 방법'이 이를 제창한 것이다. 비록 '연역법'이 비교적 난위도를 지닌 어법에 대해 유효하지만 쉽게 학습자가 주동성을 결여하는 까닭에 그 적극성의 발휘에 불리한 측면이 있다.

• **결합법** : 귀납법과 연역법을 서로 결합하여 관련 어법을 교수·학습하는 방법이다. 먼저 '연역법'을 사용하여 간단하고 핵심적인 어법규칙을 제시하고 많은 연습 문제를 통해 초보적 어법규칙을 익힌 후 나아가 귀납, 총결하여 그 규칙에 대한 이해의 깊이를 더한다. 이 방법은 학습자가 이미 잘 알고 있는 어휘, 단문, 새로운 낱말과 장문 등 직접적 수단을 충분히 활용하여 어법규칙을 장악하는 까닭에 그 난위도를 높이기 쉬운 것이 장점이다.

③ 어의

중·고등학교 중국어 교과교재 중의 '어의' 교수·학습은 해당 교육과정에서 제시한 어휘 즉 어휘 의미를 위주로 이루어지는 것이다. 해당 내용을 정리하면, 다음 〈표-103〉과 같다.

---

93) 위의 주51, 리우쉰(刘珣)의 저서에서 제시한 교수·학습 방법론을 재구성한 것이다(pp.368-369).

〈표-103〉 중국어 교과교재 '어의' 교수·학습 내용[94]

내용 구분	중국어 교과교재 '어의' 교수·학습 내용		비고
중학교	『생활 중국어』	• 250개 내외의 기본 어휘의 의미	관련 교육과정 [별표II]
고등학교 고등학교	『중국어 I』	• 기본 어휘 400개 내외의 일상생활 의사소통에 필요한 어휘 의미	
	『중국어 II』	• 기본 어휘 400개 내외의 의사소통에 필요한 어휘 의미	

위 〈표-103〉과 같이 중학교『생활 중국어』교재 '어의' 교수·학습은 고등학교 보통교과 중국어 교육과정 [별표II]에 제시된 250개 내외의 기본 어휘의 의미를 위주로 전개하는 것이다. 그리고 고등학교『중국어 I』교재 '어의' 교수·학습은 관련 교육과정 [별표II]에 제시된 기본 어휘 400개 내외의 일상생활 의사소통에 필요한 어휘 의미 위주,『중국어 II』교재 '어의' 교수·학습은 관련 교육과정 [별표II]에 제시된 기본 어휘 800개(즉『중국어 I』기본 어휘 400개 포함) 내외의 의사소통에 필요한 어휘 의미 위주로 전개하는 것이다.

중국어 '어의' 교수·학습 방법은 다음 9가지가 대표적이다.[95]

• **직접법**: 발음과 의미를 직접적으로 연계하여 관련 어휘, 문장을 나타내는 방법이다.

• **번역법**: 모국어로 외국어(대상언어)를 번역하는 방식으로 학습자가 관련 어휘, 문장을 이해하는 방법이다.

• **배합법**: 어휘와 어휘, 성분과 성분이 조합하는 방식을 통해 학습자가 관련 어휘와 문장의 의미 및 그 용법을 이해하는 방법이다.

• **비교법**: 같은 의미나 반대 의미와 서로 비교하고 그 가운데 차이를 발견하는 방법이다.

• **연상법**: 기억하는 어휘, 문장을 바탕으로 약간이 관련 어휘나 문장을 연상해내는 방법이다.

• **어소성분법**: 어소, 성분을 분석하는 방법으로 관련 어휘 및 문장의 의미를 설명하는 방법이다.

94) 위의 주90).

95) 위의 주51, 리우쉰(刘珣)의 저서에서 제시한 교수·학습 방법론을 재구성한 것이다(pp.364-365).

• **동종취합법**: 어휘, 성분 사이의 동 종류 조합관계를 이용하고 이로 무리 집합체를 이루는 방법이다.

• **대화연계법**: 대화중으로부터 어휘, 문장 및 그 용법을 교수·학습하는 방법이다.

• **감정배경법**: 일정한 언어 환경을 조성하고 새로운 어휘, 문장과 대화 및 약간의 사 회문화적 배경을 이용하여 관련짓는 방법이다.

④ 한자

한자(간화자 포함) 즉 번체자와 간체자를 모두 교수·학습해야 한다는 의미이다. 중국어를 교수·학습하여 의사소통 능력을 기르고 그 문화를 이해함으로써 우리 문화 발전에 기여할 수 있도록 해야 한다. 이른 시기 한자 문화권에 위치하여 중국의 한자를 빌어 기록한 수많은 우리 옛 문헌과 중국 문헌의 이해는 번체자의 학습을 통해 할 수밖에 없다. 그래서 중국어 교과 '한자' 교수·학습은 반드시 번체자를 포함하여 전개해야 하는 것이다. 해당 내용을 정리하면, 다음 〈표-104〉와 같다.

〈표-104〉 중국어 교과교재 '한자' 교수·학습 내용[96]

내용 구분	중국어 교과교재 '한자' 교수·학습 내용		비고
중학교	『생활 중국어』	• 250개 내외의 기본 어휘에 포함된 한자	관련 교육과정 [별표Ⅱ]
고등학교	『중국어Ⅰ』	• 기본 어휘 400개 내외에 포함된 한자	
	『중국어Ⅱ』	• 기본 어휘 800개(즉 『중국어Ⅰ』 기본 어휘 400개 포함) 내외에 포함된 한자	

위 〈표-104〉와 같이 중학교 『생활 중국어』 교재 '한자' 교수·학습은 고등학교 보통 교과 중국어 교육과정 [별표Ⅱ]에 제시된 250개 내외의 기본 어휘에 포함된 한자 위주로 전개하는 것이다. 그리고 고등학교 『중국어Ⅰ』 교재 '어의' 교수·학습은 관련 교육과정 [별표Ⅱ]에 제시된 기본 어휘 400개 내외에 포함된 한자, 『중국어Ⅱ』 교재 '어의' 교수·학습은 관련 교육과정 [별표Ⅱ]에 제시된 기본 어휘 800개(즉 『중국어Ⅰ』 기본 어휘 400개 포함) 내외에 포함된 한자 위주로 전개하는 것이다.

96) 위의 주90).

중국어 '한자' 교수·학습 방법은 다음 3가지가 대표적이다.

• **집중식자법(集中识字法)** : 즉 먼저 글자를 알고 후에 읽는 방법이다. 한자의 글자 구성 규칙 및 학습 심리적 전이규칙에 근거하여 한자를 분류하고 정량에 집중하며 적지 않은 새로운 한자를 교수·학습 한 후 본문(회화, 단문 포함)을 읽는 가운데 새로운 한자를 장악한다.

• **분산식자법(分散识字法)** : 즉 본문(회화, 단문 포함)에 따라 새로운 한자를 교수·학습 하는 방법이다. 먼저 새로운 한자를 교수·학습하고 후에 본문(회화, 단문 포함)을 교수·학습하는데 글자를 알고 읽을 수 있다.

• **결합식자법(结合识字法)** : 즉 집중식자법과 분산식자법이 서로 결합된 방법이다. 한자 규칙과 언어 규칙을 바탕으로 각기 다른 한자, 교수·학습 임무, 학생의 수준에 근거해서 집중식자와 분산식자 방법을 결합할 수 있다.

'한자' 교수·학습의 목표는 통일적으로 그 형(形), 음(音), 의(义)를 장악하는 것이다. 이를 위해 자형을 분명히 알고(要人清字形), 자음을 정확하게 읽으며(要读准字音), 자(사)의를 확실히 이해(要理解字、词义)하도록 요구한다. 이러한 목적과 요구를 실현하려면 언어 규칙에 따라 관련 교수·학습 진행하는 가운데 자(사)에 대한 이해를 더하고 의미를 파악하며 자(사)를 숙지하여 활용하는 능력을 배양하는데 주의해야 한다.

결국 '한자' 교수·학습은 귀로 듣기, 눈으로 보기, 입으로 읽기, 손으로 쓰기, 머리로 기억하기 등을 해내도록 요구하는데 끊임없는 반복 연습을 거쳐 그 교수·학습의 목표에 도달할 수 있을 것이다.

⑤ 본문

'본문(课文)'은 해당 교과교재의 중심내용으로 의사소통 언어인 회화(会话)를 가리키는데 바로 수석(注释), 연습문제(练习题)와 일정하게 구별되는 개념이다.

• **본문구성(课文构成)** : 현행 중·고등학교 중국어 교과교재는 회화를 위주로 '본문'의 내용을 구성한다. 그러나 고등학교에서 선정하는『중국어II』교과교재는 '짧은 문장(短文)'과 '회화'를 서로 결합하여 '본문' 을 구성하도록 요구하고 규정한다. 이처럼 그 구성 즉 단일식(单一式)은 '회화' 위주로 구성되는 본문이고, 결합식(结合式)은 '짧은 문장'과 '회화'를 서로 결합하여 구성하는 본문이다.

• **본문유형(课文类型)**: 중국어 교과교재의 본문은 대체로 종합식, Episode식 2가지 유형이 대표적이다.

– **종합식(综合式)**: 이 방식은 '회화'내용 부분 단락과 전체 단락을 종합해서 구성하는 방식이다.

– **에피소드식(Episode式)**: 'Episode식' 즉 중국어의 '삽화식(插话式)'이나 '한 단락 경력식(一段经历式)'에 해당한다. 'Episode'는 일화(逸话)와 삽화를 포함하는 흥미로운 이야기 꺼리이다. 즉 '일화'는 현재까지 여태껏 전해내려 온 적이 없는 내용을 다른 사람이 알도록 하는 흥미로운 이야기를 가리키는 것이고 '삽화'는 말과 사실 사이에 개입된 짧은 문장형식의 이야기를 가리키는 것이다. 따라서 본문을 'Episode' 식으로 구성하면 기억이 쉽고 오래도록 기억할 수 있으며 연상이 쉬워 바로 떠올릴 수 있다는 장점을 지닌다.

• **본문의 교수·학습 방법(课文教学法)**: 중국어 본문의 교수·학습 방법은 대체로 낭독 하기(朗读), 암기하기(背书), 암기 내용을 자기방식으로 말하기(复述), 학습한 내용을 이야기로 엮어내기(说书) 및 번역(翻译) 등 5종류가 대표적이다.

– **낭독하기(朗读)**: 교과교재의 본문(짧은 문장이나 회화) 내용을 소리내어 읽는 것이다.

– **암기하기(背书)**: 교과교재의 본문(짧은 문장이나 회화) 내용을 암기하여 그대로 말하는 것이다.

– **암기 내용을 자기방식으로 말하기(复述)**: 이미 암기한 교과교재의 본문(짧은 문장이나 회화) 내용을 자기방식으로 말하는 것이다.

– **학습한 내용을 이야기로 엮어내기(说书)**: 이미 학습한 교과교재의 본문(짧은 문장이나 회화) 내용을 기초로 이야기로 엮어내 말하는 것이다.

– **번역(翻译)**: 중국어가 외국어인 까닭에 중국어를 우리말로 옮기거나 우리말을 중국어로 옮기는 의사소통 능력을 갖추는 것은 필수적이다.

그 가운데 '학습한 내용을 이야기로 엮어내기(说书)'라는 교과교재 본문의 교수·학습 방법이 갈수록 중시되는 추세에 있다. 이는 중국어의 '이야기하기(讲故事)'와 같은 의미로 영어의 'Storytelling(스토리텔링)'에 해당한다. 즉 'Storytelling'은 'Story'에 'Telling'이 더해진 복합사이며 '이야기를 말하다'라는 의미를 지닌 낱말이다. 바로 한 사람이 상대방에게 알리려는 정보를 흥미로운 이야기로 엮어서 설득력 있게 다른 사람에게 전달해주는 행위를 말한다. 본래 문학, 영화 및 교육학 등의 영역에서 응용하는 방법인데 지금은 그 영역이 광고, 영업, 선전, 출판업 등 방면까지 확대되어 보편적으로 활용되고 있다. 그 구성방법은 대체로 다음 5지가 대표적이다.

– '이야기를 말하듯 하는 말(像说故事似的话语)': 일상생활 중에 마치 가족이나 친구와 대화를 진행하는 것처럼 자연스럽게 말하는 방법이다.

– '노래하듯 하는 말(像唱歌儿似的话语)': 마치 노래하는 것 같은 속도, 음성으로 적절하게 그 빠르기, 높이를 조절하여 말하는 방법이다.

– '청중과 의사소통하듯 하는 말(像与听众进行沟通似的话语)': 청중의 시선을 직시한 채 솔직한 감정을 유입하여 말해내는 방법이다.

– '예를 들 듯 하는 말(像举例似的话语)': 여러 방면의 적당한 예를 들어 마치 일종의 대화처럼 말하는 방법이다.

– '자신을 말하듯 하는 말(像说自个儿似的话语)': 이야기를 말하는 과정 중에 자신이 몸소 경험한 일을 말해내는 방법이다.

결론적으로 '학습한 내용을 이야기로 엮어내기(说书: Storytelling)'는 마치 청중과 의사소통(Communication)을 진행하듯이 말하는 방식이다. 이 방식의 채택으로 교과교재 본문의 교수·학습에 '학습효과의 극대화', '학습과 습득의 이중효과', '광범위한 표현 및 활용' 등 3가지 기대효과를 불러올 수 있다.

첫째, '학습효과의 극대화' 즉 짧은 문장과 회화를 서로 결합하도록 함으로써 과학적, 체계적인 본문 교수·학습을 진행할 수 있다.

둘째, '학습과 습득의 이중효과' 즉 짧은 문장과 회화가 일정한 상호보완적 관계를 지니도록 함으로써 본문 교수·학습 효과를 배가하는 작용을 일으킬 수 있다.

셋째, '광범위한 표현 및 활용' 즉 겨우 '회화'를 대체 연습하는 단계를 넘어 상상력을 발휘하게 할뿐 아니라 그 교수·학습 내용이 유효적절하게 표현되고 활용될 수 있다.

3.3.3 중국어 언어 요소와 언어 기능의 연계

'2015 개정 교육과정' 중국어 교과 내용체계 및 성취기준은 듣기 말하기, 읽기, 쓰기 등 언어 기능과 문화 영역의 성취에 주목하여 교수·학습 방법을 제시한 것이다. 그 관련 내용을 해당 교육과정에서 인용하여 정리하면, 다음 〈표-105〉와 같다.

〈표-105〉 중국어 교과교재 언어 요소와 기능의 연계[97]

<table>
<tr><th>내용 영역</th><th>언어요소 및 기타</th><th>언어기능</th><th>비고</th></tr>
<tr><td rowspan="13">언어적 내용</td><td rowspan="3">어음</td><td>・발음을 듣고 변별하기</td><td>・듣기</td></tr>
<tr><td>・발음을 듣고 의미 파악하기</td><td></td></tr>
<tr><td>・발음 듣고 따라 말하기</td><td>・말하기</td></tr>
<tr><td rowspan="3">어법</td><td>・질문에 대답하기</td><td></td></tr>
<tr><td>・상황에 맞게 말하기</td><td></td></tr>
<tr><td>・정확하게 소리 내 읽기</td><td>・읽기</td></tr>
<tr><td rowspan="4">어의</td><td>・읽고 의미 파악하기</td><td></td></tr>
<tr><td>・읽고 대의 파악하기</td><td></td></tr>
<tr><td>・발음 듣고 받아쓰기</td><td>・쓰기</td></tr>
<tr><td>・정보 채워 넣기</td><td></td></tr>
<tr><td rowspan="3">한자</td><td>・간단한 문장 쓰기</td><td></td></tr>
<tr><td>・짧은 글 쓰기</td><td></td></tr>
<tr><td>・서식에 맞추어 글쓰기</td><td></td></tr>
</table>

* 기능 부분의 굵은 글씨체 내용은 고등학교『중국어Ⅰ』,『중국어Ⅱ』에 해당하는 사항임.

위 〈표-105〉와 같이 중국어 교과교재의 언어 요소와 기능의 유기적 연계보다는 언어 기능과 성취기준을 연계한 교수·학습의 전개를 강조한 측면이 강하다. 이보다 오히려 언어 요소와 기능의 연계를 통해 교수·학습 전개의 방향을 제시하는 것이 '제 2 언어 학습 이론'에 부합하고 교육적 효과를 낼 수 있는 방안이라 생각된다.

3.3.4 중국어 교과 교수·학습과 그 습득

'중국어 교과교재'의 교수·학습 전개를 통해 이미 배운 이론지식을 수시로 반복하여 그 습득 즉, 의사소통 능력 배양이라는 목표에 도달해야 한다. 이때 중국어 습득에 도달할 수 있도록 하는 내용은 그 이론지식 즉 어음, 어법, 어의(문자) 등 언어 요소와 듣기, 말하기, 읽기, 쓰기 등 언어 기능을 적절히 연계하여 반복 학습하는 것인데 중국어 교수·학습에 있어 가장 유효하고 바람직한 방안이라 말할 수 있다.

학습자가 이미 구조화된 방법론에 길들여져 자연스런 학습 단계를 벗어난 상태에 있다. 그런 까닭에 교수·학습의 동기와 목적, 환경과 방식, 교육 종사자 및 그 관련

97) '2015 개정 교육과정'에서 제시한 중국어 교과의 '핵심 요소'와 '기능' 내용을 인용하였음(위의 주92).

요소, 과정과 문화적 배경 등을 달리하여 접근해야 한다. 또한 중국어 이론지식의 교수·학습에 대한 이해, 모방, 기억, 활용 등 단계를 거치며 유추, 확대와 축소의 방법을 적용하여 그 의사소통 능력이라는 목표에 도달하도록 해야 한다.

3.4 중국어 교과교재에 의한 교수·학습의 유의점

'중국어 교과교재'를 사용한 교수·학습에 유의할 부분은 해당 교육과정의 충실한 반영, 교과교재 내용의 성실한 연구검토, 관련 영역 이론지식의 절절한 활용, 교과교재 내용의 교수·학습 실천, 학습자의 목적의식의 고취, 학습자의 욕구 자극·동기유발 및 교사와 학생의 상호작용 등을 고려하는 것이다. 만약 여기서 제시한 7가지 유의점을 충분히 고려하여 교수·학습을 전개한다면 그 지향하는 목표에 도달할 수 있을 뿐만 아니라 기대하는 교육적 효과를 낼 수 있다 생각한다. 그 유의점을 구체적으로 기술하면, 다음 〈표-106〉과 같다.

〈표-106〉 교과교재에 의한 교수·학습상의 유의점

교과교재에 의한 교수·학습상의 유의점	비고
1. '중국어 교육과정'의 충실한 반영이다. 그 교과교육의 대상이 중·고등학교 학생이다. 중등교육 시기는 정확성, 규범화가 강조되는 발달 단계이다. 그래서 관련 교육과정에 제시한 내용을 '중국어 교과교재'에 충실히 반영하여 교수·학습을 전개한다. 2. '중국어 교과교재' 내용의 성실한 연구검토이다. 얼마나 중국어 교과교재를 성실하게 연구, 검토하였는가에 따라 관련 내용에 대한 폭넓은 연구, 깊은 이해라는 결과에 도달할 수 있다. 게다가 교육현장에서 적절하고 효과적인 교수·학습을 전개해 갈 수 있게 한다. 3. 관련 영역 이론지식의 절절한 활용이다. '중국어 교과교재'의 연구검토를 바탕으로 여기에 언어 요소의 학과 영역 관련 지식을 적절히 활용하는 융통성을 발휘하여 교수·학습을 전개해야 한다. 그래야 해당 교수·학습의 지식성, 과학성 원칙을 확보할 수 있다. 4. 교과교제 내용의 교수·학습 실천이다. '중국어 교과교재'를 사용하여 교수·학습을 전개하고 그 내용을 기초로 현실 생활에서 의사소통하며 활용할 수 있도록 해야 한다. 그래야 해당 교수·학습의 진실성, 실용성 원칙을 구현할 수 있다. 5. 학습자의 목적의식의 고취이다. 중국어의 교수·학습은 그 자체로 목적 및 그 필요성에 따른 것이다. 그래서 '중국어 교과교재'를 사용한 교수·학습의 전개는 학습자가 본래 목적 및 그 필요성을 일깨우고 잊지 않도록 강조해야 한다. 동시에 그 목적의식을 굳건히 정립해 가도록 격려할 필요가 있다. 교수·학습을 전개하는 교사의 마음가짐과 태도이다. 6. 학습자의 욕구자극과 동기유발이다. 중국어 교과교재를 사용하여 교수·학습을 전개하려할 때 우선 학습자의 입장을 충분히 고려해야 한다. 학습자가 관심이 있거나, 좋아하거나,	

흥미를 느끼는 일은 시키지 않아도 스스로 열심히 한다는 점에 주목할 필요가 있다. 그래야 학습자의 욕구자극과 동기유발이라는 흥미성의 원칙을 구현할 수 있다. 7. 교사와 학생의 상호작용이다. '중국어 교과교재'를 사용한 교수·학습의 전개에 있어 특히 고려해야 할 문제가 바로 교사와 학생의 상호작용이다. 그 관련 교수·학습을 통한 의사소통 능력의 배양 이외에 교사와 학생 간의 감정교류에 힘써야 한다. 그런 즉 당사자 간에 존중, 신뢰의 분위기가 조성되어 중국어 교수·학습은 그 자체로 상호보완적 교육 효과를 낼 수 있다.	

4. 중국어 교과 연구수업

'연구수업'은 해당 교과 내용에 관한 연구 결과가 아니라 그 교수·학습의 방법, 기술에 관한 연구 결과를 발표하는 것이다. 때문에 공개수업이나 수업실연과 달리 평소처럼 교수·학습 연구 결과를 주제로 진행하면 된다.

4.1 중국어 교과 연구수업의 목적과 영역

중국어 교과 '연구수업'의 실시 목적은 그 의의에서 찾아야 하는 것이다. 그 의의는 3가지로 귀납할 수 있는데, 다음 〈표-107〉과 같다.

〈표-107〉 '연구수업'의 목적 및 그 의의

'연구수업'의 목적 및 그 의의	비고
1. 교수·학습에 관한 연구 분위기를 조성하기 위한 것이다. 2. 교수·학습의 효과를 극대화할 수 있는 방법을 모색하는 것이다. 3. 연구 개발한 교수·학습 방법을 공유, 확대하여 일반화시키는 것이다.	

수업분석 기법에 근거하면, 중국어 교과 '연구수업'의 영역은 교수·학습 2방면의 과정이 그 연구의 중심이다. 그 영역 교수·학습상의 구체적 과정을 열거하면, 다음 〈표-108〉과 같다.

〈표-108〉 '연구수업' 교수·학습상의 구체적 과정

'연구수업' 교수·학습상의 구체적 과정	비고
1. 학급편성 및 담당교사 배정이다. 2. 중국어 교과 교수·학습과 관련 해당 교육과정의 이해이다. 3. 중국어 교수·학습 내용의 편성이다. 4. 중국어 교과 교수·학습 관련 매체이다. 5. 중국어 교과교재 개발 및 연구이다. 6. 중국어 교과 교수·학습 방법이다. 7. 중국어 교과 교수·학습의 전개이다. 8. 중국어 교과 교수·학습 평가이다. 9. 중국어 교과 교수·학습 평가 결과에 의거한 개선방안의 마련이다.	

4.2 중국어 교과 연구수업의 계획

'연구수업'의 계획은 시간적 여유를 두고 미리 준비해야 하는 것이다. 즉 사전계획을 세워 연구의 계획 및 진행, 교수·학습 실시 계획, 교수·학습 평가 계획 등으로 세분하여 수립할 필요가 있다. 그 세부계획 진행의 관건은 바로 교수·학습 지도안의 작성이다.

'연구수업'의 주제에 따라 연구의 계획, 진행 방법을 달리할 수 있다. 그 주요 활동인 교수·학습 실시 계획이 효과적으로 실행될 수 있도록 주도면밀하게 교수·학습 지도안을 작성하여 관련 과정이 효과적, 합리적으로 전개되도록 계획해야 한다. 그런 후에 교수·학습에 대한 객관적, 종합적 평가에서 나아가 어떻게 참관자들의 의견개전을 이끌어낼 수 있을지도 계획해야 한다.

이와 같은 사전계획 과정은 단지 계획을 위한 계획을 넘어 실제 '연구수업'에 반영하여 더욱 효과적으로 중국어 교과 교수·학습 목표에 도달하도록 고려해야 할 것이다.

4.3 중국어 교과 연구수업의 실시

이미 사전계획을 거쳐 준비된 세부계획들을 중국어 교과 '연구수업'의 실시에 즈음하여 다시 한 번 점검할 필요가 있다. 그 구체적 검토사항을 열거하면, 다음 〈표-109〉와 같다.

〈표-109〉 '연구수업' 실시를 위해 검토할 사항

'연구수업' 실시를 위해 검토할 사항	비고
1. 중국어 교과 교수·학습 지도안이다. 2. 중국어 교과 교수·학습 자료 및 매체이다. 3. 중국어 교과 교수·학습 현장 분위기이다. 4. 중국어 교과 학습자들의 교수·학습 태도이다. 5. 교수·학습을 전개하는 교사의 마음가짐과 태도이다.	

특히 중국어 교과 '연구수업'을 진행하는 교사의 마음가짐과 태도는 교수·학습 과정 내내 대담성, 침착성 유지에 힘써야 하는 것이다. 그 대담성, 침착성 유지에 가장 유효한 방법은 바로 '연구수업' 전체 과정을 머릿속에 떠올리며 여러 차례에 걸쳐 상상속이나 거울 앞에서 모의 수업을 연습해 보는 것이다. 사실 연습을 대체할 수 있는 그 보다 훌륭한 대처 방법이 있을 수 없을 뿐 아니라 찾으려는 시도 그 자체 역시 무의미하다.

4.4 중국어 교과 연구수업의 분석 및 평가

중국어 교과 '연구수업' 이후 그 실연 과정에서 나타난 장단점 2방면의 성과를 분석, 평가하고 취사, 선택하여 연구의 취지와 목적에 부합하는 방법론으로 구현해내야 한다. 그리고 다시 이를 일반화하는 작업이 무엇보다 중요하다.

4.4.1 중국어 교과 연구수업의 분석

'수업 분석법'은 형식적, 내용적 분석법이 대표적인데 즉 형식적 분석법은 교사와 학생의 발언 회수, 내용을 분석 기준으로 분류하는 것이고 내용적 분류법은 교사의 교수·학습 실연 기술, 방법을 분석 기준으로 분류하는 것이다. 어떠한 분석법을 사용하더라도 그 결과에 안주하거나 만족하는 것은 절대 금물이다.

'연구수업'에 대한 1차적 결과에서 나아가 교수·학습 현장에서 2차, 3차 해당 수업의 실행, 검증을 통해 객관적인 수업 분석의 방법론을 확립할 필요가 있다.

4.4.2 중국어 교과 연구수업의 평가

중국어 교과 '연구수업' 결과에 대한 평가를 겸허히 수용하여 그 장단점을 살리거나 보완하는 계기로 삼아 건설적인 대안을 마련해야 한다. 게다가 평가자들이 다양하게 피력한 견해를 통해 제시한 지도, 조언에 귀 기울이고 합리적 판단에 따라 취사, 선택하는 역량을 발휘한다면 그 개선방안의 마련, 교육적 효과의 획득이라는 아름다운 귀결로 이어질 수 있다. 더하여 '연구수업'으로 구현된 기술, 방법을 일반화하여 교수·학습 현장에 확대 적용할 수도 있다. 그러므로 해당 교과의 연구수업에 대한 평가는 필수적인 것이다.

'2015 개정 교육과정'에서 강조한 교수·학습 현장의 해당 교육과정-수업-평가-기록의 일체화는 바로 여기서 한 걸은 더 나아간 방안으로 교수·학습 현장에서 '연구수업', '실제 수업' 모두 그 구현에 힘쓸 필요가 있다.

【참고문헌】

[2007 개정 교육과정], 한국교육과정평가원(http://www.kice.re.kr) 자료실.

[2015 개정 교육과정], 한국교육과정평가원(http://www.kice.re.kr) 자료실.

김학수(1981),『현대 교수-학습론』, 서울: 교육과학사.

변영계(1984),『학습지도』, 서울: 배영사.

진위교·홍성연(1985),『교수 학습의 과정』, 서울: 교육출판사.

김성권(1986),『교수-학습 원론』, 서울: 형설출판사.

서울대학교 사범대학(1986),『교육실습』, 서울: 서울대학교 출판부.

박성익(1987),『수업 방법 탐구』, 서울: 교육과학사.

변영계(1988),『수업설계』, 서울: 배영사.

고형일 등(1988),『학교 학습 탐구』, 서울: 교육과학사.

함종규(1990),『학습지도』, 서울: 문음사.

진위교·김용기(1990),『현대 수업의 원리』, 서울: 정민사.

李振清主编(1990),『国语会话(二)』上、下, 台北: 国立台湾师范大学国语教学中心.

이영덕 편역(1991), 『교육과정과 수업의 연구』, 서울: 교육과학사.
박성익·최정임 역(1992), 『교수 설계의 원리와 적용』, 서울: 교육과학사.
김유미 등 공역(1993), 『효과적인 교수 학습의 기본』, 서울: 교육과학사.
박영환(1994), 『인간과 교육』, 서울: 형설출판사.
정인성·나일주(1994), 『최신 교수 설계 이론』, 서울: 교육과학사.
김순택(1995), 『수업 모형』, 서울: 배영사.
권낙원(1996), 『수업의 원리와 실제』, 서울: 성원사.
김경배(1996), 『교육 실습의 이론과 실제』, 서울: 학지사.
박성익 등 역(1996), 『학습의 조건과 교수이론』, 서울: 교육과학사.
진위교·장언효·이종승·김순택(1996), 『현대 수업의 원리』, 서울: 정민사.
김경배(1996), 『교육 실습의 이론과 실제』, 서울: 학지사.
이희도 등(1996), 『수업의 이론과 실제』, 서울: 중앙적성출판사.
김종서 등(1997), 『교수 이론』, 서울: 한국방송대학교 출판부.
박성익(1997), 『교수·학습 방법의 이론과 실제』(Ⅰ), 서울: 교육과학사.
박성익(1997), 『교수·학습 방법의 이론과 실제』(Ⅱ), 서울: 교육과학사.
권영례(1999), 『교수－학습 방법의 이해』, 서울: 양서원.
김광휘(1996), 『집단 보상법과 협동 기술 훈련이 학습 능력이 상이한 학습자의 학업 성취에 미치는 효과』, 부산대학교 대학원 박사학위 논문.
박철(1996), 「고등학교 제 2외국어 교육의 현황과 문제점」(『외국어 교육 연구논집』 제10호, 서울: 한국외국어대학교).
李晓琪·戴桂芙·郭振华(2000), 『新汉语教程』, 北京: 北京大学出版社.
李亚丽(2012), 「中级对外汉语教材课文编排的分析」(『教学实践-研究』, 哈尔滨: 哈尔滨社科院).

IX. 중국어 교과교육의 평가

언어 교육과 관련된 교수·학습 전후의 수준, 이해에 대한 결과는 측정과 평가라는 2종류 과정을 거쳐 파악되는 것이다. 이 2종류 과정에서 가장 중요한 부분이 교수·학습 수준의 파악과 그 결과의 이해도라 할 수 있다.

1. 측정과 평가

'측정'은 교수·학습을 시작하기 전에 표준화된 객관적 절차와 방법에 의거하여 양적인 형태로 표시하는 방식인데 그 학습능력 수준의 이해, 적당한 학급의 배정 등이 그 목적이라 할 수 있다. 반면에 '평가'는 교수·학습 중간이나 종료 후에 주관적 판단에 의지하여 합리적인 질적 공감 형태로 표시하는 방식인데 그 결과에 대한 이해도를 파악하여 적절하게 개선 방안을 마련해내는 것이 그 목적이라 할 수 있다.

측정은 양적 평가에 해당하는 경험적, 실증적 개념이고 평가는 질적 평가에 해당하는 현상적, 해석적, 인문적 개념이다. 그 방식에 있어 확연이 다른 면모와 특징을 지닌다.

측정, 평가 결과에 따라 교육 목적의 효율을 평가하고 획득한 점수에 따라 교수·학습 계획을 조정하며 나아가 교육 목표가 지닌 가치관을 바탕으로 학생이 학습 발전과 행동변화를 가져오도록 하는데 그 의의가 있다.

2. 평가의 기능

중국어 교수·학습 평가의 기능은 그 성과에 대한 변별과 교정이다. 그 변별과 교정을 통해 몇 가지 교육적 효과를 얻을 수 있는데, 다음 〈표-110〉과 같다.

〈표-110〉 '교수 · 학습' 성과 변별과 교정의 교육적 효과

'연구수업' 성과 변별과 교정의 교육적 효과	비고
1. 중국어 관련 종합적인 의사소통 능력을 평가할 수도 있다. 2. 중국어 교과 교수 · 학습의 욕구를 촉진하고 동기를 유발할 수 있다. 3. 중국어 교과 교수 · 학습 방향을 제시하고 성과를 제고할 수 있다. 4. 중국어 교수 · 학습 계획과 지도 방법을 개선할 수 있다. 5. 중국어 교육 시장을 조성하거나 확대할 수 있다.	

3. 평가의 조건

중국어 교수·학습 평가를 진행하려면 반드시 타당도, 신뢰도, 객관도, 실용도 등의 조건을 충족해야 한다. 이 4가지 조건을 간명하게 기술하면 다음과 같다.

3.1 타당도

중국어 교수·학습 평가를 위한 내용, 문제가 모두 그 목적에 부합하는지를 가리킨다. 이것이 바로 평가에 있어 가장 먼저 고려되어야 할 조건이라 할 수 있다. 중학교 『생활 중국어』, 고등학교 『중국어Ⅰ』·『중국어Ⅱ』 교과교재의 내용은 교육부 교육과정 평가원에서 제시한 관련 '교육과정'에 따라 그 체제를 구성 안배하도록 하고 있다. 따라서 해당 교과 평가의 내용, 문제는 해당 교육과정을 반영한 중국어 교과교재가 추구하는 목적과 일치하는 것이다.

3.2 신뢰도

중국어 교수·학습 평가에 있어 동일한 대상, 조건이 전제된다면 똑같은 평가결과를 얻거나 도출할 수 있는지를 가리킨다. 그 전제 대상, 조건이 같다면 당연히 평가결과 역시 같게 나타나야 하는데 만약 그렇지 않다면 사실상 큰 문제라 할 수 있다.

왜냐하면 평가 결과에 대한 의심에 그치지 않고 근본적으로 전제된 대상과, 조건마저도 믿지 않을 것이기 때문이다.

3.3 객관도

중국어 교수·학습 평가의 결과를 평점 할 때 채점 표준에 시간, 공간, 감정적 요소의 영향이 있는지를 가리킨다. 그 표준이 시간, 공간, 감정적 요소의 영향을 받는다면 객관적으로 채점하기는 어려울 수 있다. 어떠한 요소도 채점에 영향을 미치지 않도록 철저히 관리하여 평가 결과에 대한 객관적인 평점이 이루어질 수 있도록 해야 한다.

3.4 실용도

중국어 교수·학습 평가가 채점, 평점, 해석, 활용에 쉬울 수 있는지 그리고 시간, 노력, 비용을 절약할 수 있는 경제적 효율이 있는지를 가리킨다. 그 평가 결과에 대한 평균점수의 산출, 성적처리 과정이 쉬울 뿐 아니라 이를 위해 필요한 부대 요소가 절약되는 경제적 효율성까지 지닌다면 자연히 그 실용도는 효율성을 지니게 될 것이다.

4. 평가의 유형

중국어 교과 평가의 유형을 교수·학습의 목적, 시기, 형식, 내용, 기준 등 각기 다른 표준에 따라 분류할 수 있다. 그 가운데 해당 평가에 적합한 유형을 선택하여 실행해야 한다.

4.1 교수 · 학습 목적별 분류

중국어 교과 교수·학습의 목적이 다름에 따라 이해도, 성취도, 수준정도, 적응도 등 4종류의 평가 방식이 있다. 그 방식을 구체적으로 열거하면 다음과 같다.

4.1.1 이해도 평가

'이해도 평가'는 중국어 교과에 대해 어느 정도의 교수·학습이 있었는지 평가를 진행하는 것이라 할 수 있다. 즉 교수·학습한 내용을 활용하여 어느 정도까지 의사소통할 수 있는 능력에 도달했는지가 중점이라 할 수 있다.

4.1.2 성취도 평가

'성취도 평가'는 중국어 교과교재 내용에 대해 어느 정도의 교수·학습이 있었는지 평가를 진행하는 것이다. 즉 그 교과교재의 내용을 교수·학습하여 어느 정도까지 이해하였는지가 중점이라 할 수 있다.

4.1.3 수준정도 평가

'수준정도 평가'는 중국어 교과의 학습자에 대한 측정을 진행하고 아울러 적당한 학급에 배치하기 위해 표준화된 검사를 진행하는 것이다. 그 목적은 중국어 교수·학습 수준의 이해, 수준별 등급의 결정, 적합한 분반의 배정이다. 이외의 목적으로 사용해서는 절대로 안 된다.

4.1.4 적응도 평가

'적응도 평가'는 학습자가 중국어 교수·학습에 대해 지닌 능력을 평가하고 아울러 그 적응능력을 파악하는 것이다. 그 목적은 중국어 교수·학습 능력 및 적응력의 파악이다.

4.2 교수·학습 시기별 분류

중국어 교과 교수·학습의 시기가 다름에 따라 진단평가, 형성평가, 총괄평가 등 3 종류의 평가 방식이 있다. 그 방식을 구체적으로 열거하면 다음과 같다.

4.2.1 진단평가

'진단평가'는 학습자가 중국어 교과 교수·학습 전에 지난 차시에 수업한 내용, 정서, 신체와 문화적 제반 환경 요소 등의 준비상황을 평가하는데 관련 교수·학습의 효율을 제고하기 위한 것이다.

4.2.2 형성평가

'형성평가'는 중국어 교과 교수·학습 과정 중에 그 이해도에 대한 평가를 진행하는데 부족하거나 잘못한 곳을 찾아내 때맞춰 변별, 교정하기 위한 것이다. 그 몇 가지 교육적 효과를 열거하면, 다음 〈표-111〉과 같다.

〈표-111〉 '형성평가' 변별과 교정의 교육적 효과

'연구수업' 변별과 교정의 교육적 효과	비고
1. 중국어 교과 교수·학습에 대해 동기를 유발한다. 2. 중국어 교과 교수·학습을 철저하게 이해하게 한다. 3. 중국어 교과 교수·학습 과정이 대부분의 시간을 차지하는 까닭에 교사와 학생의 상호작용을 제일 강하게 한다. 4. 중국어 교과 교수·학습의 진단, 교정, 강화 및 그 질적 부분을 개선한다.	

4.2.3 총괄평가

'총괄평가'는 중국어 교과 교수·학습이 진행된 일정한 기간이나 학기를 마친 후 해당 시기 학습자의 교수·학습 성취를 파악하기 위한 것이다. 그 평가의 범위가 폭넓고 내용도 다양하여 관련 교수·학습의 핵심 모두가 포함된 종합적인 성격을 띤 진행이 이루어질 수밖에 없다.

위에 열거한 3종류 평가방식을 비교하여 그 내용을 정리하면, 다음 〈표-112〉와 같다.

〈표-112〉 중국어 교과 교수 · 학습 시기별 평가의 비교

평가 내용	교수 · 학습 시기별 평가		
	진단평가	형성평가	총괄평가
시기	해당 차시 수업 전	해당 차시 수업 중	일정 기간, 학기 마친 후
방식	절대평가	절대평가 〉 상대평가	절대평가 + 상대평가
내용	전개 전 행동 주시	교수 · 학습 과정 평가	중간, 기말 평가
진단	복습, 선행 학습 진단	교수 · 학습 방법 진단	성적처리(평점)
목적	교수 · 학습 정도 이해	의욕고취, 동기유발	다음 학기 분발, 기대
이해	학습자 흥미, 성격 파악	학습자 난점, 오류해결	교수 · 학습 방법 개선
효과	학습자별 교수 · 학습 가능	교수 · 학습 교정 가능	교수 · 학습 효과 비교가능

4.3 교수 · 학습 형식별 분류

중국어 교과 교수 · 학습의 형식이 다름에 따라 객관평가, 주관평가 등 2종류 평가방식이 있다. 그 방식을 구체적으로 열거하면 다음과 같다.

4.3.1 객관평가

'객관평가'는 객관 답안을 평점 기준으로 삼는데 교사가 채점, 평점에 개입할 수 없어 곧 평점 통계의 시간을 절약할 수 있다는 장점이 있으나 적절한 시험문제 출제가 어렵고 중국어 활용 능력을 평가해내기 쉽지 않은 것이 단점이다. 그 평가의 유형은 대체로 선택형, 진위형, 결합형 등 3종류가 대표적이다.

4.3.2 주관평가

'주관평가'도 객관 답안을 평점 기준으로 삼는데 교사가 흔히 채점, 평점에 개입할

수 있어 곧 채점에 시간이 필요하다는 단점이 있으나 중국어 교수·학습 내용을 직접 묻고 답할 수 있어 그 활용 능력을 평가해내기 쉽다는 것이 장점이다. 그 평가의 유형은 대체로 단답형, 완성형, 논술형 등 3종류가 대표적이다.

위에 열거한 2종류 평가방식을 비교하여 그 내용을 정리하면, 다음 〈표-113〉과 같다.

〈표-113〉 중국어 교과 교수·학습 형식별 평가의 비교

평가 분류	중국어 교과 교수·학습 형식별 평가	
	객관평가	주관평가
방식	선택형, 진위형, 결합형 위주	단답형, 완성형, 논술형 위주
장점	• 채점, 평점에 개입할 수 없음 • 채점(평점) 시간 절약 • 교수·학습 내용을 골고루 출제 가능 • 평가 결과를 통계 처리하기 쉬움	• 교수·학습 내용을 직접 묻고 답함 • 중국어 활용 능력 평가가 쉬움 • 평가 내용 지엽적, 출제 문항 자유 • 평가 문항 제작이 간편함
단점	• 적당한 평가 문항의 출제가 어려움 • 중국어 활용 능력 평가가 쉽지 않음 • 평가 문항 제작에 시간, 비용 소요	• 채점, 평점에 개입할 수 있음 • 채점이 어렵고 시간 필요 • 평가 결과 통계 처리가 어려움

4.4 교수·학습 내용별 분류

중국어 교과 교수·학습의 내용이 다름에 따라 분별성 평가, 종합성 평가 등 2종류 평가 방식이 있다. 그 방식을 구체적으로 열거하면 다음과 같다.

4.4.1 분별성 평가

'분별성 평가'는 학습자가 교수·학습한 중국어 교과의 언어요소에 대해 평가를 진행하는데 제한적 성격의 평가에 장점을 지니지만 언어 활용 규칙을 평가할 수 없다는 것이 단점이다.

4.4.2 종합성 평가

'종합성 평가'는 학습자가 교수·학습한 중국어 교과의 언어요소와 언어 활용 규칙의 언어능력 및 언어 의사소통 능력을 장악하고 있는지에 대해 평가를 진행하는데 종합적 성격의 언어 의사소통 기능의 평가에 적합한 것이다.

4.5 교수·학습 기준별 분류

중국어 교과 교수·학습 평가 기준이 교육목표, 학습목표의 달성에 있는지 아니면 학습자의 교수·학습 성취 결과의 상대적 비교에 있는지에 따라 절대평가와 상대평가 등 2종류로 구분할 수 있다. 그 방식을 구체적으로 열거하면 다음과 같다.

4.5.1 절대평가

'절대평가'를 목표지향 평가라 부르기도 한다. 중국어 교과 교수·학습 능력을 특정한 규준과 교육목표, 학습목표의 달성 표준으로 삼고 그 결과로부터 합격, 불합격 여부를 산출해내는 평가를 가리킨다.

4.5.2 상대평가

상대평가를 규준지향 평가라 부르기도 한다. 중국어 교과 교수·학습 능력을 학습자 전체 가운데 차지한 위치를 변별하여 표준으로 삼고 그 결과로부터 평균 점수를 산출해내는 평가를 가리킨다.

위에 열거한 2종류 평가방식을 비교하여 그 내용을 정리하면, 다음 〈표-114〉와 같다.

〈표-114〉 중국어 교과 교수 · 학습 기준별 평가의 비교

분류 \ 평가	중국어 교과 교수 · 학습 기준별 평가	
	절대평가	상대평가
장점	• 교수 · 학습 추구의 평등을 강조 • 협동학습의 진행을 중시 • 변별 표준이 학문이론에 부합 • 실제 교수 · 학습 효과를 평가 가능 • 학습자로 하여 내재적 동기유발 가능 • 학습자가 잠재능력 발휘 가능 • 인간적 교육 실현이 가능	• 상대적 변별에 적합 • 교사의 주관적 판단을 배제 가능 • 경쟁심을 통해 외재적 학습동기 유발 가능 • 평가 결과의 평점, 통계가 쉬움
단점	• 표준 설정이 어려워 신뢰도, 객관도 문제 야기 • 평가 결과의 평점, 통계가 어려움 • 외재적 동기를 유발할 수 없음 • 개인 간 차이의 변별이 쉽지 않음	• 실제 교수 · 학습 효과를 평가 불가 • 경쟁 우선주의 마음, 태도 조성 • 학습자의 정서 함양에 영향 • 교가와 학생의 상호 관계에 영향 • 교수 · 학습 환경 개선에 도움이 안 됨 • 교수 · 학습 기능이 점차 약화됨

5. 수행평가

'수행평가(Performance Assessment)'란, 학습자에게 문제 해결의 과정 및 그 결과를 구제적인 행위와 성과로 나타내도록 요구하고 아울러 이로써 실제 수행(Performance)을 관찰, 판단하는 평가방식이라 할 수 있다.

5.1 수행평가의 특징

'수행평가'가 지닌 특징을 대체로 6가지로 귀납할 수 있는데 차례대로 열거하면, 다음 〈표-115〉와 같다.

〈표-115〉 '수행평가'가 지닌 특징

'수행평가'가 지닌 특징	비고
1. 학습자는 답안을 선택하지 않고 곧 스스로 답안을 모색하거나 성과를 내는 활동을 행위로 나타낼 수 있도록 한다. 2. 중국어 교과 교수·학습이 추구하는 교육목표, 학습목표 등이 실제 상황 아래 달성된 것이어야 한다. 3. 여러 가지 방법을 이용하여 지속적으로 학습자 개인의 발전변화 과정을 평가한다. 4. 여러 가지 방법을 이용하여 지속적으로 학습자 개인의 발전변화 과정을 평가한다. 5. 중국어 교과 교수·학습에 대한 개인, 조별 및 전체를 대상으로 평가를 진행할 수 있다. 6. 학습자의 교수·학습 과정을 진단하고 아울러 그 개인 학습 촉진을 중시하게 한다. 7. 평가는 인지방면에 한정하지 않고 행동변화, 의식형태 및 성장발달 단계 등까지를 포함하여 모두 중시한다.	

5.2 수행평가의 유형

'수행평가'의 유형에 논술, 구술, 토론, 관찰법, 역할극, 프로젝트, 포트폴리오, 자기평가, 상호평가, 협력학습 등 다양한 방법을 도입하여 진행할 수 있다. 그 가운데 중국어 교과 교수·학습과 관련 흔히 채택되는 평가 유형은 논술, 구술, 토론, 관찰법, 역할극, 프로젝트, 자기평가, 상호평가 등이 대표적이다. '수행평가' 관련 용어들을 정의하면, 다음 〈표-116〉과 같다.

〈표-116〉 '수행평가' 용어의 정의[98]

정의 / 유형	'수행평가' 용어의 정의
논술	•한 편의 완성된 글로 답을 작성하는 방식인데, 자신의 생각이나 주장을 논리적으로 작성하기에 학습자가 제시한 아이디어 뿐만 아니라 조직이나 표현의 적절성 등을 모두 평가할 수 있는 방법이다.
구술	•특정 내용이나 주제에 대해 자신의 의견이나 생각을 발표하도록 하여 학생의 준비도, 이해력, 표현력, 판단력, 의사소통 능력 등을 평가할 수 있는 방법이다.
토론	•특정 주제에 대해 학습자들이 서로 토론하는 과정, 내용을 관찰하여 평가하는 방법이다.
프로젝트	•특정한 연구 과제나 산출물 개발 과제 등을 수행하도록 한 후 프로젝트 전 과정, 결과물(연구보고서, 산출물)을 종합적으로 평가하는 방법이다.

98) 전라북도 교육청, 『2018학년도 중·고등학교 과목별 평가규정(수행평가 중심) 작성 매뉴얼』, [전북교육 2018-154], p.3.

포트폴리오	• 학습자의 제작 작품, 작성 보고서를 체계적으로 수집 정리한 작품집이나 서류철로 평가하는 방법이다.
자기평가	• 교수·학습 과정이나 수행과정에 대해 학습자가 작성한 자기평가 보고서를 근거로 평가하는 방법이다.
상호평가	• 학습자들 간에 서로 상대방을 평가하여 작성한 상호평가 보고서를 근거로 평가하는 방법이다.

이와 같은 '수행평가'의 유형에 따라 평가계획의 예시, 모둠별 과정평가의 양식, 자기평가 및 상호평가 양식을 토대로 표준화된 보고서를 작성한 후 채점 평점이 이루어진다. 반드시 해당 교과 교수·학습과 연계하여 '교육과정－수업－평가－기록 일체화' 과정으로 진행되어 진로·진학에 도움이 될 수 있도록 해야 한다.

5.3 수행평가의 필요성

'수행평가'의 필요성을 대체로 5가지로 정리할 수 있는데 차례대로 열거하면, 다음 〈표-117〉과 같다.

〈표-117〉 '수행평가'의 필요성

'수행평가'의 필요성	비고
1. 21세기 지식 정보사회의 요구에 부응하기 위한 것이다. 2. 학교 교육의 정상화를 도모하기 위한 것이다. 3. 수업과 측정, 평가의 긴밀한 연계를 제공하여 상호보완하기 위한 것이다. 4. 교수·학습에 의미 있는 평가 결과를 제공하기 위한 것이다. 5. 새로운 지식과 교수·학습의 관점을 구현하기 위한 것이다.	

5.4 수행평가의 목적

중국어 교과 교수·학습 관련 '수행평가'를 대체로 3가지 목적에 따라 진행하는데 차례대로 열거하면, 다음 〈표-118〉과 같다.

〈표-118〉 '수행평가'의 목적

'수행평가'의 목적	비고
1. '수행평가'는 기타의 평가가 해내지 못하는 교수·학습 준비, 태도 등 방면까지 실시하기 위한 것이다. 2. 언어요소 즉 듣기, 말하기, 읽기, 쓰기 등 방면까지 평가하기 위한 것이다. 3. 수시로 학습자가 주도적으로 참여와 활동하는지 여부를 평가하기 위한 것이다.	

5.5 수행평가의 방법

'수행평가'를 실시하는 방법에 대체로 5가지가 있는데 차례대로 열거하면, 다음 〈표-119〉와 같다.

〈표-119〉 '수행평가'를 실시하는 방법

'수행평가'를 실시하는 방법	비고
1. 중국어 교과 교수·학습의 수행평가 목적을 정한다. 2. 중국어 교과 교수·학습의 수행평가를 전체적으로 계획한다. 3. 중국어 교과 교수·학습에 대한 수행평가를 진행한다. 4. 수행평가의 결과에 대해 분석을 진행한다. 5. 중국어 교과 교수·학습에 대한 수행평가 결과를 적극적으로 반영하고 활용하도록 한다.	

5.6 수행평가 고려사항

'수행평가'할 때 고려할 사항은 대체로 6가지로 정리할 수 있는데 차례대로 열거하면, 다음 〈표-120〉과 같다.

〈표-120〉 '수행평가'할 때 고려할 사항

'수행평가'할 때 고려할 사항	비고
1. 여러 가지 학습목표를 평가하기 위해 여러 방면의 문제를 출제해야 한다. 2. 평가의 목적에 따라 미리 평가 문제의 수량을 결정해야 한다. 3. 평가의 시기, 차수는 교수·학습 진행 과정의 시각에서 고려해야 한다. 4. 교수·학습 내용에 근거하여 평가 문제의 유형을 결정해야 한다. 5. 평가 문제는 반드시 교수·학습 수준에 적합해야 한다. 6. 교수·학습 진행 과정에 학습한 내용을 중심으로 평가 문제를 구성해야 한다.	

5.7 수행평가의 실행

중국어 교과 '수행평가'의 실행은 해당 교육과정에 따라 그 내용의 핵심인 듣기, 말하기, 읽기, 쓰기 및 문화 등 요소를 중심으로 이루어지는 것이다. 핵심 요소별 중·고등학교 '수행평가'의 내용을 교육과정에서 제시한 관련 '평가방법 및 유의사항'에 근거하여 기술하면 다음 〈표-121〉, 〈표-122〉, 〈표-123〉, 〈표-124〉, 〈표-125〉 등과 같다.

〈표-121〉 듣기 '수행평가'의 내용[99]

핵심요소	듣기 '수행평가'의 내용	
듣기	『생활 중국어』	• 낱말이나 어구의 발음을 듣고 성모, 운모, 성조 고를 수 있는지 • 낱말이나 간단한 표현을 듣고 의미를 구분할 수 있는지(그림, 동작, 자료 등) • 기초적인 의사소통 표현이나 짧고 간단한 대화를 듣고 상황이나 의미를 파악할 수 있는지(그림, 동작, 자료 등) • 기초적인 의사소통 표현을 듣고 내용과 관련된 간단한 질문에 답할 수 있는지
	『중국어 I』	• 낱말이나 간단한 표현의 발음을 듣고 성모, 운모, 성조를 변별할 수 있는지 • 낱말이나 간단한 표현을 듣고 발음에 따른 의미를 구분할 수 있는지(그림, 동작, 자료 등) • 기초적인 의사소통 표현이나 간단한 대화를 듣고 상황과 의미를 정확하게 파악하는지 • 기초적인 의사소통 표현을 듣고 내용과 관련된 질문에 답할 수 있는지
	『중국어 II』	• 낱말이나 관용적인 표현을 반복하여 듣고 의미를 찾을 수 있는지 • 관용적인 표현이나 의사소통 표현을 듣고 모둠별로 내용을 질문하고 답할 수 있는지 • 의사소통 표현이 활용된 간단한 영상을 보고 내용을 유추할 수 있는지 • 짧은 글이나 대화를 듣고 흐름에 맞게 순서를 배열할 수 있는지

〈표-122〉 말하기 '수행평가'의 내용[100]

핵심요소	말하기 '수행평가'의 내용	
말하기	『생활 중국어』	• 낱말이나 간단한 문장을 비교적 정확한 발음으로 말할 수 있는지 • 학습한 쉬운 대화에 대한 질문에 간단하게 답할 수 있는지 • 간단하고 기초적인 의사소통과 관련된 질문에 적절하게 대답할 수 있는지

99) 위의 주91), pp.462·1138·1149.

100) 위의 주91), pp.463·1139·1150.

	「중국어Ⅰ」	• 낱말이나 간단한 문장을 비교적 정확한 발음으로 말할 수 있는지 • 학습한 짧은 문장이나 쉬운 대화에 대한 질문에 간단하게 답할 수 있는지 • 기초적인 의사소통과 관련된 질문에 적절하게 대답할 수 있는지
	「중국어Ⅱ」	• 비교적 긴 문장이나 대화를 정확한 발음으로 어순에 맞게 말할 수 있는지 • 학습한 문장의 내용에 대한 질문에 적절하게 대답할 수 있는지 • 의사소통 표현이나 문장 등을 상황에 맞게 말할 수 있는지 • 모둠별 역할을 나누어 의사소통 기본 표현을 상황에 맞춰 활용할 수 있는지

〈표-123〉 읽기 '수행평가'의 내용[101]

핵심요소	읽기 '수행평가'의 내용	
읽기	「생활 중국어」	• 한어병음, 한자로 제시된 낱말이나 간단한 문장을 정확하게 소리 내어 읽을 수 있는지 • 짧고 간단한 글을 읽고 주제나 요지를 파악할 수 있는지
	「중국어Ⅰ」	• 한어병음, 한자로 표기된 낱말이나 간단한 문장을 정확하게 소리 내어 읽을 수 있는지 • 짧고 간단한 글을 읽고 주제나 요지, 세부 내용을 파악할 수 있는지
	「중국어Ⅱ」	• 비교적 긴 문장을 소래 내어 정확히 읽을 수 있는지 • 비교적 긴 문장이나 짧은 글을 읽고 주제와 대의를 파악할 능력이 있는지 • 비교적 긴 문장이나 짧은 글을 읽고 우리말로 정확히 해석할 수 있는지 • 짧은 글이나 대화문을 단락으로 나눈 뒤, 흩어진 단락의 내용을 유추해 재배열할 수 있는지 • 일상생활에서 사용하는 짧은 실용문을 읽고 내용을 유추하는 능력이 있는지

〈표-124〉 쓰기 '수행평가'의 내용[102]

핵심요소	쓰기 '수행평가'의 내용	
쓰기	「생활 중국어」	• 낱말이나 간단한 문장을 한어병음이나 한자로 쓸 수 있는지 • 간단한 문장을 읽고, 내용을 유추하여 빈칸에 들어갈 알맞은 단어를 기입할 수 있는지 • 낱말의 용법과 어순에 유의하여 간단한 문장을 쓸 수 있는지
	「중국어Ⅰ」	• 낱말이나 간단한 문장을 듣고 한어병음이나 한자로 받아쓸 수 있는지 • 간단한 문장을 읽고, 내용을 유추하여 빈칸에 들어갈 알맞은 낱말을 쓸 수 있는지 • 낱말의 용법과 어순에 유의하여 문장을 쓸 수 있는지 • 학습한 문장을 활용하여 편지, 메모 등을 작성할 수 있는지
	「중국어Ⅱ」	• 심화 수준의 낱말, 문장을 듣고 한어병음이나 한자로 정확히 쓸 수 있는지 • 비교적 긴 문장을 읽고, 내용을 유추하여 빈칸에 들어갈 알맞은 낱말을 쓸 수 있는지 • 학습한 내용을 완전한 문장으로 요약하여 쓸 수 있는지 • 학습한 표현이나 문장을 활용하여 다양한 서식에 맞추어 짧은 글을 작성할 수 있는지

101) 위의 주91), pp.464 · 1140 · 1151.

102) 위의 주 91), pp.465 · 1141 · 1152.

〈표-125〉 문화 '수행평가'의 내용[103]

핵심요소	문화 '수행평가'의 내용	
문화화	『생활 중국어』	• 의사소통 상황과 관련된 일상생활 문화를 이해할 수 있는지 • 한·중 문화 비교를 통해, 양국 문화의 공통점과 차이점을 이해할 수 있는지 • 중국 문화에 대한 이해 정도, 중국 문화와 우리 문화의 비교를 통한 문화의 다양성을 존중하는 태도 등을 한국어로 기술할 수 있는지 • 수행평가로 모둠활동을 통하여 중국 문화를 조사하거나 체험하고 발표하는 활동 등을 할 수 있는지 • 모둠별 협동 학습을 통하여 창의적인 중국 문화 소개 자료를 만들 수 있는지
	『중국어 I』	• 의사소통과 관련된 일상생활 문화를 이해할 수 있는지 • 한·중 문화 비교를 통해, 양국 문화의 공통점과 차이점을 이해할 수 있는지 • 중국 문화에 대한 이해 정도, 중국 문화와 우리 문화의 비교를 통한 문화의 다양성을 존중하는 태도 등을 한국어로 기술할 수 있는지 • 수행평가로 모둠활동을 통하여 중국 문화를 조사하거나 체험하고 발표하는 활동 등을 할 수 있는지 • 모둠별 협동 학습을 통하여 창의적인 중국 문화 소개 자료를 만들 수 있는지
	『중국어 II』	• 중국 문화에 대한 짧은 글을 읽고, 요약하거나 정리하여 중국어로 발표할 수 있는지 • 학습한 문화 주제의 한·중 문화 비교를 통해, 한국어로 자신의 입장이나 의견을 논리적으로 기술할 수 있는지 • 인터넷을 활용해 학습한 문화 주제 관련 정보를 검색하여 발표할 수 있는지 • 모둠별 협동 학습을 통하여 창의적인 중국 문화 소개 자료를 만들 수 있는지

위와 같이 듣기, 말하기, 읽기, 쓰기 및 문화 등의 '수행평가' 내용은 '2015 개정 교육과정'에 제시된 중국어 교과 각 핵심요소별 '평가방법 및 유의사항'을 참고하여 그 교수·학습 목표, 취지와 필요성에 따라 취사선택할 수 있는 것이다.

6. 평가 문항의 제작

중국어 교과 '수행평가' 문항의 제작은 평가하려는 내용과 그 목적을 적절히 반영하고 변별 기준의 오차가 최소화 되어야 하는 것이다. 문항을 출제할 때 중국어 교과 교수·학습, 교육목표 및 교수·학습목표, 학습 평가 대상자 등에 대한 이해에서 나아

103) 위의 주 91), pp.466·1143·1153.

가 관련 문항 제작에 필요한 지식과 기술을 통해 평가하려는 내용을 잘 반영해내야 한다. 그렇게 중국어 교과 교수·학습 성취기준 및 성취수준에 기반을 둔 '수행평가' 문항을 개발해야 실효성을 거둘 수 있다. 제작의 실제적 절차를 기술하면, 다음 〈표-126〉과 같다.

〈표-126〉 '수행평가'의 문항 제작 절차

'수행평가'의 문항 제작 절차	비고
1. 중국어 교수 · 학습 목표의 분석이다. 2. 평가 대상자의 선정이다. 3. 평가 환경의 조정이다. 4. 평가 문항 유형 즉 선택형(객관식) 혹은 진술형(주관식) 문항의 결정이다. 5. 평가 문항의 작성이다. 6. 평가 문항의 예비검사 및 수정보완이다. 7. 평가 최종 문항의 편집과 인쇄이다.	

평가 문항의 내용이 명료해야 하고 지나치게 쉽거나 어렵게 출제되지 않아야 하며 단순한 기억을 묻기보다는 적용, 분석, 종합, 평가 등 고등 정신의 기능을 통해 해결할 수 있는 것으로 구성되어야 한다. 또한 윤리적, 도덕적으로 문제가 없어야 한다.

【참고문헌】

[2007 개정 교육과정], 한국교육과정평가원(http://www.kice.re.kr) 자료실.
[2015 개정 교육과정], 한국교육과정평가원(http://www.kice.re.kr) 자료실.
권오익 등(1978), 『교육평가』, 서울 : 교육출판사.
김성권(1980), 『교육평가』, 서울 : 형설출판사.
황정규(1984), 『교수학습과 교육평가』, 서울 : 교육과학사.
박도순·변영계(1987), 『교육과정과 교육평가』, 서울 : 문음사.
이성호(1989), 『교육과정과 평가』, 서울 : 양서원.
배효순(1991), 『수업평가』, 서울 : 양서원.
신들렬·이성호·이용남·허형(1995), 『교육의 이해』, 서울 : 학지사.
김대현·김석우(1996), 『교육과정 및 교육평가』, 서울 : 학지사.

오성삼·구병두(1996),『교육과정 및 평가의 이해』, 서울: 양서원.
박상호(1996),『교육방법·교육평가』, 서울: 집문당.
유봉호·정영주(1997),『교육과정·교육평가』, 서울: 교학연구사.
이해명(1997),『고도 산업사회의 교육과정 및 평가』, 서울: 교학과학사.
김종서·이영덕·황정규·이홍우(1998),『교육과정과 교육평가』, 서울: 교육과학사.
백순근(1998),『수행평가의 이론과 실제』, 서울: 원미사.
정종진(1999),『교육평가』, 서울: 양서원.
고승덕(2001),『교과교재 연구 및 지도』, 서울: 학문사.
신동로(2003),『교육과정·교육평가 탐구』, 서울: 교육과학사.
김대현·김석우(2005),『교육과정 및 교육평가』, 서울: 학지사.
손충기(2006),『교육과정과 교육평가』, 서울: 태영출판사.
김경배·김재건·이홍숙(2010),『교과교육론』, 서울: 학지사.
변영계(2013),『교수·학습 이론의 이해』, 서울: 학지사.
국립교육평가원(1997),「수행평가의 유형과 평가방법」(『교육연구』 4월호).

X. 맺음말

이상을 종합하면, 현재까지 중국어 교과 중등교원 양성을 위한『중국어 교과교육론』이 아직 개발 및 편찬되지 않은 상황을 알 수 있었다. 게다가 여태껏 관련 교수·학습을 위해 선정되어 사용된 그 교과교재 역시 해당 학년도『교원자격검정 실무편람』과 '교육과정'에서 제시한 지침을 충실히 따르지도 구현하지도 못했다. 그러므로 중국어 교과 중등교원 양성 교수·학습 현장에 부합한『중국어 교과교육론』의 개발 및 편찬이 필요한 상황이다. 이로부터 본 교과교재의 개발 및 편찬을 계획하고 대학부 중국어문학과 교직수업, 교육대학원 중국어 교육전공수업의 강의안 작성에『교원자격검정 실무편람』과 '교육과정'에서 제시한 지침을 적극적으로 반영하였다. 그리고 이를 바탕으로『중국어 교과교육론』의 개발 및 편찬에 착수하게 되었다. 때문에 그 기술의 체제구조, 내용의 구성배분 모두『교원자격검정 실무편람』과 '교육과정'에서 제시한 지침에 따라 '중국어 교과교육의 역사적 배경', '중국어 교육과정의 분석', '중국어 교과교육의 목표', '중국어 교과교육 전반'에 관한 교수·학습 실제 부분에 중점을 두었다. 비록 이 저서의 기술을 위해 미력하나마 자료의 수집정리, 분석연구, 귀납조직의 주도면밀한 과정을 거쳤지만 여전히 소홀한 부분은 있기 마련인데 향후 지속적으로 수정, 보완 작업을 해가려 한다.

결론적으로 중국어 교과 중등교원 양성을 위한『중국어 교과교육론』의 개발 및 편찬은 교육발전에 이바지한다는 사명감을 갖고 진행해야 할 중요한 문제이다. 그러므로 그 기술에 있어 적어도 교육부에서 제시한 지침에 따라 중국어 교과 중등교원 양성의 취지와 목적에 부합하는『중국어 교과교육론』이 개발 및 편찬되어야 할 것이다.

부록

1. 『2019학년도 교원자격검정 실무편람』

1.1 교과교육영역 교과목 및 기본 교수요목

1.2 기본 이수과목

2. 교수·학습 지도(과정)안

1.1 '중국어 교과교재 연구 및 지도법' 교수·학습 지도안

1.2 '중국어권 문화' 교수·학습 지도안

3. 『중국어』교과 중등교원 임용시험(1998~2020) - '중국어 교과교육'관련 기출문제

1. 『2019학년도 교원자격검정 실무편람』

1.1 교과교육영역 – 교과목 및 기본 교수요목

(2008학년도 이전까지 교직과목, 2009학년도 이후부터 전공과목에 해당)

교 과 목	기 본 교 수 요 목
① 교과교육론	• 교과교육의 역사적 배경, 교과교육의 목표, 중 · 고등학교 교 육과정의 분석 등 교과교육 전반에 관하여 연구한다(수업의 실제 부분에 중점을 둠). • 교과별 수업의 실제와 과정 중심의 평가 등 초 · 중등 교육과 정의 각론 내용에 중점을 둔다.
② 교과교재 연구 및 지도법	• 교과의 성격, 중 · 고등학교 교재의 분석, 수업안의 작성, 교수방법 등 교과지도의 실제 경험을 쌓게 한다. • 학교현장의 교육실습과 연계를 강화하고, 교과 통합 교육과 정 운영 등에 역점을 둔다.
③ 교과 논리 및 논술	• 각 교과별 특성에 부합되는 논리적 사고의 근본 법칙 및 논술에 관한 교육에 역점을 둔다.
④교과별교수법 ⑤교과별 교육과정 ⑥교과별 평가방법론	• 각 교과별 특성에 부합되는 교수법, 교육과정, 평가방법 등에 관한 이론과 실제를 학습한다. • 교육과정 및 교육정책의 변화에 따른 학생활동 및 참여 중심의 최신 교수 · 학습 모형과 평가 방법이 포함되는 내용을 개 발하여 운영한다.

1.2 기본 이수과목

표시과목	관련학과 또는 학부	기본 이수과목(또는 분야)	비고
중국어 Chinese	중국어교육, 중어중문학 및 관련되는 학부(전공, 학과)	중국어교육론(또는 외국어교육론), 중국어학개론, 중국문학개론, 중국어문법, 중국어회화, 중국어작문, 중국어강독, 한문강독, 중국어권문화	

2. 교수·학습 지도(과정)안

2.1 '중국어 교과교재 연구 및 지도법' 교수·학습 지도안

중국어과 교수·학습 지도안

일 시	2020. 04. 11
장 소	○○○중학교
대 상	○학년○반
교 사	○○○

○ ○ 중 학 교

Ⅰ. 단원명 : 중국어의 발음-성모

Ⅱ. 소단원 학습 목표

- 중국어 성모의 발음을 할 수 있다.
- 중국어 성모의 종류를 말할 수 있다.

Ⅲ. 학습 계획

단원명	교수-학습 내용	차시
1. 중국어의 발음 - 성모	1. 중국어 성모를 발음해보기 2. 중국어 성모의 종류 알아보기	1/4

Ⅳ. 지도상의 유의점

- 중국어 성모를 발음할 수 있도록 지도한다.
- 중국어 성모의 종류를 파악할 수 있도록 한다.

Ⅴ. 본시 교수·학습 지도안

<table>
<tr><th>일시</th><td>2018. 04. 11</td><th>대상</th><td>중학생</td><th>지도
교사</th><td>○○○</td></tr>
<tr><th rowspan="2">단원</th><td rowspan="2">1.중국어의 발음- 성모</td><th>차시</th><td>1/4</td><th rowspan="2">장소</th><td rowspan="2">1학년
3반 교실</td></tr>
<tr><th>쪽수</th><td>p.18</td></tr>
<tr><th>학습 목표</th><td colspan="5">1. 중국어 성모의 종류를 말할 수 있다.
2. 중국어 성모의 발음을 할 수 있다.</td></tr>
<tr><th rowspan="2">준비자료</th><th colspan="2">교사</th><th colspan="3">학생</th></tr>
<tr><td colspan="2">교과서, 판서, ppt</td><td colspan="3">교과서, 필기구</td></tr>
</table>

<table>
<tr><th rowspan="2">단계</th><th rowspan="2">형태</th><th rowspan="2">수업의 흐름</th><th colspan="2">교수·학습 활동</th><th rowspan="2">시간</th><th rowspan="2">자료(*) 및 유의점(·)</th></tr>
<tr><th>교사</th><th>학생</th></tr>
<tr><td rowspan="6">도입</td><td rowspan="6">전체학습</td><td>상호인사
및
출석확인</td><td>▸상호 인사
- 학생들과 밝은 얼굴로 인사한다.
▸출석을 확인한다.</td><td>▸상호 인사
- 교사와 밝은 얼굴로 인사한다.
▸출석확인에 응답한다.</td><td>1분</td><td></td></tr>
<tr><td>과제 제출</td><td>▸과제 제출
- 과제를 제출하게 하고 점검한 후 다음 차시 수업에 돌려줌.</td><td>▸과제 제출
- 수행한 과제를 제출한다.</td><td rowspan="2">3분</td><td rowspan="2">○ 판서
- 학습목표</td></tr>
<tr><td>진단평가</td><td>▸ 진단평가- 묻고 답하기(쪽지시험)
- 저번 차시에 학습한 내용을 질문하여 이해도를 파악.
- 간단한 질문을 통해 지난 차 시 수업의 주요 개념을 확인.</td><td>▸ 진단평가 - 묻고 답하기(쪽지시험)
- 배웠던 학습내용을 인지하고, 부족한 부분은 보충.
- 문제의 답안을 확인하고 주요 개념은 선생님과 정리.</td></tr>
<tr><td rowspan="2">학습목표
제시</td><td colspan="2">〈학습목표〉
1. 중국어 성모의 발음을 할 수 있다.
2. 중국어 성모의 종류를 말할 수 있다.</td><td rowspan="2"></td><td rowspan="2"></td></tr>
<tr><td>▸학습목표 제시하기
- 이번 시간 학습목표를 학생들이 큰 소리로 읽게 함.</td><td>▸학습목표 확인하기
- 이번 시간 학습목표를 확인하고 큰소리로 함께 읽음.</td></tr>
<tr><td>동기유발</td><td>▸동기유발
- 학습 내용 관련 동영상을 방영한다.</td><td>▸동기유발
- 동영상을 시청하며 이어질 수업 내용을 예상해 본다.</td><td>2분</td><td>○ 동영상</td></tr>
</table>

전개		**본시학습 내용안내**	▸ 본시 학습내용 안내 - 이번 시간에 학습할 내용에 대해 간략하게 설명하여 학생들이 학습에 임할 준비를 할 수 있도록 함.	▸ 본시 학습 내용 확인 - 이번 시간에 학습할 내용에 대해 확인하고, 수업에 임할 준비를 한다. 동시에 배우게 될 내용 예상함.	1분	○ 사진 및 프린트 PPT자료
		중국어 발음 -성모	▸ 본문 - 중국어 성모에 대해 설명. - 중국어 성모를 발음에 따라 분류해 이해시킴. - 배운 성모가 활용된 단어를 예시로 들며 이해도를 확인.	▸ 본문 - 중국어 성모 설명을 들음. - 발음에 따라 분류된 성모에 대해 이해함. - 배운 성모가 활용된 단어를 읽어보며 이해 확인.	7분	
		질의 응답	▸ 질의응답하기 - 이번 시간에 배운 내용 중 궁금한 점이나 이해되지 않는 부분을 질문하도록 유도. - 학생들의 질문에 대하여 다른 학생들도 그에 대한 답변을 생각해볼 수 있도록 한 뒤, 차근차근 설명해 줌.	▸ 질의응답하기 - 이번 시간에 배운 내용 중 궁금한 점이나 이해되지 않는 부분을 질문. - 다른 학생이 한 질문을 듣고 그에 대한 답변을 생각해 본 뒤, 교사의 설명을 들으며 정리.	1분	
		형성평가 및 자기점검	▸ 자기점검 - 배운 내용을 토대로 교과서에 알맞은 성모 고르도록 시킴.	▸ 자기점검 - 배운 내용을 토대로 교과서에 알맞은 성모를 고름.	5분	
정리	전체학습	**학습내용 정리**	〈학습목표〉 **1. 중국어 성모의 발음을 할 수 있다.** **2. 중국어 성모의 종류를 말할 수 있다.**		5분	
			▸ 본시학습 내용 정리하기 - 판서를 보며 이번 시간학습에 대해 정리한다.	▸ 본시학습 내용 정리 - 판서를 보며 이번 시간 학습한 내용에 대해 확인함.		
		차시예고 및 과제제시	▸ 차시 예고하기 - 다음시간에는 중국어 운모에 대해 배울 것을 안내. ▸ 과제 제시하기	▸ 차시 예고하기 - 다음 시간에는 중국어 운모에 대해 배울 것을 인지 ▸ 과제 수행하기		
		끝인사	▸ 상호 인사하기 - 학생들과 밝은 표정으로 인사하며 수업을 마무리함.	▸ 상호 인사하기 - 교사와 밝은 표정으로 인사하며 수업을 마무리함.		

Ⅵ. 판서 계획

〈학습목표〉
1. 중국어 성모의 발음을 할 수 있다.
2. 중국어 성모의 종류를 말할 수 있다.

Ⅶ. 동영상 출처

https://youtu.be/yINrWEtYdHA

Ⅷ. PPT 자료

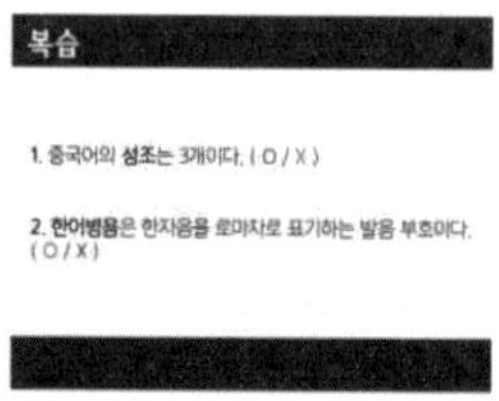

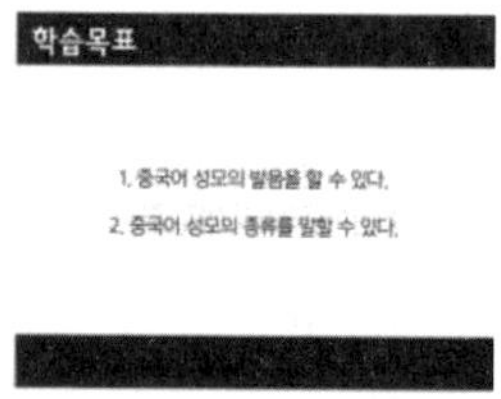

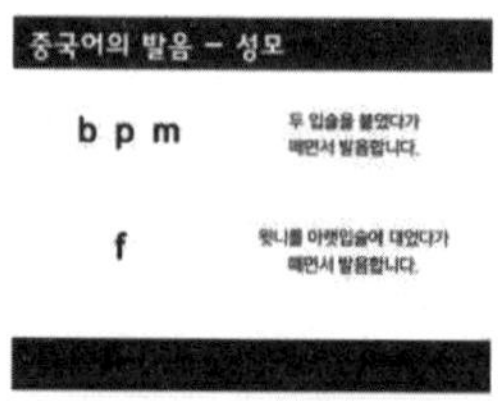

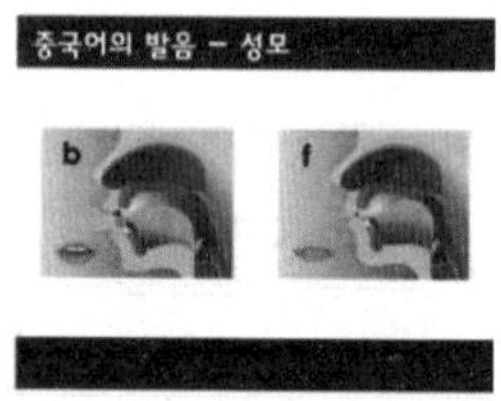

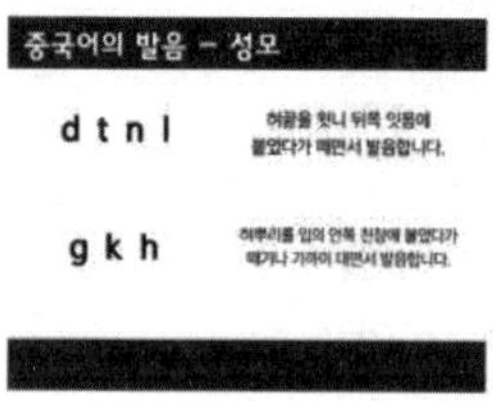

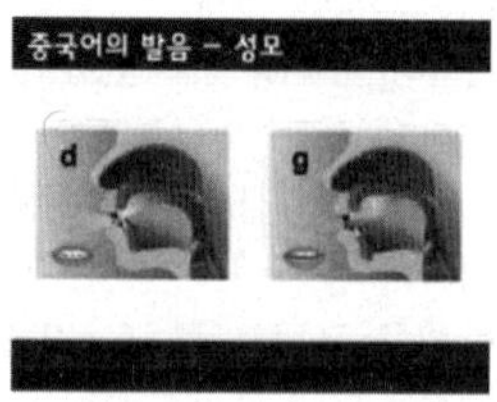

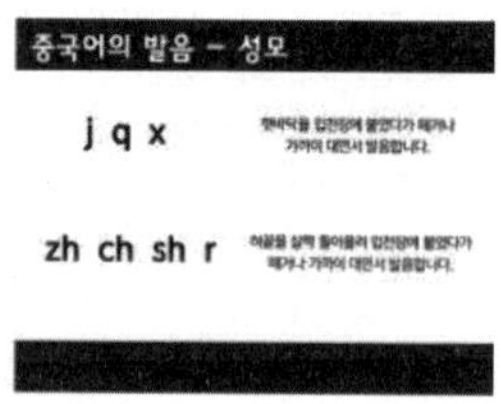

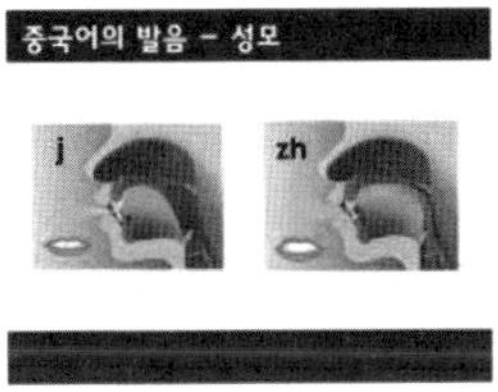
중국어의 발음 - 성모
j
zh

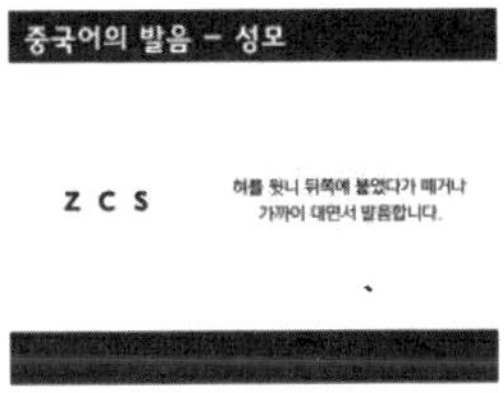
중국어의 발음 - 성모
z c s
혀를 윗니 뒤쪽에 붙였다가 떼거나
가까이 대면서 발음합니다.

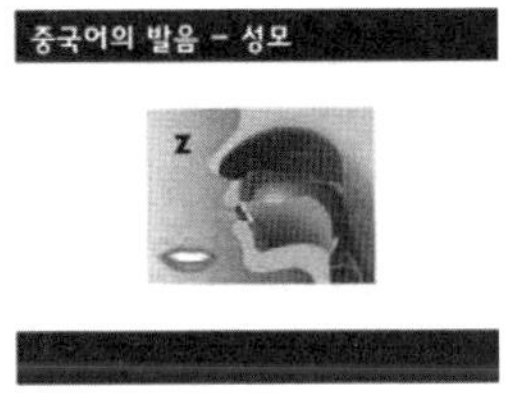
중국어의 발음 - 성모
z

퀴즈
māma
gēge

Q&A

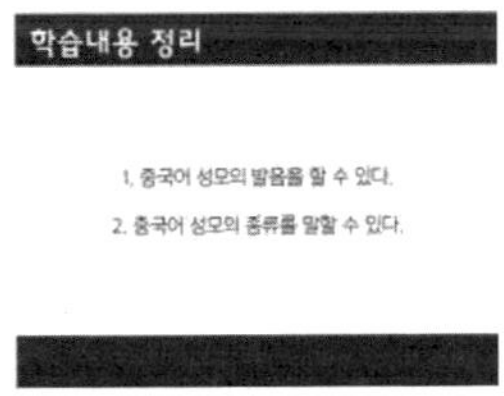
학습내용 정리
1. 중국어 성모의 발음을 할 수 있다.
2. 중국어 성모의 종류를 말할 수 있다.

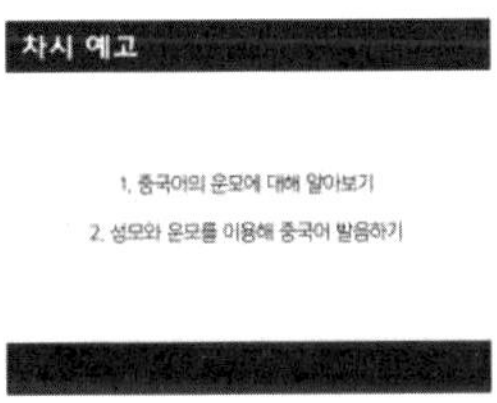
차시 예고
1. 중국어의 운모에 대해 알아보기
2. 성모와 운모를 이용해 중국어 발음하기

중국어과 교수·학습 지도안

일 시	2020. 09. 04
장 소	○○○고등학교
대 상	○학년○반
교 사	○○○

○ ○ 고 등 학 교

Ⅰ. 단원명 : 3. 你叫什么名字?

Ⅱ. 소단원 학습 목표

- 인구, 식구 셀 때의 양사를 알 수 있다.
- 연령에 따라 각각 다른 방법으로 나이를 물어볼 수 있다.

Ⅲ. 소단원 학습 계획

단원명	교수 - 학습 내용	차시
3. 你叫什么名字?	1. 인구, 식구 셀 때 양사 설명하기 2. 연령에 따라 올바르게 나이 질문하기	3/3

Ⅳ. 지도상의 유의점

- 인구, 식구를 셀 때 양사를 올바르게 사용할 수 있도록 지도한다.
- 연령에 따라 각각 다른 방법으로 나이를 물어볼 수 있도록 지도한다.

Ⅴ. 본시 교수·학습 지도안

<table>
<tr><td>일시</td><td>2018. 09. 04</td><td>대상</td><td>고등학생</td><td>지도
교사</td><td>○○○</td></tr>
<tr><td rowspan="3">단원
학습
목표</td><td rowspan="2">3. 你叫什么名字?</td><td>차시</td><td>3/3</td><td rowspan="2">장소</td><td rowspan="2">1학년
8반 교실</td></tr>
<tr><td>쪽수</td><td>48</td></tr>
<tr><td colspan="5">1. 가족이 몇 명인지 말할 수 있다.
2. 연령에 따라 나이를 물을 수 있다.</td></tr>
<tr><td rowspan="2">준비
자료</td><td colspan="2">교사</td><td colspan="3">학생</td></tr>
<tr><td colspan="2">교과서, 판서, 프린트, ppt</td><td colspan="3">교과서, 필기구, 프린트</td></tr>
</table>

<table>
<tr><td rowspan="2">단
계</td><td rowspan="2">형
태</td><td rowspan="2">수업의
흐름</td><td colspan="2">교수·학습 활동</td><td rowspan="2">시
간</td><td rowspan="2">자료(◦)
및
유의점(·)</td></tr>
<tr><td>교사</td><td>학생</td></tr>
<tr><td rowspan="6">도
입</td><td rowspan="6">전
체
학
습</td><td>상호인사
및
출석확인</td><td>▸ 상호 인사
- 학생들과 밝은 얼굴로 인사하고 출석을 확인</td><td>▸ 상호 인사
- 교사와 밝은 얼굴로 인사하고 출석에 응한다.</td><td rowspan="5">5</td><td></td></tr>
<tr><td>진단평가
및
과제제출</td><td>▸ 지난 차시 학습내용 복습
- 학습한 내용을 질문하여 이해도를 파악.
- 간단한 문제로 지난 차시 수업의 주요개념 이해 확인.
(이번차시 수업 예습 확인)
- 지난차시 제시한 과제를 점검하고 피드백을 해줌.</td><td>▸ 지난 차시 학습내용 복습
- 배웠던 학습내용을 인지하고, 부족한 부분은 보충.
- 문제의 답안을 확인하고 주요개념은 선생님과 정리.
(이번차시 수업 예습 확인)
- 수행한 과제를 제출함.</td><td>◦ PPT</td></tr>
<tr><td rowspan="2">학습목표
제시</td><td colspan="2">〈학습목표〉
1. 인구, 식구 셀 때의 양사를 알 수 있다.
2. 연령에 따른 표현으로 나이를 물을 수 있다.</td><td rowspan="2">◦ 판서
(학습목표)
◦ PPT</td></tr>
<tr><td>▸ 학습목표 제시
- 이번 시간 학습목표를 학생들과 함께 큰 소리로 읽음.</td><td>▸ 학습목표 확인
- 이번 시간 학습목표를 확인하고 큰 소리로 읽음.</td></tr>
<tr><td>동기유발
및
본시학습
내용안내</td><td>▸ 동기유발
- 동영상을 방영한다.
▸ 본시 학습 내용 안내
- 이번 시간에 학습할 내용에 대해 간략하게 설명하여 학생들이 학습에 임할 준비를 할 수 있도록 함.</td><td>▸ 동기유발
- 동영상을 시청한다.
▸ 본시 학습 내용 확인
- 이번 시간에 학습할 내용에 대해 확인하고, 수업에 임할 준비를 한다. 동시에 배울 내용이 무엇일지 예상해 봄.</td><td>◦ 동영상</td></tr>
</table>

전개	전체 학습	본문	▸ 본문 - 교사는 48쪽 1~4번을 읽어줌. 한 번 더 읽어 주고 학생이 따라 읽게 지도. - 48쪽 1번을 설명한다. (不의 사용) - 48쪽 2번을 설명함. (다양한 방법으로 상대방의 이름을 물어볼 수 있다 설명) - 48쪽 3번을 설명한다. (有, 口, 几를 설명함) - 48쪽 4번을 설명함. (나이를 물어 볼 때 상대방의 나이에 따라 표현이 달라짐을 설명) - 48쪽을 한 번 더 읽어줌.	▸ 본문 - 선생님을 따라 읽음. - 선생님이 설명해주시는 것을 잘 듣고 이해함. (교재에 나와 있지 않은 내용은 필기함) - 선생님을 따라 읽음.	12분	○ ppt
	전체 및 개별 학습	질의응답	▸ 질의응답하기 - 이번 시간에 배운 내용 중 궁금한 점이나 이해되지 않는 부분을 질문하도록 유도. (있다면 다시 설명)	▸ 질의응답하기 - 이번 시간에 배운 내용 중 궁금한 점이나 이해되지 않는 부분을 질문.		
		형성평가 및 자기점검	▸ 형성평가 제시하기 - PPT로 형성평가 문제를 제시하여 이번 차시에 배운 내용을 확인 할 수 있도록 함. - 학생과 함께 답을 확인하며 피드백 해줌.	▸ 형성평가 해결하기 - 교사가 PPT상으로 제시한 형성평가 문제를 확인하고 풀어봄. - 교사의 지도에 따라 답을 확인하고 피드백을 받음.		
	전체 학습	학습내용 정리	**〈학습목표〉** **1. 인구, 식구 셀 때의 양사를 알 수 있다.** **2. 연령에 따른 표현으로 나이를 물을 수 있다.**		3분	
			▸ 본시학습 내용 정리 - 오늘의 학습목표를 상기시키고, 배웠던 주요 내용을 다시 한번 확인해 봄.	▸ 본시학습 내용 정리하기 - 판서를 보며 이번 시간의 학습 목표를 확인하고, 배웠던 주요 내용을 기억함.		
		과제제시 및 차시예고	▸ 과제 제시하기 ▸ 차시 예고하기 - 다음시간에는 4과에 대해 배울 것임을 안내.	▸ 과제 제시하기 ▸ 차시 예고하기 - 다음 시간에는 4과에 대해 배울 것임을 인지.		
		끝인사	▸ 상호 인사하기 - 학생들과 밝은 표정으로 인 사하며 수업을 마무리함.	▸ 상호 인사하기 - 교사와 밝은 표정으로 인사하며 수업을 마무리함.		

Ⅵ. 판서 계획

〈학습목표〉
1. 인구, 식구 셀 때의 양사를 알 수 있다.
2. 연령에 따른 표현으로 나이를 물을 수 있다.

Ⅶ. 동영상 출처

동영상 시청

28초 까지 시청

https://www.youtube.com/watch?v=ACmDR6THqz8&feature=youtu.be

Ⅷ. PPT 자료(붙임파일 참고)

중국어과 교수·학습 지도안

일 시	2020. 04. 13
장 소	○○○중학교
대 상	○학년○반
교 사	○○○

○ ○ 중 학 교

Ⅰ. 단원명: 4. 这是我哥哥。

Ⅱ. 학습 목표

• 나이와 학년을 묻고 답할 수 있다.
• 대상에 따라 나이 묻기 표현을 할 수 있다.

Ⅲ. 학습 계획

단원명	차시별 교수-학습 내용	차시
4. 这是我哥哥	관련 단어 배우기	1/5
	본문1 배우기	2/5
	본문2 배우기	3/5
	어법 배우기	4/5
	연습문제 풀이	5/5

Ⅳ. 지도상의 유의점

• 자신의 나이와 학년을 중국어로 표현할 수 있도록 지도한다.
• 대상에 따라 나이 묻는 표현이 다름을 이해할 수 있도록 지도한다.

Ⅴ. 본시 교수·학습 지도안

일시	2019.04.13	대상	중학생	지도교사	○○○
단원	4. 这是我哥哥。	차시	3/5	장소	2학년 1반 교실
		쪽수	48쪽		
학습목표	**1. 나이와 학년을 묻고 답할 수 있다.** **2. 대상에 따라 각기 나이를 물을 수 있다.**				
준비자료	교사: 교과서, 판서, ppt		학생: 교과서, 필기구		

단계	형태	수업의 흐름	교수·학습 활동: 교사	교수·학습 활동: 학생	시간	자료(○) 및 유의점(·)
도입	전체학습	상호인사 및 출석확인	▸ 상호 인사 - 학생들과 상냥한 얼굴로 인사. - 출석 확인.	▸ 상호 인사 - 교사와 상냥한 얼굴로 인사함. - 출석 학인에 대답함.	1분	
		과제점검 지난차시 복습 (진단 평가)	- 제시해 주었던 과제를 수업이 끝난 후 제출하도록 함. ▸ 지난 차시 학습내용 복습 - 학습한 내용을 질문하여 이해도를 파악. - 간단한 문제와 함께 지난 차시 수업 주요 개념 확인. - 부족한 부분은 보충해 학생들을 충분히 이해시킨다.	- 수행한 과제를 수업이 끝난 후 교탁위에 제출. ▸ 지난 차시 학습내용 복습 - 배웠던 학습내용을 인지하고, 부족한 부분은 보충. - 문제의 답안을 확인하고 주요 개념은 선생님과 정리.	1분	○ PPT
		학습목표 제시하기	〈학습목표〉 **1. 나이, 학년을 묻고 답할 수 있다.** **2. 대상에 따라 나이 물을 수 있다.** ▸ 학습목표 제시 - 이번 시간 학습목표를 학생들이 큰 소리로 읽게 함.	▸ 학습목표 확인 - 이번 시간 학습목표를 확인하고 큰 소리로 읽음.	1분	○ 판서 (학습 목표)
		동기유발 및 본시학습 내용안내	▸ 동기유발 - 수업과 관련 동영상을 방영하고 수업을 준비하게 함. ▸ 본시 학습내용 안내 - 배울 내용을 간략하게 설명.	▸ 동기유발 - 동영상을 시청한 후 이번 차시 수업을 상상하고 준비함. ▸ 본시 학습내용 안내 - 선생님의 설명을 잘 들음.	2분	○ PPT, 동영상

<table>
<tr><td rowspan="3">전
개</td><td>전
체
학
습</td><td>본문</td><td>▸ 본문
- 교사가 학생에게 본문 음성 파일을 들려줌.
- 교사가 본문 해석하고 설명.
- 학생 개인, 모둠별 역할을 정해 본문 대화를 읽게 함.
- 대상에 따라 나이 묻는 표현을 설명.</td><td>▸ 본문
- 교사가 들려주는 본문 음성 파일을 듣고 따라 읽음.
- 본문 해석, 설명을 듣고 이해.
- 학생 개인, 모둠별 역할을 정하여 본문 대화를 읽음.
- 대상에 따라 나이 묻는 표현을 이해.</td><td rowspan="3">13분</td><td>○ PPT</td></tr>
<tr><td rowspan="2">전체
및
개별
학습</td><td>질의
응답</td><td>- 이번 시간 배운 내용 중 이해되지 않는 부분 질문 유도.
- 학생의 질문에 자세히 설명.</td><td>- 이번 시간에 배운 내용 중 이나 이해되지 않는 부분 질문.
- 교사의 설명을 잘 듣고 이해.</td><td rowspan="2">○ PPT</td></tr>
<tr><td>형성평가
및
자기점검</td><td>▸ 형성평가 제시
- PPT로 형성평가 문제를 제시하여 이번 차시에 배운 내용을 확인함.
- 학생이 답하도록 유도하고 피드백 해줌.</td><td>▸ 형성평가 해결
- 교사가 PPT상으로 제시한 형성평가 문제를 풀이.
- 교사의 지도에 따라 답하도록 노력하고 피드백 받음.</td></tr>
<tr><td rowspan="5">정
리</td><td rowspan="5">전체
학습</td><td rowspan="2">학습내용
정리</td><td colspan="2">〈학습목표〉
1. 나이, 학년을 묻고 답할 수 있다.
2. 대상에 따라 나이 물을 수 있다.</td><td rowspan="5">3분</td><td rowspan="2">○ PPT</td></tr>
<tr><td>▸ 본시학습 내용 정리
- 오늘의 학습목표를 떠올리며, 배웠던 내용 다시 정리.
- 이번 차시 배운 내용 중 중요한 부분을 상기시킴.</td><td>▸ 본시학습 내용 정리
- 판서 보며 본 시간의 학습 목표 확인, 배웠던 내용 기억.
- 이번 차시 배운 내용 중 중요한 부분을 기억함.</td></tr>
<tr><td>과제제시
및
차시예고</td><td>▸ 과제 제시
- 학습 내용을 복습하고, 노트에 써내도록 제출기간 강조.
▸ 차시 예고
- 다음 시간에는 4단원 관련 어법을 배울 것을 예고.</td><td>▸ 과제 제시
- 배운 내용 복습과 과제를 꼭 해오고 제출기간을 인지.
▸ 차시 예고
- 다음 시간에는 4단원 관련 어법을 배울 것을 인지.</td><td>○ 과제 기간 강조 하기</td></tr>
<tr><td>끝인사</td><td>▸ 상호 인사
- 학생들과 밝은 표정으로 인사하며 수업을 마무리.</td><td>▸ 상호 인사
- 교사와 밝은 표정으로 인사하며 수업을 마무리.</td><td></td></tr>
</table>

Ⅵ. 판서 계획

〈학습목표〉

1. 나이, 학년을 묻고 답할 수 있다.
2. 대상에 따라 나이 물을 수 있다.

Ⅶ. 동영상 출처

https://www.youtube.com/watch?v=UFD8LeYHZfw&feature=youtu.be

Ⅷ. PPT 자료 & 붙임파일 참고

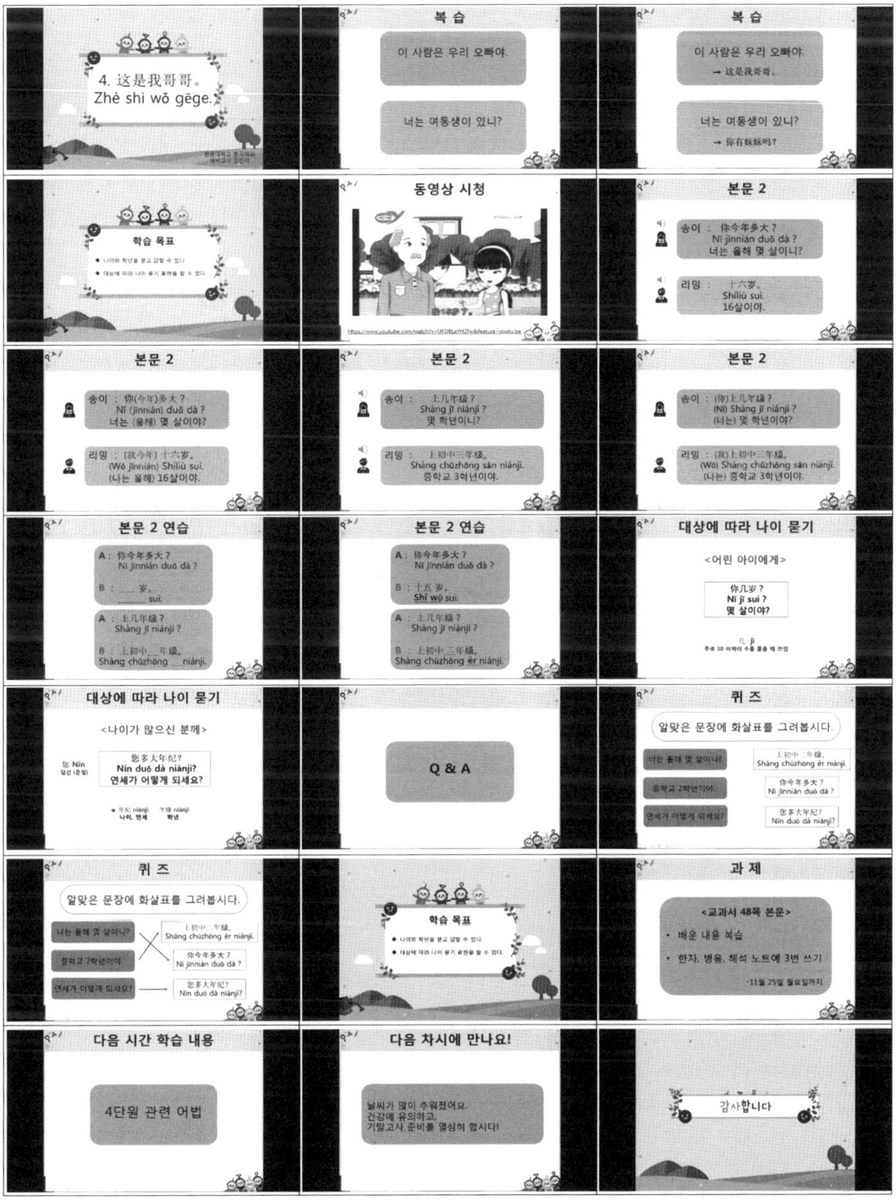

2.2 '중국어권 문화' 교수 · 학습 지도안

중국어과 교수·학습 지도안

일 시	2020. 09. 04
장 소	○○○중학교
대 상	○학년○반
교 사	○○○

○ ○ 중 학 교

Ⅰ. 단원명: 01. 중국의 지리환경

Ⅱ. 학습 목표

- 중국의 국호와 국기의 의미를 말할 수 있다.
- 중국의 지형을 설명할 수 있다.

Ⅲ. 학습 계획

단원명	차시별 교수-학습 내용	차시
01. 중국의 지리환경	1. 국호와 국기에 대해 의미와 특징을 말하기 2. 중국의 지형의 특징 설명하기	1/3

Ⅳ. **지도상의 유의점**

- 국호와 국기의 의미를 말할 수 있도록 지도한다.
- 중국의 지형을 이해하고 설명할 수 있도록 지도한다.

V. 본시 교수·학습 지도안

일시	2019. 11. 12. 화	대상	중학교 2학년	지도교사	○○○
단원	01. 중국의 지리환경	차시	1/3	장소	2학년 5반 교실
		쪽수	14쪽 ~ 33쪽		
학습 목표	**1. 중국의 국호와 국기의 의미를 말할 수 있다.** **2. 중국의 지형을 설명할 수 있다.**				
준비자료	교사		학생		
	교과서, ppt		교과서, 필기구, 공책		

단계	형태	수업의 흐름	교수·학습 활동 교사	학생	시간	자료(○) 및 유의점(·)
도입	전체학습	상호 인사 및 출석확인	▸ 상호 인사 - 학생들과 밝게 인사. - 출석을 확인.	▸ 상호 인사 - 교사와 반갑게 인사. - 자신 이름 호명에 대답.	1	○ 출석부
		지난차시 복습 (진단 평가)	▸ 지난 차시 학습내용 복습 - 학습한 내용을 질문하여 이해 도를 파악한다. - 간단한 문제와 함께 지난 차시 수업의 주요 개념 확인. (진단 평가를 한다.) - 학생들이 과제로 교과서 요약 해오기 점검.	▸ 지난 차시 학습내용 복습 - 배웠던 학습내용을 인지하고, 부족한 부분은 보충. - 문제 답안을 확인하고 주요 개념을 선생님과 함께 정리. - 과제를 올바르게 수행했는지 확인.	2	○ PPT
		학습목표 제시하기	〈학습목표〉 **1. 중국의 국호와 국기의 의미를 말할 수 있다.** **2. 중국의 지형을 설명할 수 있다.**		1	○ PPT
			▸ 학습목표 제시 - 이번 시간 학습목표를 교사가 먼저 읽고, 학생들이 따라 읽도록 지도한다.	▸ 학습목표 확인 - 이번 시간 학습목표를 확인하고 교사를 따라 큰 소리로 읽는다.		
		동기유발 및 본시학습 내용안내	▸ 동기유발 - 학습목표에 유의해서 관련 내용 PPT로 제시. ▸ 본시 학습내용 안내 - 배울 내용을 간략하게 제시.	▸ 동기유발 - 제시된 PPT를 보고 이번 시간에 배울 내용을 유추. ▸ 본시 학습내용 확인 - 교사의 설명을 경청.	1	○ PPT ○ 동영상

<table>
<tr>
<td rowspan="3">전개</td>
<td>전체
학습</td>
<td>PPT</td>
<td>▸ 본문
- 중국의 국호와 국기, 국장을 사진과 의미를 연관지어 설명.
- 홍콩의 구기, 구장, 구화와 마카오의 구기, 구장, 구화를 설명.
- 중국의 지형의 위치, 면적, 특성과 산맥을 사진과 함께 설명.
- 중국의 4대 강과 중국의 4대 고원, 중국의 4대 분지, 중국이 3대 평원을 사진과 함께 제시하여, 설명.</td>
<td>▸ 본문
- 교사의 설명을 경청.
- 제시된 PPT의 사진과 연관지어 교사의 설명을 경청.</td>
<td>10분</td>
<td>○ PPT
○ 사진
○ 교과서</td>
</tr>
<tr>
<td rowspan="2">전체
및
개별
학습</td>
<td>질의
응답</td>
<td>- 이번 시간에 어려웠거나, 이해가 되지 않았던 부분을 질문하도록 유도.</td>
<td>- 이번 시간에 어려웠거나, 이해가 되지 않았던 부분을 질문.</td>
<td></td>
<td rowspan="2">○ PPT
○ 교과서</td>
</tr>
<tr>
<td>형성평가
및
자기점검</td>
<td>▸ 형성평가 제시
- PPT에 형성평가를 제시하고 1분 안에 풀게 지도.
- 순회지도.</td>
<td>▸ 형성평가 해결
- PPT에 제시된 형성평가 풀이 시행.</td>
<td></td>
</tr>
<tr>
<td rowspan="4">정리</td>
<td rowspan="4">전체
학습</td>
<td rowspan="2">학습내용
정리</td>
<td colspan="2">〈학습목표〉
1. 중국의 국호와 국기의 의미를 말할 수 있다.
2. 중국의 지형을 설명할 수 있다.</td>
<td rowspan="3">4분</td>
<td rowspan="2"></td>
</tr>
<tr>
<td>▸ 본시학습 내용 정리
- 오늘의 학습목표를 확인하고, 배운 내용을 정리.</td>
<td>▸ 본시학습 내용 정리
- 제시된 PPT를 보며 학습 목표를 다시 확인하고, 교 사의 정리 기역.</td>
</tr>
<tr>
<td>과제제시
및
차시예고</td>
<td>▸ 차시 예고
- 다음시간 배울 내용 안내.

▸ 과제 제시
- PPT로 과제를 홈페이지에 탑재한 내용 제시하며, 수 행해오도록 지도.</td>
<td>▸ 차시 예고
- 제시된 PPT를 보고, 다음시간에 배울 내용을 확인.
▸ 과제 제시
- 제시된 PPT를 보고 과제를 숙지한다.</td>
<td>○ PPT</td>
</tr>
<tr>
<td>끝인사</td>
<td>▸ 상호 인사
- 학생들과 밝게 인사하고, 수업을 마친다.</td>
<td>▸ 상호 인사
- 교사와 밝게 인사하고 수 업을 마무리한다.</td>
<td>1분</td>
<td></td>
</tr>
</table>

Ⅵ. 판서계획

〈학습목표〉

1. 중국의 국호와 국기의 의미를 말할 수 있다.

2. 중국의 지형을 설명할 수 있다.

Ⅶ. 동영상 출처

https://www.youtube.com/watch?v=teqUvPBFFr

Ⅷ. PPT 자료

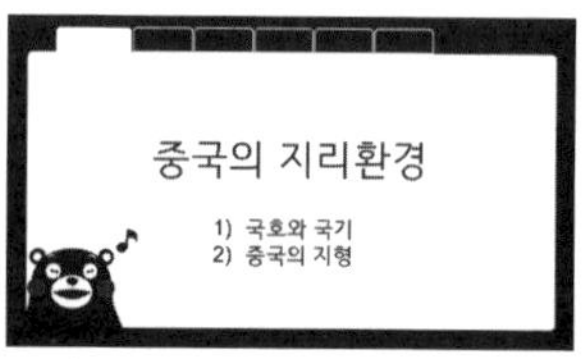

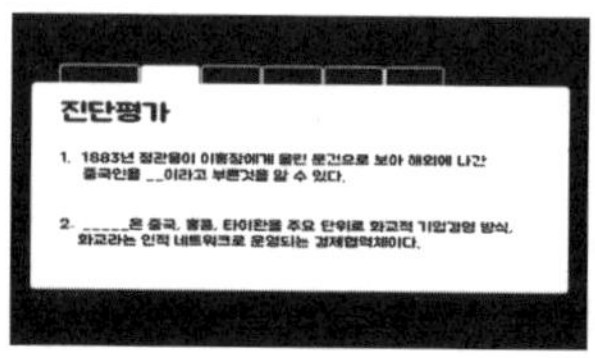

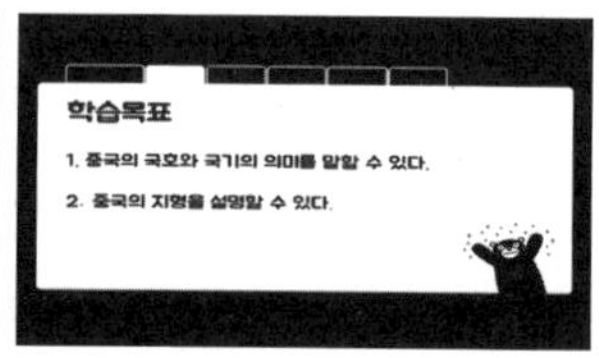

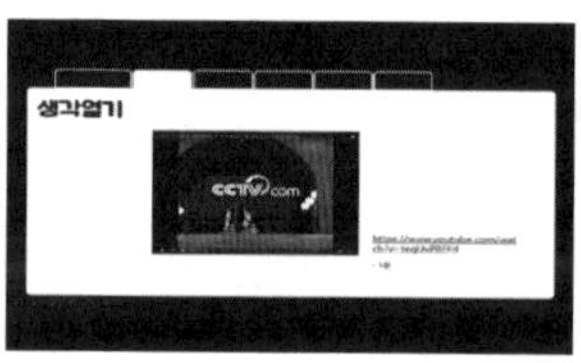

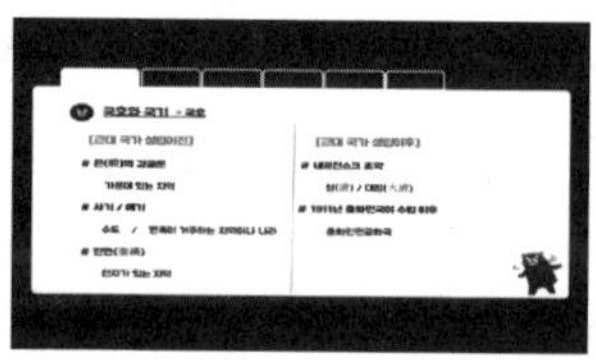

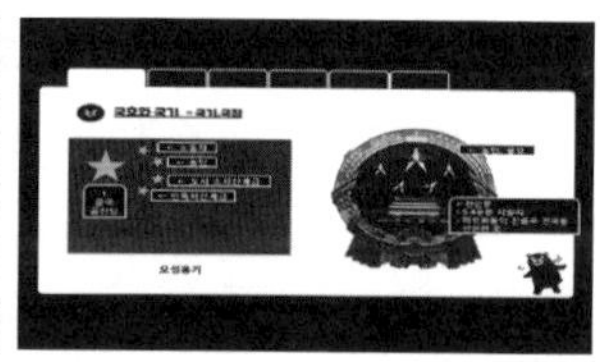

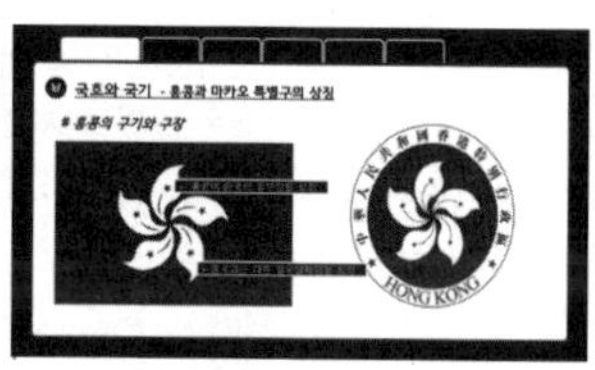

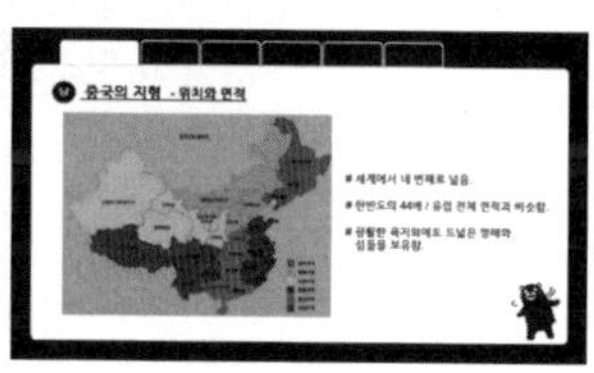

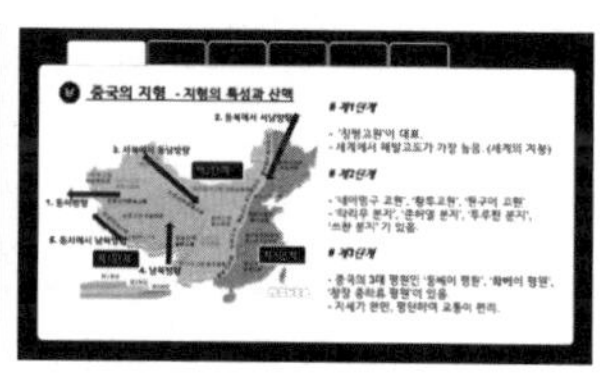

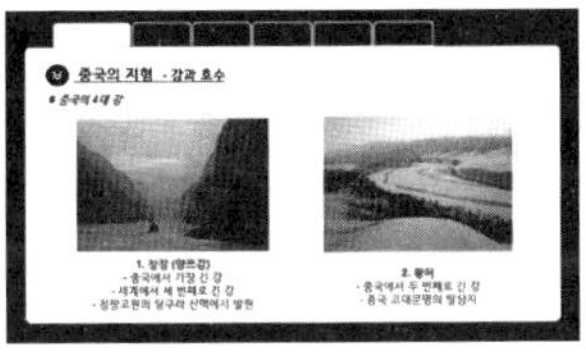
중국의 지형 - 강과 호수

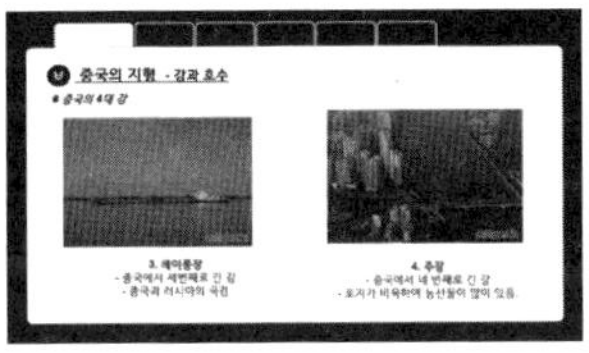
중국의 지형 - 강과 호수

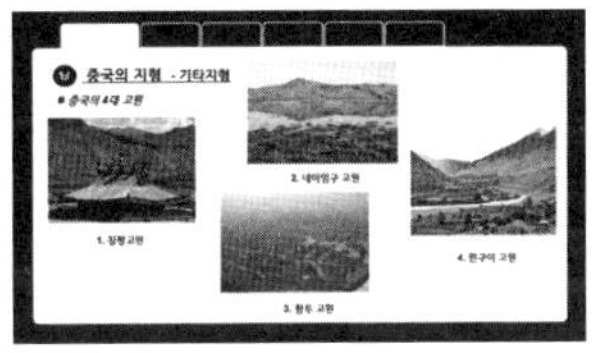
중국의 지형 - 기타지형

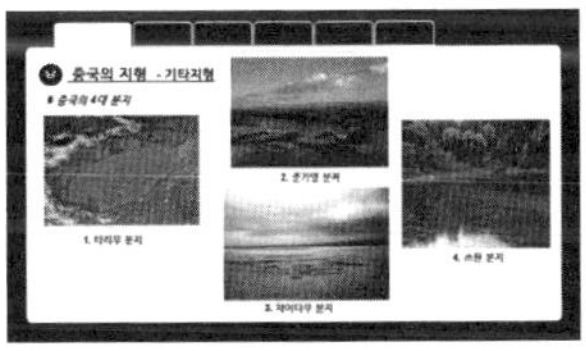
중국의 지형 - 기타지형

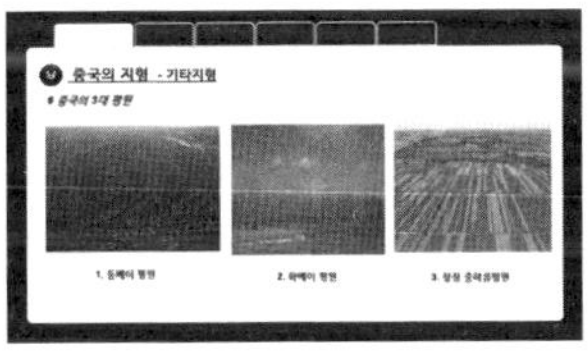
중국의 지형 - 기타지형

질문있나요?

형성평가
MACAU

형성평가
MACAU

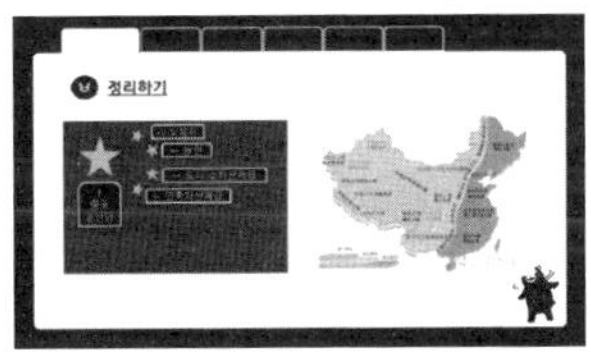
정리하기

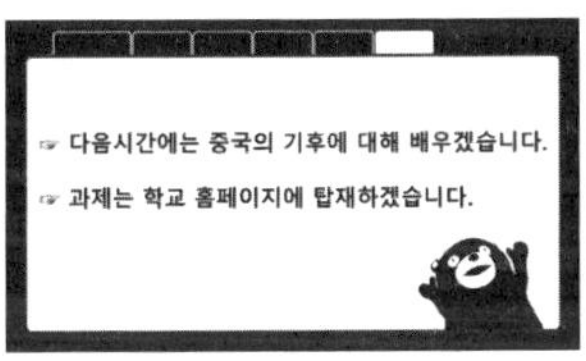
☞ 다음시간에는 중국의 기후에 대해 배우겠습니다.
☞ 과제는 학교 홈페이지에 탑재하겠습니다.

再见!

중국어과 교수·학습 지도안

일 시	2020. 09. 21
장 소	○○○고등학교
대 상	○학년○반
교 사	○○○

○ ○ 고 등 학 교

I. 단원명 : 04. 중국의 음식문화 – 2차시. 중국 각 지역의 음식문화

II. 학습 목표

- 중국의 4대 요리를 말할 수 있다.
- 중국인의 아침, 점심, 저녁식사를 설명할 수 있다.
- 중국의 향신료 4가지를 말할 수 있다.

III. 학습 계획

단원명	차시별 교수-학습 내용	차시
04. 중국의 음식문화	중국 음식문화의 특징	1/3
	중국 각 지역의 음식문화	2/3
	중국의 술과 차	3/3

IV. 지도상의 유의점

- 생소한 음식 이름을 시각자료들을 통해 이해하기 쉽도록 한다.
- 중국음식에 대한 혐오나 편견이 생기지 않도록 주의한다.

Ⅴ. 본시 교수·학습 지도안

<table>
<tr><td>일시</td><td colspan="3">2019.09.22</td><td>대상</td><td colspan="2">고등학생</td><td>지도
교사</td><td>○○○</td></tr>
<tr><td rowspan="2">단원</td><td colspan="3" rowspan="2">04. 중국의 음식문화</td><td>차시</td><td colspan="2">2/3</td><td rowspan="2">장소</td><td rowspan="2">2학년
3반 교실</td></tr>
<tr><td>쪽수</td><td colspan="2">p.135- 147</td></tr>
<tr><td>학습 목표</td><td colspan="8">1. 중국의 4대 요리를 말할 수 있다.
2. 중국인의 아침, 점심, 저녁식사를 설명할 수 있다.
3. 중국의 향신료 4가지를 말할 수 있다.</td></tr>
<tr><td rowspan="2">준비자료</td><td colspan="4">교사</td><td colspan="4">학생</td></tr>
<tr><td colspan="4">교과서, 판서, ppt, 시각자료</td><td colspan="4">교과서, 필기구, 프린트</td></tr>
</table>

<table>
<tr><td rowspan="2">단계</td><td rowspan="2">형태</td><td rowspan="2">수업의 흐름</td><td colspan="2">교수·학습 활동</td><td rowspan="2">시간</td><td rowspan="2">자료(○) 및 유의점(·)</td></tr>
<tr><td>교사</td><td>학생</td></tr>
<tr><td rowspan="5">도입</td><td rowspan="5">전체학습</td><td>자기소개
및
교재소개</td><td>▸ 자기소개
- 대학, 학과, 학년, 이름 말하고 수업시연 알림.
▸ 수업 교재 소개</td><td>▸ 수업 교재 소개
- 교재 소개를 듣고 준비.</td><td rowspan="2">1분</td><td rowspan="2"></td></tr>
<tr><td>상호인사
및
출석확인</td><td>▸ 상호인사, 출석확인
- 상호인사하며 안부 물음
- 출석호명으로 출결확인.</td><td>▸ 상호인사, 출석확인
- 교사와 정겹게 인사함.
- 출석확인에 대답.</td></tr>
<tr><td>과제제출

지난차시
복습
(진단
평가)</td><td>▸ 과제제출 안내
- 제시해주었던 과제를 제출하도록 안내, 점검.
▸ 지난 차시 학습내용 복습
- 학습한 내용을 질문하여 이해도를 파악.
- 간단한 문제로 지난 차시 수업의 주요 개념 파악하고, 부족한 부분을 보충해줌.</td><td>▸ 과제제출 확인
▸ 수업 후 과제를 제출.

▸ 지난 차시 학습내용 복습
- 배웠던 학습내용을 인지하고, 부족한 부분은 보충.
- 문제의 답안을 확인하고 주요 개념은 선생님과 정리.</td><td>1분</td><td>○ PPT</td></tr>
<tr><td rowspan="2">학습목표
제시하기</td><td colspan="2">〈학습목표〉
1. 중국의 4대 요리를 소개할 수 있다.
2. 중국인의 아침·점심·저녁식사를 설명할 수 있다.
3. 중국의 향신료 4가지를 말할 수 있다.</td><td rowspan="2">1분</td><td rowspan="2">○ 판서
학습목표</td></tr>
<tr><td>▸ 학습목표 제시
- 이번 시간 학습목표를 판서 후 읽고 학생들이 따라 읽게 함.</td><td>▸ 학습목표 확인
- 이번 시간 학습목표를 확인하고 큰 소리로 읽음.</td></tr>
</table>

<table>
<tr><td rowspan="2">도
입</td><td rowspan="2"></td><td rowspan="2">동기유발
및
본시학습
내용안내</td><td>▸ 동기유발
- 동영상 방영
</td><td>▸ 동기유발
▸ 동영상 시청 후 수업내용 예측, 상상
</td><td rowspan="2">1분</td><td rowspan="2">○ PPT
동영상</td></tr>
<tr><td>▸ 본시 학습내용 안내
- 배울 내용을 간략히 설명.</td><td>▸ 본시 학습내용 안내
- 배울 내용을 확인</td></tr>
<tr><td rowspan="3">전
개</td><td>전체
학습</td><td>본문</td><td>▸ 중국요리 설명
- 중국의 4대 요리 설명
- 아침, 점심, 저녁 설명

- 향신료 설명
- 자료들을 통해 이해를 도움</td><td>▸ 중국요리 설명
- 선생님의 설명을 잘 들음
- 다른 나라의 음식문화를 열린 마음으로 이해, 수용.
- 향신료 이해
- 우리나라 음식과 비교해 공통점과 차이점 찾아내기</td><td rowspan="3">13분</td><td>○ PPT
자료</td></tr>
<tr><td rowspan="2">전체
및
개별
학습</td><td>질의
응답</td><td>- 학생의 질문에 자세히 대답해주고, 더 있는지 확인.</td><td>- 궁금한 점을 자신 있게 말함</td><td rowspan="2">○ PPT
자료</td></tr>
<tr><td>형성평가
및
자기점검</td><td>▸ 형성평가 제시
- PPT로 형성평가 문제를 제시하고 이번 차시에 배운 내용을 확인함.
- 학생이 답을 얻게 하고 피드백 해줌.</td><td>▸ 형성평가 해결
- 교사가 PPT상으로 제시한 형성평가 문제를 확인하고 풀이함.
- 교사 지도에 따라 답을 얻도록 노력, 피드백 받음.</td></tr>
<tr><td rowspan="5">정
리</td><td rowspan="5">전체
학습</td><td rowspan="2">학습내용
정리</td><td colspan="2">〈학습목표〉
1. 중국의 4대 요리를 소개할 수 있다.
2. 중국인의 아침·점심·저녁식사를 설명할 수 있다.
3. 중국의 향신료 4가지를 말할 수 있다.</td><td rowspan="5">3분</td><td rowspan="2"></td></tr>
<tr><td>▸ 본시학습 내용 정리
- 오늘의 학습목표를 상기시키고, 배웠던 주요 단어를 다시 한번 확인.</td><td>▸ 본시학습 내용 정리
- 판서를 보며 본 시간의 학습목표를 확인하고, 배웠던 주요 단어를 기억.</td></tr>
<tr><td>과제제시
및
차시예고</td><td>▸ 과제 제시
- 다음시간 제출하도록 안내.
▸ 차시 예고
- 다음시간에 중국의 술과 차에 대해 공부할 것을 예고.</td><td>▸ 과제 제시
- 과제 수행, 제출기간 인지.
▸ 차시 예고
- 다음시간에 어떤 부분을 배울 것인지 인지.</td><td>○ 과제
기간
강조</td></tr>
<tr><td>끝인사</td><td>▸ 상호 인사
- 학생들과 밝은 표정으로 인사하며 수업을 마무리.</td><td>▸ 상호 인사
- 교사와 밝은 표정으로 인사하며 수업을 마무리.</td><td></td></tr>
</table>

Ⅵ. 판서 계획

〈학습목표〉
1. 1. 중국의 4대 요리를 말할 수 있다.
2. 중국인의 아침·점심·저녁식사를 설명할 수 있다.
3. 중국의 향신료 4가지를 말할 수 있다..

Ⅶ. 동영상 출처

https://www.youtube.com/watch?v=1ufE6XMvK9Y 중국요리 소개 맛있는 녀석들

Ⅷ. PPT 자료 & 붙임파일 참고

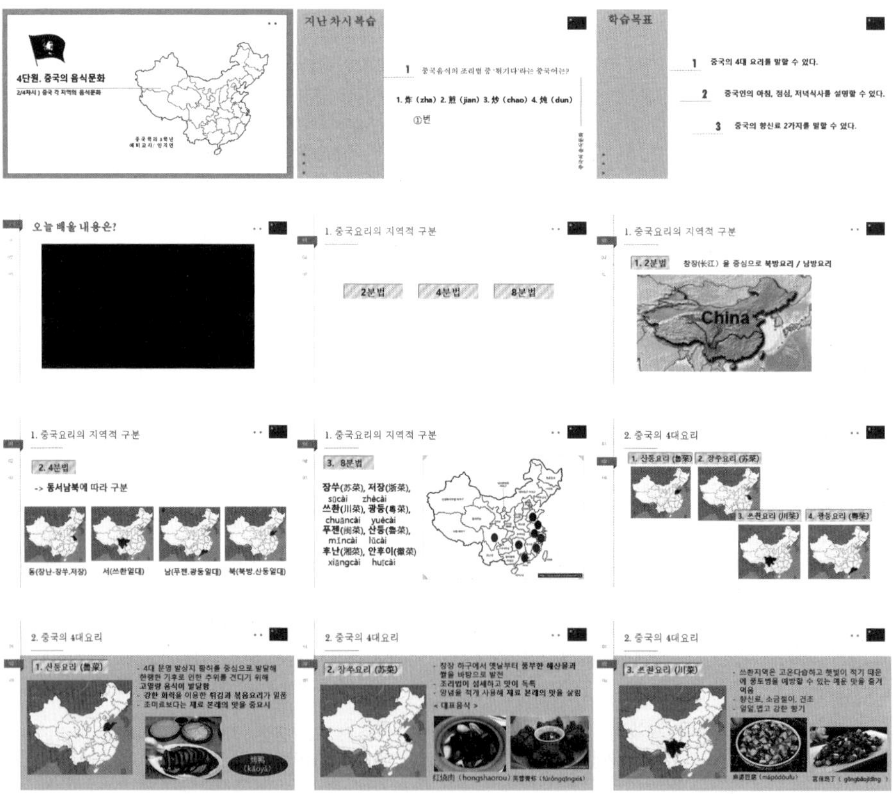

2. 중국의 4대요리
4. 광동요리 (粵菜)
- 조미료 중시, 향기롭고,개운하고,부드럽고,미끄러운 특징
- 재료의 다양성
- 탕요리 중요시
点心 (diǎnxīn)
叉烧 (chāshāo)

3. 중국의 대중음식
1.아침
- 보편적으로 즐기는 대표적 아침식사는 油条(yóutiáo)와 豆浆(dòujiāng)

3. 중국의 대중음식
1.아침
- 包子 (bāozi) , 馒头 (mántou)

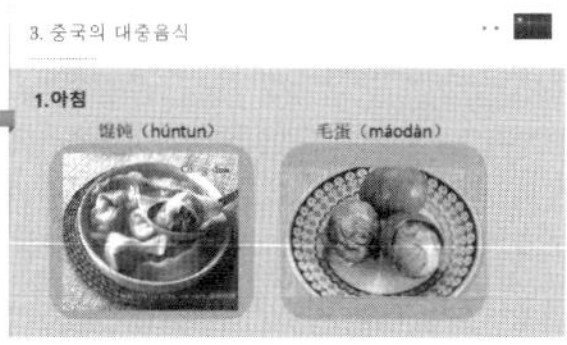
3. 중국의 대중음식
1.아침
馄饨 (húntun)
毛蛋 (máodàn)

3. 중국의 대중음식
2. 점심
- 아침과 큰 차이는 없으나 밥과 국수 외에 볶음요리 등을 먹음
- 패스트푸드를 즐기기도 함
必胜客
麦当劳

3. 중국의 대중음식
3. 저녁
火锅 ()
羊肉串 ()

4. 중국의 향신료
香菜 (xiāngcài)
- 독특한 향으로 호불호가 심한 야채
- 일반적으로 요리나 탕, 국수 위에 뿌려져 나옴

4. 중국의 향신료
花椒 (huājiāo)
- 산초나무 열매의 회초
- 중국음식을 조리할 때 매콤하고 알싸한 맛을 내기 위해 첨가되는 향신료

질문시간

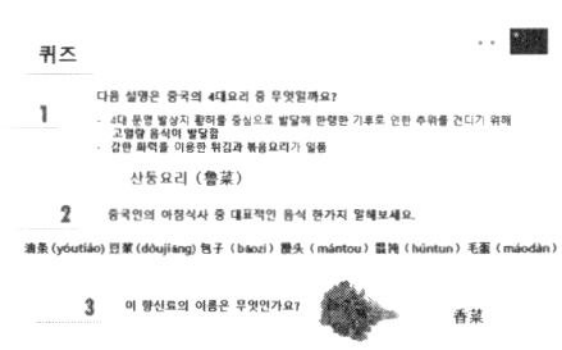
퀴즈
1 다음 설명은 중국의 4대요리 중 무엇일까요?
- 4대 문명 발상지 황허를 중심으로 발달해 한랭한 기후로 인한 추위를 견디기 위해 고열량 음식이 발달함
- 강한 화력을 이용한 튀김과 볶음요리가 일품
산동요리 (鲁菜)
2 중국인의 아침식사 중 대표적인 음식 한가지 말해보세요.
油条 (yóutiáo) 豆浆 (dòujiāng) 包子 (bāozi) 馒头 (mántou) 馄饨 (húntun) 毛蛋 (máodàn)
3 이 향신료의 이름은 무엇인가요?
香菜

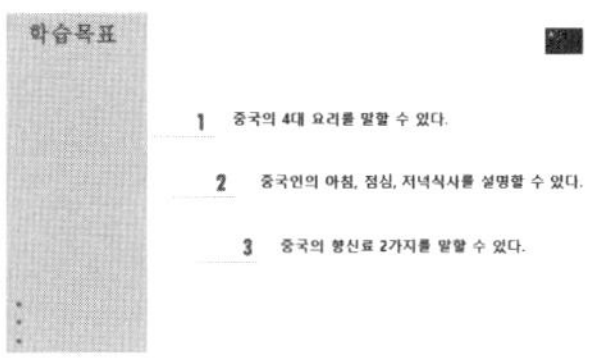
학습목표
1 중국의 4대 요리를 말할 수 있다.
2 중국인의 아침, 점심, 저녁식사를 설명할 수 있다.
3 중국의 향신료 2가지를 말할 수 있다.

과제
먹어보고 싶은 중국요리 3가지 조사해오기

차시예고
3차시. 중국의 술과 차 문화

THANK YOU

중국어과 교수·학습 지도안

일 시	2020. 04. 30
장 소	○○○고등학교
대 상	○학년○반
교 사	○○○

○ ○ 고 등 학 교

Ⅰ. 단원명 : 2. 중국의 민족

Ⅱ. 소단원 학습 목표

- 중국 소수민족의 문화를 이해할 수 있다.
- 중국 정부의 소수민족정책을 설명할 수 있다.

Ⅲ. 소단원 학습 계획

단원명	교수 - 학습 내용	차시
2. 중국의 민족	- 중국 소수민족의 인구와 분포에 대해서 설명 - 중국의 소수민족정책에 대해서 설명 - 중국 소수민족의 문화에 대해서 설명 - 소수민족과 중국정부의 분쟁에 대해서 설명	1/3

Ⅳ. 지도상의 유의점

- 중국 소수민족의 인구와 분포를 설명할 수 있도록 지도한다.
- 중국의 소수민족정책에 대해 설명할 수 있도록 지도한다.
- 중국 소수민족의 문화에 대해 설명할 수 있도록 지도한다.
- 소수민족과 중국정부의 분쟁에 대해 설명할 수 있도록 지도한다.

Ⅴ. 본시 교수·학습 지도안

<table>
<tr><td>일시</td><td>2018. 04. 30. 금. 1교시</td><td>대상</td><td>고등학생</td><td>지도
교사</td><td>○○○</td></tr>
<tr><td rowspan="2">단원</td><td rowspan="2">2. 중국의 민족</td><td>차시</td><td>1/3</td><td rowspan="2">장소</td><td rowspan="2">2학년
3반 교실</td></tr>
<tr><td>쪽수</td><td>66쪽 ~ 91쪽</td></tr>
<tr><td>학습목표</td><td colspan="5">1. 중국 소수민족의 문화를 이해할 수 있다.
2. 중국 정부의 소수민족정책을 설명할 수 있다.</td></tr>
<tr><td rowspan="2">준비자료</td><td colspan="2">교사</td><td colspan="3">학생</td></tr>
<tr><td colspan="2">교과서, ppt</td><td colspan="3">교과서, 필기구, 프린트</td></tr>
</table>

<table>
<tr><td rowspan="2">단
계</td><td rowspan="2">형
태</td><td rowspan="2">수업의
흐름</td><td colspan="2">교수·학습 활동</td><td rowspan="2">시
간</td><td rowspan="2">자료(○)
및
유의점(·)</td></tr>
<tr><td>교사</td><td>학생</td></tr>
<tr><td rowspan="5">도
입</td><td rowspan="5">전
체
학
습</td><td>상호인사
및
출석확인</td><td>▸ 상호 인사하기
- 학생들과 밝은 얼굴로 인사하고 출석을 확인.</td><td>▸ 상호 인사하기
- 교사와 밝은 얼굴로 인 사하고 출석확인에 응답.</td><td>1분</td><td></td></tr>
<tr><td>진단평가
및
과제제출</td><td>▸ 지난 차시 학습내용 복습
- 학습한 내용을 질문하여 학생들의 이해도를 파악.
'중국의 성급 행정단위'
- 학습한 내용 관련 문제 제시.
▸ 제시한 과제 제출 요망.</td><td>▸ 지난 차시 학습내용 복습
- 배웠던 학습내용을 스스로 인지.
- 문제의 답안을 맞추어본다.
▸ 과제 제출.</td><td>3분</td><td>○ 판서
(학습
목표)</td></tr>
<tr><td rowspan="2">학습목표
확인하기</td><td colspan="2">〈학습목표〉
1.중국 소수민족의 문화를 이해할 수 있다.
2.중국 정부의 소수민족정책을 설명할 수 있다.</td><td rowspan="3"></td><td rowspan="2"></td></tr>
<tr><td>▸ 학습목표 제시하기
- 이번 시간 학습목표를 함께 큰 소리로 2번 읽도록 지도한다.</td><td>▸ 학습목표 확인하기
- 이번 시간 학습목표를 함께 큰 소리로 2번 읽는다.</td></tr>
<tr><td>동기유발</td><td>▸ 동기유발
▸ 본시 학습내용 안내
- 배울 내용에 대해 간략하게 동영상 방영.</td><td>▸ 동기유발
▸ 본시 학습내용 확인
- 선생님이 준비한 동영상을 시청.</td><td>○ 동영상</td></tr>
</table>

전개	전체 학습	학습 내용의 교수 학습	▸ 본문 - 중국 소수민족의 인구와 분포를 설명. - 소수민족의 2가지 요건 설명. - 중국 소수민족 소개하고 지리적 분포를 설명. - 중국의 소수민족 정책 5가지 기본 원칙을 설명. - 소수민족의 언어와 종교 문화 풍속 문화를 설명. - 각 소수민족의 특징에 대해 흥미를 느낄 수 있도록 관련된 사진과 영상을 활용.	▸ 본문 - 중국 소수민족의 인구와 분포를 인지. - 소수민족의 2가지 요건 인지. - 중국 소수민족 이름과 지리적 분포를 인지. - 중국의 소수민족 정책 5가지 기본 원칙을 인지. - 소수민족의 언어와 종교 문화 풍속 문화를 인지. - 교사가 제시한 각 소수민족의 특징을 관련 사진과 영상을 활용 인식.	7분	○ ppt
	전체 및 개별 학습	질의응답	▸ 질의응답하기 - 이번 시간에 배운 내용 중 궁금한 점이나 이해되지 않는 부분을 질문하도록 유도. - 학생들의 질문에 대하여 다른 학생들도 그에 대한 답변해볼 수 있도록 유도.	▸ 질의응답하기 - 이번 시간에 배운 내용 중 궁금한 점이나 이해되지 않는 부분을 질문. - 다른 학생이 한 질문을 듣고 그에 대한 답변을 생각해 본 뒤, 교사 설명 들으며 정리.	3분	
		형성평가 및 자기점검	▸ 형성평가 제시하기 - 형성 평가지를 나누어주고 이번 차시에 배운 내용을 확인. - 형성평가 후 답을 얻을 수 있도록 유도하고 피드백'.	▸ 형성평가 해결하기 - 형성 평가지를 받고 문제 풀이. - 교사의 지도에 따라 답을 얻는데 노력하고 피드백 받음.		
정리	전체 학습	수업내용 정리	〈학습목표〉 **1.중국 소수민족의 문화를 이해할 수 있다.** **2.중국 정부의 소수민족정책을 설명할 수 있다.**			
			이번 차시에 수업 내용을 정리.	이번 차시에 수업 내용을 기억.		
		과제제시 및 차시예고	▸ 다음 차시 제출 과제 제시 ▸ 차시 예고하기 - 다음 시간에 중국의 언어와 문자에 대해 배울 것을 안내.	▸ 다음 차시 제출 과제 기억 ▸ 차시 예고하기 - 다음 시간에 중국의 언어와 문자에 대해 배울 내용 인지.		
		끝인사	▸ 상호 인사하기 - 학생들과 밝은 표정으로 인사하며 수업을 마무리.	▸ 상호 인사하기 - 교사와 밝은 표정으로 인사하며 수업을 마무리.		

Ⅵ. 판서 계획

<table>
<tr><td>

〈학습목표〉

1.중국 소수민족의 문화를 이해할 수 있다.

2.중국 정부의 소수민족정책을 설명할 수 있다.

</td></tr>
</table>

Ⅷ. 동영상 출처

http://www.le.com/ptv/vplay/1750667.html

Ⅶ. ppt자료

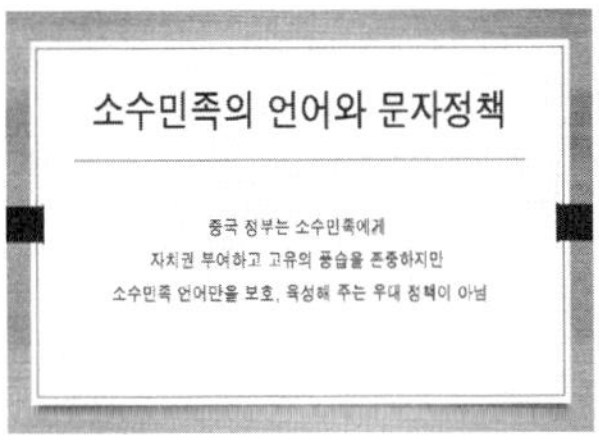
소수민족의 언어와 문자정책
중국 정부는 소수민족에게
자치권 부여하고 고유의 풍습을 존중하지만
소수민족 언어만을 보호, 육성해 주는 우대 정책이 아님

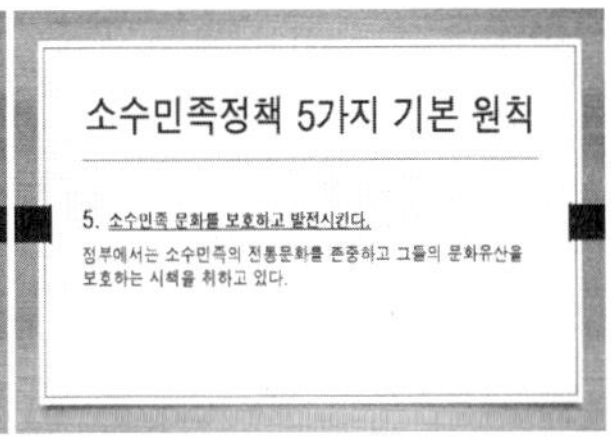
소수민족정책 5가지 기본 원칙
5. 소수민족 문화를 보호하고 발전시킨다.
정부에서는 소수민족의 전통문화를 존중하고 그들의 문화유산을 보호하는 시책을 취하고 있다.

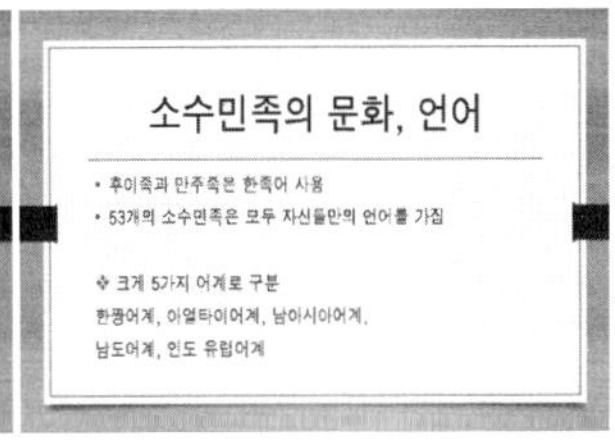
소수민족의 문화, 언어
• 후이족과 만주족은 한족어 사용
• 53개의 소수민족은 모두 자신들만의 언어를 가짐
❖ 크게 5가지 어계로 구분
한짱어계, 아얼타이어계, 남아시아어계,
남도어계, 인도 유럽어계

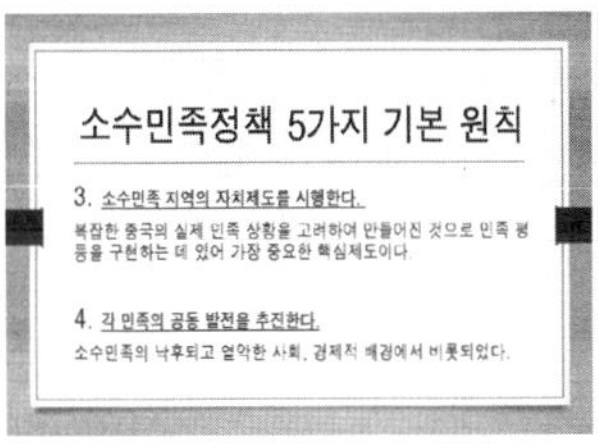
소수민족정책 5가지 기본 원칙
3. 소수민족 지역의 자치제도를 시행한다.
복잡한 중국의 실제 민족 상황을 고려하여 만들어진 것으로 민족 평등을 구현하는 데 있어 가장 중요한 핵심제도이다.
4. 각 민족의 공동 발전을 추진한다.
소수민족의 낙후되고 열악한 사회, 경제적 배경에서 비롯되었다.

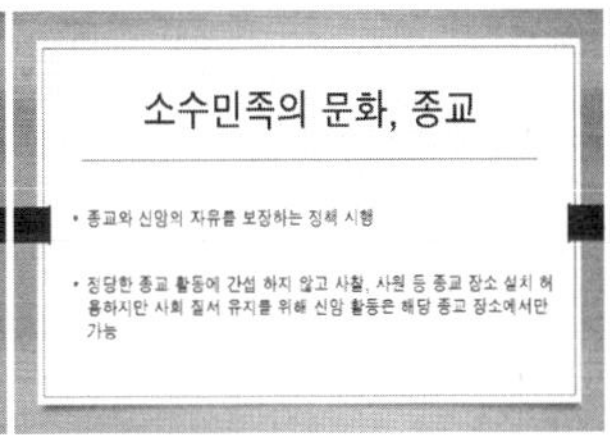
소수민족의 문화, 종교
• 종교와 신앙의 자유를 보장하는 정책 시행
• 정당한 종교 활동에 간섭 하지 않고 사찰, 사원 등 종교 장소 설치 허용하지만 사회 질서 유지를 위해 신앙 활동은 해당 종교 장소에서만 가능

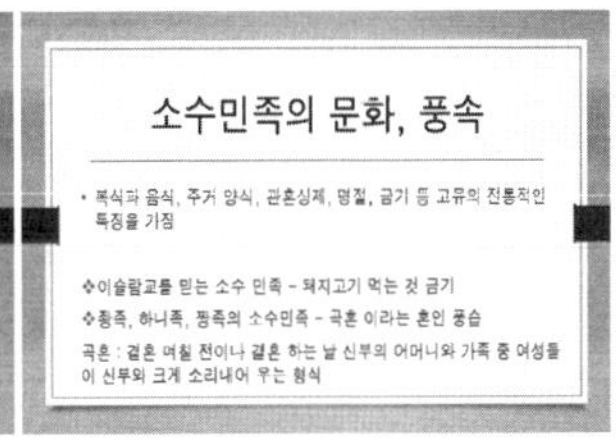
소수민족의 문화, 풍속
• 복식과 음식, 주거 양식, 관혼상제, 명절, 금기 등 고유의 전통적인 특징을 가짐
❖이슬람교를 믿는 소수 민족 - 돼지고기 먹는 것 금기
❖좡족, 하니족, 퐝족의 소수민족 - 곡혼 이라는 혼인 풍습
곡혼 : 결혼 며칠 전이나 결혼 하는 날 신부의 어머니와 가족 중 여성들이 신부와 크게 소리내어 우는 형식

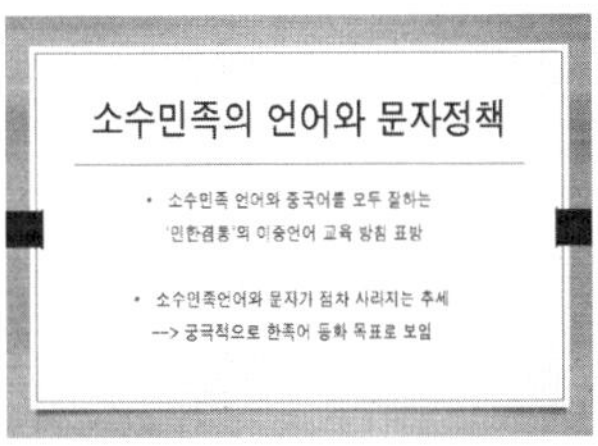
소수민족의 언어와 문자정책
• 소수민족 언어와 중국어를 모두 잘하는 '민한겸통'의 이중언어 교육 방침 표방
• 소수민족언어와 문자가 점차 사라지는 추세
--> 궁극적으로 한족어 동화 목표로 보임

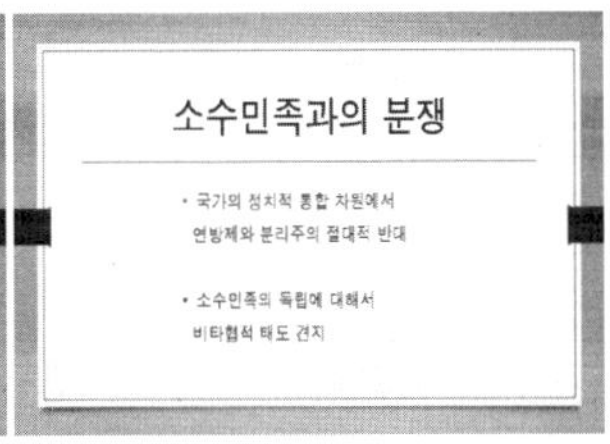
소수민족과의 분쟁
• 국가의 정치적 통합 차원에서
연방제와 분리주의 절대적 반대
• 소수민족의 독립에 대해서
비타협적 태도 견지

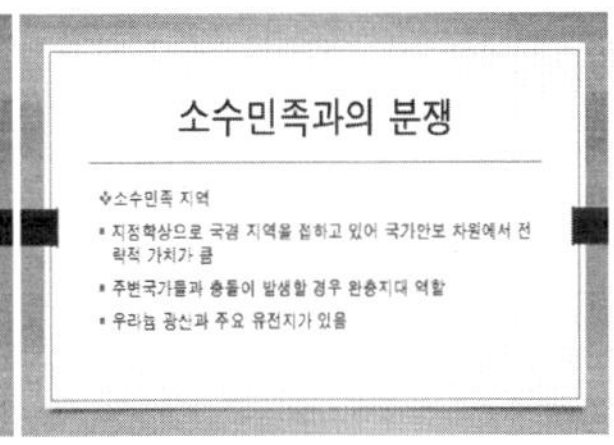
소수민족과의 분쟁
❖소수민족 지역
• 지정학상으로 국경 지역을 접하고 있어 국가안보 차원에서 전략적 가치가 큼
• 주변국가들과 충돌이 발생할 경우 완충지대 역할
• 우라늄 광산과 주요 유전지가 있음

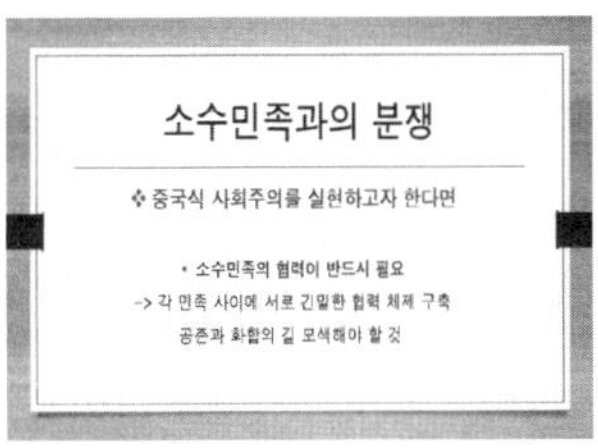
소수민족과의 분쟁
❖ 중국식 사회주의를 실현하고자 한다면
• 소수민족의 협력이 반드시 필요
-> 각 민족 사이에 서로 긴밀한 협력 체제 구축
공존과 화합의 길 모색해야 할 것

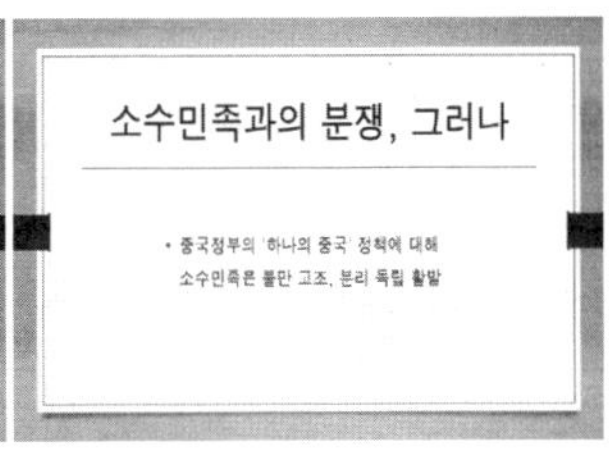
소수민족과의 분쟁, 그러나
• 중국정부의 '하나의 중국' 정책에 대해
소수민족은 불만 고조, 분리 독립 활발

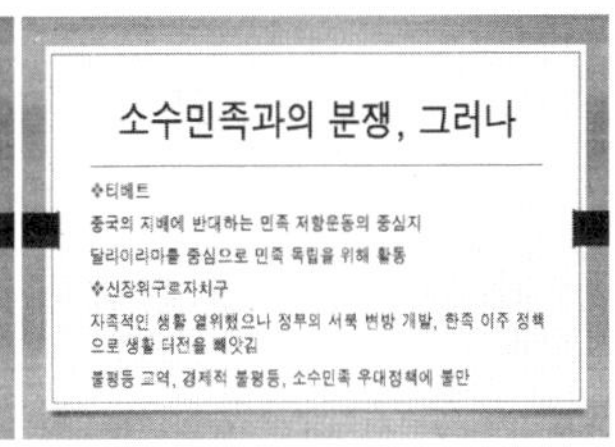
소수민족과의 분쟁, 그러나
❖티베트
중국의 지배에 반대하는 민족 저항운동의 중심지
달리이라마를 중심으로 민족 독립을 위해 활동
❖신장위구르자치구
자족적인 생활 영위했으나 정부의 서북 변방 개발, 한족 이주 정책으로 생활 터전을 빼앗김
불평등 교역, 경제적 불평등, 소수민족 우대정책에 불만

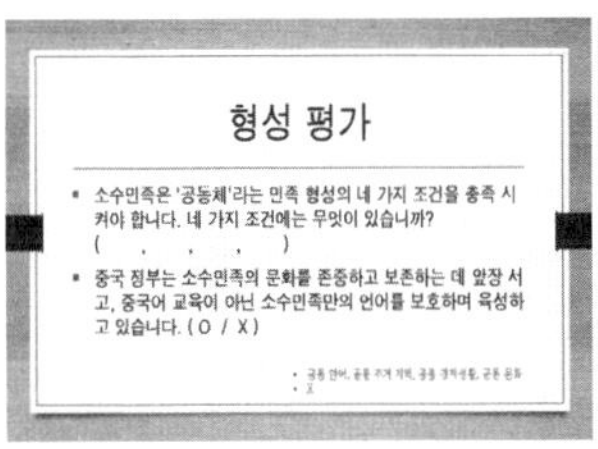
형성 평가
• 소수민족은 '공동체'라는 민족 형성의 네 가지 조건을 충족 시켜야 합니다. 네 가지 조건에는 무엇이 있습니까?
(, , ,)
• 중국 정부는 소수민족의 문화를 존중하고 보존하는 데 앞장 서고, 중국어 교육이 아닌 소수민족만의 언어를 보호하며 육성하고 있습니다. (O / X)

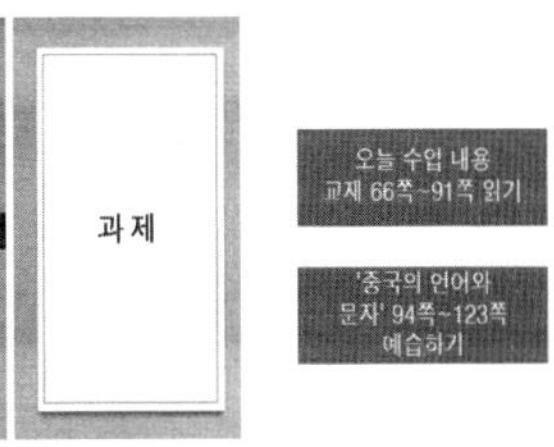
과 제
오늘 수업 내용
교재 66쪽~91쪽 읽기
'중국의 언어와
문자' 94쪽~123쪽
예습하기

감 사 합 니 다.

3.『중국어』 교과 중등교원 임용시험(1998~2020) '중국어 교과교육' 관련 기출문제

【1998 중등교원 임용시험 중국어 교과 기출문제】

01 우리말에는 많은 한자가 활용되고 있다. 이 점이 중국어 학습에 미칠 수 있는 긍정적인 영향과 부정적인 영향을 설명하시오. (7점)

【1999 중등교원 임용시험 중국어 교과 기출문제】

02 孔子는 풍부한 실천 경험을 가지고 도덕 수양을 중사함으로써 스스로 우수한 교사로서의 품성을 구비하였던 고대 중국의 위대한 사상가요 교육가이다. 다음의 4 문장에서는 공자가 강조한 바람직한 교사가 되기 위해 갖추어야 할 기본적인 자질과 조건에 대하여 언급하고 있다. 이를 읽고 각 문항의 요구에 맞는 답안을 작성하시오.(12점)

① 教师要尽自己的社会职责, 应重视自身的学习修养, 掌握广博的知识, 具有高尚的品德, 这是教人的前提条件。要保持一种"学如不及, 犹恐失之"的积极精神状态, 时刻考虑的是不断进步, 孔丘说:"德之不修, 学之不讲, 闻义不能徙, 不善不能改, 是吾忧也。" 如果不学习, 不修养, 止步不前, 就会失去为师的条件, 这是值得忧虑的。他自觉努力学习, 好古敏以求之, 对学习永不满足, 认为"可与言终日而不倦者, 其惟学乎!"他自称好学入了迷, 达到""发愤忘食, 乐以忘忧, 不知老之将至云尔。" 他终生好学乐学, 创造了终生为师的条件。

② 祗能记诵的人, 不足以为人师。教师既要了解掌握过去政治历史知识, 又要借鉴有益的历史经验认识当代的社会问题, 知道解决问题的办法。旧知识是已有的认识成果, 是认识继续发展的基础, 复习旧知识时能积极思考联想, 扩大认识范围或将认识进一步深化, 从而获得新的知识。巩固旧知识与探索新知识, 两者之间存在辩证关系。教师负有传递和发展文化知识的使命, 既要注意继承, 又要探索创新。

③ 教育是高尚的事业, 需要有对学生有高度责任心, 对社会有高度责任心的人来为服务。孔丘从30岁左右开始办学, 40多年不间断地从事教育活动, 就在他从政5年间, 也仍然从事传授, 周游列国时, 也随处讲学。他实行来者不拒的方针, 晚年也没有停止传授工作, 培养了许多学生。这种精神不仅表现在毕生从事教育, 还表现在以耐心说服的态度教育学生, 有的学生思想品德较差, 起点低, 屡犯错误, 他也不加嫌弃, 耐心诱导, 造就成才。如子路, 被人视为无恒的庸人, 恶劣至甚, 但"孔子引而教之, 渐渍磨砺, 导爽进, 猛气消损, 骄节曲折, 卒能政事, 序在四科。" 把子路改造过来并成为突出的人才, 是这种精神的实践。

④ 教师应以自己合乎道德规范的行为给学生作出榜样, 凡提倡学生做的, 自己必先做到, 不要学生做的, 自己首先不做, 所说的和所做的一致, 才能在学生心目中树立威信。孔丘说:"其身正, 不令而行; 其身不正, 虽令不从。" 又说:"不能正身, 如正人何?"本身作风端正, 树立了好榜样, 不用下命令也能行得通, 本身作风不端正, 虽然下了命令, 也没有人愿意听从。自己都不端正, 如何去端正别人? 这些道理来自社会实际经验, 不仅对道德教育是活用的, 而且也具有普遍意义。

2-1 위 각 문장의 주제어로 가장 알맞은 단어를 〈보기〉에서 하나씩 골라 쓰시오. (각 1점, 총 4점)

教学相长	有志竟成	以法为教	以身作则	聚少成多
教亦多术	学而不厌	学贵独创	以吏为师	盈科而进
以一警百	诲人不倦	温故知新	就事论事	洁身自好

① ______________________ ② ______________________

③ ______________________ ④ ______________________

2-2 위 문장을 읽고 孔子가 강조한 교사로서의 자질과 조건에 대하여 400자 내외로 서술하시오.(8점)

【2000 중등교원 임용시험 중국어 교과 기출문제】

03 제 7차 교육과정에서의 고등학교 교육목표는 '조화로운 인격형성, 성숙한 자아의식 함양, 창의적 사고력 배양, 적성과 소질의 개발, 전통 문화의 계승, 국가 공동체에 대한 공헌, 시민으로서의 역할 강조' 등으로 요약할 수 있다. 다음 문장에서 주장하는 내용은 위에서 제시한 교육목표 가운데 어느 항목과 가장 밀접하게 관련되어 있는가를 쓰고 그것을 주장한 중국의 사상가 이름을 쓰시오.(4점)

> 在〈马蹄〉篇中, 他通过伯乐养马的故事说明了不顺应自然必将受到惩罚的道理。还以伯乐为象征批评了在教育过程中类似伯乐那样自以为"我善治马", 而实际上大批残害马致死的人和事, 深切的指出了教育者的责任。而在〈人间世〉篇中更是以大森林中的有用之材往往不能活到他的自然寿命, "而中道夭于斧斤"的事例向教育者提出一个颇可深思的问题 : 为何有用之材最易中途夭折 ?他告诉人们 : 正因为是有用之材, 所以也就更早更多地受到种种人为干预, 也就更易使其天性受到摧残。

04 先秦时期 儒家와 墨家 등은 각각 나름대로 특정적인 교육 사상을 제시하였다. 다음 각 문장에서는 교사의 교육방법 및 영향에 대한 그들의 주장이 설명되어 있다. 이를 읽고 각 문항에 알맞은 답안을 쓰시오.(총 10점)

① 要使启发式具有针对性, 产生实效, 首先就要明了学生的个性特征和才能志趣。他说:"德行:颜渊、闵子骞、冉伯牛、仲弓; 言语:宰我、子贡; 政事:冉有、子路; 文学:子游、子夏。"这就是后世(　　)一语的由来。此处是他就学生的才能特长辨西析分类。也有对学生个性优劣的分析记载, 如:'由也果'、'赐也达'、'求也艺'、'柴也愚'、'参也鲁'、'师也辟'、'由也喭'等等。在熟悉和了解学生个别的实际情况后, 他就能有的放失地运用各种灵活的方式, 促进学生的主动求知精神, 并到扬长避短、补偏救弊的效果。

② 他没有直接提出(　　)的原则, 但在长期的教学实践中, 却自觉或不自觉地履行这条重要原则。他对弟子进行教育决不是千篇一律, 千人一义。他总是因人、因地、因时地不同而施以不同的教育, 采用不同的教材和方法。他要求弟子:"能谈辩者谈辩, 能说书者说书, 能从事者从事。"他的这种因地制宜、因人而异、量力施教的思想, 至今仍有借鉴意义。

③ 他说:"流水之为物也, 不盈科不行; 君子之志于道也, 不成章不达。"他借流水作比喻, 流水在进行中必须充满坑穴才能继续前进; 所以君子有志于学问道德, 没有一定的成就也不能融会贯通。他在别的地方也说过:"源泉……盈科而后进, 放乎四海。"他仍然流水作比喻, 说明源泉滚滚往下流的江河, 也是须把经过的地汪满, 才能向前奔流, 直至流到大海里去。

④ 他要求教师要努力、积极、主动地去解决问题, 要永远起主导作用, 决不可怠卷而被动。他说:"不强说人, 人莫之知也。"他又以撞钟为例说:'扣则鸣', 但还不够, 更重要的是要:'虽不扣必鸣', 他反对教师'待问而后对', '弗问不言'的被动施教, 并驳斥某人"击之则鸣, 弗击不鸣"的主张。他在施教中, 用了许多生动形象的例子来阐明教师从事教育必须起主导作用和充分发挥主观能力作用的重要。

⑤ 他人为, 高明的工匠不因为水平拙劣的学徒改变规矩, 著名射手羿也不因为水平低下的射手变更拉弓的标准。君子教育门人正如射手张满了弓弦, 却不发箭, 只作出跃跃式的姿势。君子教人, 置身丁正确的模式中, 有能力的门徒便跟着学习前进。'引而不发'就是指拉满了弓弦而不发箭的意思, 要学生自己去拉弓去发箭, 教师不包办代替。这是同"不愤不启, 不悱不发"的」本旨相同的地方。总的原则是启发学生自己思考、自己动手, 不主张包办代替的教育措施。

4-1 윗글 ①, ②는 모두 교사의 교수 학습 방법에 대해서 설명하고 있는데, 그 내용을 20자 내외의 우리말로 요약하고, 주제어로 (   )안에 공통적으로 들어갈 4음절의 중국어를 쓰시오. (4점)

4-2 윗글③, ④, ⑤는 교육 방법상 교사가 수행해야 할 역할을 설명하고 있는데, 그것이 구체적으로 무엇인지 각각 20자 내외의 우리말로 기술하시오. (6점)

【2001 중등교원 임용시험 중국어 교과 기출문제】

05 고등학교 제 7차 교육과정에서는 학생들에게 교과목의 선택영역을 넓혀줌으로써 폭넓은 정서함양과 전인교육의 기회를 제공해주고 있다. 따라서 교사는 고상한 인격과 수준 높은 전공지식, 그리고 풍부한 실천경험을 가지고 전공 지식의 효과적인 교수·학습뿐만 아니라, 학생의 잠재능력과 적성 그리고 인성부분까지 알아보는 식견이 있어야 한다. 아래의 글은 교사와 학생 간에 일어난 따뜻한 감동의 이야기다. 다음을 읽고 각 물음에 답하시오. (총 6점)

在声乐专业招生考试中, 初试成绩优异的考生陈伊玲在复试时大失水准, 声乐专家苏林老师深入查访, 慧眼识才, 品艺兼优的陈伊玲终于通过了复试矣。

20岁的陈伊玲是从部队文公团专业回上海的, 在200多名考生中, 她的初试成绩列入优等。她唱的《二月里来》、《有一个良辰佳日》以灿烂的音色和深沉的感情惊动了四座。连一向以要求严格闻名的苏老师也颔首赞许。初选后, 考试委员和旁听者都认为, 陈伊玲将会顺利通过复试。可一周后的复试, 她唱的那两支歌, 都声音发涩, 毫无光彩, 听起来前后判若两人。

是录取她, 还是不录取? 考试委员会意见不一。爱才的苏老师亲自前往陈伊玲家查访。原来两三天前, 台风袭击造成了电线走火, 那里发生了火灾。热心助人的青年团员陈伊玲在里弄里帮着安置灾民整夜没睡, 影响了嗓子, 而第二天恰好是她复试的日子。苏老师一向认为, 要成为一个真正的艺术家, 首先要是一个高尚的人。陈伊玲品艺兼优, 她终于被录取了。

5-1 이 글에 등장하는 교사가 평소에 지니고 있었던 교육관을 우리말 20자 내외로 요약하시오. (4점)

5-2 교사의 자질을 가장 집약적으로 나타내면서 이 글의 제목으로 적당한 말을 본분에서 찾아 중국어로 쓰시오. (2점)

【2002 중등교원 임용시험 중국어 교과 기출문제】

06 사회교육 사상가로서의 孔子는 중국 고대의 노래 가사집인《诗经》을 중시했는데, 이는"조화로운 인격을 형성하고, 성숙한 자아의식을 함양한다"는 고등학교 제 7차 교육과정의 교육 목표에도 부합된다. 孔子가《诗经》을 중시한 까닭을 전통 儒家의 사회교육 사상과 연계시켜 아래 예시문의 내용을 활용하여 120자 내외로 논하시오.(5점)

> 子曰:“诗三百, 一言以蔽之, 曰:‘思无邪’。”《论语·为政》
> 子曰:“兴于诗, 立于礼, 成于乐。”《论语·泰伯》
> 子曰:“吾自卫反鲁, 然后乐正, 雅颂各得其所。”《论语·子罕》
> (子曰 :)“不学诗, 无以言。”《论语·季氏》
> 子曰:“小子何莫学夫诗? 诗, 可以兴, 可以观, 可以群, 可以怨。迩之事父, 远之事君, 多识于鸟兽草木之名。”《论语·阳货》
> 子曰:“入其国, 其教可知也。其为人也, 温柔敦厚, 诗教也。”《礼记·经解》
> 子曰:“诵诗三百, 授之以政。不达, 使于四方, 不能专对, 虽多亦奚以为?”《论语·子路》

【2003 중등교원 임용시험 중국어 교과 기출문제】

07 중국의 사회교육사상에 관한 다음 질문에 답하시오 (총 9점)

7-1 자아의 완성에서 시작하여 '平天下'로까지 나아갈 것을 설명한《大学》의 중심 논지는 '조화로운 인격을 형성하고', '국가 공동체에 대해 공헌한다'는 고등학교 제 7차 교육과정의 교육 목표에도 부합한다. 治者로서 修己治人의 도리를 집약한《大学》의 '三纲领'을 쓰시오.

① ______ ② ______ ③ ______

【2004 중등교원 임용시험 중국어 교과 기출문제】

08 제 7차 고등학교 외국어과 교육과정 (『중국어』II)의 총괄 목표 중 하나는 의사소통 능력을 배양하는 것이다. 다음 물음에 답하시오.(총 7점)

8-1 다음은 '의사소통 기능' 중 '일상적인 대인 관계'에 속하는 예시 문이다. 그 세부 기능 항목을 쓰시오.(2점)

王先生： 您好! 近来忙吗? 祝您身体健康, 学习进步!

8-2 다음은 A교사의 중국어 수업 계획이다. 각 차시의 대표적인 '언어 재료'가 무엇인지 쓰시오.(5점)

① 1차시: 这个字怎么写?	② 2차시: 汉语拼音方案的'韵母'联系
③ 3차시: 课堂常用词汇的介绍	④ 4차시: '把'字句和'被'字句
⑤ 5차시: 中国人怎么过春节呢?	

① ______________________ ② ______________________

③ ______________________ ④ ______________________

⑤ ______________________

【2005 중등교원 임용시험 중국어 교과 기출문제】

09~10 제 7차 고등학교 교육과정은 인격의'조화'를 중시하고 있다. 이러한 조화 지향의 사유는 중국 전통 사상에서도 그 원형을 찾아 볼 수 있다. 다음 글은'서로 다른 두 기본적 구성요소'간의 상호 관계를 통해 다양하게 类推되는 중국 전통 사유 체계를 설명한 글의 일부이다. 다음 글을 읽고 물음에 답하시오.(총 4점) (5점)

- 天尊地卑, 乾坤定矣。卑高以陈, 贵贱位矣。动静有常, 刚柔断矣。方以类聚, 物以群分, 吉凶生矣。在天成象, 在地成形, 变化见矣。是故刚柔相摩, 八卦相盪。
- 一阴一阳之谓道。继之者善也, 成之者信也。
- 阳卦多阴, 阴卦多阳, 其故何也?阳卦奇, 阴卦耦。
- 昔者圣人之作易也, 将以顺性命之理。是以立天之道曰:"阴与阳。" 立地之道曰:"柔与刚。" 立人之道曰:"仁与礼。" 兼三才而两之, 故易六画而成卦, 分阴分阳, 迭用刚柔, 故易六位而成章。

09 위 글의 출전을 한자로 쓰시오.(2점)

____

10 위 글에 근거하여 ㉠과 ㉡에 들어갈 말을 〈보기〉에서 골라 쓰시오.(2점)

서로 다른 두 기본적 요소'는 (㉠)적 관계로 존재하지만, 궁극적으로는 (㉡)적 관계를 이룬다. 따라서 총체적 관점에서 볼 때, 양자는'(㉠)적 (㉡)관계'에 있다고 말할 수 있다.

阴柔, 补完, 人为, 自然, 阳刚, 对立

㉠ ______________ ㉡ ______________

【2006 중등교원 임용시험 중국어 교과 기출문제】

11 외국어 학습의 가장 중요한 목적은 의사소통이다. 다음은 제 7차 외국어과 중국어 교육과정의'의사소통 기능'중'정보 및 의견 교환'에 속하는 예시 문이다. 예시문 ㉠~㉣에 대한 세부 기능 항목을 〈보기〉에서 찾아 쓰시오.(4점)

㉠ 今天比昨天热。	火车没有飞机快。
㉡ 我吃过广东菜。	他去过很多地方。
㉢ 参观的人越来越多。	这孩子又白又胖。
㉣ 我完全同意你的意见。	我们反对你这样做。

묘사, 감사, 가설, 비교, 의무, 추측, 경험, 사실 확인, 동의나 반대

㉠ ______________________ ㉡ ______________________

㉢ ______________________ ㉣ ______________________

【2007 중등교원 임용시험 중국어 교과 기출문제】

12 다음은 제 7차 외국어과 교육과정(중국어) 중'의사소통 기능'의 예시 문이다. 예시 문 ㉠~㉢에 관련된 항목을 〈보기〉에서 찾아 쓰시오.(3점)

> ㉠ 听说他要去英国。他刚才来电话说晚上来看你。
> ㉡ 要是他去, 我们就不去。如果有空, 就去看一下吧。
> ㉢ 一百年以后的这个世界会怎么样? 在我的想象中, 我的猫已经长大了。

> 가설, 감사, 부탁, 비교, 상상, 전언

㉠ ______________ ㉡ ______________ ㉢ ______________

13 다음(1)~(3)에서 설명하는 교수법의 명칭을 각각 쓰시오. (3점)

> (1) 它是用目的语教授目的语, 不用学生的母语, 不用翻译, 也不用注重语法形式的第二语言／外语教学法。它主张仿照'幼儿学语'的方式和自然过程来设计第二语言／外语教学过程, 以顺乎人类学语言的自然规律。
> (2) 它是最古老的教学法。它是使用学生的母语来教授第二语言／外语, 并以系统地教授语法知识为基础的一种第二语言／外语教学法。它主张在第二语言教学过程中学生的母语与目的语并用, 通过翻译和系统的语法知识的讲授学习第二语言。
> (3) 它主张先教听说, 后教读写(按听所读写的顺序进行), 注重口头语言表达能力的培养, 重点放在发展学生的听说技能上 : 它以句型操练为主要训练手段, 是一种以结构为主的第二语言／外语教学法。

(1) ____

(2) ____

(3) ____

【2008 중등교원 임용시험 중국어 교과 기출문제】

14 교사는 학생의 학습 욕구, 필요, 수준에 맞게 적절한 학습 목표와 내용을 설정해야 한다. 아래 대화에서'大为'에게 필요한 학습 내용은 무엇인지, 〈보기〉에서 4개를 찾아 그 번호를 쓰시오.(4점)

〈在百货商店〉

张明:大为, 你在这儿干什么?
大为:我买音乐光盘。
张明:你常来这儿吗?
大为:不, 今天一次来。
张明:你喜欢什么音乐?
大为:中国音乐, 可是不知道什么买。
张明:我觉得这张光盘较好, 是"梁祝"。
大为:"梁祝", 这是什么?
张明:在中国很有名的爱情故事。
大为:名字真奇怪, 他"祝"什么?
张明:不是, 梁山伯与祝英台。以后给你介绍。
大为:小姐, 这儿有钱。
售货员:不是, 先到收银处付钱吧。
大为:收什么?
张明:跟我来。我帮你

① 전치사[介词] '在'용법의 연습	② 상황[情况] 중심의 회화 연습
③ 动量词의 사용법 학습	④ 동사'是'에 대한 활용법 학습
⑤ 序数 표현법 연습	⑥ 형용사 술어 문 이해
⑦ 중국 전통문화에 대한 이해	⑧ 문장성분의 어순 이해
⑨ 동사 중첩의 이해	

________________, ________________, ________________, ________________

【2009 중등교원 임용시험 중국어 교과 기출문제】

15 제 7차 교육과정(중국어)에서 제시한'의사소통 기능 제시 문'의 세부 기능 항목 중 다음의 대화 내용과 관련이 없는 것은?(4점)

> 秀雅:妈, 刚才有个性刘的阿姨来电话, 说你们同学聚会地点变了。
> 妈妈:噢。还说什么了没有?
> 秀雅:还说, 如果下大雪的话就不聚了, 因为交通不方便。
> 妈妈:奇怪, 她怎么不打我的手机呢?
> 秀雅:妈, 刘阿姨是不是特别喜欢我的那个刘阿姨啊?
> 妈妈:不是, 喜欢你的那个阿姨姓陆。不过这个刘阿姨你也见过, 个子不高, 说话有口音。
> 秀雅:是不是带女儿来过咱家? 她女儿比我大几岁, 特被活泼。
> 妈妈:对, 就是那刘阿姨。她女儿叫晓雪。
> 秀雅:晓雪姐现在干什么呢?要是有空儿, 挺想见见的。
> 妈妈:听说正读研究生呢。跟你一样, 还没对象。刘阿姨挺担心的。

① 묘사 ② 비교 ③ 가설 ④ 전언 ⑤ 부탁

16 초급 수준의 중국어 수업 활동으로 적절하지 않은 것은?

① 模仿写明信片, 给家人或朋友简单地介绍一下自己的生活。

② 根据日期的变化, 让学生做生日卡、圣诞卡、教师节卡等等。

③ 对就业、环保、教育等话题以讨论的形式进行会话技能训练。

④ 制作一份作息表, 在每个钟点上标出起床、睡觉、吃饭等内容。

⑤ 利用实物或模型学习汉语词汇, 减少学生对汉语的陌生感。

17 제 2언어 교수법의'명칭'의 연결이 적절하지 않는 것은?

	명칭	설명
①	认知法 (Cognitive Approach)	该法的语言学基础是乔姆斯基的转换生成理论, 他提出一个'语言习得机制'假说来家解释语言学习过程, 区分了语言能力和与语言行为。该法注重发展学生的语言能力, 使学生能够运用有限的语言规则创造性地理解和生成无限的句子。
②	暗示法 (Suggestopedia)	该法强调自然习得, 课堂全部用于进行注重内容, 注重信息交流的交际活动, 给学习者提供语言习得的机会。一般不纠正学习者的错误, 以免影响其表达的积极性, 只有在笔头作业中才纠正错误, 并强调自我纠正。
③	咨询法 (Counseling Learning)	该法也称'团体语言学习法'或'群体学习法'。完全打破了以教师为中心的老传统, 充分发挥学生的主体作用, 重视人的主观因素和学习心理特点, 注重建立良好的学习环境和人际关系, 最大限度地发挥学生的主动性。
④	全身反应法 (Total Physical Response)	该法是以儿童习得第一语言的理论为依据。用祈使句进行指令训练, 主张先理解后表达, 通过动作指令学习语言。该法对成人学习的特点注意不够, 对读写能力的培养考虑也不够, 比较活用于初级阶段的第二语言教学。
⑤	交际法 (Communicative Approach)	该法又称'意念法', '功能法', 或'意念功能法', 是以语言功能和意念项目为纲, 根据学习者的实际需要, 选取真实自然的语言材料, 培养在特定的社会语境中有效地掌握运用第二语言的能力。

18 다음은 발음 지도법인 '带音法'에 대한 설명이다. 이 방법을 이용한 발음 지도가 아닌 것은?

> 带音法就是用一个已学过的音素或学习者母语中存在的音素, 带出另一个发音部位和发音方法与之相关的新音素; 或以一个容易发的音, 带出另一个发音部位与之相近的较难发的音。

① 先发o, 然后拖长o的音长, 以手指嘴, 嘴角在慢慢向两边展开, 使唇形由圆而扁, 便发出e来。

② 先教i, 待i发准后, 教师以手指嘴, 延长I的音长, 而嘴形逐渐收拢, 由扁而圆, 便发出ü音来。

③ 先发sh, 然后可利用sh的发音部位, 拖长sh的音长, 振动声带使声音由清变浊, 便自然发出r来。

④ 先发不送气音d, 然后发送气音t, 进行声音对比, 使学生辨别二者不同的声音形象。

⑤ 拖长s声母的音长, 舌尖与硬腭前段之间保持一定的距离, 可以发出舌尖前元音-i[ɿ]

19 다음은 A교사의 수업 자료 중 일부이다. (가), (나)를 동시에 고려하여 A교사가 수업 시간에 지도할 내용으로 적절한 것은?

资料		文化内容	词语
(가)		过年时, 中国人有贴年画的习俗。年画里常常画有莲花、鱼、桃和蝙蝠等。	莲年有鱼 (连年有余) 蝙蝠(遍福)
(나)		中国人很少把伞和钟作为礼物送人。	伞(散) 钟(终)

① 歇后语　　② 禁忌语　　③ 方言词
④ 四字成语　　⑤ 谐音现象

20 A교사는 듣기와 말하기 연습을 위하여 다음 내용의 녹음테이프를 준비하였다. A교사가 학생들에게 녹음을 들려준 후 질문할 내용으로 적절하지 <u>않는</u> 것은?

> 中国是茶的原产地。中国利用茶的历史, 距今已四千多年。最初是作药用, 后来又当菜吃。随着历史的推进, 茶逐渐成为中国人民喜爱的一种饮料。饮茶, 注重一个'品'字。'品茶'不仅是鉴别茶的优劣, 更带有神思遐想和领略饮茶情趣之意。有不少人喜欢上茶馆喝茶。茶馆里多设置竹制靠椅、小茶桌, 或靠或坐不觉累, 闭目养神不怕摔。一些茶馆还经常举办评书、京剧等演出, 以丰富茶馆的文娱生活。著名的老舍茶馆就是其中的代表。

① 所谓'品茶'的含义是什么?
② 朋友见面为什么一定要喝茶呢?
③ 文章里介绍的著名茶馆叫什么?
④ 中国利用茶的历史悠久, 最初是作什么用?
⑤ 在一些茶馆里还可以享受些什么样的文娱生活?

21 填入文中(　) 处, 嘴恰当的是哪一项?

> 选用教材要明确所选教材适用于何种教学类型, 课堂类型和教学对象。也就是说, 教材必须有明确的(　　), 要适合使用对象的特点。最基本的特点是母语, 母语文化背景与目的语, 目的语文化对比所确定的不同的教学重点。此外, 还要考虑学习者的年龄、国别、文化程度特点等等。

① 针对性　　② 交际性　　③ 系统性
④ 科学性　　⑤ 趣味性

22 다음은 교육에 관한 荀子의 견해를 설명한 것이다. (가), (나)에 들어갈 말로 가장 적절한 것은?

> 荀子认为礼是最高的社会规范, 是用来矫正一个人的思想行为的。但礼是属于, 学生必须通过教师的传授和示范才能懂得这些礼法和规则。他形象地把礼喻为颜色、声音, 而教师就像辨别声音、颜色的耳、目, 若不重视(가), 犹如聋人, 盲人欲辨声色, 没有不错误的。从这个意义讲, 教师甚至比礼还重要。另外, 荀子还认为, 在师生关系中, 教师具有绝对的权威, 学生应该以师言为准则, 应该像服从君王的指令一样无条件的服从教师的教诲。他说:"言而不称师谓之畔(叛), 教而不称师谓之倍(背)。" 对这种背叛教师教导的人, 君王不用之, 士大夫耻与言之。可见, 他的尊师不仅是教育原则, 也是(나)。

	(가)	(나)		(가)	(나)
①	师生关系	平等思想	②	辨别声色	教育理念
③	教师与礼制	道德观念	④	教师的作用	政治原则
⑤	教诲与规则	教授方法			

23 下面是A教师的课堂教学活动, 内容中<u>没</u>显示的是哪一项?

> A老师是教汉语的教师。她平时上课很注意观察学生特点, 对不同个性的学生采取不同的方法。比如赵明浩同学性格比较外向, A老师就注意引导他正确使用句式, 正确书写汉字词语; 孙美静同学性格比较内向, 不太喜欢张嘴说, A老师就注意引导她多开口说汉语, 并不断给她鼓励。
>
> 今天A老师教同学们如何用汉语来问路。A老师先根据课文内容, 简单而准确地对各句式做了说明。然后带大家练习基本句型, 最后她根据设计的场景, 把事先制作好的卡片发给大家, 请大家根据卡片上指示的内容, 做问路的游戏。如果遇到想说不会说的, 或者忘了的词语, 可以请求老师帮助, 但不能使用韩国语。最先准确到达目的地的学生, A老师奖给他一个书签。全体同学积极参与, 课堂气氛十分活跃, 得到奖品的同学也十分开心。

① 寓教于乐　② 学以致用　③ 揠苗助长
④ 因材施教　⑤ 精讲多练

24 밑줄 친 부분의 중국어 번역문과 (　)에 들어갈 서식 용어로 적절한 것은?

> 学院领导：
> 　您好！
> 　来国际交流学院学习已经两年了, 这两年经过老师的辛勤教育和自己的努力, 汉语听、说、读、写的水平都有提高。汉语水平考试将于元月二十日在北京举行, 为了做好充分准备迎接考试, 우리 반을 대표하여 저는 학교에서 HSK 준비반을 개설해 주시기 바랍니다. 特向学院领导提出申请, 请予批准为盼。
> 　(　　)
> 敬礼!
> A班学生代表　玛丽
> 2008年11月9日

(번역)	(서식용어)
① 我代表我们班要求学院开办HSK辅导班。	此致
② 我代表我们班希望学院把HSK辅导班开办。	次之
③ 我希望学院为我们班代表开办HSK辅导。	此致
④ 我们班希望代表我们学院开办HSK辅导。	此致
⑤ 我们班代表希望我们学院开办HSK辅导。	次之

【2010 중등교원 임용시험 중국어 교과 기출문제】

25 ㉠~㉤의 표현을 2007년 개정 중국어과 교육과정에서 제시한'의사소통 기본 표현'의 세부 항목으로 분류할 때 연결이 적절한 것은?

A: ㉠你刚才干吗那么不给小徐面子呢?
B: 她是做得不对嘛!
A: 那多伤她自尊心啊, ㉡以后说话别那么直接了当的, 就不怕别人会记仇?
B: 有那么严重吗?
A: 反正你得机灵点儿, ㉢多设身处地想想。
B: 这有碍她的面子?
A: 当然。㉣人活一张脸, 树活一张皮呀。
B: ㉤那以后我注意点儿就是了。

① ㉠ - 재촉　② ㉡ - 거절　③ ㉢ - 충고
④ ㉣ - 격려　⑤ ㉤ - 만족

26 下面与听说法(Audio Lingual Method)不符的是那一项?

① 听说领先, 读写为辅。　② 强调机械性地练习句型。
③ 即刻纠正学习者的错误。　④ 用模仿、重复、记忆的方法形成习惯。
⑤ 通过演绎分析和说明来进行语法教学。

27 다음은 읽기 지도의 각 단계별 학습 내용 및 학습 활동이다. 밑줄 친 ①~⑤ 중 적절하지 않은 것은?

阶段	学习内容	学习活动
读前阶段	• 阅读目标理解 • ①阅读策略设计	• ②提示关键词并推测词义 • 说出阅读策略
↓		
阅读阶段	• 阅读及内容理解	• 通过速读把握大意 • ③通过精读理解具体内容 • 利用多媒体教材, 阅读补充材料
↓		

读后阶段	· 检查学生理解度 · 整理学习内容	· ④利用图片、图表预测课文内容 · 组织完成语义网 · ⑤根据掌握的内容进行练习

28 下面是有关中介语的说明, 填入(가)、(나)、(다)处, 最恰当的是哪一项?

> 中介语是由学习者创造的, 它是介于第一语言与第二语言之间的语言系统。中介语理论有利于发现第二语言习得的发展阶段。与第一语言或第二语言一样, 中介语也有其自身的语言规则。中介语的语言系统是(가)的。随着学习者语言水平的提高和交际需要的增长, 中介语也在不断发展, 并呈一定的(나)。虽然不同的学习者之间中介语的发展不同, 但总体看, 同一发展阶段中的中介语又有其内部的(다) 。

	(가)	(나)	(다)
①	动态	阶段性	一致性
②	静态	固定性	一致性
③	静态	多样性	矛盾性
④	静态	阶段性	流动性
⑤	动态	固定性	矛盾性

29 下面与(가)、(나)、(다) 内容相符的词汇教学法是哪一项?

> (가) 以图片实物、表情体态或影视录像映示的方法来解释词语。例如词语'粒'和'片', 前者一般指小而圆的东西, 后者指扁平状的物体。用语言解释, 学生很难体会, 如用图片或实物展示, 学生一看便能明了。
>
> (나) 以词语来揭示或描述目的词所包含的有关事物的本质属性, 并因此获得概念。例如'分明'一词可用'清楚'和'明了'、'显然'来解释它的两个义项。
>
> (다) 人脑平时储存多种语言信息, 在一定信息的刺激下, 人脑机制就会调动起与这一信息相关的储存信息。例如学习'下雨'一词, 可辐射到与之有关的'水灾'、'刮风'、'干旱'、'担心'等多方面的词语。

(가)	(나)	(다)
① 联想法	直观法	对比法
② 模仿法	对比法	定义法
③ 直观法	定义法	模仿法
④ 模仿法	联想法	对比法
⑤ 直观法	定义法	联想法

30 2007년 개정 중국어과 교육과정의 '기본 어휘표' 어휘 제시 방법의 일부이다. (가), (나)의 예로 적절하지 <u>않는</u> 것은?

> (가) 독음, 의미 혹은 문법 기능상의 차이가 있는 同形语는 기본 어휘표에 한 번만 제시한다.
> (나) '동목 이합사'는 결합된 형태로 제시하며, 분리하여 사용하더라도 하나의 낱말로 간주한다.

(가)	(나)	(가)	(나)
① 假	发音	② 难	请问
③ 数	毕业	④ 挑	放心
⑤长	考试		

30 교사는 학생들에게 중국 문화를 소개하고자 다음과 같은 자료를 준비하였다. 이 자료에서 설명하고 있는 것은?

> 关于'年', 传说它本身是一种头上长角的凶恶的怪兽, 每到冬天快过去, 春天快来的时候, 年'就跑出来掠夺食物, 吞食人民。后来, 人们发现, '年', 害怕红色、火光和声响。于是, 到冬去春来的时候, 人们就贴上用红纸写成的春联, 烧起熊熊的篝火, 并把一节节竹子投进火中, 让竹子发出劈劈啪啪的爆裂声, 把'年'吓跑。'年', 跑了以后, 人们就高高兴兴地互相祝贺, 呼喊'过年好!'

还拿出丰美的食物在一起吃。这样, 一年又一年, 就形成了一个欢乐的节日, 叫'过年'。其实, '年'起源于跟农业生产有关的'腊祭'。商代甲骨文就有'年'这个字, 它的写法很像一棵有穗的谷物, 下面是一个人, 表示人在收获成熟的谷物。因为谷物是一年一熟, 所以从西周开始, 就用'年'字来纪年纪岁了。

① '春节'의 기원
② '春联'의 내용과 형식
③ 중국 전통 음식의 특징
④ '年'의 의미와 서체 변화
⑤ 西周 시기의 제례 의식 절차

31 다음은 A교사가 학생들의 작문에 나타난 오류를 분석하여 준비한 교수·학습 자료이다. ①~⑤ 중 오류 사례 및 분석과 지도 내용이 옳지 않은 것은?

	오류 사례 및 분석		지도 내용
①	• 我只一次去过济州岛。 • '一次'가'去过'앞에 잘못 위치	⇒	• '一次'(동량보어)는 去过' 뒤에 위치해야 함을 설명 → 我只去过一次济州岛。
②	• 我想去旅行世界各地。 • '旅行'이'世界各地'앞에 잘못 위치		• '旅行'(자동사)은'世界各地'뒤에 위치해야 함을 설명 → 我想去世界各地旅行。
③	• 葡萄比西瓜十倍甜。 • '甜'이'十倍'뒤에 잘못 위치		• '甜'(술어)은'十倍'(보어) 앞에 위치해야 함을 설명 → 葡萄比西瓜甜十倍。
④	• 小金向教室跑进来了。 • '教室'가'跑'앞에 잘못 위치		• '教室'(장소목적어)를'进'과'来' 사이에 위치해야 함을 설명 → 小金跑进教室来了。
⑤	• 他从七岁起就很感兴趣弹钢琴。 • '弹钢琴'이'感兴趣'뒤에 잘못 위치		• '弹钢琴'은'跟'(전치사)으로 구를 만들어 술어 앞에 위치해야 함을 설명 → 他从七岁起就跟弹钢琴很感兴趣。

32 글의 취지와 부합하는 诸子百家의 교육관으로 가장 적절한 것은?

> 作为一名教师, 总是以自身的言行自觉地影响着学生、教育着学生, 这是客观存在。从这个意义上讲, 纯粹的教师匠是不存在的。要教好书、育好人, 首先要有高尚的师德, 这里既包括为人师表, 用自己的行动体现良好的教育思想, 又包括对学生满怀深厚的情感和爱。

① 老子 : 참된 공부란 쓸모없는 지식을 줄여나가는 것이다.

② 荀子 : 부지런히 공부하면 교사를 능가하는 학생이 될 수 있다.

③ 墨子 : 교사가 의식적으로 가르쳐 주지 않으면 학생은 지식을 얻을 수 없다.

④ 孟子 : 교사는 항상 적극적인 태도로 학생을 분발하게 해야 한다.

⑤ 孔子 : 교사는 자기 수양이 선행되어야 학생을 잘 가르칠 수 있다.

33 A교사는 중국어 교재를 분석하는 과정 중 일부 대화문에서 '汉语拼音正词法基本规则'에 어긋나는 예를 발견하였다. 분석 내용으로 옳은 것은?

> A : 这些年, 我感觉到气候变暖了。
> ㉠ Zhèxiēnián, wǒ ㉡ gǎnjuédào qìhòu biàn nuǎn le.
> B : 是啊, 冬天雪少了, 春天出现了沙尘暴。
> Shì a, dōngtiān xuě shǎo le, chūntiān ㉢ chūxiàn le shāchénbào.
> A : 这些问题和环境污染有很大的关系。
> Zhèxiē dōu shì yīnwèi huánjìng wūrǎn.
> B : 因为缺水, 连洗澡都困难!
> Yīnwèi quē shuǐ, lián xǐzǎo dōu kùnnan.
> A : 那我们每个人能为保护环境做些什么呢?
> Nà wǒmen ㉣ měi ge rén néng wèi bǎohù huánjìng zuò xiē shénme ne?
> B : 老师不是说过嘛, 比如不浪费纸、节约用水等等。
> Lǎoshī bú shì shuōguo ma, bǐrú bù làngfèi zhǐzhāng, jiéyuē yòngshuǐ
> ㉤ děng děng.

① ㉠은 옳은 표기이다. Zhèxiē와 nián은 붙여 써야 한다.

② ㉡은 gǎnjué dào로 되어야 한다. 2음절 동사와 1음절 보어는 띄어 써야 한다.

③ ㉢은 옳은 표기이다. 조사 le(了)는 앞 동사와 띄어 써야 한다.

④ ㉣은 měige로 되어야 한다. měi(每)와 그 뒤에 오는 양사는 붙여 써야 한다.

⑤ ㉤은 옳은 표기이다. 문장 끝에 오는 조사 děng(等)은 띄어 써야 한다.

34 다음 韩愈의 문장에서 '尊师重道'의 내용으로 적절한 것을 고른 것은?

ㄱ. 故虽有名马, 只辱于奴隶人之手, 骈死于槽枥之间, 不以千里称也。
ㄴ. 爱其子, 择师而教之; 于其身也, 则耻师焉, 惑矣。
ㄷ. 始者非三代两汉之书不敢观, 非圣人之志不敢存。
ㄹ. 生乎吾后, 其闻道也, 亦先乎吾, 吾从而师之。
ㅁ. 麟之为灵昭昭也, 咏于诗, 书于春秋, 杂出于传记百家之书。

① ㄱ, ㄷ ② ㄴ, ㄹ ③ ㄴ, ㅁ
④ ㄷ, ㄹ ⑤ ㄷ, ㅁ

【2011 중등교원 임용시험 중국어 교과 기출문제】

35 2007년 개정 중국어과 교육과정에 근거할 때, 고등학교 중국어 교사가 고려해야 할 사항으로 적절하지 <u>않은</u> 것은?

① 발음 표기는 한어병음 방안을 따른다.

② 문법 항목을 먼저 이해하고 나서 예문을 익히도록 한다.

③ 초기 단계부터 성조를 포함한 발음 습관을 기르도록 한다.

④ 학생의 의사소통 의욕을 높일 수 있도록 오류의 즉각적인 수정을 피한다.

⑤ 문화 내용은 실용적인 것으로 하되 최근의 공식 자료를 기준으로 구성한다.

36 下面是有关外语教学的叙述, 这四段短文中没提到的是哪一项?

> ○ 人们学习语言, 必须同时学习该语言中所包含的民族精神财富的内容, 否则就不能正确理解和使用该语言。
> ○ 根据同教学对象的具体学习目的, 传授语言、词汇、语法、文字等语言要素和相关的理论知识。这些要素包括的内容很多, 范围也很广, 所以不能只注重其中一项而忽略其他要素的教学。
> ○ 人们用语言进行沟通, 不但要讲究语言的正确性, 而且要讲究语言的得体性。语言的正确性是指表达时语言、语法和用词都正确无误, 而语言的得体性是指表达的内容和方式符合交际双方的身份, 符合沟通场合和沟通目的的需要。
> ○ 加强以语言要素为基础的听、说、读、写能力的培养。在语言教学中, 必须把语言要素的教学与训练有机地结合起来, 或者把训练放在次要的地位, 就不是真正的语言教学。

① 语言知识 ② 语言技能 ③ 相关文化知识
④ 语言教学阶段 ⑤ 言语交际技能

37 중국어'듣고 말하기'수업 방식으로 가장 적절한 것은?

① 老师口述一段内容, 让学生把主要内容写在黑板上。
② 老师编一个故事, 先念给学生听, 然后让学生把内容说出来。
③ 老师让学生各自编写一个小故事, 之后在课堂上把它说出来。
④ 老师让学生先看一遍课文, 然后让他们把大致的内容说出来。
⑤ 老师念一个故事, 念两三遍以后, 让学生把内容简明扼要地写出来。

38 각 발음 지도법에 대한 교수·학습 활동의 실례(实例)로 옳은 것은?

ㄱ. 不直接用理论说明发音原理, 而借助事物帮助学生校正和调整发音方法。 ㄴ. 把汉语的语言与学生所操母语的语音进行对比, 找出两者的差别, 便于在教学中指导学生突破难点。 ㄷ. 把汉语里一些发音部位和发音方法相近但却是完全不同的音进行对比, 找出两者的差别, 便于在教学中指导学生突破难点。 ㄹ. 通过描述发音的原理, 使学生了解正确的发音方法。在教新因素之前把发音部位、发音方法, 舌位和唇形等加以简要的描述。 ㅁ. 为了加深印象, 可以用适当的方法突出汉语某些音的发音特点。在初级阶段, 适当地运用夸张的手法, 扩大音与音, 调与调之间的差别。

① ㄱ: 'sh'발음을 가르칠 때, 조음의 위치와 방법을 이해하도록 이론적으로 설명해 준다.

② ㄴ: 'ü'발음을 가르칠 때, 한국어'위'발음과의 차이점을 비교하여 정확히 발음할 수 있도록 지도한다.

③ ㄷ: 제 1성을 가르칠 때, 음 높이를 과장되게 높이고 발음 시간도 더 길게 발음하도록 지도한다.

④ ㄹ: 유기음을 발음할 때, 얇고 가벼운 종이를 입 앞에 대어서 기류의 세기를 느낄 수 있도록 한다.

⑤ ㅁ: 'z'와'c'의 발음 방법을 비교함으로써 그 차이점을 정확히 알 수 있도록 지도한다.

39 어느 교사의 언어문화 수업 자료이다. 각 대화 중 'B의 말과 의사소통 기본 표현'의 세부 항목이 바르게 연결된 것은?

ㄱ A: 时间还早呢, 再坐会儿吧。 B: 我还有点儿急事, 恕我不能奉陪。 ㄴ A: 不就是一只花瓶吗? 碎了就碎了。 B: 你说得轻巧, 这可不是一只普通的瓶子。

ㄷ A: 下面有请北京大学的王教授发言。
B: 事前没有什么准备, 谈一点不成熟的看法, 抛砖引玉。

ㄹ A: 张先生, 您慢走, 我就不远送了。
B: 别送了, 请留步。

ㅁ A: 您这次真是帮了我的大忙, 这是我的一点儿小意思。
B: 这怎么行?举手之劳, 不足挂齿。

① ㄱ - 嘱咐　② ㄴ - 责怪　③ ㄷ - 鼓励
④ ㄹ - 拒绝　⑤ ㅁ - 道歉

40 下面是关于教材编写的对话, 这段对话中没提到的是哪一项?

A: 下个学期的初级汉语口语课, 你打算用什么教材?
B: 我正为这事儿发愁呢。在韩国可以看到的汉语教材倒是不少, 但是适用于高中学生的却寥寥无几。
A: 那我们自己编一本高中一年级学生用的教材, 怎么样?
B: 你这话说到我心里去了。你有什么好建议?
A: 在教材的内容上, 贴近高中学生日常生活的题材如何?
B: 我看不错, 这样学生会产生兴趣, 从而更积极地去学汉语。
A: 这本教材一共有二十课, 上学期和下学期各上十课。第一课从最简单的问候语开始, 之后每一课选择一个日常生活中实用的会话主题来编写。
B: 我看可以。对了, 为了保证语言表达的准确性, 我想请我认识的一位中国老师加入到我们的队伍当中。
A: 那太好了。

① 教学技巧　② 教学期间　③ 教学对象的水平
④ 教材内容的安排　⑤ 教材编写人员的组成

41 다음 글에서 파악할 수 있는 교사의 자세로 옳은 것만을 〈보기〉에서 모두 고른 것은?

> ○ 子曰:"有教无类。"《论语·卫灵公》
> ○ 曹交问曰:"人皆可以为尧舜, 有诸。" 孟子曰:"然。"《孟子·告子》

〈보기〉

ㄱ. 개방적인 자세로 학생을 차별 없이 가르친다.
ㄴ. 학제 간 통섭 교육이 이루어지도록 노력한다.
ㄷ. 새로운 지식을 습득하기 위해 끊임없이 노력한다.
ㄹ. 학생의 동일시 대상으로서 매사 모범을 보인다.

① ㄱ ② ㄱ, ㄴ ③ ㄴ, ㄷ
④ ㄴ, ㄹ ⑤ ㄱ, ㄷ, ㄹ

42 중국어 교사가 갖추어야 할 소양을 설명한 것이다. 여기에 언급되지 않은 것은?

> ○ 汉语教师要有包括历史、地理、时事、政治在内的广博的知识面, 至少不要犯常识性的错误。
> ○ 作为一名汉语老师, 汉语能力要够水准, 同时对语言要"知其然, 且知其所以然"。当学生提出问题时, 能以科学方式解说, 清楚明白地告诉他正确答案, 引导他学习。
> ○ 语言和文学是分不开的。汉语教师应该具备一定的文学知识和文学修养。
> ○ 悠久的中国传统文化都蕴涵在汉语语言中, 所以汉语教师了解中国传统的思想文化, 才能更好地教好汉语。

① 중국 현대문학 작품 탐독 ② 제자백가 사상에 대한 이해
③ 중국 근현대사에 대한 이해 ④ 시청각 교구 사용법의 숙지
⑤ 유창한 중국어와 정확한 언어 지식

【2012 중등교원 임용시험 중국어 교과 기출문제】

43 2007년 개정『중국어I』교육과정에 따른 중국어 교육의 내용으로 적절하지 않은 것은?(1.5점)

① 인사를 나누거나 안부를 묻고 답한다.

② 한어병음과 한자 쓰기 규칙을 이해하여 간단한 문장을 쓴다.

③ 개인의 감정이나 의견을 나타낸 간단한 글을 읽고 전반적인 의미를 파악한다.

④ 발음은 현대 북경 발음으로 하며, 문자는 현재 중국에서 통용되는 한자로 한다.

⑤ 문화적 내용 중 언어 표현과 관련된 소재는'의사소통 기본 표현'의 항목을 참고한다.

44 교사가 설계한 카드를 이용하여 대화를 완성하는 수업이다. 교사의 설계 의도로 적절한 것은?

会话
A: 师傅, 我想买点儿 ____________。
B: 要几 ____________?
A: 多少钱一 ____________?
B: ____________。
A: 我要两 ____________。
B: 两 ____________ (钱)。
A: 给你 ____________ 块。
B: 找你 ____________ (钱)。

① '要'의 조동사 용법을 이해한다.

② '희망'에 관한 표현법을 습득한다.

③ 문자에서 부사어의 위치를 이해한다.

④ 가격을 흥정하는 실용 표현을 연습한다.

⑤ 수사와 양사의 적절한 사용을 연습한다.

45 각 대화에서 B의 말이 2007년 개정『중국어I』교육과정 의사소통 기본 표현 중 '묘사 및 설명 표현'의 실례로 가장 적절한 것은?

①	A: 我那件事还得拜托你一下。 B: 咱俩谁跟谁啊? 这点小事就包在我身上了。
②	A: 我的技术过硬, 你就放心好了。 B: 别说大话了, 俗话说"不怕一万, 只怕万一", 你还是小心为好。
③	A: 告诉你一个好消息, 我终于考上了。 B: 祝贺你! 真是"不怕一万, 只怕万一工夫不负有心人"啊! 再接再厉吧。
④	A: 今年夏天你怎么没和他们一起去海边玩儿? B: 一来我没工夫, 二来我是个旱鸭子, 不会游泳, 去了也没意思。
⑤	A: 我这车是刚买的, 现在你把车撞成这个样子, 我能不着急吗? B: 实在抱歉, 这是我的错, 我照价赔你吧。

46 〈자료 1〉은 읽기 수업 자료이고, 〈자료 2〉는 교사의 지도법이다. 〈자료 2〉를 근거로 할 때 〈자료 1〉에 대한 읽기 수업 방식에 해당하지 않는 것은?

〈보기 1〉

中国的年轻人, 今后要面对一种和上一代很不相同的工作环境和方式, 不会再有就业的安全感。越来越多的人做兼职, 打临时工或在家里工作, '跳槽'将成为常规行为。总之, 未来将不会有什么终身职业。

〈보기 2〉

○ 让学生抓住一些关键词语, 推测文章的主要思想。
○ 通过寻找关键句培养学生的概括能力。
○ 遇到生词, 让学生通过上下文语境猜测词义。
○ 培养跳跃障碍的能力, 提高学生的阅读速度。

① '就业', '职业' 등의 단어로 글의 주제를 추측해 보도록 한다.

② '再'의 의미와 문장에서의 사용법을 설명하여 글의 내용을 정확히 파악하도록 한다.

③ '临时工' 등의 생소한 단어가 나와도 그대로 읽어 내려가도록 한다.

④ '总之'가 포함된 부분을 읽고 전체적인 내용을 파악하도록 한다.

⑤ '不会有什么终身职业'의 내용을 통해'跳槽'의 의미를 유추해 보도록 한다.

47 2007년 개정『중국어Ⅱ』교육과정의 평가 지침과 방법을 따르지 않은 교사는?

① A교사는 초기에는 '듣기'와 '말하기'를 분리하여 평가하다가 '듣기 말하기'의 통합 평가 비중을 높여갔다.

② B교사는 작문 시험 후 학생들의 정답과 오답의 특성을 파악하고 오답을 유형별로 정리하여 평가 기준을 설정하였다.

③ C교사는 평서문과 의문문 등에서 강세와 억양이 중요하다고 생각하여, 초분적 음소를 평가 요소에 반영하였다.

④ D교사는 녹음 자료를 이용하여 '把NP+放在NP+방위사'가 들어간 문장을 들려주고, 지정한 물건을 정확한 위치에 놓는지를 평가하였다.

⑤ E교사는 수업 시간에 학생들을 소집단으로 나누어 회화 연습을 하게 하였고, 학생들의 적극적이고 자발적인 태도를 평가 요소에 반영하였다.

48 2007년 개정『중국어Ⅱ』교육과정의 내용에 따라 작성한 교수·학습 지도안이다. 여기에 제시되어 있지 않은 것은?

第五课 我在XX公司工作	
教学目标	学习"在+场所+动词"句型, 并掌握基本交际功能。
准备阶段	准备有关场所, 职业等内容的图片及空白名片。
	1. 复习上节课所学的询问姓名, 电话号码等内容。

教学阶段	2. 说明“在＋场所＋动词”的用法, 通过图片进行替换练习, 让学生热知用法。 3. 让学生按自己的情况填写名片, 填完后两人一组, 拿着名片, 利用课堂中所学的“在＋场所＋动词”句型进行基本的问答练习, 然后四人一组模拟初次见到时的情景, 进行自我介绍。 4. 将学生在会话练习中出现的偏误记录下来, 在下课前予以纠正。

① 학습 효과를 높이기 위해서 나선형으로 학습 진도를 구성한다.
② 학생들의 회화 연습 시 나타나는 오류를 기록하여 다음 수업에 반영한다.
③ 교사가 핵심 문법 사항을 설명한 후, 그림카드를 활용하여 연습시키다.
④ 명함을 이용하여 자기소개 표현을 중심으로 의사소통 기본 표현을 익힌다.
⑤ 상황별 반복학습 활동을 통해 실제 상황에서 활용할 수 있는 의사소통 능력을 키운다.

49 다음 글의 내용을 실천하는 교사의 자세로 가장 적절한 것은?

> 作为一名汉语教师, 首先, 应具备对自己教学进行反思的意识和基本的课堂教学研究能力。其次, 教师应该在上述基础上主动分析、反思自己的教学实践和教学效果, 并据此改进教学。最后, 教师还应具备自我发展的意识, 能制定长期和短期的专业发展目标。

① 지역 사회와 학교의 관계를 잘 이해하고 중국어 통역 등 지역 사회 봉사에 적극적으로 참여한다.
② 교사 생활을 통해 받게 되는 정신적 긴장을 완화시키기 위해 중국 관련 문화 활동에 적극 참여한다.
③ 자신의 중국어 교육 방법에 대한 정확한 분석과 평가를 통해, 적절하고 실제 사용 가능한 교수·학습 방법을 개발한다.

④ 같은 학교 외국어 교사들과의 관계를 원만히 유지함으로써 문제가 발생하였을 때 적절한 도움을 주고받을 수 있도록 한다.

⑤ 자녀의 중국어 교육에 관심이 많은 학부모들의 지지와 도움을 받아 학생들의 방과 후 학습이 잘 이루어질 수 있도록 한다.

【2013 중등교원 임용시험 중국어 교과 기출문제】

50 2009년 개정 교육과정에 따른 고등학교『중국어 I』교육과정에 의거한 교사의 지도 방법으로 적절하지 않은 것은?

① '祝你生日快乐' 등과 같은 간단한 생일 축하 카드 등을 작성할 수 있도록 지도한다.

② 수업 시간에 '把书打开。'와 같은 교실 중국어를 들려주고 지시에 따라 행동하게 한다.

③ '周末旅行'을 주제로 제시하고, 자신의 경험이나 감상을 간단한 대화문으로 쓰도록 지도한다,

④ 'bō/bǒ','zǐ/zhǐ','huán/huáng' 등의 대응 쌍을 들려주고 각 성조, 성모, 운모의 차이를 구별할 수 있도록 지도한다.

⑤ 초기에는 한자 '你好!'와 한어병음'Nǐ hǎo!'를 정확한 발음으로 읽는데 중점을 두고, 점차적으로 한자만 보고 읽을 수 있도록 지도한다.

51 2009 개정 교육과정에 따른 중국어 교육과정의 의사소통 기본 표현에 근거하여, 각 대화에서 B의 말이 '승낙, 거절' 표현의 실례로 적절한 것을 고른 것은?

가	A: 小刘, 你说, 我的辞职报告要不要递上去? B: 这年头工作那么难找, 辞什么职啊, 你可别脑子一时发热。
나	A: 我说, 你的个人问题解决了吗? B: 八字还没一撇呢。你周围要有合适的, 哪人给我介绍一个。

다	A:这件事你就替我去说个情, 怎么样? B:我去试试。跟你说, 要不是看在老同学的份上, 这个忙我才不帮呢。
라	A:你觉得结婚前我住得上自己的房子吗? B:现在房价飞涨, 就靠你那点儿工资, 要想买房子, 我看困难。
마	A:能不能通融一下? 我这不是第一次闯红灯吗? B:不跟你多费口舌了, 快把你的驾照给我拿出来。

① 가, 나　　② 나, 다　　③ 다, 라
④ 다, 마　　⑤ 라, 마

52 다음은 수업 시간에 학습한 교재 내용이고 〈자료〉는 교수·학습 지도안의 어휘 지도 방법이다. 수업 시 교사가 실시한 교수 활동 중, 〈자료〉에 언급되지 않은 것은? (1.5점)

去商店买东西

生 词

1. 对面 (名)	5. 好吃 (形)	9. 瓶 (量)
2. 超市 (名)	6. 便宜 (形)	10. 水 (名)
3. 但是 (连)	7. 售货员 (名)	11. 斤 (量)
4. 水果 (名)	8. 简单 (形)	12. 苹果 (名)

课 文

我们学校对面有一个超市。那个超市不太大, 但是东西很多。超市里有不少吃的和用的东西。……(略)……

〈자 료〉

展示生词	○ 出示实物或图片, 学生说出该生词, 教师展示其文字形式。 ○ 将生词事先板书出来, 也可用多媒体课件呈现出来。
朗读生词	○ 教师先领读, 再让学生齐读或个别读。

讲解和扩展生词	○ 利用语素义解释词义, 同时也可进行词语类推扩展。 ○ 利用近义词、反义词、类义词进行词语的讲解和扩展。 ○ 利用词语搭配讲清用法, 采用由词到短语再到句子的方式进行扩展。

① '简单'과 함께 '难', '容易'도 알려 주었다.

② '苹果'와 함께 다른 과일의 이름도 소개하였다.

③ '便宜'에서 경성의 발음 오류를 수정해 주었다.

④ '售货员'에서 '员'의 의미가 '~하는 사람'임을 알려 주었다.

⑤ '瓶'을 설명할 때, 수량사와 명사의 결합 용법을 함께 지도하였다.

53 다음 글에서 소개하는 교수법을 활용한 교사의 교수 활동이 아닌 것은?

> 任务型教学是一种基于任务的语言教学。所谓"任务"就是要求学习者使用语言为达到某个目的而完成的一项活动。任务型教学的突出特点就是"在做中学", 让学生在做事情的过程中学习语言和使用语言。在教学模式中学生是教学活动的主体, 多数时间里学生以结对或小组形式完成任务。由于让学生完成语言任务能很好地调动学生的学习积极性, 因此, 任务型教学目前在第二语言教学中较为流行。

① 给每组学生一张十分凌乱的房间的照片, 让学生商量如何将房间收拾整齐。

② 让学生每人带一张反映一次旅游经历的照片, 分组各自谈谈照片背后的故事。

③ 分组让学生看一段录像, 看完后老师用一问一答的方式检查学生的理解程度。

④ 让学生两人一组进行角色扮演, 假设住的房间空调坏了, 给有关部门打电话解决问题。

⑤ 让学生两人一组, 各自持有一幅图, 两幅图非常相似。通过反复问答, 找出其中的差异之处。

54 다음은 쓰기 연습을 위해 교사가 준비한 시험지와 학생이 작성한 답안지이다. 답안 중 옳지 않은 것을 고른 것은?

> **쓰기 연습 시험**
>
> * 다음 밑줄 친 한자 중 잘못된 것을 찾아 바르게 고치시오.
> (1) 观众们坐在据场里, 钦赏着精彩的文艺表演。
> (2) 住院时, 他一直倍伴着我, 一个通宵都没休息。
> (3) 金老师经常背课到深夜, 我们要体晾老师的辛苦。
> (4) 每天艰持长跑, 既锻炼了身体, 也磨练了人的意志。
> (5) 张老师性格温和, 工作认真, 受到同学们的爱待。

> **답안지**
>
> 이름: ○○○
>
> ㄱ. (1) 据→ 剧, 钦은 오류 없음　　ㄴ. (2) 倍→ 陪, 宵는 오류 없음
> ㄷ. (3) 背→ 备, 晾→ 谅　　ㄹ. (4) 艰→ 坚, 炼→ 练
> ㅁ. (5) 和는 오류 없음, 待→ 戴

55 다음은 교사가 중국 문화를 소개하기 위해 준비한 자료이다. 이 자료에 근거하여 교사가 준비해야 할 소품이 아닌 것을 〈보기〉에서 고른 것은? (1.5점)

> ○ 结婚典礼全部使用体现吉祥的婚礼物品来装饰。如张贴大红双喜字, 给新娘遮上红盖头, 穿上大红袄, 新郎胸前配上大红绸等等。这些吉祥物给婚礼带来喜庆的气氛, 同时也暗示着新婚夫妇婚后的日子会越过越红火。
> ○ 婚礼当天新郎要去新娘家迎亲, 迎亲车队以双数为佳, 尤其以6的倍数最好 。在迎亲的途中应一路燃放鞭炮以示祝贺。
> ○ 婚宴上, 新郎、新娘要到各桌去敬酒敬烟。婚宴结束后, 新郎和新娘入洞房, 那时亲朋好友会把红枣、花生、桂圆、栗子等喜果撒向新人, 利用谐音表示“早生贵子”。闹洞房是婚礼的高潮。在新婚后的三天中, 不管是谁, 都可以在新房中戏谑、逗引新郎新娘, 以此增添新婚的热闹喜庆气氛。

〈보기〉

ㄱ. 빨간색 봉투	ㄴ. '囍' 자(字) 그림	
ㄷ. 폭죽	ㄹ. 대추	ㅁ. 사탕

① ㄱ, ㄷ ② ㄱ, ㅁ ③ ㄴ, ㄹ
④ ㄷ, ㄹ ⑤ ㄷ, ㅁ

56 밑줄 친 ㉠~㉤의 발음을 지도하려 한다. 2009 개정 교육과정에 따른 고등학교 『중국어Ⅰ』교육과정에 근거한 발음 지도 방법으로 옳은 것은?

> A: ㉠上海天气怎么样?
> B: 秋天很不错, 不㉡冷也不热。有时㉢间你也㉣去㉤玩儿玩儿吧。

① ㉠의 성모는 발음 시 혀끝이 경구개에 닿았다가 떨어지도록 지도하고, 녹음을 반복하여 들려준다.
② ㉡의 성모는 한국어 '나라'의 'ㄹ'과 같은 조음 방법으로 발음하도록 지도한다.
③ ㉢의 성모는 조음점에서 기류를 막았다가 완전히 개방하여 발음하도록 지도한 다.
④ ㉣의 운모는 모음 'i'의 발음 상태에서 입술 모양만 동그랗게 바꾸도록 지도하고, 교사가 시범을 보여 준다.
⑤ ㉤의 주요모음은 '而'의 운모처럼 읽고, '玩'의 운미는 발음하지 않도록 지도한 다.

57 다음은 중국어 교재의 편찬에 관한 글이다. 언급되지 <u>않은</u> 것은? (1.5점)

> 教材编写中趣味性是一项十分重要的原则。在体现教材趣味性时, 应考虑下列因素。首先, 教材的趣味性要与实用性、交际性紧密相关。尤其在初级阶段, 紧密结合学生的生活与交际, 使教材的内容为学习者所需。如果课上

学的东西课后马上就能在交际中运用，学生就会觉得有趣。其次，教材内容要反映现实，为学习者所关注的话题。如恋爱、婚姻、家庭、环境保护等都是年轻人所关心的，学习者喜欢就这些话题通过讨论表达自己的看法。此外，教材内容要逐步增加文化内涵，多方面介绍目的语文化。汉语学习者一般对中国文化和社会现实感兴趣，这种兴趣会成为他们学习汉语的动力。除此之外，多样化也是形成趣味性的重要因素。在语言教学需要的前提下，特别是在中高年级，除了题材多样化外，应注意体裁和语言风格的多样化。最后，教材版式设计活泼醒目，装帧美观大方，插图生动风趣等，也是使学习者对教材产生兴趣的重要因素。

① 학생들이 관심을 갖는 주제를 선정한다.
② 다양한 평가 방법으로 연습 문제를 흥미롭게 구성한다.
③ 중국의 사회와 문화에 관한 흥미로운 내용을 포함시킨다.
④ 학생들이 지루하지 않도록 재미있는 삽화 등을 사용한다.
⑤ 수업 시간에 배워 실제 생활에 활용할 수 있는 내용으로 구성한다.

58 교사가 학생의 작문 오류를 지도하려 한다. 수정 결과 또는 오류의 분석이 옳지 않은 것은?

① 里边正在考试，你进不去找人。→里边正在考试，你不能进去找人。
불허를 나타낼 때, 가능보어가 아닌 '不能'을 쓴다.
② 我看得过来，她很喜欢你。→ 我看得出来，她很喜欢你。
동작을 통해 상황을 식별해 낼 때, 방향보어는 '出来'를 쓴다.
③ 他昨天去唱歌了一个晚上。→ 他昨天去唱了一个晚上的歌。
'唱'은 목적어가 2개 올 수 없는 동사이므로, 목적어를 하나로 만든다.
④ 我试试衣服的时候，钱包丢了。→ 我试衣服的时候，钱包丢了。
동사의 중첩형은 명사의 수식어가 될 수 없으므로, 동사 '试'를 중첩하지 않는다.
⑤ 请你相信我的话，我从来没吹牛过。→ 请你相信我的话，我从来没吹过牛。
'离合词'와 동태조사 '过'가 함께 쓰일 때, 동태조사는 '离合词'의 동사와 명사 사이에 위치한다.

59 下面的短文介绍的是汉语教师如何形成"个性化教学模式"的方法。内容中没提到的 是哪一项? (1.5점)

> 很多优秀的汉语教师在教学中带有明显的个人风格, 体现出自己鲜明的特色, 我们将此称之为"个性化教学模式"。个性化模式体现了教师的教学思想和理念, 是教师的教学态度、教学方法、个人气质与修养等一系列内在与外在因素的综合表现, 是教师自己在长期的教学实践中逐步形成的。那么, 个性化教学模式该如何形成呢? 一是教师在教学过程中应将各种教学技巧运用得恰到好处, 给人一种和谐流畅、一气呵成的感觉。二是教师在教学内容的处理、教学方法的选择和教学活动的组织上要具有独特之处, 充分反映教师个人的创造性。三是展示教师的个性及后天所学专长。有的教师天性幽默, 有的教师广见博学, 有的教师能歌善舞, 在教学过程中, 教师要以其个性和专长充分展示个人魅力, 吸引学生。最后, 教师要保持开放的心态, 注意学习和吸收各种新的教学手段和方法, 在不断的探索中总结和发展出自己的教学特色和风格。

① 교수법의 선택에 창의성이 있어야 한다.
② 자신의 개성과 특기를 수업에 활용한다.
③ 우수한 교사는 자신에게 맞는 교수 모델을 가지고 있다.
④ 수업 시 학생과의 상호 작용을 토대로 교수 모델을 설계한다.
⑤ 독창적인 교수 모델은 단기간의 교육 경험으로 형성되지 않는다.

60 先找出下面对话中在趋向补语使用上所存在的偏误, 予以改正并说明理由。然后, 就改正后的各个趋向补语的基本意义和引伸意义, 分别举出例句加以说明。最后, 针对这几个趋向补语, 运用全身反应法提出具体的教学方法。(25分)

[要求] 在说明每个趋向补语的引伸意义时, 须说出对话中未出现的其他两种引伸意义。

A：王丽在吗?
B：你以前好像来过我们这儿, 叫"刘"什么来着, 我还一时想不起来了。
A：我叫刘佳, 是王丽的老同学。
B：对了, 是你。你找她有什么事?
A：我下个月就要回上海去了, 走之前想跟她吃顿饭。
B：真不巧你来晚了一步, 她刚回家。
A：她怎么这么忙, 一下班就往家里跑。
B：她呀, 又要上班, 又要照顾老人和孩子, 都忙活不下来了。
A：说起来, 像她这样, 上有老, 下有小, 确实挺累。
B：前几天她母亲刚出院, 这不, 孩子又生病起来, 下了班就急着赶回去了。
A：我说, 王丽一个人忙里忙外, 这么多年能坚持下去真不容易。
B：可不, 赶明儿你再找个时间约她好好聊聊, 让她舒舒心。

【2014 중등교원 임용시험 중국어 교과 기출문제】

61 按照"以《2009年修订教育大纲》为依据的中国语教育课程(第2011-361号)"中的"交际的基本表达", 请写出下面各组对话中A说的话属于"感情与态度表达"领域中的哪个细目。(如："承诺、拒绝"、"感谢"等) (2分)

○ A：你真厉害, 这次又拔尖了。
B：别给我戴高帽了。

○ A：这帽子也太漂亮了!
B：真不敢相信这是织出来的。

○ A：你这样的老实人打着灯笼也找不着。
B：你太抬举我了。

62 按照"以《2009年修订教育大纲》为依据的中国语教育课程(第2011-361号)", 教师在课堂上介绍文化内容时, ⓐ、ⓑ之类的核心词要尽量用汉语。请写出ⓐ和ⓑ。(2分)

> A: 听说小王(ⓐ)很厉害, 我怎么从来没见他咳嗽过呢?
> B: 看来你对这个"(ⓐ)"的意思还不了解, 其实在这里它是"(ⓑ)", 也就是人们常常说的"怕老婆"。因为两者发音差不多, 所以人们在开玩笑时经常这么说。

63 下面是某教师设计的有关"把"字句的教学步骤, (A)-(C)是教师按照出现频率、学生习得顺序等排列出来的。请根据(A)的例句在(　　)内写出恰当的词语。(2分)

> (A) 表示某确定的事物因动作而发生()。
> ○ 他把那张画挂在墙上了。
> ○ 她把书包放在桌子上了。
> ○ 请把汽车停在马路对面。
> (B) 表示某确定的事物因动作而发生某种状态变化。
> ○ 他把黑板擦干净了。
> ○ 他们俩把菜都吃光了。
> (C) 表示把某确定的事物认同为另一事物, 或通过动作使某事物变化为在性质、特征上有等同关系的另一事物。
> ○ 他把盘子里的葱切成了丝。
> ○ 那个孩子把我当成了自己的妈妈。

64 下面是教师为教某一音节的发音而准备的教案。请分别写出(A)-(D)各音的汉语拼音字母, 并按照《汉语拼音正词法基本规则》写出教师要教的这个音节。(2分)

(A) 舌面前、不送气、清音、塞擦音
(B) 舌面、前、高、不圆唇元音
(C) 舌面、后、半高、圆唇元音
(D) 舌面、后、高、圆唇元音
(E) 声调：先降后升

65 下面的成语卡片是教师为扩大学生的词汇量而设计的, 各卡片上应填入划线部分的两个字之间的语义关系同属一类。请写出这种语义关系。(2分)

转_为	口_心	喜_厌	取_补

66 下面是两位教师讨论汉语教材时说的一段话, 请在(　　)内写出恰当的成语。(2分)

崔老师：以前的汉语教材, 过多地侧重教师, 忽视学生的需要, 常常给学生造成 混乱, 结果投入的和得到的不成比例。
李老师：对, 教材上有些书面语实用性不强, 学了在日常生活中也用不上, 而且 有些题材和学生的日常生活也有一些距离。
崔老师：好在现在汉语教材的编写趋势以交流为中心, 反映学生生活的内容在逐 渐增加, 以学生为主体的比重也提高了。比如说, 汉语口语教材反映现 实生活, 这不就是以学生为中心的教材吗？
李老师：没错儿, 教材除了要考虑提高学生的水平以外, 还要考虑促进教师的进 步和发展。
崔老师：是啊, 教师只有不断学习才会知道自己的不足, 教学生才会知道自己的 困惑。然后才能督促自己进步, 丰富自己的知识, 提高自己的教学水平, 所以说教和学是相互促进的。
李老师：啊, 你说的不就是“(　　)”嘛。

67 下面是学生作文中经常出现的同一类偏误, 请写出该语法偏误的类型。(2分)

> ○ 今天的天气很阴沉沉的。
> ○ 我身体很好和胃口也很好。
> ○ 他提出的意见谁也不同意他。

68 下面是某教师准备的课堂朗读资料, 根据资料请写出教师要教的是哪一种语调手段。(2分)

> ○ 下雨天留客天留我不留
> ○ 女人没有了男人就害怕了
> ○ 没有鸡鸭也可没有鱼肉也可青菜豆腐不可少

69 请阅读下面有关方言和标准语的短文, 在(　　)内写出恰当的词语。(2分)

> 方言是相对民族共同语而言的。民族共同语是以该民族所使用的某一种方言为基础, 以某一个地点方言的语音为标准音的。民族共同语以某一种方言为基础, 并不排斥同时吸收其他方言的成分。经过加工和规范的民族共同语称为标准语。现代汉语普通话是中国的标准语, 北方话是它的基础方言, 北京语音是它的标准音。
>
> 汉语的方言目前可以分为七大方言。方言之间虽然在语音、词汇、语法上有许多明显的差异, 但由于语音上有整齐的(　　)规律, 基本词汇和语法也大致相同, 因而汉语方言不是与普通话并立的独立语言。

70 请写出下面的故事反映的是中国文化的哪种禁忌现象。(2分)

> **只许州官放火, 不许百姓点灯**
>
> 北宋时, 有个叫田登的人做了州官, 上任后他把与"登"同音的字都列为禁忌, 不得使用。若有人触犯, 他便气急败坏, 处以鞭刑, 连他的部下也不例外。州内的百姓只好把"灯"字读成"火"。元宵节到了, 按照当地习俗, 州内照例放灯。州官的部下在大街上贴出了告示, 上面写着:"本州照例放火三日"。

71 教师为帮助学生掌握某一语法点, 准备了下面的听力练习题。请写出该语法点, 并说明其形式和意义之间的关系, 然后解释划线部分的意思。(4分)

> 听录音回答问题。
>
> 1. 男:你结婚的日子还没定下来吗?
>
>   女:定下来了还能不告诉你呀?
>
>   问:女的意思是……。
>
> 2. 女:我们要不要买一台电脑?
>
>   男:哪次买东西不都是你说了算!
>
>   问:男的意思是……。
>
> 3. 男:我的作业到现在还一个字没写呢。
>
>   女:快写啊, 还要等人替你做不成?
>
>   问:女的意思是……。

72 请阅读下文, 回答问题。(20分)

> (A)
>
> 文化教学是外语教学中一个重要的环节。学外语时, 如果对该文化了解不够, 就会导致交际上的障碍。因此在语言教学中导入文化因素是非常重要的。

学外语最重要的目的是培养交际能力，交际有语言的和非语言的交际。非语言交际指的是言语行为以外所有的交际行为。从这一点出发，我们首先把交际文化划分为语言交际文化和非与语言交际文化。语言交际文化是以称谓、委婉语、成语等语言形式表现出来的文化。非语言交际文化是以体态语、社交礼俗、生活习惯等非语言形式表现出来的文化。

(B1)
金英姬：小华，听说王丽搬到新居了，是真的吗？
李小华：瞧，说曹操，曹操就到。问他自己吧！
金英姬：唉，你怎么把王丽叫作曹操呢？
李小华：这是指"正说着某人，某人就到"的意思。

(B2)
王明明：我们什么时候吃你的喜糖？
金英姬：什么糖？我没什么糖。
王明明：原来你不明白啊！"吃喜糖"是指结婚或者参加婚宴的意思。
金英姬：啊！我明白了，原来是问我什么时候结婚啊。

(C1)
韩国学生朴东浩到中国老师家拜访，老师给他倒了一杯茶，他并不渴，但出乎礼节，他喝完了那杯茶。老师见他喝完了，又给他满上一杯，他又喝完了刚满上的那杯。如此反复多次，他竟喝了十大杯！这位学生感到实在受不了，就起 身告辞了。事后他对其他几名留学生说："以后到中国人家里作客，可不要随 便喝茶呀！"

(C2)
元宵节朴东浩到一位中国朋友去看京剧。京剧脸谱五颜六色、种类繁多。当他们刚坐好，京剧就开场了。首先上台的是一位彪形大汉，很魁梧，也很气派。接着上场的是个小白脸，小白脸一上场台下观众就开始起哄，连孩子都嚷"小坏蛋出来了，小坏蛋出来啦"。朴东浩不理解为什么这个人一出场大家就表示如此的愤怒。这时，他的中国朋友告诉他说，脸谱的颜色很重要，因为在京剧中脸谱的颜色象征不同的人物性格。红脸象征忠诚；黑脸象征正直；白脸表示阴 险。原来是这样，各种颜色都蕴涵着不同的含义啊！

72-1 在文章(B1)和文章(B2)里金英姬遇到了一些交际上的问题。根据文章(A)所阐述的内容, 分析其原因, 并提出教学方案。(10分)

要求 : 字数200字左右(10行左右)

72-2 在文章(C1)和文章(C2)里朴东浩遇到了一些交际上的问题。根据文章(A)所阐述的内容, 分析其原因, 并提出教学方案。(10分)

要求 : 字数200字左右(10行左右)

73 韩国跟中国同属汉字文化圈。韩国人有一定的汉字知识, 韩语中汉字词所占的比率也相当高。在这种条件下, 以韩语为母语的学生学习汉语时, 既有有利的一面, 也有不利的一面。请叙述韩国学生学习汉语词时的有利之处和不利之处, 有利之处和不利之处各分意义和读音两方面加以叙述。(30分)

要求 : 1. 四个方面各举两个例子。

2. 字数400字左右(20行左右)

74 请阅读下面韩国学生的作文, 回答问题。(25分)

> 我以前没去北京, 去年暑假应哥哥的邀请, 旅行北京。我和哥歌已有两年没见面, 我希望了早日见到哥哥。到了北京, 哥哥说几个月前已经找到了一份工作, 我听了也很高兴。北京是中国的首都, 中外驰名的美食样样都有。我哥哥想让我尝尝北京烤鸭的美味, 带到了我全聚德烤鸭店。烤鸭跟许多中国名菜一样讲究色、香、味俱全。鸭子烤熟后, 厨师亲自把烤熟的鸭子趁热切薄片, 供到餐桌上。吃烤鸭真是一大享受! 我们走出餐厅, 欣赏了北京的夜景之后, 回来 宿舍了。

74-1 请找出五个含有语病的分句, 并加以改正。(10分)

74-2 请针对每个病句提出适当的教学方案。(15점)

【2015 중등교원 임용시험 중국어 교과 기출문제】

75 下面(A)是“以－『2009年修订教育大纲』为依据的中国语教育课程(第2011-361号)”要求的教师讲解词汇时应该使用的教学方法。(B)是教师为说明教学内容ⓐ而准备的运用熟语的课堂资料。请写出ⓐ和ⓑ。(2分)

> (A)
> ○ 通过词汇在句子和文章中的用法让学生了解该词汇的意义和功能。
> ○ 活用道具、媒体资料、身体语言, 让学生了解词义。
> ○ 让学生理解词语间的同义、反义及(ⓐ)关系。

(B)

词的同义、反义关系可以叫做词的横向关系，词的(ⓐ)关系可以叫做词的纵向关系，反映词在意义上相互隶属的关系，本质上是一般与个别的关系，如"方位"与下面对话中的"(ⓑ)"和"北"。

(a) A：这次活动都准备好了吗？
B："万事俱备，只欠(ⓑ)风"，就差您的同意了。

(b) A：明天有时间吗？一起聚聚。
B：最近我忙得都找不着北了，哪儿有时间啊！

76 下面是教师设计的多音字作业资料，()里的汉语拼音是学生填写的。请找出所有错误，并予以改正。(2分)

- 这条路上下班的时候常常堵ⓐ 塞(sè)。
- 在危机来临之前，我们就需要ⓑ 着(zháo)手准备ⓒ 应(yìng)对的方法。
- 城市里ⓓ 长(zhǎng)大的孩子想像不出一边在小河里ⓔ 漂(piào)洗衣服，一边欣赏山间美景有多么幸福。

77 下面是有关学习理论的简介，请阅读下面的短文并写出ⓐ和ⓑ。(2分)

人和动物的行为有两类：一种是生来就会、通过遗传而获得的极为有限的"(ⓐ)行为"，如婴儿会吸奶，母鸡会孵蛋；更多的则是在后天环境中通过学习而 获得的"习得行为"，如海豚的表演、人的各种知识和技能等。人类的行为绝大部分都是学习的结果。要想让学生有效地进行学习，教师首先应该要了解作为语言习得理论基础的一般学习理论。

一般学习理论可分为几种不同的派别。其中行为主义学习理论认为，学习是人和动物受环境支配、获得经验而被动形成的行为的改变。(ⓑ)学习理论认 为，学习是学习者对环境和客观事物主动的认识和行为的主动的改变，着重探讨学习者内部心理结构的形成和改变。这一理论强调个体作用于环境，把学习看成是遗传和环境的交互作用，学习是突变，着重研究内部心理过程。

78 下面(A)、(B)是中国教育思想中关于人性培养的内容。请阅读下面的短文并在(　　)内写出相同的词语。(2分)

> (A)
>
> 人之所不学而能者, 其良能也；所不虑而知者, 其(　　)也。孩提之童, 无不 知爱其亲者, 及其长也, 无不知敬其兄也。亲亲, 仁也；敬长, 义也。无他, 达之天下也。《孟子 · 尽心》
>
> (B)
>
> (　　)者, 孟子所谓是非之心, 人皆有之者也。是非之心不待虑而知, 不待学 而得, 是故谓之(　　)。《阳明全书 · 大学问》

79 下面(A)是汉语会话教材中的一段对话, (B)是教师为教该对话中的熟语而准备的教案。请阅读下面的(A)、(B), 并在(　　)内写出相同的四字成语。(2分)

(A)

> **第三课活到老, 学到老**
>
> 小张：看你(　　)的样子, 这次挑战一定很有把握了吧？
>
> 小李：有把握和竹子有什么关系呀？
>
> 小张：这是一个成语, 说的是北宋画家文与可的故事。据说文与可为了画竹, 无论春夏秋冬、阴晴风雨, 都经常去竹林观察。日积月累, 竹子千姿百态的形象都深深地印在他的心中, 因此每次画竹, 他都显得非常从容自信, 画出的竹了, 也无不逼真传神。后来就用这个成语比喻事前有通盘的考虑, 对成功很有把握。
>
> 小李：哦, 原来如此。你太厉害了, 真是“飞机上挂暖瓶——高水瓶”啊！
>
> 小张：不敢当, 还差得远呢。一定要“活到老, 学到老”啊。

(B)

<table>
<tr><th colspan="2">第三课活到老, 学到老</th></tr>
<tr><td colspan="2">教学目标 : 熟语的理解及其应用</td></tr>
<tr><td>教学
内容</td><td>一、成语
1. (　　) : 比喻做事之前已经有通盘的考虑。
2. 日积月累 : 长时间地积累。
3. 千姿百态 : 形容姿态多种多样, 各不相同。
二、惯用语
1. 不敢当 : 谦词, 表示承当不起。
2. 活到老, 学到老 : 表示要学习一辈子。
三、歇后语
1. 飞机上挂暖瓶－－高水瓶 : "瓶"和"平"发音相同, 表示"高水平 "。</td></tr>
</table>

80 下面是教师为了教听说技能而准备的课堂资料。请写出B误解的理由, 并从词义和词性的角度分别说明ⓐ和ⓑ中两个词之间的不同。(5分)

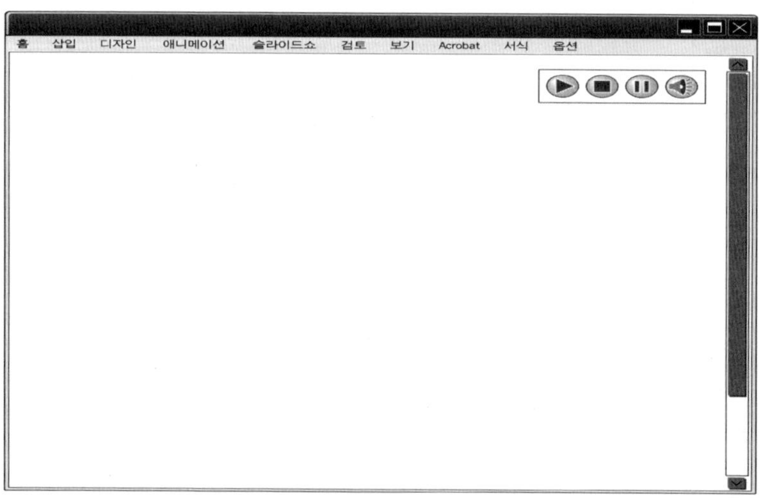

A: 小李, 你妈妈让我给你带个信。
B: 在哪儿呢？快给我看看。
A: 看什么？让你下课以后回家看看。
B: 你说什么呢？我妈妈写的信呢？
A: 你妈妈没写信, 就是让我告诉你"下课后回家看看"。
B: 啊？那"信"得儿化, 你得说"带个信儿"。
A: 是吗？没想到儿化不儿化还会造成误解。
B: 那可不, 儿化在生活会话中可常用了, 你得好好儿学, 否则肯定还会闹笑话。
A: 那你快给我讲讲还有什么词语儿化不儿化是不同的。
B: 那一时半会儿可说不完, 比如：ⓐ"盖"和"盖儿"、ⓑ"眼"和"眼儿"等都不一样。

81 下面是学生的答卷。请按照《汉语拼音正词法基本规则》找出所有的错误拼写并改正, 然后分别写出该规则的具体内容。(5分)

课堂测验

姓名：○○○

请按照《汉语拼音正词法基本规则》, 给下面的词语和句子用汉语拼音注音 。

1. 巴金　Bā Jīn
2. 树下　shùxià
3. 上海市　Shànghǎishì
4. 刘老师　Liú lǎoshī
5. 对不起　duìbuqǐ
6. 各学校　gè xuéxiào
7. 讨论讨论　tǎolùn tǎolùn
8. 中国社会科学院　Zhōngguó Shèhuì Kēxuéyuàn
9. 火车到了。　Huǒchē dàole.
10. 这是你的书。　Zhèshì nǐ de shū.

82 词和短语的划分是汉语学习的难点之一。请先运用扩展法对下面划线的五个词语进行检测并加以归类，然后从扩展前后的语义变化来分别说明其归类的依据。(5分)

○ 出门时别忘了关好门窗。	○ 这条新修的马路又宽又直。
○ 请大家说说对这件事的看法。	○ 你要是眼热，就去买一件吧。
○ 我们小区里的木门换成铁门了。	

83 下面(A)是学生的作文，(B)是教师看完作文后跟学生的对话。请在(A)中找出造成教师误解的句子，并说明其原因，然后予以修正。(5分)

(A)

清晨起来，拉开窗帘，一个银亮的世界出现在我眼前。我一看见这飘舞的雪花，就只想马上奔出房门，扑进这雪白的世界。妈妈送我出家门后，发现我没有带手套，忙回去拿，又再三嘱咐我一定要等她。我却只顾观看雪景，头也不回地急着上路了，不管妈妈在后面如何追我。忽然脚下一滑，摔倒在雪地上。若不是得到好心人的帮助，肯定会出大事的。我和妈妈都非常感谢他。

(B)

你现在怎么样了？没摔坏吧？

不是我，是我妈妈摔倒了。

是吗？我还以为是你呢。

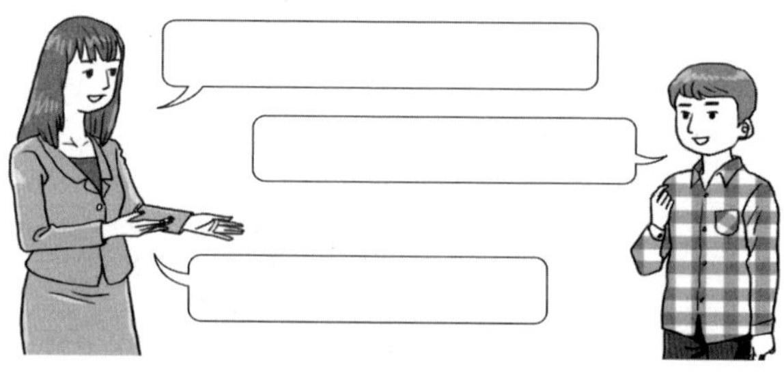

教师　　　　学生

【2016 중등교원 임용시험 중국어 교과 기출문제】

84 (A)是○○高中实习教师所出的一份试卷, (B)是指导教师和实习教师就这份试卷进行的对话。请阅读(A)、(B), 写出ⓐ和ⓑ。(2分)

(A)

※ 다음 대화를 읽고 질문에 답하시오.

A：寒假你去哪儿游玩了？

B：我跟一个中国朋友去杭州旅游了。

A：怎么样？玩得愉快吗？

B：当然。那里的一切让人很难忘却。

A：你一定拍了不少照片吧？

B：对, 明天我拿来给你看。

[1] 밑줄 친 단어의 품사는 무엇인가?

① 명사　② 　동사 ③ 　부사 ④ 　형용사　⑤ 대명사

(B)

指导教师：我看了你出的试题。以《2009年修订教育大纲》为依据的中国语I教 育课程中有"评价标准"这一部分, 里面指出："以(ⓐ)和交际基本 表达方式为中心, 对与日常生活相关的基础汉语的理解和表达这一语 言(ⓑ)能力进行评价"。你看, 对话中用的"游玩、忘却"这两个词 有点儿难, 超出了(ⓐ)这一范围, 最好改成"玩、忘记"。还有, 试 题问的是词的词性, 像这样的语法知识最好别考, 还是考一下学生的语言(ⓑ)能力。

实习教师：明白了, 我回去改一下。谢谢您的指导！

85 (A)介绍的是汉语教材编写的方法, (B)是两位教师有关教材编写的一段对话。请阅读(A)、(B), 写出ⓐ和ⓑ。(2分)

(A)

编写教材时安排话题和结构的一种方式是(ⓐ)安排, 也叫圆周式安排, 就 是将话题和句型结构根据交际需要并适当照顾难易程度分成几个圈, 每圈都让主要话题和句型结构出现一遍,而圈与圈之间又逐步加深难度, 呈循环往复不断上升的趋势。

(B)

最近我正着手编写一本初级汉语教材。我看很多教材在句型结构和话题安排这一问题上采用的都是直线式安排。一般都将语法点按难易程度排列, 从第一课开始教一个或几个语法点, 直到最后一课。同一语法点就讲练一次, 不(ⓑ)出现。说来, 这不太符合第二语言的学习规律。对此, 您有什么好的建议?

我看, 你可以采用(ⓐ)
安排。这种方法比较新, 优点是可以在不断接触中巩固加深所学的内容, 教学效果更好。你不妨试一下。

86 下面是教师为说明汉语语言文化知识而准备的资料。请阅读下文, 写出ⓐ和ⓑ。(2分)

> 中国独特的饮食文化在汉语中得到了充分的体现, 有关饮食的词语和说法 可谓比比皆是。中国菜的烹饪方法十分复杂, 表达烹饪方法的词语在汉语中经常被引伸或借用。如用"煲电话粥"表示长时间地打电话聊天儿, 用"(ⓐ)股"来 指从事买卖股票活动, 用"(ⓑ)熟的鸭子飞了"比喻到手的东西又失去了, 诸如这些跟饮食文化有关的词语和说法在汉语口语中很常见。

87 以《2009年修订教育大纲》为依据的中国语Ⅰ教育课程中的"交际基本表达方式"分为五个"领域"。请写出划线句子的交际功能可归属的"领域", 并按照该教育课程中就"交际基本表达方式"所列举的教学方法, 说明划线句子在教学时的注意事项。(4分)

> (A)
> A : 真有你的 ! 明天都要考试了, 还出去跟朋友玩儿。
> B : 我心里有底, 你就别管了。
>
> (B)
> A : 那么长距离的马拉松比赛你都跑下来了, 真有你的 !
> B : 说实话, 半路上我都想放弃了, 但最后还是挺过来了。

88 听说教学中连读是一个重点。(A)是某教师在连读教学时使用的一个声调示意图。请先说明(A)所示的音变现象, 然后从(B)中找出声调变读与(A)图相应的词语。(4分)

(A)

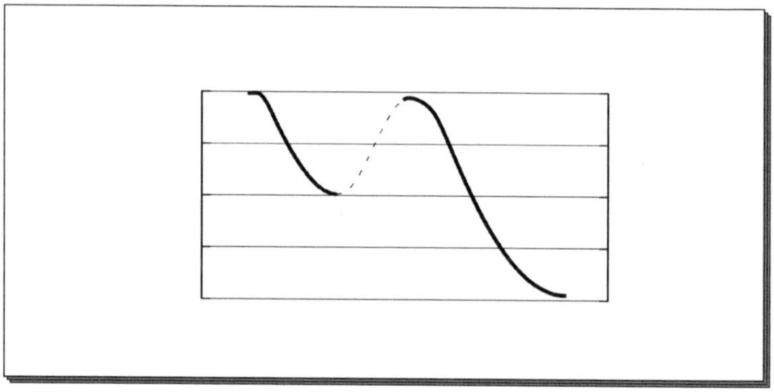

(B)

轰动	照旧	更正
抛弃	拥抱	应聘

89 (A)是某教师设计的比较句练习题, (B)是学生的练习答案。请找出答案中的偏误予以改正, 并说明其理由。(4分)

(A)

练习题

※ 根据下面的条件, 使用右边括号中所给的词语造句。

(1) 我六点半起床。	他七点起床。	(比)
(2) 我考试得了80分。	他考试得了90分。	(有)
(3) 她今年22岁。	她男朋友今年25岁。	(跟)
(4) 我身高1.7米。	我哥哥身高1.8米。	(像)
(5) 这件衣服300元。	那件衣服100元。	(不如)

(B)

姓名：○○○

(1) 我比他早起半个小时。
(2) 我的分数没有他高。
(3) 她的年龄不跟她男朋友一样。
(4) 我不像我哥哥那么高一点儿。
(5) 这件衣服不如那件便宜。

90 下面是某教师为中国文化教学而设计的一份教案。请阅读教案内容，按〈答题要求〉写出该教案的学习目标，并就教学方法及注意事项加以叙述。(10分)

<table>
<tr><td colspan="2">单元名</td><td colspan="2">第九课 春节快乐!</td><td>课时 6／6</td></tr>
<tr><td colspan="2">学习目标</td><td colspan="3">1. ____________
2. ____________</td></tr>
<tr><td colspan="2" rowspan="2">教学步骤</td><td colspan="2">教学活动</td><td rowspan="2">教具</td></tr>
<tr><td>教师</td><td>学生</td></tr>
<tr><td colspan="2">导入(7分钟)</td><td>… (略) …</td><td>… (略) …</td><td>…(略)…</td></tr>
<tr><td rowspan="3">展开
(35分钟)</td><td>引入</td><td>• 告诉学生检索词“春节习俗”。</td><td>• 在老师的指导下输入检索词。</td><td>电脑
平板电脑</td></tr>
<tr><td>讲解</td><td>• 讲解春节习俗：
(1) 吃饺子：饺子跟“交子”谐音，表示子夜时分新旧年交替的意思。
(2) 吃汤圆：汤圆跟“团圆”谐音，表示全家团圆的意思。
… (略) …
• 讲解部分用韩语进行，关键词则用中文表达。
• 播放电影片段、电视广告，并让学生对春节传统习俗和现代习俗进行比较。</td><td>• 认真听老师讲解。
• 用老师所说的关键词造句。
• 观看老师播放的视频，并讨论春节传统习俗和现代习俗的不同。</td><td>电影片段
电视广告</td></tr>
<tr><td>活动</td><td>• 画年画
展示中国典型的年画。</td><td>• 动手临摹老师所展示的年画。</td><td>PPT，画纸，彩笔</td></tr>
<tr><td colspan="2">总结(8分钟)</td><td>… (略) …</td><td>… (略) …</td><td>…(略)…</td></tr>
</table>

〈答题要求〉

- 按绪论、本论、结语这一形式进行叙述。
- 根据以《2009年修订教育大纲》为依据的中国语Ⅰ教育课程进行叙述。
  - 该教案以"成就基准"为依据, 就"语言文化"和"文化遗产"两项内容各设定了一个目标, 根据教案内容写出相应的学习目标。
  - 就上述教育课程"文化"部分所示教学方法中该教案所使用到的四种方法, 一一加以叙述。另外, 未使用到的方法也须叙述一种。
  - 上述教育课程中就文化教学时的资料选用, 列有几点注意事项, 结语部分中叙述其中的一点。

【2017 중등교원 임용시험 중국어 교과 기출문제】

91 下面是○○高中汉语教师为教中国文化设计的一份教案。根据所示内容, 写出ⓐ和ⓑ。(2分)

单元名	第八课 跑遍中国	
教学目标	学习(ⓐ)和中国主要景点	
教学步骤	教学活动	
导入	… (略) …	… (略) …
展开	一、上网搜索券别 … (略) … 二、说明各券别的背面图案, 并通过视频介绍下面的景点。 •人民大会堂(北京) •布达拉宫(拉萨) •桂林山水(桂林) •长江三峡(重庆) •泰山(泰安) … (略) … 三、口语练习 甲 : 背面图案的设计好有意义啊! 乙 : 还真是。我怎么没注意呢。 甲 : 你看! 一百块是人民大会堂, 五十块是布达拉宫。还有 桂林山水、长江三峡、泰山什么的。 乙 : 中国代表性的景点全在我的钱包里呀!	(ⓑ)、投影仪、中国地图
练习	让学生上网搜索各券别背面景点的信息。	手提(ⓑ)

92 部首教学法是常见的汉字教学法之一。部首本来表示汉字的义类, 但有些部首的名称与其本义不符, 也有些部首在词典上的第一义项与其本义不符。据此说明, 写出ⓐ和ⓑ。(2分)

> (A)
>
> “冫”作部首时一般称之为“两点水”, 但“冫”本象(ⓐ), 以“冫”为部首的汉字多表示与(ⓐ)有关的义类。例如:冷、冬、凉等字。

> (B)
>
> 部首“页”在≪现代汉语词典≫中的第一义项是“张(纸)”, 但此义项与“页”的 本义不一致。“页”本象(ⓑ), 因此以“页”为部首的汉字常常表示与(ⓑ)有关 的意义。顶、颜、颐等字即属于此类。

93 下面的成语里皆含有动物名称。先写出ⓐ和ⓑ, 再对划线的两个成语进行解释。(4分)

教学目标:学习含有动物名称的成语
他跟老板解释了半天, 老板仍然毫无反应, 简直是对牛弹琴。 ※ 成语的含义:比喻对愚蠢的人讲高深的道理。 他做起事来常常画(ⓐ)添足, 白白浪费许多时间。 ※ 成语的含义:(　　) 他一到上海就立刻联络阿哲, 请他当向导。凭着阿哲在上海多年投资的经历, 受益颇多。可谓是老(ⓑ)识途, 跟着他少走了不少冤枉路。 ※ 成语的含义:(　　)

94 (A)和(B)是利用手机软件练习离合词用法的画面。根据离合词的语法功能, 写出ⓐ和ⓑ, 并说明理由。(4分)

(A) 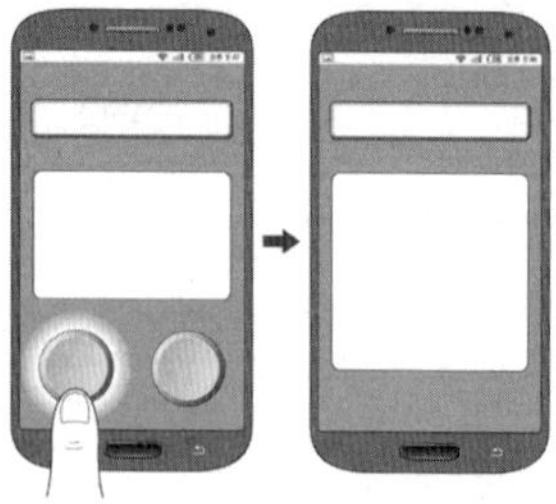	她跳舞得好漂亮! 上面的句子 正确, 请按“对” 有误, 请按“错” 對　錯	她跳舞得好漂亮! 按错了! 这句应改成： ⓐ

(B) 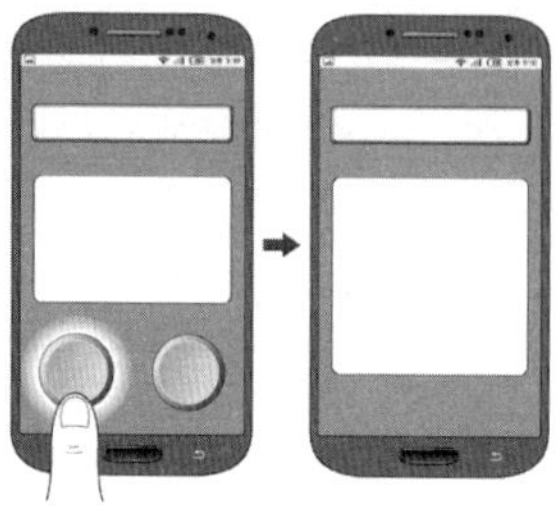	咱们去散步散步吧。 上面的句子 正确, 请按“对” 有误, 请按“错” 對　錯	咱们去散步散步吧。 按错了! 这句应改成： ⓑ

95 下面是学生的作业。找出有误的两个句子, 予以改正, 并说明理由。(4分)

补语练习题

※ 利用括号中提示的词语将下面的句子改为补语句。

(1) 他的汉语很好。　(说)
→ 他的汉语说得很好。

(2) 老师说的话我懂了。　(听)
→ 老师说的话我听懂了。

(3) 我在二楼, 要去五楼。　(上)
→ 我在二楼, 要上去五楼。

(4) 你受伤了, 能起来吗？　(站)
→ 你受伤了, 站得起来吗？

(5) 外面很吵, 还是别出去了。　(要命)
→ 外面很吵得要命, 还是别出去了。

96 (A)是学生的作文, (B)是教师给出的改正错别字的习题。分别说明学生写错ⓐ和ⓑ的原因, 然后以此为根据, 找出(B)中的两个错别字,予以改正。(4分)

> (A)
>
> 我从来没去过外国, 但据媒体以及周边朋友提供的消息可知,国外的生活 有很大的ⓐ美力 : 除了可以交不同国家的朋友, 还可以ⓑ亨受异国的美食。总之, 会获得大开眼界的机会。

> (B)
>
> (1) 不知是什么缘故, 小红今天的情绪很不好。
>
> (2) 她是一个喜欢幼想的女孩。
>
> (3) 他不停地打电话, 影响了我的睡面。
>
> (4) 我们只好把寻物启事贴在布告栏上。

97 多音字是汉语教学中的难点之一。(A)是两位教师针对多音字教学展开的对话。从(B)中找出恰当的词语, 完成ⓐ和ⓑ, 然后从词类的角度说明ⓐ和ⓑ的差异。(4分)

> (A)
>
> 遇到有多音字的词语, 如果老师不讲解其产生异读的理由, 学生只好死记硬背。但是老师讲解详细的话, 就可以起到提纲挈领、举一反三的作用。

对！我完全同意您的想法！比如说“处”字有两个读音，在(ⓐ)这四个词里读第三声，在(ⓑ)这四个词里读第四 声，但我发现还是有不少同学常常读错。陈老师，感谢您的指点！下节课我就给学生们说明一下！

(B)

用处	相处	别处	教务处
处理	处所	处罚	设身处地

98 阅读(A)和(B)。先写出ⓐ和ⓑ，再根据(B)叙述周学道对范进考卷的评价、以及他 对当时科举制度的看法。(5分)

(A)

在清代，不少小说作品与八股文均有一定的关系，最具有代表性的作品是吴敬梓的(ⓐ)。它虽然假托明代故事，但小说展示的是18世纪清代中叶的种种社会风俗。尤其是，它全面叙述了科举制度、八股文，以及种种知识分子的丑态。除此之外，蒲松龄的(ⓑ)也不能说与八股文无关，因为它绝大部分篇章虽叙 写的是神仙狐鬼故事，但谈及科举制度与八股文的篇章也很多，如〈素秋〉、〈郭安〉、〈续黄梁〉、〈王子安〉等。这些文章均充分揭发了科举制度的诸多弊端。

(B)

(ⓐ) 第三回

周学道将范进卷子用心用意看了一遍，心里不喜，道：“这样的文字，都说的是些什么话！怪不得不进学！”丢过一边不看了。又坐了一会，还不见一个人 来交卷，心里又想道：“何不把范进的卷子再看一遍？倘有一线之明，也可怜他苦志。”从头至尾，又看了一遍，觉得有些意思……又取过范进卷子来看，看罢，不觉叹息道：“这样文字，连我看一两遍也不能解，直到三遍之后，才晓得是天地间之至文！真乃一字一珠！可见世上糊涂试官，不知屈煞了多少英才！”忙取笔细细圈点，卷面上加了三圈，即填了第一名。

99 下面是◯◯高中汉语教师为教发音准备的一份教案。按〈答题要求〉, 写出"教学目标", 并说明如何利用"教学资料"进行"教学活动"。(5分)

教学目标

: ________________

教学资料

… (略) …

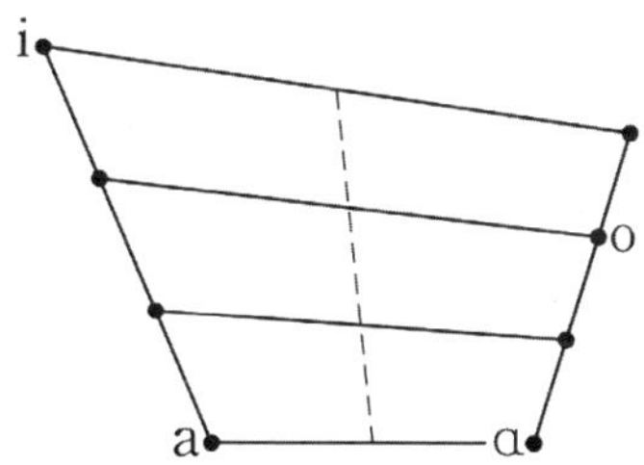

【国际音标元音舌位图】

… (略) …

教学活动

○ ≪汉语拼音方案≫是用拉丁字母拼写普通话语音的一套方案。汉语拼音的部 分拉丁字母代表两个或两个以上的音位变体。

○ "音位变体"指某一语言中属于同一音位的不同音素。

【汉语拼音ɑ的音位变体】

音位变体	出现条件	例字
ⓐ [a]	i 前	碍 开
ⓑ [ɑ]	o 前	刀 毛

※ [ ]为国际音标符号

… (略) …

〈答题要求〉

◦ 写出"教学目标"时, 使用"汉语拼音"、"音位变体"这两个术语。

◦ 说明"教学活动"时, 用"汉语拼音"、"国际音标元音舌位图"、"音位变体"这 三个术语, 先阐明ⓐ与出现条件之间的关系, 再阐明ⓑ与出现条件之间的关 系。

100 (A)是教师在课堂上进行的教学活动, (B)是≪2009年修订教育大纲≫〈中国语I〉中的六项写作教学法。根据〈答题要求〉, 叙述(A)中教师是如何运用(B)进行教学活动的。(10分)

刚才我们对“已经”和“曾经”的用法做了比较说明。现 在我们用10分钟的时间来练习一下今天学过的内容。

已经 vs. 曾\经

用“已经”和“曾经”造几个与学校生活、旅 行有关的简单句子。

已经 vs. 曾\经

水晶同学用“已经”和“曾经”各造了一个句子, 这 一点她做得非常好。不过, 其中(ⓐ)这个词用得不 恰当, 把它改成(ⓑ), 就通顺了。

下个月我们学校将举行汉语演讲比赛。我小时候曾\经参加了演讲比赛, 但是已经过了很长时间, 所以不知道该怎么准备。

(B)
① 在学习初期, 教师注重让学生用汉语拼音写出学过的词汇或者句子, 逐渐引导学生用规范汉字书写。
② 教师让学生从词语或简短句子的填空练习开始, 逐步进入到写作练习阶段, 如, 让学生按要求改写学过的句子等。
③ 教师提示主要词汇或句式, 让学生使用它们造句子。
④ 教师提示较短的主要句子, 让学生使用它写成短文或者简单的对话。
⑤ 教师提示一些主题, 如, 旅行、朋友、学校生活等, 让学生就这些主题写成短文或者简单的对话。
⑥ 教师对学生写出来的短文加以讲评, 帮助学生提高写作水平。

<答题要求>

- 按前言、本论、结语这一形式进行叙述。
- 首先从(B)中选出(A)所使用的三项教学法, 然后叙述(A)中教师是如何将这三项教学法应用到此教学活动的。
- ⓐ和ⓑ所指的词应写入叙述中。

【2018 중등교원 임용시험 중국어 교과 기출문제】

101 (A)是阅读资料, (B)是某学生阅读后写下来的汉语拼音, (C)是教师授课时要用的反馈资料。参考(C), 找出并改正(B)中两个有误的地方。(2分)

(A)
1. 他去北京出了一个月的差。 2. 他心里明白, 只是不说罢了。 3. 他一步一个脚印儿地工作着。 4. 这样做方便了大家, 也方便了自己。 5. 大夫在古代指官职, 它位于卿之下, 士之上。

(B)

姓名：○○○

1. Tā qù Běijīng chūle yí gè yuè de chà.
2. Tā xīnli míngbai, zhǐshì bù shuō bàle.
3. Tā yí bù yí gè jiǎoyìnr de gōngzuòzhe.
4. Zhèyàng zuò fāngbiànle dàjiā, yě fāngbiànle zìjǐ.
5. Dàifū zài gǔdài zhǐ guānzhí, tā wèiyú qīng zhī xià, shì zhī shàng.

(C)

1. 汉语有一字多音现象, 比如说“便宜”有两个不同的读音, 作“便利” 一义时, 读作“biànyí” ; 作“价钱低”一义时, 读作“piányi”。
2. 判断字词的语音时, 我们应考虑语义、语境等因素。

102 下面是汉语教师与韩国学生的对话。写出ⓐ和ⓑ。(2分)

学生：王老师, 中国的船夫为什么忌言“陈”姓呢？
老师：因为“陈”与“(ⓐ)”同音。“(ⓐ)”就是“在水里往下落”的意思。
学生：我懂了。中国人忌说不吉利的事情。您还可以再给我举个因谐音而忌讳 的例子吗？
老师：在中国, 送人礼物, 不能送钟。
学生：我明白了。“送钟”与“送终”同音, 不吉利。
老师：说对了。不过在南方习俗中, 如果送钟的话, 外加一本书, 就又是非常好 的礼物了。因为在吴方言中, “有书有钟”正好与“(ⓑ)”音近。
学生：“(ⓑ)”这个成语的意思很好, 我希望自己学汉语也能做到“有开头, 也有 结尾”, 坚持到底。

103 下面是教师在课堂上进行的教学活动。写出ⓐ、ⓑ、ⓒ, 然后据此说明汉语的特点。(4分)

老师, 我有一个问题想请教您。昨天学的“吃食堂”这个短语有些难懂。“饭”可以吃, “食堂”怎么吃呢?

是这样的。汉语的宾语不一定是动词的受事, “吃食堂”的“食堂”指的是吃的(ⓐ)。

原来是这样啊。太有意思了! 老师, 您可以再给我们举个例子吗?

比如, 例(1)“打扫卫生”的“卫生”是“打扫”的(ⓑ) ;例(2)“开刀” 的“刀”是“开”的(ⓒ)。

(1) 你怎么不打扫卫生啊, 房间这么脏!
(2) 他的病情很严重, 不开刀不行。

104 下面是学生提交的一份写作作业。找出语法上有误的两个句子，予以改正，并分别说明理由。(4分)

(早上，儿子正要去上学。)
爸爸：小明，天气阴一点，你带把伞去。
小明：现在只是有点儿云，不会下雨的。
爸爸：你看，天已经阴下去了。
小明：爸，我快迟到了。
爸爸：那你赶快走吧。

105 (A)是教师准备的教案，(B)是第一小组活动之后的口头报告。先找出(B)里的两个偏误，然后从中介语的角度加以改正，并分别说明理由。(4分)

(A)

单元名	第八课 休闲活动	
教学目标	1. 使学生了解中国人的休闲活动 2. 使学生理解中介语的迁移现象	
教学步骤	教学活动	教具
导入	… (略) …	…(略)…
展开	… (略) … 3. 各小组的休闲活动报告 ○ 第一小组休闲活动的口头报告：打篮球 ○ 第二小组休闲活动的口头报告：拉二胡 … (略) … 4. 讨论、辅导和反馈：互动教学 … (略) …	电脑、 投影仪

(B)

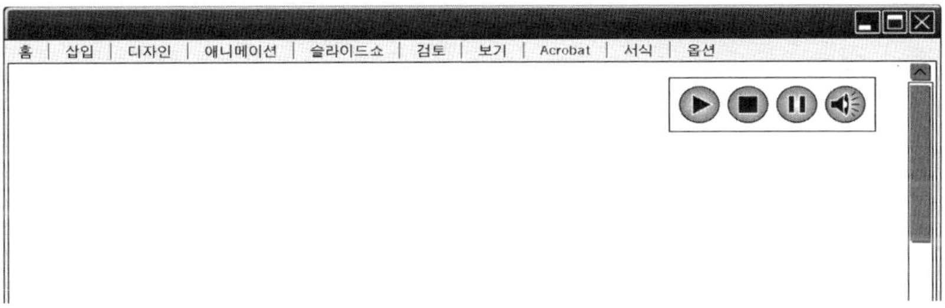

打篮球

老师、各位同学, 大家好！

上个星期天我们小组的成员一起去打篮球了。我们约好那天上午十点在○○高中篮球场集合。可是有一个同学迟到了。他说："我以为九点半在 我家出发, 应该不会晚, 没想到星期天早上还这么堵, 真对不起！"到了十点三刻我们才开始比赛。一开始我们队打得不太好, 但还是胜利了那场比赛。我们都非常高兴。

谢谢大家！

106 下面是一份学生做的翻译作业, 找出并改正划线部分译错的两个地方, 并分别说明理由。(4分)

(1) 기회가 되면 서울을 다시 방문하시기 바랍니다.
希望您有机会还来首尔访问。

(2) 그는 보드를 타면서 공중제비도 돌 수 있다.
他一边滑滑板, 还可以一边翻跟斗。

(3) 과제가 너무 많아 오늘 끝내지 못하면 내일 마저 해라.
作业太多了, 今天做不完的话, 明天再做吧。

(4) 너는 프랑스 외에 영국도 보러 가야 해.
除了法国以外, 你再应该去英国看看。

107 (A)是汉语教师准备的一份教案。阅读(A), 写出ⓐ。在声调符号标注上, (B)中有两个音节与其它八个不同, 写出这两个音节, 并分析这两个音节的韵母结构。分析时, 要写出韵母结构中各组成成分所对应的音素。[5分]

(A)

单元名	第三课 复元音韵母
教学目标	1. 让学生理解复元音韵母的结构特点。 2. 教会学生发复元音韵母。 3. 让学生了解声调符号的标注位置。
教学内容	1. 发音时, 复元音韵母中相连元音的(ⓐ)不同。 2. 发音时, (ⓐ)最大的元音为主要元音。 3. 复元音韵母最多有三个组成成分, 主要元音是不可缺少的。 4. 声调符号原则上标在主要元音上。

(B)

tài	liǔ	huǒ	miáo	děi
zhuì	shuā	qià	guāi	niē

108 (A)是一段有关中国文化的对话, (B)是≪2015年修订版高级中学教育大纲≫〈中国语I〉(教育部第2015-80号)里的教育目标第二项。根据"答题要求", 论述教师如何教中国人际关系。(10分)

(A)
甲: 一般中国人很重人情, 更看重关系。你跟他有关系, 办事就好商量, 很难办 的事也变得较容易。关系一般的话, 他就会对你公事公办。
乙: 你是说中国人待人都是内外有别, 对吧?
甲: 对。人际关系, 最重要的就是搞好关系, 把外人变成自己人。"在家靠父母, 出门靠朋友", 自己人越多也就越好办事。否则你有能力也很难施展。

乙:你说得有道理。
甲:说实话，你要在社会成功，就得搞好关系。俗话说，多一个朋友多一条路嘛。人们为了增进感情、拉关系而请客吃饭、送礼。
乙:中国人为什么这么重视人际关系呢？
甲:那还不是中国人口太多，竞争太激烈。
乙:嗯，我懂了。可是，这种关系会不会跟腐败现象有关，产生社会的诚信危机呢？
甲:是啊。有权的人贪财的话，容易陷入权力寻租的陷阱里。而老百姓除了自己圈子的人谁都不相信。
乙:你的意思是在中国需要搞好关系，但是，不应该超越良心的底线。
甲:是的，就是这个意思。

(B)
基于对中国文化的理解来培养汉语交际能力，通过对韩中两国文化的相互理解来培养作为世界市民必须具备的公正态度和姿态。

〈答题要求〉

○ 按前言、本论、结语进行论述。
○ 以(B)的内容为基础，论述(A)内容里人际关系的必要性和副作用。
○ 将(A)划线的词语写进论述内容中。
○ 要把论述内容写得通顺、自然。

【2019 중등교원 임용시험 중국어 교과 기출문제】

109 〈A〉是几种词汇教学技巧的说明，〈B〉和〈C〉是教案内容。从ⓐ~ⓓ中分别找出可适用于〈B〉和〈C〉的教学方法，再说明〈B〉和〈C〉的生词在构词结构上的差别。(4分)

〈A〉

ⓐ 有些生词由两个或两个以上的语素构成, 这样的词可以通过讲解每个语素的意 义, 引导学生总结出整个词的意义, 如“往事”是指“已经过去的事情”; “病危 ”是指“病势危险”等。

ⓑ 有些表示动作的生词可以通过表演的方式直接呈现词义, 表演可以由教师或学 生来做, 重要的是表演要准确、突出内容, 如手部动作“拉、牵”, 腿部和脚部动作“踢、踩”等。

ⓒ 有些生词体现的是上位的类概念, 本身没有具体的实物跟它相对应, 教师可以 采用举例子的方式来说明这些词, 例如, 从学生学过的“苹果、香蕉、葡萄”等例子引导“水果”。

ⓓ 有些生词之间具有语义上的共同点, 教师可以从这个共同点出发解释这些词, 例如, 从“水果”这一共同点出发, 对“苹果、香蕉、葡萄”等词进行解释。

〈B〉

生词:“电扇、冰柜、烤箱”

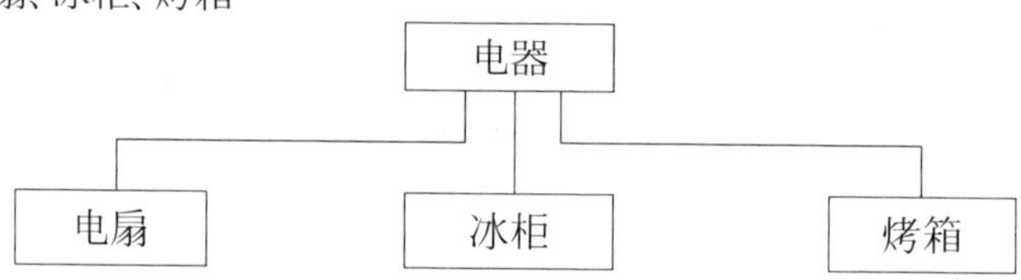

〈C〉

生词:“心疼、性急、面熟”

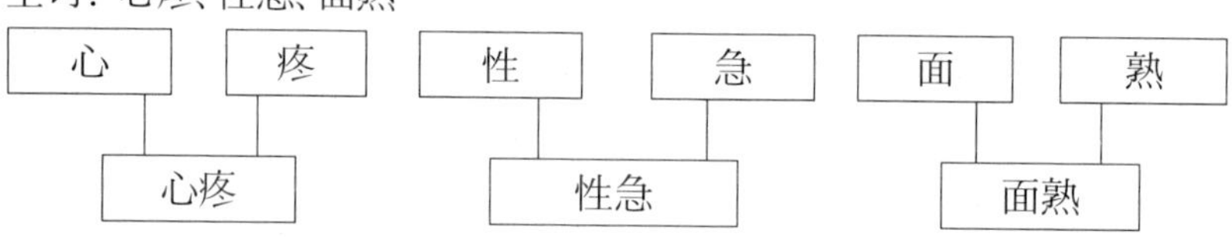

110 〈A〉是教师设计的练习题, 〈B〉是学生的练习答案。找出〈B〉中两个有误的句子, 并说明其原因。(4分)

〈A〉

※밑줄 친 ⓐ~ⓓ를 중국어로 옮기시오.

> 오늘은 학교에서 소풍을 가는 날이다. 설레는 마음에 ⓐ나는 오 늘 너무 빨리 일어났다. 시계를 보니 겨우 5시밖에 되지 않았다. 한 숨 더 자고 일어나 아침밥을 먹는데엄마가 말씀하셨다. "ⓑ빨리 먹 어." 학교에 늦을까 봐 ⓒ나는 평소보다 30분 빨리 출발했다. 덕분 에 우리 반에서 ⓓ내가 제일 빨리 도착했다.

ⓐ ______________________ (1) ______________________。

ⓑ ______________________ (2) ______________________。

ⓒ ______________________ (3) ______________________。

ⓓ ______________________ (4) ______________________。

〈B〉

(1) 今天我太早起了。　　(2) 你快吃吧。

(3) 我比平时早出发半个小时。　　(4) 我到得最快。

111 〈A〉是课文,〈B〉是两位教师有关交际功能的一段对话。阅读〈A〉和〈B〉, 写出ⓐ~ⓒ, 并根据ⓓ用祈使句写出句子(2)在这一语境中的意思。(4分)

〈A〉

A: 最近很少看电影了, 我们一起去看电影吧。
B: 好啊, 看什么呢?
A: ≪这是一片大海≫怎么样?
B: (1)这部电影我看过两遍了呀。
A: 是吗? 那就看≪大山≫吧。
B: 好的, 赶紧收拾书包出去吧。
A: 等一会儿, 我拍黑板擦呢。
B: (2)教室里干干净净的呀。
A: 哦, 那我出去拍吧。
B: 那就对喽。

〈B〉

老师, 句子(1)在≪2015修订版高中中国语Ⅰ教学课程≫的"交际基本表达方式"中是属于"(ⓐ)"功能的例句。这个句子确实在 很 多场合中表达"(ⓐ)"功能, 不过在这儿好像不一样, 这里表 达的 是"(ⓑ)"的意思。	
	对, 那是因为同样的语言形式可具有不同的几个功能。表 达"(ⓑ)"功能的不仅仅有≪教学课程≫中的"不行"、"不好意思……"等句子。你看, 句子(2)在≪教学课程≫"交际基本表达方式"中是属于"(ⓒ)"功能的例句, 可是在这一语境当中是ⓓ表示"禁 止"功能的。

112 〈A〉是有关第二语言学习者汉语习得的一段文章, 〈B〉是有关学习者的语法偏误及其类型分析的资料, 根据所示写出ⓐ~ⓔ。(5分)

〈A〉

汉语教学中的语法偏误从形式上分析大致可分为四类: 一是遗漏, 即缺乏成句所需成分; 二是误加, 即在不应该使用某一成分的地方使用了该成分; 三是误用, 即从易于混淆的语言形式中选用了不适合于特定环境的形式; 四 是错序, 即某一成分被错放位置。

〈B〉

(1)	韩语	그의 딸은 똑똑하기도 하고 예쁘기도 하다.
	偏误	他女儿又很聪明又很漂亮。
	改正句	(ⓐ)
	偏误类型说明	"又……又……"句式中形容词谓语不能带程度副词，属误加。
(2)	韩语	우리 집은 학교에서 멀지 않다.
	偏误	我们家不离学校远。
	改正句	(ⓑ)
	偏误类型说明	(ⓒ)
(3)	韩语	그는 선생님께 감사를 표했다.
	偏误	他给老师表示感谢。
	改正句	(ⓓ)
	偏误类型说明	(ⓔ)

113 下面是教师讲解汉字简化原理的内容。根据〈答题要求〉说明与简化字有关的多音、多义现象。(5分)

我们刚才学过汉字简化原理。汉字简化之后有一部分字不可避免地发生 混淆。举个例子，如ⓐ"虚怀若谷、进退维谷、五谷丰登、万丈深谷"等词语当中有个"谷"字的字义跟其他三个不同，又如ⓑ"舍本逐末、舍生取义、依依不舍、左邻右舍"等词语当中的有个"舍"字的字义和读音跟其他三个不同。这些容易混淆的字是因汉字简化而出现的。大家一定得注意呀！

【汉字简化】

○ 戲→ 戏歡→ 欢
○ 廣→ 广醫→ 医
○ 穀→ 谷捨→ 舍
……

〈答题要求〉

○ 从ⓐ选出“谷”字的字义跟其他三个不同的一个词语，然后说明该词语中“谷”字 的字义。
○ 从ⓑ选出“舍”字的字义和读音跟其他三个不同的一个词语，然后说明该词语中 “舍”字的字义和读音。

114 〈A〉和〈B〉是同一课时的教案与其课堂场景，〈C〉是≪2015修订版高中中国语Ⅰ教学课程≫中有关“听力”和“口语”的几项教学指南。根据〈答题要求〉，叙述〈A〉和〈B〉中教师如何运用〈C〉来进行教学活动。(10分)

〈A〉

单元名		要用铅笔填写吗？	课时	4／6
学习目标		1. ＿＿＿＿＿＿＿＿。 2. ＿＿＿＿＿＿＿＿。 ……		
教学步骤		教学活动		教具
		教师	学生	
导入		(略)	(略)	(略)
展开	讲解	•说明表达请求的几个句子: “你能借我用一下铅笔吗？” “你能递给我橡皮吗？” ……	•注意听讲。	(略)
	活动	•进行词汇扩展学习活动:放三遍有关学生用品的录音，如“铅笔、本子、橡皮、书包、铅笔盒”。 ……	•将所听到的学生用品画到卡片上。 ……	(略)

〈B〉

下面请同学们各自指着教室里的学生用品互相问答。用“什么”提问时，注意不要说“这是什么吗？”，而要说成“(ⓐ)”，因为(ⓑ)。明秀，你先提问好吗？

〈C〉

○ 让学生们指着教室里的各种物品互问互答。
○ 让学生们听取单词或简短的句子后正确跟读。
○ 让学生们听取短文或对话, 按先后顺序进行排列。
○ 让学生们以有关"时间"、"购物"、"通讯"等多种主题互问互答。
○ 让学生们反复听取单词或简短的句子, 然后用画图或表演的方式表示其内容。

〈答题要求〉

○ 按照前言、本论、结语的形式进行阐述。
○ 根据〈A〉, 设定两个学习目标并将其写入前言。
○ 从〈C〉中选出〈A〉和〈B〉分别所使用的教学指南, 然后叙述教师如何将这两项运用到教学活动上。
○ ⓐ是改正句, ⓑ是改正原因。将ⓐ和ⓑ加入阐述内容。

【2020 중등교원 임용시험 중국어 교과 기출문제】

115 下面是有关功能教学的一段文字。分别写出ⓐ和ⓑ处应填入的功能名称。(2分)

> 交际功能是指说话所要完成的任务、所要达到的目的。一 个句子所表达的功能是由语境决定的, 如 :
>
> A: 他怎么还没来？是不是对我们改变时间的决定不太满意？
>
> B: 别担心, 他人很好, 我们再等一会儿。
>
> 在≪2015修订版高中中国语Ⅰ教育课程≫"交际基本表达方式"中, 划线部分的句子是属于"(ⓐ)"功能的例句, 不过在上面语境中意味着"他会来的", 即 表达了"(ⓑ)"这一功能。

116 〈A〉和〈B〉是两位教师的对话, 〈C〉是与此有关的例子。分别写出ⓐ和ⓑ处应填入的术语, 然后仿照〈B〉的说明方式解释〈C〉中(1)和(2)的差异。(4分)

〈A〉

有个学生问我, 为什么"奶奶信仰佛教。""奶奶信佛教。"都可以说, 而"*佛教是奶奶的信。" 却不能说。这该怎么解释呢？

〈B〉

这可以从词性的角度进行解释。换个例子说吧, "检查" 具有两个词性 : 用作(ⓐ)时可以简缩为单音节词"查", 如"我 (检)查了一次身体。" ; 用作(ⓑ)时不可以简缩为"查", 如" *我做了一次身体查。

〈C〉

(1) 今天我特(别)高兴。　　(2) *今天是一个特的日子。

117 〈A〉是教案,〈B〉是例句。根据教案的内容,分别写出ⓐ和ⓑ处应填入的学习目标,并从〈B〉中分别找出ⓒ和ⓓ处应填入的句子。(4分)

〈A〉

<table>
<tr><td>单元名</td><td colspan="2">第六课 中山公园怎么走?</td><td>课时</td><td>5/8</td></tr>
<tr><td>学习目标</td><td colspan="3">1. 能够掌握"上"和"下"表示方位的用法。
2. ________ⓐ________。
3. ________ⓑ________。</td><td></td></tr>
<tr><td rowspan="2">教学步骤</td><td colspan="3">教学活动</td><td rowspan="2">教具</td></tr>
<tr><td colspan="2">教师</td><td>学生</td></tr>
<tr><td>导入</td><td colspan="2">(略)</td><td>(略)</td><td>(略)</td></tr>
<tr><td rowspan="2">展开</td><td>讲解</td><td>•教师说明"上"和"下"的三种用法:
一、说一说卡片上的内容,并说明"上"和"下"的用法。
例句:
"桌子上有很多书。"<br>"桌子下有一只小猫。"

二、说一说卡片上的内容,并说明"上"和"下"的用法。
例句:
"公交车来了,快上车吧。"<br>"(ⓒ)"

三、说一说卡片上的内容,并说明"上"和"下"的用法。
例句:
"(ⓓ)"<br>"下星期六是我弟弟的生日。</td><td>•学生注意听说明,并跟读例句。</td><td>卡片</td></tr>
<tr><td>活动</td><td>•根据卡片的内容,用汉语向学生们 提问。</td><td>•用"上"和"下"回答问题。</td><td>卡片</td></tr>
</table>

〈B〉

(1) 墙上挂着一幅画。
(2) 请你帮我把门关上。
(3) 南站到了,咱们下车吧。
(4) 你稍等一下,我马上就到。
(5) 上星期六我参加了马拉松比赛。

118 〈A〉是≪2015修订版高中中国语Ⅰ教育课程≫"评价方向"的一部分,〈B〉是有关评价和测试的一段文字,从〈B〉中找出ⓐ处应填入的术语、ⓑ处应填入的双音节词。(2分)

〈A〉

评价方向
○ 为了确认学生是否达到成就标准,随时实施(ⓐ),使得评价成为教学过程的一部分。
○ 除了单项语言技能评价以外,还要适当地实行针对(ⓑ)语言技能的评价。

〈B〉

总结性评价是指在学期或课程结束后对学生的学业成就所做的评价,主要 关注课程的结果。形成性评价是指在教学计划实施过程中所做的评价,主要关注课程的进程。……

语言能力测试可按命题方法分为分立式测试和综合性测试:分立式测试是指 对被试者所掌握的语言知识和语言技能进行分项测量;综合性测试是指对被试者 综合运用语言知识和语言技能的能力进行全面测量。

119 〈A〉和〈B〉是有关语音教学的两段文字。根据〈A〉,先说明ⓐ在语音教学方面如何得到实践的,然后从〈A〉中找出ⓑ处应填入的双音节词,最后写出ⓒ在文中的意思。(4分)

〈A〉

语音听觉能力即对语音特征的感知,是辨别词义、语义的前提,也是学习 发音的前提。克拉申(Krashen)主张遵循儿童习得母语的自然顺序习得第二语言,强调ⓐ语言输入先于语言输出,也就是说,在开始练听力的阶段,不要急于让学生模仿发音。人们学习唱歌也有这样的体验:一首歌听多了,即使不专门去学也能哼出来。

〈B〉

语音是靠练学会的, 必须反复练习。教师本身要掌握标准的语音, 做出示 范供学生(ⓑ)。不过, 只靠盲目的(ⓑ)和练习也不行。方法不对, 不得要领, 发音有错误, 可能愈练愈ⓒ化石化。这就要求教师能针对学生错误的原因, 在发音部位、发音方法上给予一定的理论指导。

120 〈A〉是两位教师的对话, 〈B〉是≪2015修订版高中中国语Ⅰ教育课程≫中的部分内容。先写出ⓐ处应填入的句子, 然后从〈A〉中找出ⓑ处应填入的句子, 并从〈B〉中找出ⓒ所指的一项, 最后说明ⓓ的内容。(4分)

〈A〉

张老师, 我在课堂上说明了"他很有能力。" 和"(ⓐ)"这 两个句子中"很有"的用法 : 前一句可以解释为"他能力很强" ; 后一句可以解释为"他水平很高"。讲解后, 我让学生做了填词完成句子的这样一个练习。

- 什么事都难不倒他, 他很有 办法 。
- 他知识渊博, 他很有 书 。
- 他经历过各种各样的事情, 他很有 经验 。

您看, 这是一个学生的答案, 这三个句子中"(ⓑ)"这个句子是病句, 但我不知道该怎么向学生们说明。

您让学生针对学过的内容做这样的练习, ⓒ符合≪2015修订版高中中国语Ⅰ教育课程≫"内容体系及成就标准"中测试方法的一项, 可以说做到了真正的"教学相长"。那个病句之所以不成立跟ⓓ"很有"后面宾语的性质有关。

〈B〉

(1) 测试学生能否用汉语拼音或汉字写出所听的单词或简短的句子。
(2) 测试学生能否在读完简短的句子后, 根据前后内容, 填写恰当的单词。
(3) 测试学生能否造出符合单词用法和语序的句子。
(4) 测试学生能否用学过的句子写出信函、便条等。

121 下面是韩国学生写的邮件。先把ⓐ排列成正确的句子, 然后把ⓑ改成正确的句子。最后再找出语法上有误的另外一个句子, 把它改正并说明理由。(4分)

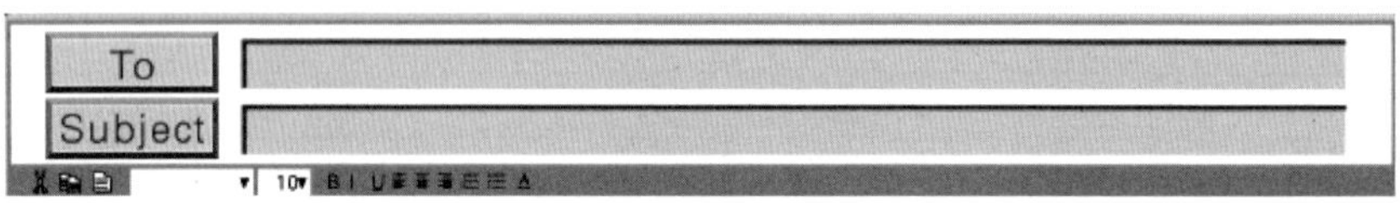

尊敬的王老师 :

您好 !

您过得怎么样 ? ⓐ说/ 我/ 汉语/ 了/ 没/ 好久, 汉语水平退步了不少。暑假期间, ⓑ每天都打工了, 非常忙 ; 现在开学了, 也非常忙。这个学期要听的必修课很多, 一门汉语课都没选, 所以最近打算利用网络资源学汉语。我明年二月就毕业了。毕业后, 我想先旅游北京, 然后在那儿读中国语言文学方面的硕士。

非常期待再次见到老师。

顺祝

教安

您的学生△△△ 敬上

122 〈A〉是教师给出的翻译作业, 〈B〉是学生提交的一份答案, 先把ⓐ和ⓑ翻译成中文, 然后从〈B〉中找出一个语法上有误的句子, 并加以改正。(4分)

〈A〉

※ 다음을 중국어로 번역하시오.

나는 중국어를 3년 넘게 배우고 있습니다. 어떤 때는 ⓐ 중국친구에게 배우고 어떤 때는 학원에 가서 배웁니다. 며칠 전에 중국 친구가 여름 방학을 하자마자 바로 귀국한다고 했습니다. 나는 그녀에게 감사 인사를 제대로 해야겠다고 생각했습니다. 그녀는 나에게 용기를 주었을 뿐만 아니라, 책에 없는 많은 것들을 가르쳐 주었기 때문입니다. 오늘 점심 때 ⓑ 나는 그녀에게 맛있는 한국 음식을 대접해 주었습니다. 밥을 먹고 나서 우리는 함께 차를 마시고 이야기를 나누며 매우 즐거운 오후 시간을 보냈습니다.

〈B〉

我汉语学了三年多了。有时候, 有时候去补习班学。几天前, 中国 朋友说她一放暑假就回国。我觉得应该好好儿谢谢她, 因为她不仅给了我勇气, 还给我教了很多书本上没有的东西。今天中午。吃完饭, 我们一起喝茶、聊天, 度过了非常愉快的午后时光。

123 〈A〉是老师和学生的对话, 〈B〉是学生的作业。先从〈B〉中找出两个错别字, 然后根据〈A〉说明(1)中的错别字属于哪一类, 并仿照划线部分对(2)中的错别字进行"字形解剖"。(4分)

〈A〉

学生: 形近字好难记啊。请问老师, 形近字都有哪些类型?

老师: 第一, 有些形近字, 甲骨文、金文等古代字形本来完全不同, 随着汉字的隶定, 变成了形近字, 如"干"和"千"。第二, 概念比较抽的有些字, 古人本着节约的原则, 把已有的字形改为形近字, 如“大”和“太”。第三, 很多形声形近字是用相同声旁加不同形旁的方式造出来的, 如“恰”和“拾”。第四, 还有些形近字是由汉字的简化而形成的, 如“火”和“灭”。

学生:那, 辨别形近字有什么好办法?

老师:我们可以用解剖字形的方法来理解汉字的意义。如“晴”和“睛”两个字, 字形和发音都相似, 学生常常会用错, “晴天”写成“睛天”。“晴”和“睛”都是形声字, “睛”字中的“目”表意, “青”表音, “睛天”的“睛”应改为从“日”的“晴”。

学生:明白了!谢谢老师!

〈B〉

(1) 北京有很多著名的景点:天安门广场、故宫、天坛、颐和园、什刹海、长城等。

(2) 惯用语是语言中常用的固定结构, 例如:走后门、怕马屁、碰钉子、开绿灯等。

강성조(姜聲調)

• 원광대학교 중어중문학과 졸업(학사)
• 대만 사립 동오대학 중문연구소 졸업(석사)
• 대만 국립 대만사범대학 국문연구소 졸업(박사)
• 원광대학교 한의학전문대학원 Post-Doc
• 현재 원광대학교 교육대학원 중국어교육전공 교수
• 现任中国上海华东师范大学先秦诸子研究中心与上海古籍出版社合编『诸子学刊』(名列为150篇中文社会科学引文索引CSSCI来源期刊、核心期刊)论文审核委员兼编辑委员

저서
• 『苏轼的庄子学』(1999)
• 『실용 중국어 어법』(2005)
• 『입학사정관제에 대한 준거집단의 의식연구』(공저, 2014)

现代 중국어 교과교육론

초판 1쇄 발행 _ 2020년 6월 15일

저　자 · 강 성 조
발행인 · 정 현 걸
발　행 · 신 아 사
인　쇄 · 한승인쇄
주　소 · 서울특별시 은평구 통일로 59길 4 2층(122-826)
전　화 · (02) 382-6411 팩스 · (02) 382-6401
홈페이지 · www.shinasa.co.kr
E-mail · shinasa@daum.net
출판등록 · 1956년 1월 5일(제9-52호)

ISBN: 978-89-8396-413-7(93720)

정가 *18,000* **원**